La seducción de la clase obrera

Trabajadores, raza y la formación del Estado peruano

Paulo Drinot

La seducción de la clase obrera

Trabajadores, raza y la formación del Estado peruano

IEP
INSTITUTO DE ESTUDIOS PERUANOS

PERÚ | Ministerio de Cultura

Serie: Perú Problema 44

Este libro fue publicado originalmente en inglés con el título *The Allure of Labor: Workers, Race, and the Making of the Peruvian State*, por Duke University Press, en 2011.

Horacio Urteaga 694, Lima 11
Telf.: (51-1) 332-6194
Correo-e: libreria@iep.org.pe
www.iep.org.pe

Ministerio de Cultura
Viceministerio de Interculturalidad
Av. Javier Prado Este 2465 - San Borja, Lima 41, Perú
www.cultura.gob.pe
Central telefónica: (511)-618 9393

ISBN: 978-9972-51-561-3

ISSN: 0079-1075
Impreso en Perú

Primera edición: marzo de 2016
2000 ejemplares

Hecho el depósito legal
en la Biblioteca Nacional del Perú: 2016-04106

Registro del proyecto editorial
en la Biblioteca Nacional: 11501131600327

Traducción:	Óscar Hidalgo W.
Corrección:	Sara Mateos
Diagramación:	Silvana Lizarbe
Carátula:	Gino Becerra
Cuidado de edición:	Odín del Pozo
Imagen de portada:	Carátula de *Industria Peruana*, 1931, ilustración de A. G. Rossell. Cortesía de la Biblioteca Nacional del Perú

El Instituto de Estudios Peruanos agradece a las instituciones y personas que han colaborado con las imágenes de época reproducidas en este libro. Se ha hecho todo lo posible por contactar a los autores, a veces sin éxito. Cualquier información al respecto, favor dirigirse a la editorial.

Drinot, Paulo

La seducción de la clase obrera: trabajadores, raza y la formación del estado peruano. Lima, IEP; Ministerio de Cultura, 2016. (Perú Problema, 44)

1. POLÍTICA LABORAL; 2. CLASE OBRERA; 3. HISTORIA; 4. SIGLO XX; 5. RELACIONES RACIALES; 6. POLÍTICA Y GOBIERNO; 7. PERÚ

W/02.04.01/P/44

Índice

A mis padres

Agradecimientos

Este libro comenzó como una tesis doctoral, sustentada en la Universidad de Oxford en el año 2000. Durante la última década, revisé el material que había acumulado a fines de los años noventa de archivos y bibliotecas del Perú y el extranjero, y volví a pensar en qué medida podía ayudarme a mí y a otros a comprender la historia del Perú. Este libro es el resultado de ese proceso. Muchas personas e instituciones me han apoyado para convertirlo en lo que es. Estuve una década en el Latin American Centre en Oxford, primero como estudiante de maestría, luego escribiendo mi tesis doctoral, después realizando estudios posdoctorales (cuando también era miembro del entonces Institute of Latin American Studies y ahora Institute for the Study of the Americas en Londres, al que recientemente me he reincorporado), y finalmente como docente temporal. Aquellos años en Oxford cambiaron mi vida, y tengo que agradecer, por ello, al entonces personal del Centro, Alan Angell, Malcolm Deas, Rosemary Thorp y, sobre todo, Alan Knight, quien supervisó la tesis original. Alan es un investigador que conmociona y maravilla; es imposible no sentirse admirado y, al mismo tiempo, un poco intimidado por su capacidad intelectual y su contribución a la historiografía de América Latina. Fuente de constante inspiración y apoyo, le agradezco profundamente por ello, y por el cariño que él y Lidia me han mostrado a mí y a mi familia durante estos años.

También me he beneficiado en gran medida de la sabiduría y camaradería de los excelentes investigadores de las instituciones donde he trabajado.

En Leeds, mis colegas, especialmente Paul Garner y Richard Cleminson, me hicieron sentir acogido y me ayudaron a hacer intelectualmente provechoso el breve tiempo que pasé allí. En Manchester, varios de mis colegas en el Departamento de Historia y en el Centre for Latin American and Caribbean Studies comentaron extensamente las primeras versiones de este libro y contribuyeron de importantes formas a su culminación. También deseo agradecer a la pequeña comunidad de peruanistas en el Reino Unido, en particular a John Crabtree, Rory Miller, Patricia Oliart, Lewis Taylor y Fiona Wilson, por su apoyo. Fiona leyó una primera versión del manuscrito y me dio muy útiles sugerencias. Tengo una especial deuda con dos colegas historiadores, James Dunkerley y Colin Lewis, quienes también significaron una gran ayuda, sobre todo en la forma de innumerables cartas de recomendación, por casi dos décadas y hasta hoy; en el caso de Colin, desde mis días de pregrado en la London School of Economics. Más allá del Reino Unido, Carlos Aguirre, Diego Armus, Kim Clark, Carlos Contreras, Marcos Cueto, Iñigo García-Bryce, Paul Gootenberg, Steven J. Hirsch, Nils Jacobsen, Peter Klarén, Steven Palmer, David S. Parker, José Luis Rénique y Chuck Walker, entre otros, me han ofrecido valiosos consejos sobre este y otros proyectos durante años. Ruth Borja fue una maravillosa guía y amiga en el Archivo General de la Nación. Reconozco con agradecimiento el apoyo ofrecido por el personal de la Bodleian Library, la British Library, los National Archives en Londres, el International Institute of Social History en Ámsterdam, el Archivo General de la Nación en Lima, los archivos regionales en Arequipa, Cuzco y Trujillo, la Biblioteca Nacional del Perú, el Instituto Riva-Agüero, la Pontificia Universidad Católica del Perú, el Instituto de Estudios Peruanos, Sur-Casa de Estudios del Socialismo y la Universidad Nacional Mayor de San Marcos. El Economic and Social Research Council, la Hewlett Foundation y el Leverhulme Trust proveyeron la ayuda financiera que hizo posible esta investigación.

Algunos capítulos del libro han sido publicados antes. El cuarto es una versión revisada del artículo «Food, Race, and Working-Class Identity: Populism and *Restaurantes Populares* in Peru»,[1] y partes del segundo y tercer capítulos aparecieron en «Fighting for a Closed Shop: The 1931 Lima Bakery Workers' Strike»[2] y «Hegemony from Below: Print Workers, the State, and

1. *The Americas* 62, n. ° 2 (octubre de 2005): 245-270.
2. *Journal of Latin American Studies* 35.2 (mayo de 2003): 249-278.

the Communist Party in Peru, 1920-1940».[3] Agradezco a los respectivos compiladores y editores por permitirme usar este material.

Tres lectores anónimos proveyeron invalorables comentarios críticos a las primeras versiones de estos capítulos. Les estoy también profundamente agradecido por ello. En la Duke University Press, Valerie Millholland, Miriam Angress y Neal McTighe han sido unos editores modelo. Mi especial agradecimiento a Maura High, quien editó el manuscrito. Asimismo, deseo agradecer a los numerosos amigos que han sido parte del largo y extraño viaje que ha significado este libro, en particular a aquellos que conocí en St. Antony's College, Oxford (sobre todo a Sarah Washbrook, quien leyó y comentó la totalidad del manuscrito), y en el Perú. Quisiera mencionar especialmente a los miembros de Walrus, una banda en homenaje a los Beatles que mantuvo mi fiebre de archivo bajo control al darme la oportunidad de desfogarme con un micrófono más de una noche en Barranco. Estoy particularmente agradecido a mi familia extensa en Lima, en particular a mi abuela Teresa, por hospedarme y soportarme durante años. Por último, tuve la suerte de conocer a Jelke Boesten en el taller de historia que Scarlett O'Phelan y Maggie Zegarra solían organizar en Lima. Cuando la vi, pensé que era espectacularmente bella, un poco loca, pero sobre todo, consideré que estaba equivocada en lo que respecta al tema del «enganche». Ella, a su vez, pensó que yo era simpaticón, algo nervioso, y peor, mucho peor, un típico «miraflorino». Después de una década y de un hijo precioso, Seba, ambos nos sentimos igual, lo que solo sirve para demostrar que el amor lo conquista todo. Jelke hizo comentarios sobre varias versiones de los siguientes capítulos y su lectura crítica ha hecho de este un mejor libro.

Dedico este libro a mis padres en gratitud por, bueno, todo.

Nota sobre la versión en castellano

He resistido la tentación de modificar el texto publicado originalmente en inglés en el 2011. Podría haber utilizado esta oportunidad para contestar algunas de las críticas, validas y útiles, que se han hecho al libro en las reseñas que se han publicado en estos últimos cinco años. Sin embargo, he preferido que el lector hispanoamericano tenga acceso al texto tal y como fue publicado originalmente. Sí quiero aprovechar para agradecer al Instituto de Estudios

---

3. *Counterhegemony in the Colony and Postcolony*, editado por John Chalcraft y Yaseen Noorani. Londres: Routledge, 2007: 204-227.

Peruanos, y en particular a Ludwig Huber y a Odín del Pozo, por haber aceptado publicar la traducción del libro y por el excelente trabajo de edición que han realizado. También mi agradecimiento al traductor del libro Oscar Hildalgo y a Sara Mateos por encargarse de la corrección de estilo. Asimismo, quiero agradecer al Ministerio de Cultura y en particular a Pablo Sandoval y José Carlos Agüero, por el apoyo que brindaron, y por su interés porque el libro salga publicado en español.

Introducción

En 1927, en su discurso de despedida como director de la Escuela de Artes y Oficios de Lima, Francisco Alayza Paz Soldán se dirigió a la audiencia compuesta de respetables y graduandos con las siguientes palabras:

> El Perú ha iniciado una época industrial. El número de industrias con que cuenta así como la calidad y cantidad de artículos que produce, crecen cada año [...] Esbozaré en breve síntesis la evolución y características de la industria moderna, de la gran industria, mostrando los progresos alcanzados por el maquinismo y los inmensos bienes que la civilización nos ha aportado. Terminaré emitiendo algunas ideas sobre las consecuencias de esta industria y sobre las disolventes doctrinas sociales derivadas del progreso, doctrinas que carecen por completo de fundamento en el país.[1]

Por supuesto, Alayza Paz Soldán estaba equivocado: el Perú no había iniciado a una era industrial y no lo haría, en forma significativa, en todo el siglo XX.[2] Sus palabras eran expresión, no de una realidad visible, sino de una

1. Alayza Paz Soldán, *La industria moderna*, 16.
2. En 1931, con una población de alrededor de seis millones de habitantes, el Perú era aún un país abrumadoramente rural. La ciudad más grande, Lima (que incluía el cercano puerto del Callao), tenía una población de 370.000 habitantes. Las diez ciudades provinciales más grandes apenas tenían una población combinada de 250.000 habitantes. Gurney, *Report on the Economic Conditions in Peru*. De hecho, la mayoría de peruanos,

aspiración que se basaba en dos ideas clave compartidas por los miembros progresistas de la élite y relacionadas con el desarrollo económico y político del país. En primer lugar, la idea de que el Perú necesitaba industrializarse si quería convertirse en una nación moderna y civilizada. Todos los países modernos y civilizados, indicaban, habían pasado por ese proceso. Por lo tanto, hasta que el Perú no se industrializase, no sería una nación civilizada. En concordancia con esto, unos pocos años antes, en 1915, el editorial del primer número de *Industria*, el periódico de la Sociedad Nacional de Industrias (SNI), proclamaba: «Nosotros nos proponemos demostrar que tener industria no es tener objeto de lujo u objeto de vanidad. Que la industria es el país. Que sin industria no hay nación».[3] En segundo lugar, la idea de que, aunque la industria era clave para construir una nación, la industrialización tenía un «lado oscuro». La experiencia de las naciones industriales en Europa y Norteamérica demostraba que este proceso invariablemente provocaba la propagación de ideologías subversivas, que daban lugar a disturbios sociales —lo que vino a llamarse en el Perú y otras partes, «la cuestión obrera».

Alayza Paz Soldán y otros social progresistas sabían que enfrentaban un dilema. La industrialización podía transformar el Perú en una nación civilizada, con visión de futuro, pero al mismo tiempo, podía sembrar las semillas de su destrucción. Para esta élite «modernizante», ese era un riesgo que valía la pena correr. De hecho, como muestro en este libro, y hasta lo que ella sabía, no había otra opción. Esto se representó gráficamente en la carátula de la segunda edición de *Industria Peruana*, el renovado y rebautizado periódico de la SNI, publicado a fines de 1931. La imagen, de A. G. Rossell, es la de un obrero de pie, vestido con overol y calzado con pesadas botas, junto a un «indio» de poncho y chullo, sentado, que sostiene lo que parecen ser hojas de coca en su mano. El obrero, de fenotipo blanco/mestizo, ha puesto su mano izquierda

alrededor del 60% en 1876 y el 63% en 1940, eran empleados en actividades agrícolas (como se registra en los únicos dos censos nacionales realizados en el periodo), y algunas de estas se realizaban en asentamientos urbanos. Según el censo de 1940, el empleo en «manufactura» representaba el 15% del total del empleo (si añadimos «comunicación», «transporte» y «minería», el total se eleva a 19%), más o menos lo mismo que el empleo en el sector de servicios («gobierno», «servicios» y «comercio» combinados), y solo un cuarto de la población trabajaba en agricultura. Por otra parte, probablemente alrededor de la mitad de los 360.000 trabajadores empleados en manufactura en 1940 no eran trabajadores industriales sino, más bien, tejedores de telares manuales, cuya principal actividad económica era la agricultura. De acuerdo con un estimado de 1954, de un total de 500.000 personas empleadas en manufactura, 235.000 eran mujeres que producían tejidos en esa clase de telares. Burgess y Harbison, *Casa Grace in Peru*, 14.

3. *Industria* 1, n.º 1 (11 de diciembre de 1915).

en el hombro del indio y extiende la derecha para llamar su atención sobre el fondo, que consiste en una fábrica con chimeneas que arrojan humo negro, y carros y camiones delante de ella. La imagen misma está flanqueada por más representaciones de la industria, que incluyen otras fábricas, torres de perforación petrolera y caña de azúcar, así como una embarcación en el horizonte. Para completar la alegoría, la leyenda «Proteger las Industrias Nacionales es Contribuir a la Prosperidad del País» corre verticalmente a cada lado del dibujo.[4]

Sin duda, el editorial de 1915, el discurso de Alayza Paz Soldán de 1927 y la imagen de 1931 reflejan los particulares intereses sectoriales de los industriales peruanos. Pero también ilustran las maneras en que, a inicios del siglo XX, la élite peruana comprendió el rol de la industrialización y la promesa de un futuro vinculado con ella en formas «racializadas».

Estos diversos «textos» se combinan para presentar un claro proyecto de élite sobre redención y civilización nacionales a través de la industrialización y, en específico, sobre el efecto de ese proceso en la población. La industrialización, más que un proyecto económico, emerge como una aspiración cultural. Como sugiere la imagen de 1931, la élite peruana la comprendió como la encarnación de un plan de mejoramiento racial. Al igual que los afiches de propaganda de la Europa fascista y del régimen soviético, la imagen señala la identificación del progreso nacional con la creación de un nuevo hombre.[5] En el caso del Perú, la élite identificó este progreso con un nuevo *Homo faber*, expresión de un entendimiento fuertemente racializado de «la industrialización como progreso». La imagen del indio y el obrero, representando el pasado/presente y el futuro, respectivamente, articula la creencia de la élite en el poder transformativo de la industrialización, pero claramente ubica este cambio, no en la esfera de la economía, sino en la de la raza/cultura. El poder (¿la magia?) de la industria, sugiere la imagen, reside en su capacidad de transformar a las atrasadas poblaciones indígenas en trabajadores industriales blancos/mestizos civilizados. La imagen, entonces, puntualiza la naturaleza y condiciones de la ciudadanía: esta es no-indígena y, por lo tanto,

---

4. *Industria Peruana* 1, n.º 1 (noviembre de 1931). Las similitudes en composición entre esta imagen y la fotografía en la carátula de *Indigenous Mestizos* de Marisol de la Cadena, donde la posición/rol del obrero es asumida por un intelectual indigenista, son notables. Si Rossell dibujó inspirado en la fotografía, se desconoce. Vale la pena señalar que la interacción entre el intelectual y el indio en la fotografía es mucho más limitada que la que hay entre el obrero y el indio en el dibujo. Véase De la Cadena, *Indigenous Mestizos*.

5. Véase Bonnell, *Iconography of Power*. También, para un periodo más tardío y un régimen diferente, Evans y Donald, *Picturing Power*.

Figura 1: Carátula de *Industria Peruana*, noviembre de 1931. Fuente: cortesía de la Biblioteca Nacional del Perú.

es blanca/mestiza. De esta manera, la nación peruana solo se constituiría una vez que la industrialización hubiera transformado a los indios en obreros. En otras palabras, el surgimiento de la nación industrial provocaría la eliminación del indígena.

La hipótesis central de este libro es que la política laboral peruana de inicios del siglo XX reflejó y se configuró sobre la base de presupuestos que fueron el producto de una comprensión racializada de la sociedad. Aunque esto se nutrió de procesos comunes a muchos otros países en la primera mitad del siglo XX, la política laboral en el Perú fue objeto de particulares modulaciones locales y solo puede comprenderse cuando se la incluye en un más amplio análisis del también racializado proceso de formación del Estado-nación. Específicamente, esta política fue configurada por ideas racializadas acerca de la naturaleza del trabajo y la de los obreros y, en particular, por el supuesto racializado de que la industrialización y el surgimiento de una fuerza de trabajo industrial traerían «la civilización» al Perú. En concreto, este libro argumenta que la política laboral en el Perú de inicios del siglo XX fue expresión de un conjunto de creencias que asociaron, por un lado, el futuro progreso del

Perú y la civilización con la industrialización y la cuestión obrera, con todos sus defectos; y, por otro, el atraso del país con el carácter predominantemente indígena y rural de su población y, por lo tanto, con una raza inferior, lo que vino a conocerse como la cuestión (o el problema) del indio. En suma, la política laboral en el Perú comenzó a desempeñar un rol central en un más amplio proceso de formación del Estado-nación, a causa de la forma en que la clase obrera fue racializada: de alguna manera, la cuestión obrera comenzó a verse como una solución a la todavía más preocupante cuestión del indio. Esa fue la seducción de la clase obrera a la que el título de este libro se refiere.

Con esta investigación, busco contribuir a la historia del movimiento obrero peruano y plantear nuevas formas de estudiarla, considerando que este ha sido un campo largamente ignorado por los investigadores en las dos últimas décadas. *La seducción de la clase obrera* desafía la construcción binaria de la sociedad peruana como dos mundos desconectados y antagónicos, uno costeño y blanco/mestizo, y el otro andino e indígena, una noción que la mayor parte de historiadores del Perú, en particular los que se ocupan del siglo XX y del movimiento obrero, no ha cuestionado. Aun siendo una importante contribución historiográfica, los estudios locales y regionales realizados en aumento desde la década de 1980 han ayudado a promover esta supuesta desconexión entre los «dos Perúes», a causa de su tendencia a centrarse, o bien en las regiones andinas, o bien en las costeñas.[6] Basándome en el trabajo de antropólogas tales como Deborah Poole y Marisol de la Cadena, que han demostrado cómo las ideas sobre «la raza» articulaban estos mundos aparentemente separados, planteo que la política laboral reflejaba presupuestos racializados que fueron el producto de ideas acerca del Perú de la costa y el Perú de los Andes, el Perú urbano y el Perú rural, el blanco/mestizo y el indígena.[7] *La seducción de la clase obrera* explora las formas en que la élite peruana imaginó y desarrolló la política laboral, y en general, el arte de gobernar, como una forma de superar la naturaleza binaria de la sociedad peruana al «incorporar», tanto figurativa como literalmente —tal como lo sugiere la carátula de *Industria Peruana*—, lo andino en la costa y al indígena en el blanco/mestizo, a través de la industrialización del país y la creación de trabajadores «modernos».[8]

---

6. Dos importantes excepciones a esta visión dicotómica son el estudio de David Nugent sobre la formación del Estado-nación en Chachapoyas y la historia de la clase media de Lima de David Parker, que me han influido al investigar la historia peruana. Véanse Nugent, *Modernity at the Edge of Empire*, y Parker, *The Idea of the Middle Class*.

7. Véanse Poole, *Vision, Race and Modernity*; De la Cadena, *Indigenous Mestizos*.

8. Al hacerlo, elaboro sobre la base del estudio de varios historiadores de la interacción entre la construcción de la nación y el arte de gobernar en el Perú del siglo XIX. Véanse,

Política laboral

El núcleo empírico de este libro consiste en el análisis de cuatro medidas gubernamentales que se adoptaron para enfrentar la cuestión obrera en las décadas de 1920 y 1930 y para aplicar las nuevas leyes y disposiciones laborales de las Constituciones de 1920 y 1933. Estas medidas fueron las siguientes: (a) la creación de la Sección del Trabajo del Ministerio de Fomento, un organismo que se estableció en 1920 para otorgar reconocimiento oficial a los sindicatos y para institucionalizar los conflictos entre obreros y patrones a través de arbitrajes mediados por el Estado y tribunales de conciliación; (b) la edificación de «barrios obreros» financiados por el Estado con el fin de proveer de vivienda barata y «decente» a los trabajadores; (c) la construcción de «restaurantes populares», un grupo de comedores sufragados por el Estado, cuya función fue proporcionar comida barata a una clientela de clase trabajadora; y (d) la creación en 1936 del Seguro Social Obrero, que a través de la Caja Nacional del Seguro Social, otorgaba a los trabajadores una seguridad social casi integral y acceso a hospitalización gratuita. En mi análisis me baso en un amplio rango de fuentes para examinar, tanto las narrativas celebratorias y oficiales de estas medidas y sus arquitectos intelectuales, como las contranarrativas de diferentes actores, entre ellos, trabajadores, empleadores, partidos políticos, «expertos» y gente interesada. Sobre la base de una extensa literatura comparativa, presto particular atención a las formas en que estas medidas y las políticas laborales que las respaldaron fueron parte de una más amplia «política social» transnacional o proceso de «reforma social» que reconfiguró «lo social» en gran parte del mundo de inicios del siglo XX, y, a la vez, expresión de circunstancias exclusivas del Perú.

Los historiadores han prestado limitada atención a estas iniciativas, tendiendo solo a verlas como medidas «populistas» de los gobiernos autoritarios de las décadas de 1920 y 1930, claramente dirigidas a cooptar a la clase obrera organizada. Varios sugieren que su función no fue proveer comida barata y nutritiva (restaurantes populares), o vivienda asequible y decente (barrios obreros), sino minar la creciente popularidad de los nuevos partidos políticos de izquierda, en particular, del Partido Socialista (más tarde Comunista) de José Carlos Mariátegui, y de la Alianza Popular Revolucionaria Americana

---

entre otros, Gootenberg, *Between Silver and Guano and Imagining Development*; Mallon, *Peasant and Nation*; Thurner, *From Two Republics to One Divided*; Walker, *Smoldering Ashes*; García-Bryce, *Crafting the Republic*; Méndez, *The Plebeian Republic*.

(APRA).[9] Según esta interpretación, los gobiernos autoritarios de la época cooptaron a los trabajadores al ofrecerles beneficios materiales a cambio de su consentimiento político, mientras que a través de la represión, quebraban el sindicalismo militante y detenían el avance de los partidos de izquierda; con esto último, neutralizaban cualquier proyecto político alternativo. Ciertamente, como revelan los documentos de esos años, tanto el APRA como el Partido Comunista interpretaron estas medidas como una apenas velada estrategia para debilitar su atractivo político entre la clase obrera organizada. El APRA, en particular, afirmaba (con cierta razón) que muchas de las políticas aplicadas por los gobiernos de Luis M. Sánchez Cerro (1931-1933) y Óscar R. Benavides (1933-1939, su segundo mandato) habían sido tomadas de su propio programa electoral de 1931, mientras que el Partido Comunista tildaba a las políticas (y gobiernos) de «fascistas».

Sin embargo, esta interpretación es incompleta. Como varios historiadores de la clase obrera en la Latinoamérica del siglo XX han demostrado, el populismo en el «periodo clásico» fue un proceso dinámico configurado desde arriba y abajo, cuya explicación no puede restringirse a los términos «cooptación» e «incorporación».[10] Las políticas populistas de las décadas de 1920 y 1930, e incluso posteriores, fueron el resultado de complejas negociaciones entre patrones y clientes, relacionadas con la distribución de beneficios, tanto materiales como simbólicos (siendo estos últimos igual de importantes que los primeros). Como argumento en los siguientes capítulos, los trabajadores no fueron simplemente engañados para participar en negociaciones colectivas, solicitar vivienda obrera, comer en restaurantes populares o ser registrados en el Seguro Social. Generalmente, a través de su compromiso con estas medidas del gobierno, ellos influyeron e hicieron suyo el discurso y la praxis con los que el Estado procuró reconfigurar las relaciones laborales. Por otro lado, la interpretación convencional que solo se centra en la cooptación e incorporación es incompleta porque, al restringir su análisis a la función

9. Denis Sulmont, por ejemplo, ha tildado las medidas sociales de la década de 1930 de «populismo de derecha». Baltazar Caravedo las interpreta como producto de una «alianza neutralizadora» entre el Estado y una nueva burguesía industrial. Julio Cotler las considera una forma de «socavar el apoyo ciudadano del APRA». Adám Anderle enfatiza los «dividendos políticos» que resultaron de ellas. Véanse Sulmont, El movimiento obrero, 167-169; Caravedo Molinari, *Burguesía e industria*, 129-131; Cotler, *Clases, Estado y nación*, 252; Anderle, *Los movimientos políticos*, 284.

10. Véanse, para dos ejemplos pioneros, James, *Resistance and Integration*, y French, *The Brazilian Workers' ABC*. Sobre el populismo «clásico», consultar Knight, «Populism and Neopopulism».

política de estas medidas (la neutralización de la izquierda), los historiadores han fallado en reconocer, o han subestimado, otras funciones igualmente importantes. En particular, como muestro en este libro, estas acciones reflejaron y, a la vez, constituyeron, los presupuestos, prácticas y proyectos de formación del Estado, configurados por la seducción de la clase obrera, es decir, por la creencia de que esta clase era un agente de progreso y civilización, o, lo que es lo mismo, un medio para superar el problema del indio en el Perú.

El Estado obrero

En el Perú, como en otros países a fines del siglo XIX y comienzos del XX, la industrialización iba de la mano con la civilización y el progreso. Sin embargo, como demuestra el discurso de Alayza Paz Soldán, también lo iba con patologías sociales, políticas y biológicas. El surgimiento de la cuestión obrera, o lo que Jacques Donzelot llama «la invención de lo social», reflejaba una creciente percepción entre la élite de que las contradicciones internas del capitalismo (el hecho de que las ganancias fueran inequitativamente distribuidas) irían creando «fuerzas» sociales y políticas que podrían minar este régimen económico y acabar destruyéndolo.[11] Esta élite concluyó, entonces, que era necesario proteger a la clase obrera de influencias «perniciosas», tales como el anarquismo y socialismo. Al mismo tiempo, inspirada en corrientes ideológicas transnacionales, como el positivismo y el catolicismo social, creyó esencial considerar los factores que hacían a la clase obrera propensa a esas influencias (bajos salarios, deficiencias en materia de vivienda, nutrición y salud, etc.). La cuestión obrera en el Perú y en otros países fue, entonces, expresión de la forma en que la clase obrera comenzó a verse como un problema, al mismo tiempo moral y social, que requería de una solución. A la luz de la escala de este problema, muchos juzgaron que esta solución no podría ser provista exclusiva o principalmente por empleadores benevolentes o instituciones caritativas. Para inicios del siglo XX, los reformadores sociales consideraron que el Estado era quien estaba llamado a dirigir la cuestión obrera, tanto para proteger a los trabajadores de las influencias perniciosas, como para mejorar sus condiciones de vida en su centro laboral y comunidad, que los hacían vulnerables a ellas. Al hacerlo, se creó un rol social ampliado para el Estado.

Los historiadores que han documentado este proceso, particularmente en Europa y Norteamérica, enfatizan que las respuestas a la cuestión obrera,

---

11. Donzelot, *L'invention du social.*

es decir, el surgimiento de políticas sociales y del Estado de bienestar, significaron más que la simple cooptación de la clase obrera:[12] involucraron una transformación en la forma en que el Estado y su rol en la regulación de la sociedad adquirían sentido. Esta literatura se caracteriza por un cambio epistemológico en la conceptualización del Estado y la política social que se distancia de la conceptualización que se encuentra en el paradigma de la modernización o en la teoría marxista. La literatura en mención está marcada por dos aproximaciones rivales, aunque no necesariamente excluyentes: (a) un enfoque institucional (i. e., neoweberiano), atento al rol desempeñado por el género (y, en menor medida, la raza) en la configuración de la política social y los orígenes del Estado de bienestar (la así llamada «aproximación maternalista», influida por las intervenciones feministas en los debates sobre política social y, a su vez, en diálogo con ellas); (b) un enfoque cultural, que conceptualiza el Estado y la política social como una manifestación de lo que Foucault llamó un nuevo arte de gobierno o gubernamentalidad, esto es, un proyecto de gobierno centrado en «la forma en que se dirige la conducta del hombre».[13] Aunque Foucault consideró que la gubernamentalidad se remonta al siglo XVIII, quienes investigan el origen de las políticas sociales en el siglo XIX y, crecientemente, en el XX, se han sentido particularmente atraídos por este enfoque por la idea clave de este autor de que el fin, u objetivo, de la gubernamentalidad es «ciertamente no solo gobernar, sino mejorar la condición de la población, para incrementar su riqueza, su longevidad y su salud».[14]

---

12. Esta literatura me ha ayudado a situar el caso peruano en un contexto global más amplio. El magistral *Atlantic Crossings* de Rodgers, con su atención al aspecto transnacional de la política social, ha demostrado ser particularmente útil, pero también me he beneficiado de, entre otros, Steinmetz, *Regulating the Social*; Pedersen, *Family, Dependence, and the Origins of the Welfare State*; Kotkin, *Magnetic Mountain*; Skocpol, *Protecting Soldiers and Mothers*; Lindenmeyr, *Poverty Is Not a Vice*; Hong, *Welfare, Modernity, and the Weimar State*; Quine, *Italy's Social Revolution*; Horne, *A Social Laboratory for Modern France*; Swenson, *Capitalists against Markets*.

13. Foucault, *The Birth of Biopolitics*, 186. «Social Provision and Regulation» de Orloff es un útil panorama de esta literatura. Sobre las aproximaciones culturalistas (foucauldianas o de otro tipo) véanse, entre otros, Abrams, «Notes on the Dificulty of Studying the State»; Corrigan y Sayer, *The Great Arch*; Steinmetz, *State/Culture*; Mukerji, *Territorial Ambitions*; Adams, *The Familial State*; Coronil, *The Magical State*; Scott, *Seeing Like a State*; Carroll, *Science, Culture, and Modern State Formation*; Hansen y Stepputat, *States of Imagination*; Das y Poole, *Anthropology in the Margins of the State*; Krohn-Hansen y Nustad, *State Formation*; Sharma y Gupta, *The Anthropology of the State*; Trouillot, «The Anthropology of the State»; Mitchell, Rule of Experts. Un volumen pionero en el contexto de la historia latinoamericana es el de Joseph y Nugent, *Everyday Forms of State Formation*.

14. Foucault, *Security, Territory, Population*, 105.

La mayoría de estudios sobre el surgimiento de las políticas sociales y del Estado de bienestar en América Latina ha tendido a privilegiar el enfoque institucional (en el sentido de que imagina al Estado como un aparato burocrático más o menos autónomo), y se centra en la interacción entre género y Estado (por consiguiente, suele entender el Estado como un ente patriarcal o paternal).[15] Tales estudios, que suelen ocuparse de la clase obrera, han hecho mucho por demostrar la importancia del género para comprender la historia social y política de varios países latinoamericanos, y específicamente, la formación del Estado en América Latina. Sin embargo, con algunas excepciones, han tendido a poner relativamente poca atención a la raza y a la racialización.[16] En este estudio, he privilegiado el enfoque cultural o de la gubernamentalidad por dos razones. En primer lugar, porque la gubernamentalidad provee un útil marco analítico para ir más allá del paradigma de la cooptación o incorporación. Desde su perspectiva, las medidas que estudio no son, ni mecanismos de cooptación, ni simples expresiones de lógicas burocráticas autónomas o de intereses de élite, sino elementos o dimensiones de un proyecto o aspiración de gobierno en el que intervino un amplio rango de actores sociales (la élite, pero también los trabajadores), cuyo objetivo fue proteger a la clase obrera de las influencias perniciosas y mejorar sus condiciones, a fin de hacerla capaz de contribuir al proyecto de industrialización que engendraría civilización y progreso.

La gubernamentalidad, entonces, capta bien el proceso mediante el cual los trabajadores comenzaron a ser vistos como un recurso valioso que necesitaba ser protegido y mejorado. Este concepto sustituyó a otros que Foucault había introducido anteriormente, a saber, el poder pastoral y el biopoder. Todos ellos expresan una percepción similar: en algún momento, Foucault sugirió que, la razón del Estado, la racionalidad o «arte» de gobierno, se convirtió en la administración de la población y dejó de ser su disciplinamiento: «Ahora se trata de asegurar que el Estado solo intervenga para regular, o más

15. Aunque es cierto que estos estudios frecuentemente invocan a Foucault y su obra, si no a la gubernamentalidad como tal. Véanse, entre otros, Lavrin, *Women, Feminism, and Social Change*; Besse, *Restructuring Patriarchy*; Weinstein, *For Social Peace in Brazil*; Klubock, *Contested Communities*; Rosemblatt, *Gendered Compromises*; Hutchison, *Labors Appropriate to their Sex*; Snodgrass, *Deference and Defiance in Monterrey*; Farnsworth-Alvear, *Dulcinea in the Factory*; Tinsman, Partners in Conflict; Dore, *Myths of Modernity*; Ehrick, *The Shield of the Weak*; Guy, *Women Build the Welfare State*. Véase también Dore y Molyneux, *Hidden Histories*.

16. Clark, *The Redemptive Work*; Gould, *To Die in This Way*; Chomsky, *West Indian Workers*; Dávila, *Diploma of Whiteness*; Weiner, *Race, Nation and Market*; Bronfman, *Measures of Equality*.

bien para permitir el bienestar, el interés de cada uno de ajustarse de tal forma que pueda realmente servir a todos».[17] Al pensar en cómo estas medidas «reguladoras» pueden ser analizadas útilmente a través del lente analítico de la gubernamentalidad —es decir, desde una perspectiva que las imagina como mecanismos para regular y permitir el bienestar de los trabajadores en beneficio de todos—, la distinción de Peter Miller y Nikolas Rose entre racionalidades de gobierno y tecnologías de gobierno es particularmente provechosa.[18] Con racionalidades de gobierno, Miller y Rose se refieren a las formas en que ciertos «objetos» de gobierno devienen en cognoscibles, calculables y administrables, y se hacen capaces de intervención y regulación. Una vez conocidos y comprendidos como aptos para la administración, tales objetos pueden llegar a someterse a tecnologías de gobierno, es decir, a mecanismos físicos y simbólicos que ponen en práctica racionalidades de gobierno. Esto es claramente discernible en la clase obrera peruana de inicios del siglo XX. Las racionalidades y tecnologías de gobierno, reflejadas y a la vez constituidas por las medidas que estudio aquí, sirvieron para identificar y, en el proceso, constituir, a esta clase como un agente de progreso.

La creación de la Sección del Trabajo, por ejemplo, fue la culminación de una serie de propuestas para hacer «legible» a la clase obrera que se remontaban a finales del siglo XIX: este organismo identificaba, monitoreaba, clasificaba y registraba a «la clase obrera»; la «inscribía», para usar el término de Miller y Rose. Al hacerlo, la constituía, le daba vida y la enmarcaba como un objeto de la acción e intervención del Estado. Esto se reflejó en la Constitución de 1920, que contenía una serie de artículos que identificaban a esa clase como materia de la política y hacía de su administración una preocupación fundamental del Estado. Al mismo tiempo, la Sección del Trabajo, así como los barrios obreros, los restaurantes populares y el Seguro Social, reflejaban y, a su vez, constituían tecnologías de gobierno. Una lectura atenta de sus propios relatos revela que su función iba más allá de cooptar a los trabajadores. Fueron mecanismos físicos y simbólicos destinados a «mejorar» a la clase obrera, inculcándole una disciplina (valores y hábitos específicos), pero también, y quizás principalmente, administrando su entorno (examinado aquí en relación con el trabajo, la nutrición, la vivienda y la salud), a fin de convertir a sus miembros en modernos *Homo faber*: sujetos autorregulados de lo que llamo el Estado obrero, la conjunción de racionalidades y tecnologías

---

17. Foucault, *Security, Territory, Population*, 346.

18. Miller y Rose, *Governing the Present*.

de gobierno que formaba parte de un más amplio proyecto de gubernamentalidad que ubicaba a la clase obrera en el centro de la búsqueda de civilización y progreso sobre la base de la industrialización.[19]

Por supuesto, estas medidas de gobierno y, en general, el Estado obrero, «fracasaron» en el sentido de que ningún *Homo faber* surgió en el Perú. Los trabajadores no fueron uniformemente «mejorados» a través de ellos: los servicios que supuestamente iban a proveer (relaciones laborales modernas, comida barata y nutritiva, vivienda higiénica y moralmente edificante, servicios de salud y de asistencia social decentes) demostraron ser deficientes e inadecuados, incluso si, por algún tiempo, algunos trabajadores se beneficiaron de ellos. Estas medidas fueron incapaces de lidiar con la oposición de los empleadores y, en la década de 1930, de las nuevas fuerzas políticas de izquierda, los primeros argumentando que eran innecesarias y perjudiciales para el capital, las segundas objetando lo mismo, pero para la clase obrera. Por otra parte, los trabajadores no fueron indiferentes a estos proyectos ni solo hubo resistencia. El Estado obrero fue una obra conjunta de la clase obrera y el Estado: los trabajadores lo vieron como una expresión de sus propias aspiraciones, pero se sintieron traicionados por su incapacidad para colmarlas.[20] El compromiso de los trabajadores con el Estado obrero combinaba consentimiento, acomodación y, ocasionalmente, resistencia; todas estas reacciones, que ayudaron a modular el proyecto de gubernamentalidad, se manifestaron en ese Estado. Finalmente, el proyecto de gubernamentalidad fracasó en el sentido de que la amplia transformación que debía llevar a cabo —la industrialización y la transformación del Perú en lo que la élite imaginó sería una nación «moderna» y civilizada— demostró ser una aspiración más que una realidad.

La raza

El «fracaso» del proyecto de gubernamentalidad del Estado obrero no debe considerarse una demostración de que, como método analítico, la gubernamentalidad es defectuosa. La gubernamentalidad, por definición, es un

---

19. Como sostiene Foucault, «no se trata de imponer una ley a los hombres, pero de la disposición de las cosas, es decir, de utilizar tácticas en vez de leyes, o, en la medida de lo posible usar a la ley como táctica; arreglando las cosas de tal manera que tal o tal finalidad pueda ser alcanzada a través de diferentes medios». *Security, Territory, Population*, 99.

20. Aunque mi aproximación analítica es diferente, este argumento hace eco de la interpretación de Kevin Middlebrook's de cómo fuerzas de arriba hacia abajo y de abajo hacia arriba han configurado el Estado obrero de México. Véase *The Paradox of Revolution*.

proyecto irrealizable, una aspiración utópica. Como Miller y Rose han señalado, «El gobierno es un operación congénitamente fallida».[21] Sigue siendo útil interpretar las políticas sociales a inicios del siglo XX como un proyecto de gubernamentalidad, pues nos permite comprender mejor cómo las ideas acerca del rol de la clase obrera en una nueva era de industrialización y civilización reflejaban nociones más amplias de racialización sobre la raíz del progreso y el atraso en el país. Esta es la segunda razón para privilegiar el enfoque de la gubernamentalidad en este estudio. En contraste con gran parte de los países de Europa y Norteamérica, y algunos latinoamericanos, como Argentina o quizás Brasil (São Paulo, en particular), donde la clase obrera representaba un considerable porcentaje de la población, blanco de iguales racionalidades y tecnologías de gobierno, en el Perú, esta clase solo era un pequeño segmento de los trabajadores y de la población en general. ¿Por qué se tomaron, entonces, tales medidas y por qué surgió, en general, el Estado obrero? ¿Por qué se gastaron recursos, tanto intelectuales como materiales, en un sector tan poco representativo de la población? ¿Por qué la clase obrera comenzó a verse como susceptible de ser mejorada? Averiguarlo nos obliga a preguntarnos lo que significó en el contexto peruano la gubernamentalización de esta clase, o en otras palabras, cómo las particulares características sociales y culturales del Perú de inicios del siglo XX configuraron el proyecto de gubernamentalidad que se manifestó en el Estado obrero.[22]

En sus célebres conferencias dictadas en el Collège de France, Foucault sugirió que la gubernamentalidad había surgido como una forma de poder distinta de la soberanía, esta última con el territorio como objetivo y la disciplina —o lo que él llamó «policía»— como su aparato principal. La gubernamentalidad se comprende, entonces, mejor, como una superación de la policía en la que la administración de la población busca, no maximizar el poder del soberano, sino el de la población, extendiendo y garantizando la libertad en las esferas de la economía y la sociedad civil.[23] Aunque Foucault sugiere un

21. Miller y Rose, *Governing the Present*, 17.

22. En estas cuestiones de importancia, mi aproximación se construye sobre interpretaciones de varios estudios sobre la historia obrera peruana, tales como las de Sulmont, *El movimiento obrero*; Blanchard, *The Origins of the Peruvian Labor Movement*; y, aunque su foco es más amplio que la historia de la clase obrera, Stein, *Populism in Peru*.

23. Véanse, entre otros, Burchell, Gordon y Miller, *The Foucault Effect*; Rose, *Powers of Freedom*; Dean, *Governmentality*; Miller y Rose, *Governing the Present*. Ejemplos útiles de aplicación del enfoque de la gubernamentalidad a la historia, geografía y antropología incluyen Prakash, *Another Reason*; Joyce, *The Rule of Freedom*; Hannah, *Governmentality and the Mastery of Territory*; Legg, *Spaces of Colonialism*; Li, *The Will to Improve*; Ong,

proceso teleológico o «por etapas» (así como eurocéntrico), en realidad, la soberanía y la gubernamentalidad son formas de poder que coexisten en cualquier tipo de sociedad.[24] Por esta razón, aun si Foucault y otros consideran la gubernamentalidad como exclusiva de las sociedades liberales —caracterizadas por sujetos libres y economías de libre mercado (de alguna manera, la gubernamentalidad es una forma liberal de poder o la forma de poder que el liberalismo asume)—, en la práctica, como sugieren David Scott y Mitchell Dean, entre otros autores, como sistema analítico es eminentemente extrapolable a sociedades coloniales y autoritarias o, en general, a sociedades no liberales, y como forma de ejercicio de poder, es evidente en ellas.[25] Foucault lo reconoce en sus cursos de 1976 sobre la Alemania nazi, donde explora la interacción entre las dimensiones de disciplina y de regulación del «biopoder» —la administración de la vida o el poder que se ejerce sobre ella—,[26] esto es, entre los aparatos de soberanía y biopoder (del que más tarde se referirá como gubernamentalidad), y donde presta particular atención al «lado oscuro» del biopoder.

Al conceptualizar la gubernamentalidad, Foucault dio, en síntesis, particular importancia al racismo como lo que inscribe el biopoder/la gubernamentalidad como un mecanismo clave del poder estatal. Tal como lo indica Ann Laura Stoler, aunque para Foucault el régimen nazi ejemplifica «el derecho soberano a matar y la administración biopolítica de la vida», reconoce que el racismo fue «intrínseco a todo Estado moderno, normalizador, y a sus tecnologías biopolíticas».[27] Aun si el desarrollo de la política laboral y su coalescencia con lo que llamo el Estado obrero a inicios del siglo XX se

---

Neoliberalism as Exception. Para una aplicación de esta aproximación al caso latinoamericano, véase Poblete, «Governmentality and the Social Question». En el caso de investigadores peruanos, el enfoque de la gubernamentalidad ha tenido, hasta ahora, limitado impacto. Véase, sin embargo, la innovadora discusión de David Nugent sobre el proyecto del APRA de gubernamentalidad subalterna. Nugent, «Governing States».

24. Foucault reconoce como mucho: «No deberíamos ver esto como el remplazo de la sociedad de la soberanía por la sociedad de la disciplina, y después la sociedad de la disciplina, por la sociedad, digamos, del gobierno. En realidad, tenemos un triángulo: soberanía, disciplina y manejo gubernamental, que tiene como su principal objetivo la población y como mecanismo esencial a los dispositivos de seguridad». *Security, Territory, Population*, 108.

25. Scott, «Colonial Governmentality»; Dean, *Governmentality*, cap. 7. Como varios investigadores sugieren, la gubernamentalidad ha demostrado ser perfectamente compatible con proyectos de gobierno no liberales, particularmente en su reiteración neoliberal. Véanse Agamben, Homo Sacer, Butler, *Precarious Life*, Ong, *Neoliberalism as Exception*, y Brown, «Neoliberalism and the End of Liberal Democracy» y «American Nightmare».

26. Un concepto que apareció en su primer volumen de la *Historia de la sexualidad*.

27. Stoler, *Race and the Education of Desire*, 86, 88.

hacen eco de respuestas transnacionales al surgimiento de lo «social» y la cuestión obrera, este proceso tuvo características específicas en el Perú, que el pensamiento de Foucault sobre racismo y gubernamentalidad ilumina particularmente bien. Tanto la idea de que la industrialización era el equivalente a la civilización y al progreso, como la de que la clase obrera era un recurso valioso que necesitaba ser protegido y mejorado porque era esencial para ella, fueron moduladas localmente por las características sociales y culturales del Perú; a saber, por el hecho de que la élite del país, en su mayoría blanca, veía a la población predominantemente indígena como cultural y racialmente atrasada, y como un obstáculo para el progreso. Como sugerí más arriba, y como examino en detalle en el capítulo 1, en el Perú de inicios del siglo XX la idea de que la industrialización concordaba con la civilización existía en contrapunto a la de que la ausencia de civilización en el Perú (el atraso del país) era producto del carácter predominantemente rural e indígena de su población y, consecuentemente, de su inferioridad racial. Por esta razón, en el Perú, más que en otros países, la clase obrera comenzó a comprenderse en términos racializados: se excluyó de ella a los indígenas por la simple razón de que, si la clase obrera concordaba con el progreso y la indigeneidad con el atraso, era evidente que esta clase no concordaba con la indigeneidad.[28]

Como discuto en los capítulos que siguen, la racialización de la clase obrera en el Perú se hizo evidente en las formas que adquirió la política laboral. Implícita y algunas veces explícitamente, la legislación y la praxis excluyeron a los indígenas de esta política. La incompatibilidad entre clase obrera e indigeneidad se expresó claramente en la Constitución de 1920, que estableció regímenes constitucionales separados para los obreros y los indígenas. Pero esta separación se reflejó también en políticas laborales específicas y en las actividades de los organismos que se vinculaban con la clase obrera. La Sección del Trabajo, por ejemplo, no reconocía ni procuraba intervenir en las disputas que involucraban a los indígenas; otra sección, la de Asuntos Indígenas, existía para ese propósito. Por supuesto, los indígenas llevaron sus reivindicaciones laborales a la Sección del Trabajo, pero lo hacían como obreros

---

28. En el pensamiento acerca de cómo la clase obrera fue racializada en el contexto peruano, me he basado en aproximaciones obtenidas de Cooper, *Decolonization and African Society*, Liberman, *Shifting the Color Line*, y en general, en la literatura sobre la formación de la racialización y la raza en América Latina y el Perú. Véanse, entre otros, Mörner, *Race and Class*; Graham et ál., *The Idea of Race*; Stepan, *The Hour of Eugenics*; Wade, *Race and Ethnicity*; Appelbaum, McPherson y Rosemblatt, *Race and Nation*. Sobre el Perú, véanse Nugent, *El laberinto de la choledad*; Manrique, *La piel y la pluma*; Poole, *Vision, Race, and Modernity*; De la Cadena, *Indigenous Mestizos*; Portocarrero, *Racismo y mestizaje*.

y no como indios. Del mismo modo, el Seguro Social Obrero, al menos al comienzo, excluyó explícitamente a los indígenas de su cobertura, no porque no fuesen merecedores de ella, sino porque, como indios, no eran considerados obreros. Finalmente, tanto los barrios obreros como los restaurantes populares reflejaron implícitamente comprensiones racializadas de los trabajadores (asumidos como no-indígenas), como agentes de progreso que debían ser protegidos y mejorados a través del suministro de una mejor vivienda y alimentación en beneficio del país. En resumen, todos ellos ayudaron a construir, implícita o explícitamente, una clase obrera necesaria e inevitablemente no-indígena. Como en otros países, esta clase fue gubernamentalizada porque se la consideró un agente de progreso. Pero en el Perú, su gubernamentalización fue más racializada que en otros lugares.

Sin duda, como lo han demostrado historiadores del Perú y de otras partes, como ocurrió con los trabajadores, los indios también fueron percibidos como susceptibles de redimirse, y sometidos a un proyecto de gubernamentalidad que se manifestó en políticas de educación, salud pública y, de hecho, en el campo laboral. Sin embargo, a diferencia de los trabajadores en el Perú, México, Bolivia, Ecuador, Nicaragua o Guatemala, los indios (al igual que los afrolatinoamericanos, chinos, etc.) nunca fueron imaginados como agentes de progreso.[29] Mientras que los obreros fueron gubernamentalizados a fin de mejorar su contribución a la nación industrial, los indios lo fueron con el objetivo de reducir o eliminar el obstáculo que representaban para esa clase de nación.[30] La seducción de la clase obrera coexistió con la repulsión que provocaba la indigeneidad; de hecho, se halló condicionada por ese sentimiento. Como lo hicieron durante la Colonia, cuando por primera vez la categoría indio se asoció con el atraso, a lo largo del periodo estudiado los indígenas

29. Véanse, entre otros, Graham et ál., *The Idea of Race*; Appelbaum, McPherson, y Rosemblatt, *Race and Nation*; Larson, *Trials of Nation Making*; Dawson, *Indian and Nation*; O'Connor, *Gender, Indian, Nation*; Canessa, *Natives Making Nation*; Gould, *To Die in This Way*; Grandin, *The Blood of Guatemala.* Sobre afrolatinoamericanos en Brasil y Cuba: Skidmore, *Black into White*; Dávila, *Diploma of Whiteness*; Lesser, *Negotiating National Identity*; De la Fuente, *A Nation for All*; Bronfman, *Measures of Equality.*

30. Davies, *Indian Integration*; Jacobsen, *Mirages of Transition*; Nugent, *Modernity at the Edge of Empire*; Wilson, «Indian Citizenship»; Cueto, *El regreso de las epidemias*; Contreras, «Maestros, mistis y campesinos»; Fonseca Ariza, *Misioneros y civilizadores*; Rénique, *La batalla por Puno.* Sin lugar a dudas, como varios historiadores han mostrado, junto a los indios, otros grupos, tales como las mujeres o criminales, fueron considerados como susceptibles de redimirse. Sin embargo, como ocurrió con los indígenas, las intervenciones civilizadoras fueron más propensas a reproducir las jerarquías sociales que a desafiarlas. Veánse Mannarelli, *Limpias y modernas*; Muñoz Cabrejo, *Diversiones públicas*; Aguirre, *The Criminals of Lima.*

en el Perú desafiaron su exclusión y negociaron su gubernamentalización.[31] Continuaron haciéndolo durante el resto del siglo XX, incluso después de que la seducción de la clase obrera disminuyó y de que se formularan otras atractivas soluciones para remediar el atraso del Perú (como los migrantes invasores de terrenos de Odría, las carreteras de Belaunde, la «revolución» de Velasco, «el tiempo del miedo» de Sendero Luminoso, los empresarios cholos de Fujimori y, por supuesto, las varias fases ideológicas y programáticas del APRA).[32] El hecho de que estos desafíos y negociaciones continúen hasta hoy revela que, a pesar del «fracaso» del proyecto de gubernamentalidad plasmado en el Estado obrero, sus subyacentes ficciones racistas son poderosas y resistentes, y continúan configurando la formación del Estado-nación peruano.

La política laboral en los inicios del siglo XX, entonces, solo puede ser cabalmente comprendida cuando se la ubica en un más amplio análisis del proceso racializado de formación del Estado-nación, porque, aun cuando los indígenas fueron excluidos de la clase obrera, permanecieron inmanentes a la política laboral debido a que esta clase fue, en el discurso y en la práctica, concebida como no indígena. Esto revela cómo, en el Perú, la política laboral reflejó un amplio proceso de formación del Estado-nación que tuvo como premisa la exclusión de los indígenas del proyecto nacional. De esta manera, los proyectos gubernamentales que tuvieron como blanco a la clase obrera necesitan interpretarse como expresiones de ideas y prácticas, no solo sobre el rol de esta clase, sino sobre el no-rol de la indigeneidad. Todo esto ilustra cómo el Estado obrero fue también, a fortiori, un Estado racial.[33] El análisis de la política laboral explica el carácter fundamental de la formación del Estado-nación peruano en el siglo XX: la exclusión del indio no fue producto de las «fallas» del Estado peruano, como frecuentemente se arguye, sino que fue, y aún es, inherente al proyecto de formación del Estado-nación peruano, que tuvo y, en muchas formas, continúa teniendo como premisa la superación de la indigeneidad, es decir, la «desindianización» del Perú.

---

31. Véanse, entre otros, Stern, *Peru's Indian Peoples;* Spalding, *Huarochirí*; Flores Galindo, *Buscando un Inca*; y Silverblatt, *Modern Inquisitions.*

32. Portocarrero, *De Bustamante a Odría*; Collier, *Squatters and Oligarchs*; Stepan, *The State and Society*; Lowenthal, *The Peruvian Experiment*; Tovar, *Velasquismo y movimiento popular*; Mayer, *Cuentos feos*; Stern, *Shining and Other Paths*; Conaghan, *Fujimori's Peru*; Carrión, *The Fujimori Legacy.*

33. Tomo prestada la idea el Estado racial de Goldberg, *The Racial State.*

1

Racializando a la clase obrera

En su informe anual de 1913, el ministro de Gobierno peruano incluyó la siguiente observación sobre la nueva ley que regulaba las huelgas, promulgada por el gobierno de Guillermo Billinghurst (1912-1914):

> La inusitada frecuencia con que en los últimos tiempos se habían producido entre nosotros los conflictos entre el capital y el trabajo, y la urgencia de adoptar medidas que hicieran menos funestas sus consecuencias; obligó al Gobierno a dictar el supremo decreto de 24 de enero del presente año, reglamentando las huelgas, que ha producido en la práctica los mejores resultados; permitiendo solucionar los desacuerdos entre patrones y obreros, con beneficio positivo para ambos, estableciendo así la armonía desaparecida. Todos los países tienen legislación obrera, y es llegado el momento de que exista también en el nuestro.[1]

De acuerdo con esta información, el Perú había entrado a una nueva etapa de desarrollo histórico en la que los conflictos entre el capital y el trabajo aumentaban. Para que tales problemas se resolviesen, el Estado necesitaba intervenir. En efecto, una serie de huelgas había sacudido la sociedad peruana desde la década de 1880. Por otro lado, los trabajadores urbanos habían desempeñado un rol clave en el ascenso al poder del presidente Billinghurst

---

1. *Memoria que el Ministro de Gobierno y Policía presenta al Congreso Ordinario de 1913*. Lima: Tipografía Opinión Nacional, 1913, pp. ix-x.

en 1912.[2] La militancia obrera, sugería el ministro, señalaba la entrada del Perú a una nueva era industrial y, al mismo tiempo, su vulnerabilidad frente a las consecuencias menos favorables de este proceso. El corolario era que, por razones tanto de orden social como de eficiencia económica, era imperativo para el Estado abocarse a la cuestión obrera. En esto, el Perú no era sino parte de un proceso más amplio en el ámbito mundial. Como señala Daniel Rodgers en su estudio sobre el crecimiento transnacional de la «política social» en el Atlántico Norte, las huelgas de fines del siglo XIX e inicios del XX «fueron el más enervante signo del nuevo orden [...], ellas crecían en amplitud conforme la era avanzaba, arrastrando al Estado más y más profundamente al rol de policía, negociador o supresor militar».[3]

Como muestro en este capítulo, el comentario del ministro de Gobierno sobre el crecimiento de la militancia obrera y la necesidad de una legislación laboral, sugiere que las causas y consecuencias de las huelgas y el requerimiento de que el Estado interviniera fueron ideas que circularon en el mundo de inicios del siglo XX más allá del Atlántico Norte. Comenzaré por examinar la forma en que el surgimiento de la cuestión obrera en el Perú —un problema de clase que requería una solución—, dio lugar a nuevas concepciones del Estado, de su rol social y de la propia clase obrera.[4] Arguyo que estos cambios reflejaron tanto racionalidades de disciplina —el propósito del Estado era controlar y disciplinar a la clase obrera, que podía ser una amenaza para el orden social—, como racionalidades de gobierno —el Estado debía proteger y mejorar a esa clase, en tanto también se la consideraba un agente de progreso—, y que ambas racionalidades respondieron al temor de la élite por los disturbios sociales que la industrialización provocaba, a las corrientes transnacionales que vinculaban el Perú con la «política social» de Europa y Norteamérica y, en general, al nacimiento del Estado obrero en el país. En una segunda sección, examinaré los inicios de la legislación y política laborales para mostrar cómo el género influyó en ellas, un fenómeno común a todos

---

2. Véase Blanchard, *The Origins of the Peruvian Labor Movement.* No existen estadísticas oficiales de huelgas para este periodo. Véase, sin embargo, Zitor, *Historia de las principales huelgas*, e Iziga Núñez, *Sociología de la clase obrera peruana*, 93-94, 156-158.

3. Rodgers, *Atlantic Crossings*, 51.

4. Como observa Frederick Cooper: «El aceptar a los africanos como obreros urbanos, necesitados de sindicatos, de un sistema de establecimiento de sueldos, de seguro social y de acuerdos de negociación colectiva, y concebir a los africanos como campesinos incapaces y reacios de trabajar por sueldos a menos de ser forzados implicaba concepciones muy distintas del Estado, la producción y del trabajador». Cooper, *Decolonization and African Society*, 165-166.

los países latinoamericanos. El Estado obrero fue, en la práctica, un Estado patriarcal. Por último, como expondré en la sección final, en mayor medida que en otros lugares, la cuestión obrera en el Perú fue un tema racializado.[5] La clase obrera en el Perú comenzó a imaginarse de una manera que excluía a los indígenas de su esfera y del concepto de progreso con el que se la identificó o, más bien, solo los incluía en tanto dejaran de ser indígenas como producto de la industrialización y del efecto civilizador que ella tenía. Como expondré, los indígenas fueron considerados incompatibles con el Estado obrero y, en general, con el proyecto de una nación industrializada y civilizada.

La cuestión obrera

Como sus contemporáneos en Europa, Norteamérica y la mayor parte de Latinoamérica, en el Perú, una nueva generación de profesionales formados en universidades respondió a lo que comenzó a conocerse como «la cuestión social», convirtiéndose en reformadores sociales y buscando influir en la política. Este grupo incluyó desde ingenieros que esperaban mapear los vastos recursos minerales del Perú, hasta médicos que pretendían modernizar la salud pública.[6] También había entre ellos, abogados y científicos sociales que buscaban hacerse cargo específicamente de la cuestión obrera, que entendían, por un lado, como la tendencia de los trabajadores a organizar huelgas y a asumir indeseables doctrinas sociales y políticas, y por otro, como las condiciones en las que ellos trabajaban y vivían, que los hacía propensos a esas doctrinas y a los disturbios sociales. Durante la mayor parte del siglo XIX,

---

5. Sin lugar a dudas, el Perú no fue único en este sentido. Los historiadores han mostrado que las ideas acerca de la raza desempeñaron un rol clave en la constitución de ideas sobre la clase obrera en lugares tan diversos como los Estados Unidos en los siglos XVIII y XIX, la Jamaica de después de la emancipación, y el África occidental en el periodo colonial. David Roediger, por ejemplo, examina el proceso por el cual la blancura llegó a asociarse con el trabajo asalariado, industrial y moderno; mientras que la negritud, «a representar el pasado preindustrial que [la clase trabajadora blanca] desdeñaba y ansiaba» en los Estados Unidos de los siglos XVIII y XIX. Thomas Holt discute cómo las cambiantes ideas coloniales acerca de la capacidad de los exesclavos para desempeñar un trabajo libre asalariado configuraron la naturaleza de la «libertad» en la Jamaica de después de la emancipación. Frederick Cooper, mientras tanto, explora las formas en que la noción de «trabajador africano» como «dos conceptos incompatibles el uno con el otro» comenzó a ser desafiada en el África colonial francesa y británica. Véanse Roediger, *The Wages of Whiteness*, 97; Holt, *The Problem of Freedom*; Cooper, *Decolonization and African Society*.

6. Sobre los nuevos sectores profesionales, véase Proyecto Historia UNI, *Construyendo el Perú*; y Cueto, *Excelencia científica*.

la élite peruana concordó en que correspondía a la filantropía privada o a las órdenes religiosas enfrentar los males de la sociedad, y en específico, de la población trabajadora. Sin embargo, para inicios del siglo XX, muchos juzgaron que el Estado era quien debía hacerse cargo de ellos y asumir la responsabilidad por el orden social, la salud pública y la educación.[7] Lo que George Steinmetz ha llamado acertadamente la «regulación de lo social», se desarrolló en el Perú como una emulación y adaptación de ejemplos europeos y norteamericanos de «mejoramiento» social.[8] Específicamente, esto se manifestó en la expansión de la capacidad coercitiva y cognitiva del Estado a través de la promulgación de leyes y la creación de instituciones que se equiparon con herramientas para llevar a cabo proyectos de regulación y mejoramiento social. Sin embargo, también se expresó en cambios en las ideas acerca de la clase obrera y el Estado.

Generalmente, los reformadores sociales en el Perú no percibieron los disturbios obreros como un fenómeno aberrante, sino como reflejo y constitutivos de una era capitalista industrial. En 1905, Luis Miró Quesada —en aquel entonces un joven universitario graduado, pero próximo a convertirse en un pionero del pensamiento social en el Perú—, argumentó que la cuestión social «no es otra cosa que la manifestación de los males producidos por la profunda división que reina entre las dos clases que se disputan los provechos de la industria: la del capital y la de los proletarios; clases que, por un concepto errado de las cosas se consideran como enemigos, y que, en abierta lucha, llegan a olvidar los intereses permanentes de la humanidad por egoísmo la una, por desesperación la otra».[9] En otras palabras, para los reformadores sociales, como Miró Quesada, el surgimiento de la cuestión social era una consecuencia de las imperfecciones del capitalismo. Junto con varios de sus contemporáneos, Miró Quesada argumentó que el propósito del Estado era enfrentar estos defectos. Varios analistas repitieron esta idea una vez y otra durante la primera mitad del siglo XX. Por un lado, los reformadores sociales argüían que el Estado debía intervenir en la esfera laboral con el fin de garantizar la paz industrial y asegurar la producción, lo que significaba enfrentar las condiciones que originaban los disturbios obreros. Generalmente, identificaron estos altercados como producto de influencias radicales en la clase obrera,

---

7. El estudio histórico de la filantropía sigue siendo limitado en el contexto peruano. Véase, sin embargo, los artículos relevantes en Portocarrero y Sanborn, *De la caridad a la solidaridad.*

8. Steinmetz, *Regulating the Social.*

9. Miró Quesada, «El contrato del trabajo». En Miró Quesada, *Albores de la reforma social,* 50.

que el Estado, naturalmente, necesitaba contrarrestar. Pero los reformadores sociales también comprendieron los disturbios como el resultado de las condiciones que los trabajadores enfrentaban en sus centros laborales y hogares.

En 1906, por ejemplo, Alberto Elmore, el recién elegido presidente de la renovada Academia Peruana de Legislación y Jurisprudencia, decidió dedicar su lección inaugural a «los conflictos industriales y comerciales, verdaderos combates que libra el capital ya con el trabajo ya con el consumo». Recordando la reciente huelga de los trabajadores portuarios del Callao, Elmore mencionaba que la legislación peruana ni siquiera contenía los términos «huelga» o «coalición» (con el cual se refería a sindicato), pero argumentaba que el derecho a huelga y el derecho al sindicalismo necesitaban aceptarse. Sin embargo, aun viendo esto necesario —a la luz de los avances alcanzados en otros lugares—, le preocupaba el hecho de que tales leyes eran generalmente violadas por aquellos a los que intentaban proteger. Los trabajadores, afirmaba, eran propensos a la influencia de agitadores «socialistas» que buscaban «resultados políticos».[10] La idea de una influencia externa corruptora en, por lo demás, pacíficos trabajadores peruanos se repitió regularmente en las publicaciones del gobierno y la prensa. La advertencia del ministro de Gobierno en 1916 de que unos anarquistas extranjeros habían llegado recientemente al Perú y comenzado a ganar seguidores, formar organizaciones y planear publicaciones, encontró eco en un artículo publicado en *La Crónica* sobre una serie de huelgas en los puertos norteños de Salaverry y Pacasmayo, en el que se argumentaba que era imperativo «averiguar si detrás de todo eso no hay la mano cobarde del agitador extranjero». El artículo admitía la posibilidad de que la fuente de la militancia fuera local, pero sugería que solo unos criminales recurrirían a tales medidas: «Y si los agitadores son obreros de nuestro propio país, en honor de la misma clase obrera, que afortunadamente entre nosotros ha alcanzado un apreciable nivel de cultura, corresponde descubrirlos al público y entregarlos al juicio de la opinión como obreros inconscientes y perversos de una obra delictuosa».[11] La conclusión, en este y varios otros textos sobre los disturbios obreros de este periodo, era que los trabajadores no tenían una legítima causa para protestar; de hecho, se afirmaba que los que lo hacían, no eran verdaderos trabajadores.[12]

---

10. Elmore, conferencia, «Academia peruana de legislación y jurisprudencia».

11. *Memoria que el Ministro de Gobierno y Policía presenta al Congreso Ordinario de 1916*. Lima: Imprenta del Estado, 1916, p. xiv; *La Crónica*, 1 de septiembre de 1916.

12. Quizás naturalmente, los trabajadores rechazaron la idea de que los extranjeros eran responsables del crecimiento de la militancia. Un artículo en el periódico anarquista *La*

La militancia obrera podría haber sido considerada por la élite peruana como una evidencia del progreso industrial del Perú, y como una de sus inevitables y naturales consecuencias, pero su «otredad» (su desnaturalización como algo ajeno al Perú) sirvió para legitimar su represión. De esta forma, la militancia obrera creó un rol para el Estado, que fue el llamado a proteger a la clase obrera de la perversa influencia extranjera y militante, y, en general, a poner orden y regular los conflictos entre capitalistas y trabajadores, una función que expresaba lo que llamo «racionalidades de disciplina». Como argumentaba Miró Quesada, «dada la difícil situación en que actualmente se encuentra la sociedad, reconociendo el peligro que entraña esa lucha sorda y tenaz que ha muchos años se libra entre el capital y el trabajo y que amenaza destruir [...] el progreso, la paz y las instituciones sociales, hay que concluir que el Estado no solo tiene la facultad de intervenir en el trabajo del obrero, sino que está en el deber de hacerlo».[13] De manera similar, Augusto Elmore argüía que era imperativo para el Estado actuar a fin de reprimir las influencias negativas a las que la clase obrera estaba expuesta: «se necesita pues de una legislación especial y vigorosa, ejecutada por una administración activa é inteligente y auxiliada por la opinión pública; y solo así se podrá evitar o atenuar siquiera tan graves males, garantizar más eficazmente la libertad del trabajo, dar mayor seguridad a los intereses públicos comprometidos, y poner un freno a la inexcrupulosa [sic] complicidad de los especuladores políticos».[14] Este fue el pensamiento que, como vemos, llevó al ministro de Gobierno a argumentar en 1913 que el incremento de los conflictos entre empresas capitalistas y trabajadores había creado «la urgencia de adoptar medidas que hicieran menos funestas sus consecuencias».

Si la intervención en la esfera laboral se justificó por la necesidad de proteger a la clase obrera de «los especuladores políticos», también lo hizo por la creencia de que era lo moderno y civilizado que había que hacer. Como el

---

Protesta observa: «Acusar al elemento extranjero, que bien poco afluye a esta ciudad, de ser la causa única de la propaganda anarquista, es disimular, de la manera más necia, la incapacidad en que se hallan de combatir nuestros ideales». De hecho, afirmaron los anarquistas, había buenas y obvias razones para el crecimiento de la militancia: «No es por imitación simiesca que en el Perú se ha comenzado a discutir desde hace tres lustros la cuestión social; sino porque, ya desde entonces, el capitalismo comenzaba entre nosotros a iniciar sus tendencias acaparadoras y sus propósitos de lucro despiadado». *La Protesta* 5, n. ° 49 (agosto de 1916) y 1, n. ° 11 (diciembre de 1911), citado en Pareja, *Anarquismo y sindicalismo*, 53, 54.

13. Miró Quesada, «La moderna crisis social». En su *Albores de la reforma social*, 21-22.

14. Elmore, conferencia inaugural.

ministro de Gobierno mencionó, «todos los países tienen legislación obrera», con lo cual se refería a que todos los países «modernos» y «civilizados» la poseían. De esta manera, los reformadores sociales creyeron que si había llegado el momento para que el Perú tuviera una legislación laboral, era porque el país había alcanzado una etapa histórica que la hacía necesaria. De hecho, como David Parker ha argumentado en un lúcido artículo sobre la huelga general de fines de 1918 (considerada como el momento de fundación del movimiento obrero peruano), esta pudo haber contribuido con la decisión del presidente José Pardo de extender la jornada de ocho horas a todos los trabajadores el 15 de enero de 1919 (concedida a la mano de obra portuaria en 1913 y a las mujeres y niños en 1918). Sin embargo, el impulso que se le dio a la ley provino de la élite: de abogados, académicos y políticos que comenzaron a percibir la legislación laboral como un componente necesario de «la modernidad».[15] La ley no fue una victoria para los anarquistas, como algunos coetáneos creyeron y algunos historiadores sugieren, sino más bien una medida de arriba hacia abajo que reflejaba las inquietudes y aspiraciones de la élite peruana. De hecho, los reformadores sociales como Alberto Ulloa Sotomayor arguyeron en 1919, quizás exagerando sus argumentos, que los trabajadores solo estaba interesados en la agitación y que «ninguna ley ni ninguna iniciativa de aquel orden ha sido reclamada por los obreros y sus sociedades, las pocas que están en vigencia y las que están en proyectos les han sido obsequiadas por la buena voluntad de los hombres previsores».[16] Ciertamente, la élite peruana fue consciente de los avances internacionales en materia de legislación laboral y vio con buenos ojos medidas progresistas, tales como las leyes que regulaban las horas de trabajo, ya que adherirse a ellas hacía posible proclamar, o así lo creía esta élite, la firme marcha del Perú por el camino de «la civilización». Como afirma Parker, «Los reformadores sintieron que el Perú necesitaba un código laboral avanzado, así como necesitaba ferrocarriles, iluminación eléctrica, bombines, y todo lo demás en boga al otro lado del Atlántico».[17]

Dos discursos transnacionales aparentemente contradictorios influyeron en la perspectiva de los reformadores sociales peruanos de que la protección de la clase obrera por parte del Estado era evidencia de que el país se encaminaba a la civilización. El primero de ellos fue el pensamiento social asociado

---

15. Parker, «Peruvian Politics and the Eight-Hour Day».

16. Ulloa y Sotomayor, *¿Conviene establecer una Dirección del Trabajo?*, s. p.

17. Parker, «Peruvian Politics and the Eight-Hour Day», 423.

con la *Rerum novarum*, la encíclica papal de 1891, y textos posteriores que desarrollaron el pensamiento social católico, tal como el Código Social del cardenal Mercier, que articulaba una filosofía social en favor de una tercera vía entre el capitalismo y el socialismo. Como David Rock sugiere, la *Rerum novarum* «tejió una ambigua síntesis de prescripciones reaccionarias y exteriormente progresistas». Se criticó el egoísmo y rapacidad de los capitalistas, y al mismo tiempo, las tácticas subversivas de los socialistas. En particular, se rechazó la afirmación de que la lucha de clases era inevitable. De manera importante, sin embargo, «su concepto de las funciones del gobierno se encontraba más cercano al intervencionismo socialista que al *laissez-faire* liberal [...] La encíclica pedía al Estado "promover el bienestar público y la prosperidad privada". El Estado debía frenar la acumulación de excesiva riqueza y buscar la "justicia distributiva"».[18] Estas ideas son claramente evidentes, por ejemplo, en el discurso pronunciado en el Círculo de Obreros Católicos, en Arequipa, por el misionero franciscano Francisco Cabré, en 1918, en el cual criticaba tanto «el absurdo del socialismo de querer enmendar la plana a Dios, trastornando el actual orden social», como la explotación de la clase obrera por los capitalistas, y pedía la creación de instituciones, tales como sociedades mutualistas, que mejoraran la vida de los trabajadores.[19]

El impacto del pensamiento social católico en los debates sobre la cuestión obrera en el Perú se expresa más claramente en *La realidad nacional* de Víctor Andrés Belaunde, libro publicado por primera vez en 1931 como respuesta a los *Siete ensayos de interpretación de la realidad peruana* de José Carlos Mariátegui. Belaunde ubicó el pensamiento que había emergido de la *Rerum novarum* en la vanguardia de la política social, señalando que «no es necesario recordar la posición tradicional de la filosofía social católica respecto del derecho de huelga, el trabajo de los niños y las mujeres, los accidentes del trabajo y el llamado entrenamiento vocacional o profesional». El catolicismo social, enfatizaba Belaunde, reconocía el derecho de los trabajadores a organizarse en sindicatos y, «en cuanto a los conflictos sociales, ha preconizado siempre la conciliación y el arbitraje, evitando dar en este influencia decisiva al capital». Por otra parte, Belaunde destacaba que, en contraste con

18. Como observa David Rock, el catolicismo social sostenía que «el gobierno tenía el derecho de actuar en contra de los que "estaban imbuidos de malos principios y ansiosos de cambios revolucionarios [...] El Estado debía intervenir para proteger a los trabajadores de actos sediciosos y a los propietarios legales de la expoliación"». Rock, «Intelectual Precursors».

19. Cabré, *Conferencia dada al Círculo de Obreros Católicos.*

el liberalismo, el catolicismo social preveía un fuerte rol del Estado en el manejo de la cuestión obrera: «la filosofía social católica no ha mantenido, como la filosofía individualista, al Estado fuera de la vida económica del país. Al contrario, ha afirmado su intervención para la protección y la guardia de los principios anteriormente expuestos». Para Belaunde, las prescripciones del catolicismo social sobre la cuestión obrera eran particularmente adecuadas para el Perú, ya que proveían «una serie de orientaciones prácticas, razonables y justas que, además de la importancia que les da su universalidad al ser sostenidas en los principales países de Europa y América, por grupos de consideración, tiene la muy especial de corresponder al fondo religioso y a la psicología tradicional que la Iglesia ha dado a nuestro pueblo».[20]

Al mismo tiempo, la creencia de los reformadores sociales de que la clase obrera era susceptible de ser protegida por el Estado se configuró con ayuda del positivismo, la influyente noción de que la sociedad presentaba una serie de problemas que podían superarse racionalmente a través de la aplicación del método científico.[21] Como numerosos historiadores han mostrado, las décadas iniciales del siglo XX presenciaron el desarrollo de una visión de élite sobre los pobres, los marginales, los criminales, los «degenerados raciales», las mujeres y los suicidas, influida por esta corriente filosófica. Esta visión llevó a aumentar la intervención estatal en las esferas de la salud pública, el orden público, lo penal y la educación, una injerencia que reflejaba la creencia de que «el progreso» científico permitiría el reordenamiento y «mejora» de la sociedad.[22] Esto no fue diferente con relación a la cuestión obrera. Como Luis Miró Quesada argumentó:

> El Estado, al proteger el trabajo, debe hacerlo inspirándose en la justicia y el bien público; debe tratar de armonizar, hasta donde sea posible, los intereses en pugna, subordinando el individual cuando atenta contra el de la comunidad. La aplicación de estos principios es de la competencia de los legisladores y de los hombres de estado de cada país, que son los únicos que, tras maduro examen de las leyes industriales de otras naciones, del estudio de la raza, carácter y costumbres de su pueblo pueden llegar a determinar el grado de intervención

20. Belaunde, *La realidad nacional*, 150-151.

21. Sobre la influencia del positivismo en América Latina, véase Hale, «Political Ideas and Ideologies».

22. Véanse Cueto, *El regreso de las epidemias*; Parker, «Civilizing the City of Kings»; Wilson, «Indian Citizenship»; Contreras, «Maestros, mistis y campesinos»; Aguirre, *The Criminals of Lima*; Muñoz Cabrejo, *Diversiones públicas*; Mannarelli, *Limpias y modernas*; Drinot, «Moralidad, moda y sexualidad»; Drinot, «Madness, Neurasthenia and "Modernity"».

que conviene y el modo de realizarla para conseguir el progreso y la paz en la sociedad que estos benéficos cambios experimenta.[23]

Como Belaunde, Miró Quesada también concibió la acción del Estado en la cuestión obrera como una necesaria combinación de lo universal (catolicismo; legislación laboral científicamente derivada) y lo local (un «fondo religioso» y una «psicología tradicional»; el «estudio de la raza, carácter y costumbres de su pueblo»).

Estas corrientes transnacionales configuraron la creencia de que el propósito del Estado no era solo proteger a la clase obrera sino, también, «mejorarla», aumentar su bienestar, actuando sobre los ambientes mediato e inmediato de los trabajadores; lo que Tania Murray Li llama la «voluntad de mejorar», y Miller y Rose, las «racionalidades de gobierno».[24] Haciendo campaña en favor de escuelas nocturnas para trabajadores, por ejemplo, el periódico *Ilustración Obrera* señalaba, en 1917, que la creación de esos establecimientos «es una obligación por parte del estado y no una merced que se concede a las clases trabajadoras, como algunos creen erróneamente».[25] Ese mismo año, Juan Angulo de la Puente Arnao concluía su tratado sobre legislación laboral arguyendo que «solo con el intervencionalismo, podrá llegarse a una verdadera organización obrera, y el Gobierno que lo aborde habrá no solo escrito una página gloriosa en la historia de su patria, sino que el nombre de su jefe quedará esculpido en el corazón de todos los obreros del Perú».[26] Según un editorial del periódico *Mundial* de 1921, «abaratar las subsistencias populares, buscar la abundancia, higiene y comodidad de la habitación del pueblo; procurar abundante trabajo a los laboristas; disciplinar y educar a las masas, he allí la imperiosa obligación del estado moderno». Algunos años después, en 1937, Napoleón Valdez Tudela, quien ocupó la cátedra de legislación social en la Universidad de San Marcos, explicaba que «la intervención del Estado en las relaciones del capital y del trabajo, que constituye el problema social contemporáneo y cuyas raíces se encuentran en la evolución del trabajo humano y en el desarrollo de la industria, es el único medio de hacer efectiva la justicia social, porque dispensa la protección social al trabajador sin perjudicar el progreso industrial».[27]

---

23. Miró Quesada, «La moderna crisis social». En su *Albores de la reforma social*, 21-22.
24. Li, *The Will to Improve*; Miller y Rose, *Governing the Present*.
25. *Ilustración Obrera*, 13 de octubre de 1917.
26. Angulo de Puente Arnao, *Legislación obrera*, 34.
27. *Mundial* 2, n.º 68 (2 de septiembre de 1921). Valdez Tudela, «El problema social», 29.

Interviniendo en la esfera laboral, el Estado no solo protegía a los trabajadores del capitalismo rapaz y del socialismo impío, sino que también mejoraba la capacidad de la clase obrera para contribuir al advenimiento de la civilización en el Perú. Estas racionalidades de gobierno coexistían y se nutrían mutuamente con impulsos represivos, esto es, con racionalidades de disciplina: los reformadores argüían que el Estado debía intervenir en el ámbito laboral con la finalidad de proteger a la clase obrera de las influencias políticas, porque de no hacerlo, esta clase social podía pasar de ser un agente de progreso a ser una amenaza para la sociedad. Como Clorinda Corpancho argumentó en 1913:

> No olvidemos que el elemento industrial que es el alma del mundo moderno y el obrero que es el soplo que da vida a esa alma, son a nuestra existencia tan necesarios como el agua y el pan de cada día. El destino los ha unido con lazos indisolubles que no son menos sagrados que los que forman la naturaleza, porque llevan en sí el germen de grandes virtudes y desconociéndolos pueden causar las mayores calamidades.[28]

Aunque la identificación entre trabajadores y «la paz y el progreso» y «el mundo moderno» elevó a los primeros a un estatus de agentes de progreso, los reformadores sociales continuaron percibiéndolos como una potencial fuente de peligro social.[29] De esta forma, comprendieron la protección y el bienestar de la clase obrera como el objetivo central del gobierno y de un rol social ampliado para el Estado.

Sin duda, no todos los analistas de la élite estuvieron a favor de incrementar la legislación laboral o de ampliar el rol social del Estado. Algunos empleadores, particularmente aquellos vinculados a la Sociedad Nacional de

28. Corpancho, *El problema obrero*, 52.

29. En su reciente y pionero estudio sobre la criminalidad y la vida en la prisión en la Lima de inicios del siglo XX, Carlos Aguirre sugiere que los trabajadores eran vistos y se veían como distintos de y, de hecho, superiores a las «clases peligrosas» de Lima. Observa que «el mundo del trabajo y el mundo del crimen se convirtieron, para los expertos, en territorios discretos, cada uno con su propios problemas y relación con el orden social», mientras que «los trabajadores comenzaron a distanciarse de los criminales y, hasta cierto punto, internalizaron el discurso sobre la honestidad y los hábitos de trabajo diseminados por el Estado, la escuela, la Iglesia, e incluso el sindicato». Aguirre, *The Criminals of Lima*, 16. Si bien avalo esta interpretación en la medida en que comparto la insistencia de Aguirre sobre la importancia de ciertos valores para el automodelamiento de los trabajadores, creo que necesita replantearse en el contexto de la discusión de esta sección. Lo que redimió, de hecho, a los exaltados trabajadores a ojos de los reformadores sociales fue su identificación con el «progreso». Pero la élite nunca dejó de ver a los trabajadores como una potencial fuente de peligro para el orden social.

Industrias, arguyeron que el Estado tenía un papel que desempeñar en estimular y proteger la industria, y en contribuir, en ese sentido, con «el desarrollo de la nación y por consiguiente en el aumento de su riqueza», pero rechazaban la intervención estatal en determinar los salarios o regular las condiciones laborales.[30] Según un comentarista, «el objeto del Estado —el único objeto— es proteger a la industria».[31] En un artículo publicado a inicios de 1917, parcialmente en respuesta a las campañas en la prensa dirigidas a incrementar los salarios para mitigar el impacto de la inflación derivada de la guerra, los industriales argumentaron que tales actos eran innecesarios, ya que los empleadores eran perfectamente conscientes de que «un buen salario asegura a su colaborador el obrero un standard of life [sic] elevado, contribuyendo así a la mayor producción, calidad y cantidad de los artículos elaborados». Empleadores ilustrados, antes que la sociedad civil o el Estado, decidirían adecuar los salarios y las condiciones de trabajo, ya que «nuestros industriales saben perfectamente que en todo ser humano hay que cultivar el animal como dice Spencer; porque un buen animal es la base indispensable de la inteligencia y de la buena dirección». Por otra parte, el artículo enfatizaba que lo que finalmente conduciría a mejores sueldos y mejoraría las condiciones laborales no sería la presión de las huelgas ni la intervención estatal, sino el crecimiento sin obstáculos de la industria en el Perú: «el obrero peruano solo encontrará su porvenir en el desarrollo de la industria nacional».[32]

La resistencia a una ampliación del rol estatal se extendió a la esfera pública. En la prensa tradicional, varios comentaristas reflexionaban sobre la nueva legislación y la intervención estatal en el ámbito laboral. Algunos veían tales medidas como innecesarias, mientras que otros las consideraban posturas vacías. Un editorial en la revista *Economista Peruano* argumentaba, en 1913, que la mayoría de leyes laborales propuestas en el Congreso no eran relevantes para la realidad peruana: «son soluciones presentadas al Gobierno antes que los problemas se hubieran planteado».[33] El artículo rechazaba la idea de que el Estado estaba mejor ubicado para enfrentar las necesidades de los trabajadores y afirmaba que las propuestas legislativas eran poco menos que maniobras políticas que habían «importado el socialismo a un mercado escaso de consumidores» y creado un «socialismo de Estado» en el país. Para

30. *La Industria* 1, n.º 8 (15 de agosto de 1916).

31. *La Industria* 1, n.º 1 (11 de diciembre de 1915).

32. *La Industria* 2, n.º 19 (30 de mayo de 1917).

33. Rodríguez, «Coaliciones y huelgas».

el editorialista, quien afirmaba levantar la bandera de la libertad económica, «pretender resolver la cuestión social con Reglamentos, por la violencia y la intervención de la autoridad [...] es agitar la vida social y mantenerla en permanente desequilibrio». Las necesidades sociales de los trabajadores, alegaba, se solucionarían, no a través de la legislación, sino «[d]el mejoramiento de instrucción industrial del obrero, por su mayor elevación moral, por la eficacia de los instrumentos de trabajo para facilitarle y hacerle más provechoso y finalmente por el crecimiento de la población dedicada al comercio, la industria, a las ciencias, a las artes y a cultivar el respecto reciproco de los hombres». El Estado debía abstenerse de resolver los conflictos laborales y limitarse a «garantizar el contrato y la libertad del trabajo». Pocos años después, un artículo de *La Prensa* sobre las relaciones laborales en los Estados Unidos, que se centraba particularmente en las actividades de Charles M. Schwab y Henry Ford, concluía que las leyes «no pueden regular con acierto la organización fundamental de la justicia social», y que los trabajadores habían ganado mucho más con la «noble iniciativa» de los patrones de lo que podrían haberlo hecho con la legislación o las huelgas: «la justicia social es una fuerza poderosa que brota del corazón de los capitalistas que en sus empleados no ven meras máquinas de carne y hueso sino seres humanos, hombres honrados y fieles, padres de familia con derecho moral al bienestar personal».[34]

Aunque hubo desacuerdos sobre el rol y la capacidad del Estado para proteger al trabajador, lo que estos comentarios revelan es el surgimiento de un consenso en la sociedad peruana de que los trabajadores eran un recurso valioso que necesitaba protegerse y mejorarse moral y físicamente, esto es, un consenso expresivo de racionalidades de gobierno. Lo que se debatió fue si la protección y mejoramiento resultarían de la intervención del Estado o de la benevolencia o racionalidad de los empleadores. Pero tanto los reformadores sociales, como los industriales adscritos a la SNI y los que escribieron en la prensa nacional, reconocieron que los trabajadores tenían «necesidades sociales» y «un derecho moral al bienestar personal», y que era imperativo que estos se resolvieran, de modo que su productividad mejorara en beneficio de la industria y, en general, de la nación. Por supuesto, no deberíamos tomar estos comentarios demasiado literalmente: después de todo, pocos patrones afirmarían abiertamente no tener, de corazón, el mejor interés en sus trabajadores. En este periodo, incluso, muchos empleadores de Lima y en

34. *La Prensa*, 19 de enero de 1918.

los sectores exportadores adoptaron lo que fue frecuentemente denunciado como medidas «paternalistas» —por José Carlos Mariátegui, entre otros—, y aplicaron medidas de bienestar social en sus fábricas y haciendas, proveyendo de vivienda, servicios de salud y pensiones a sus trabajadores, así como de escolarización para sus hijos. En general, como muestro en este y los siguientes capítulos, a pesar de que el Estado en muy raras ocasiones protegió efectivamente o «mejoró» a los trabajadores, las racionalidades de gobierno estuvieron en el centro de la política laboral de la primera mitad del siglo XX.

La influencia del género en el Estado obrero

La idea de que el propósito del Estado era proteger y mejorar a la clase obrera se reflejó en los cambios legislativos que pusieron en práctica las racionalidades de disciplina y de gobierno. Hasta veinte leyes, decretos y reglamentos que regulaban el trabajo y la vida de los trabajadores aparecieron entre 1900 y 1920.[35] Estas disposiciones ostensiblemente progresistas formalizaron el poder del Estado para intervenir en la esfera laboral. La ley de huelga de 1913, descrita por un periódico de lengua inglesa como «un documento singular, probablemente el primer caso en toda Sudamérica», es un buen ejemplo de cómo las racionalidades de disciplina y de gobierno configuraron la intervención del Estado en el ámbito laboral.[36] Después de una ola de huelgas (que llevó a que a los trabajadores portuarios del Callao se les concediese la jornada de las ocho horas), en 1913, el presidente Guillermo Billinghurst promulgó un decreto que reconocía el derecho a huelga de los trabajadores. Sin embargo, el decreto también establecía una serie de regulaciones que limitaba su uso. Las huelgas podían seguir adelante solo después de que los intentos de conciliación con los empleadores hubieran colapsado. Los trabajadores debían mostrar que una mayoría estaba a favor de la huelga, y enviar un aviso indicando los nombres y direcciones de los huelguistas a la policía, para que veinticuatro horas después, la huelga pudiera comenzar.[37] Si el decreto sirvió para reprimir o promover el uso de la huelga por los trabajadores, no es claro, pero lo que sí lo es, es que ubicó al Estado como la entidad con la capacidad y legitimidad de configurar las relaciones capital-trabajo en el mercado laboral y más allá de él. En teoría, al menos, los trabajadores podían ahora organizar

35. Coronado, «Génesis, evolución y estado actual de la legislación social peruana».

36. *Peru To-Day* 4, n.º 11 (febrero de 1913): 586.

37. Santistevan, *La huelga en el Perú*, 35-44.

huelgas legalmente y, al mismo tiempo, beneficiarse de la protección del Estado. Por otro lado, el Estado podía reprimir las huelgas repentinas y no autorizadas, mientras que las regulaciones contenidas en el decreto hacían que la huelga fuera un asunto complejo y que demandaba tiempo.

Dos leyes más ilustran cómo la idea de que el propósito del Estado era proteger y mejorar a la clase obrera se tradujo en una expansión de su esfera de acción. La primera, la Ley de Accidentes del Trabajo (ley 1378) decretada en 1911, fue la culminación de un largo proceso de negociación en el Congreso, en el que Rosendo Vidaurre (discutido más adelante) desempeñó un importante rol. La ley tenía muchos defectos, por lo que fue fácilmente rechazada por los empleadores y duramente criticada por los trabajadores. Sin embargo, el Perú fue, a pesar de todo, «el primer país en Latinoamérica en tener una ley de ese tipo, y con Canadá, solo el segundo en todo el hemisferio occidental».[38] La segunda ley, la Ley sobre Trabajo de Mujeres y Niños de 1918 (ley 2851), reguló el trabajo de mujeres y niños, y buscó enfrentar «el aumento considerable de las mujeres que trabajan, fenómeno explicativo de la gran crisis económica de los hogares donde para mitigar al hambre es menester enajenar los esfuerzos de la madre y las hijas».[39] La ley limitaba el trabajo diario de mujeres y niños a ocho horas, prohibía su empleo en horarios nocturnos, concedía a las mujeres licencia de maternidad con sueldo, y forzaba a los empleadores a proveer guardería para niños menores del año de edad.[40] Esto reflejaba un aspecto clave del desarrollo transnacional de las políticas sociales: la suposición, como indica Daniel Rodgers, «de que las mujeres y niños trabajadores pertenecían a una categoría separada, particularmente indefensa, de trabajadores».[41]

Como otras leyes similares promulgadas en otros países durante este periodo, las del Perú se comprenden mejor como elementos de un proyecto de género de regulación social y moral. Al igual que las leyes alemanas estudiadas por George Steinmetz, las peruanas encarnaron «ciertos presupuestos acerca del género y la familia» que expresaban un orden «civilizador»

38. Blanchard, *The Origins*, 39. Todas las citas de fuentes en inglés que figuran en este texto han sido traducidas al español.

39. Genaro F. Salmon, *Anales de la inspección de trabajo de mujeres y niños del Concejo Provincial de Lima* (Lima, 1924), citado en Miller, «La mujer obrera», 23.

40. Núñez Borja, *Legislación social peruana*, 112-118. Para un análisis de la ley con especial referencia a su impacto en los niños, véase Portocarrero Grados, *El trabajo infantil.*

41. Rodgers, *Atlantic Crossings*, 239.

patriarcal.[42] En el más obvio caso de la ley sobre mujeres y niños, el Estado reivindicaba proteger de la explotación en el mercado laboral a mujeres y niños que eran forzados por la pobreza a vender su trabajo.[43] Un comentarista, no del todo contemporáneo, señalaba que esta norma debía, en última instancia, «velar por la moralidad "ya que tantas veces el taller es el primer paso para la prostitución"».[44] Algunos contemporáneos, tales como Luis Miró Quesada, fueron aún más lejos, pidiendo, en una declaración que invocaba estereotipos de género, la creación de talleres estatales donde el Estado pudiera intervenir directamente para anular la influencia corruptora de la fábrica, liberando a la mujer de «la explotación a que las conduce su desamparo y la propia flaqueza del carácter femenino que inclinado a la resignación y al sacrificio, estimula al explotador a convertir estas virtudes en armas que han de emplearse contra las mismas mujeres».[45] Este tipo de intervención estatal se enmarcaba en una retórica que asociaba «progreso» con virilidad; Luis Miró Quesada justificaba la necesidad de autorizar la licencia de maternidad basándose en que «esta disposición, altamente humanitaria, se halla en vigencia en los Estados Unidos, ese gran pueblo cuyo sentimiento armonizado de respeto y consideración por la mujer, explica la viril preponderancia que ha alcanzado en el mundo».[46] En otras palabras, la protección de las mujeres y niños, y la legislación laboral en general, se comprendió como expresión de un orden que traería «progreso», tal como lo demostraba el hecho de que ese tipo de leyes ya existiera en países más «avanzados» y «civilizados».

Como la ley que regulaba el trabajo de las mujeres y niños, la de accidentes fue manifestación de un orden civilizador patriarcal que supuestamente garantizaba el bienestar y «el mejoramiento» social y moral de los trabajadores. Ya en 1901, Luis Miró Quesada argüía que una ley de accidentes significaría que los trabajadores «no tengan que recibir como concesión graciosa, lo que se les debe en virtud de un derecho natural».[47] En 1903, el ministro de Justicia señaló, en su informe anual, la necesidad de una legislación para proteger de los «peligros en las grandes fábricas y centros de producción creados por la industria moderna». La suerte de los trabajadores que hubieran

42. Steinmetz, *Regulating the Social*, 168.
43. En *Las memorias de la Ciudad de Lima* (Lima, 1925), 174, citado en Miller, «La mujer obrera», 23.
44. Valdez Tudela, «Nuestra realidad social», 5.
45. Miró Quesada, «La moderna crisis social». En su *Albores de la reforma social*, 27-28.
46. Miró Quesada, *El contrato de trabajo*, 51-52.
47. Miró Quesada, «El riesgo profesional aplicado al Perú». En su *Albores de la reforma social*, 43.

sufrido accidentes, indicaba, «no debe quedar librada, como hasta aquí, a los sentimientos más o menos humanitarios del patrón, fabricante o empresario, sino resguardado por el mandato imperativo de la ley».[48] De este modo, la ley constituía al Estado como una figura paterna que debía supervisar la seguridad de sus hijas e hijos trabajadores. Vale la pena señalar que no todo el mundo estaba convencido de que tal norma fuera necesaria en el Perú. Salvador Diez Canseco, por ejemplo, argumentó en su tesis doctoral de 1907 que la ley de accidentes no era práctica, ya que ni los trabajadores, ni los empleadores, ni el Estado, podían costearla, y que, en cualquier caso, la ausencia de maquinaria moderna (de hecho, de industria moderna) en el Perú hacía que fuera innecesaria. Sin embargo, en su rechazo de la ley, Diez Canseco, como quienes la defendían, establecía un claro vínculo entre legislación laboral y civilización: «Más tarde cuando el movimiento industrial del Perú tome el incremento del de los países europeos, cuando se establezca entre nosotros multitud de empresas productivas, cuando la cultura del país se equipare a la de las naciones que marchan a la cabeza de la civilización, entonces cosecharemos los óptimos frutos que indudablemente produce el benéfico sistema del seguro obligatorio».[49]

Claramente, no deberíamos hacernos ilusiones sobre la efectividad de estas leyes. Como Elizabeth Quay Hutchison ha señalado para el caso de Chile, a inicios del siglo XX, «las leyes de vivienda de los trabajadores y las leyes sanitarias, la atención a la legislación laboral [...] da testimonio más de las ansiedades de la élite acerca de la amenaza del anarquismo y de un interés humanitario superficial que de algún esfuerzo concertado para mejorar las vidas de los trabajadores chilenos».[50] En el Perú, también, la adopción de tales leyes revela más acerca de las inquietudes y, añadiría, aspiraciones de la élite, que acerca de las condiciones reales de trabajo y de vida de la población trabajadora. La ley sobre mujeres y niños estuvo mucho más relacionada con las preocupaciones de la élite respecto de que la mujer estaba, como diría Mary Douglas, «fuera de su lugar».[51] En el Perú, como en Chile, «incluso la agenda más progresista de reforma social dependía de un construcción fundamentalmente doméstica del papel de la mujer en la sociedad».[52] Pero

48. *Memoria que presenta el Ministro de Justicia, Culto e Instrucción al Congreso Ordinario de 1903*. Lima: Imprenta Torres Aguirre, 1903, 16.

49. Diez Canseco, *Seguro obligatorio*, 19.

50. Hutchison, *Labors Appropriate to Their Sex*, 230.

51. Douglas, *Purity and Danger*.

52. Hutchison, *Labors Appropriate to Their Sex*, 58.

esta intranquilidad no se tradujo en una efectiva domesticación de la mujer. Todavía en 1932 la ley había sido solo parcialmente aplicada. El informe del Inspector General del Trabajo sobre la fábrica textil de Santa Catalina indicaba que, en la sección «sedas», «las mujeres que allí trabajan que son casi la totalidad, tienen una jornada de nueve horas diarias de labor, sin que gocen tampoco de vacación que señala la Ley N.° 2851 y su respectivo reglamento. No obstante su extensísima labor, apenas perciben un jornal de noventa centavos al día».[53] De la misma manera, aunque el Perú había sido pionero en la legislación sobre accidentes, pocos trabajadores se beneficiaron de la ley, entre ellos, es de sospechar, los dos toreros que en 1939 buscaron obtener reparaciones por los «accidentes del trabajo que sufrieran durante la corrida de toros efectuada el domingo 15».[54] Como Ulloa Sotomayor confirmó unos seis años después de adoptarse esta norma, «su aplicación no se ha generalizado por obra de los patrones que le han puesto trabas».[55] De manera similar, en un texto de 1925, Mariano Echegaray y Ramón Silva señalaban que la ley «ha resultado deficiente y anacrónica, sus postulados no amparan con la debida seguridad los derechos del trabajador y dejan multitud de puertas de escape por las que el industrial de mal proceder huye sus responsabilidades, dejando en la mayor miseria al damnificado y la familia, cuyo sostén ha sido».[56]

Debemos ser cuidadosos, entonces, de no asumir que el advenimiento de la política laboral resultó en una efectiva reconfiguración de la sociedad por un Estado todopoderoso. Las racionalidades de gobierno puestas en práctica a través de esta temprana legislación en el Perú, como en otros lugares, no necesariamente se tradujeron en una real capacidad para promover cambios. Sin embargo, el análisis ofrecido aquí sugiere que las respuestas tempranas del Estado a la cuestión obrera ayudaron a constituir una nueva comprensión del rol que el Estado debía desempeñar en la conformación de la sociedad. Las leyes discutidas arriba, tal como el British National Insurance Act estudiado por Daniel Rodgers, «no conllevó un cambio sísmico en la cultura política [...] Sin embargo, representó un pequeño pero importante cambio en el pensamiento acerca de los riesgos laborales».[57] Al igual que la educación en el Egipto colonial, estudiada por Timothy Mitchell, la clase obrera en el

53. AGN/MF/RC/6: 121, Inspector General del Trabajo al Jefe de la Sección del Trabajo, 29 de diciembre de 1932.

54. AGN/PL/3.9.5.1.15.1.1.22, Sección del Trabajo a Prefecto, 27 de enero de 1939.

55. Ulloa Sotomayor, *La organización social y legal*, 233.

56. Echegaray y Silva, *Legislación del trabajo*, 73.

57. Rodgers, *Atlantic Crossings*, 235.

Perú se convirtió en «la activa y gran preocupación del Estado, un campo de organización, un ámbito importante en el que lo que es llamado "el Estado" había de existir y construir relaciones de poder».[58] De este modo, regular la cuestión obrera se convirtió en un tema central en un proceso más amplio de constitución del Estado como un Estado laboral, un estado de y para la clase obrera. Como discutiré en el siguiente capítulo, este Estado entró en vigor a través del establecimiento de la disciplina laboral en el mercado de trabajo con el fin de garantizar el orden social y el progreso industrial. Pero también entró en vigor a través de sus intentos de proteger y «mejorar» a la clase obrera, actuando en las esferas de la salud pública, la nutrición, la vivienda y, en general, el bienestar social. En el Perú y otros lugares, como discutiré con más detalle en los capítulos finales, este fue un proceso fuertemente marcado por ideas de género. Pero en el Perú fue, también, por razones específicas del contexto, un proceso racializado.[59]

La racialización de la clase obrera

Como en otras partes del mundo, la respuesta legislativa a la cuestión obrera en el Perú fue objeto de una traducción local. Como hemos visto, tanto aquellos influidos por el positivismo como aquellos inspirados en el catolicismo social justificaron las leyes laborales enfatizando su modernidad y universalidad (concretamente, puntualizando el hecho de que ellas eran el *dernier cri* en Europa y los Estados Unidos). Pero las leyes también expresaron suposiciones nacionales sobre el carácter de la población peruana, y revelan cómo ellas formaron ideas acerca de la clase obrera. Como en los casos alemán y británico, estudiados por Richard Biernacki, en el Perú también surgió «una comprensión específica a escala nacional de la clase obrera».[60] En el Perú, el concepto de clase obrera «no "reflejó" o "expresó" condiciones económicas…, [este fue] parte integrante de aquellas condiciones».[61] Dicho de otro modo, la legislación laboral peruana no fue solo una respuesta a la cuestión obrera.

---

58. Mitchell, *Colonising Egypt*, 76.

59. Sobre el concepto de racialización en el contexto latinoamericano, véase Appelbaum, Macpherson y Rosemblatt, *Race and Nation in Modern Latin America*, especialmente la introducción, donde la racialización se define como «el proceso de marcar diferencias humanas según discursos jerárquicos basados en encuentros coloniales y sus legados nacionales», 2.

60. Biernacki, *The Fabrication of Labor*, 486.

61. Ibíd., 347.

Fue, al mismo tiempo, expresiva y constitutiva de la idea misma de «clase obrera» y, en particular, de la idea de «trabajador» que predominó en el Perú. Tomemos, por ejemplo, la Ley de Accidentes del Trabajo. Como la revista *Economista Peruano* señaló después de promulgarse la norma, esta solo cubría a los trabajadores que usaban maquinaria. Sin embargo, la abrumadora mayoría de los trabajadores en el Perú no empleaban máquinas.[62] De manera similar, la ley sobre mujeres y niños se aplicaba solamente a aquellos empleados en trabajo de fábrica, pero la mayoría de mujeres y niños no trabajaba en ese tipo de establecimiento sino como sirvientes domésticos, en talleres y en actividades agrícolas. Como he sugerido antes, las leyes intentaban disciplinar, proteger y «mejorar» a los obreros. Pero en su diseño, constituyeron su propia noción de «obrero».

La legislación laboral en el Perú de inicios del siglo XX ayudó a fijar el significado de la clase obrera a través de su referencia al proceso laboral que involucraba una producción mecanizada o de fábrica. Fue un significado que, en el contexto peruano, sirvió para excluir a la vasta mayoría de la población trabajadora de la clase obrera —esto es, de la noción de clase obrera inherente a la legislación—, y, por lo tanto, de la (muy deficiente) protección proporcionada por la ley, de acuerdo con criterios que, si bien enmarcados en el ámbito material (máquinas, fábricas), eran una expresión cultural. En pocas palabras, la legislación laboral fijó la idea de una clase obrera vinculada a la maquinaria y confinada a la fábrica, y sirvió para constituir a esta clase como principalmente industrial. Por extensión, se descartó a todos aquellos trabajadores que no satisfacían estos criterios. Estas exclusiones reflejaron ampliamente las clasificaciones jerárquicas basadas en el género y la raza. Como Pierre Bourdieu señala, «A través del encuadre que se impone a las prácticas, el Estado establece e inculca formas comunes de categorías de percepciones y apreciaciones, marcos sociales de percepciones, de entendimientos o de memoria, en breve, *formas estatales de clasificación*», pero, añade, tales formas de clasificación solo echan raíces en la medida en que «*despiertan* disposiciones corporales profundamente enterradas fuera de los canales de la conciencia y del cálculo».[63] Dicho de otra manera, como argumento en esta sección, la legislación laboral expresó, y al mismo tiempo ayudó a reafirmar, ideas acerca de las diferencias fundamentales de género y raza entre los trabajadores del Perú y, en concreto, entre los mundos criollo (costeño/blanco) y andino.

---

62. *Economista Peruano* 2, n.º 24 (28 de febrero de 1911).

63. Bourdieu, «Rethinking the State», 69.

Un proyecto legislativo temprano y las reacciones que provocó pueden ayudar a ilustrarlo. En 1903, Rosendo Vidaurre, un sastre y el primer trabajador elegido al Congreso peruano, propuso una «Ley del Trabajo».[64] La propuesta es ilustrativa porque detalla los regímenes de trabajo que caracterizaban el empleo en el Perú a comienzos del siglo XX, que Vidaurre esperaba reglamentar. Su primer artículo, que prohibía el empleo de niños de menos de once años, sugiere que esta era una práctica común. El artículo 27, que impedía el pago de salarios en la forma de vales, indica que esto también era usual. Pero la propuesta, además, incluía algunas medidas radicales que apuntaban a mejorar el bienestar de las «clases proletarias», lo que se consideraba un «deber de los poderes públicos». El artículo 2, por ejemplo, establecía que los empleadores proveerían acceso a la educación primaria a los hijos de sus trabajadores. En general, la propuesta limitaba las horas de trabajo a seis para los niños, siete para las mujeres y diez para los hombres, y establecía indemnizaciones para aquellos trabajadores que sufrieran accidentes de trabajo de una suma equivalente a tres años de salario, o no menos de cien libras peruanas en el caso de niños y mujeres, y quinientas en el de los hombres. Si un hombre moría en el trabajo, su viuda recibiría una pensión de por vida de cinco libras peruanas al mes, al igual que sus hijos menores de edad. El artículo 26, por otro lado, establecía que los trabajadores que fueran declarados «ebrios consuetudinarios» por un médico perderían el derecho a los beneficios de ley.

La propuesta provocó una respuesta de la Sociedad Nacional de Minería (SNM), que ilustra cómo los empleadores se aproximaron a la cuestión obrera a inicios del siglo XX. En una carta enviada al director del Ministerio de Fomento, el presidente de la SNM, Alejandro Garland, señalaba que la institución que representaba «no desconoce la necesidad de que la ley regule ciertas fases de las relaciones que existen entre el trabajo y el capital». Las leyes, sugería, podrían ayudar a conciliar las legítimas aspiraciones de los trabajadores y de los capitalistas, y contribuirían a eliminar los conflictos. Pero Garland formulaba una serie de objeciones al proyecto de Vidaurre. Argüía que las indemnizaciones arruinarían la industria minera y amenazarían con poner fin a la inversión extranjera. Indicaba, en general, que esa nueva legislación

---

64. Véase AGN/Tierras de Montaña/ legajo 47, cuaderno 01699, expediente n.° 1877, «Expediente relativo al informe que en el proyecto de ley reglamentando las relaciones entre los Patrones y Obreros solicita la H. Cámara de Diputados», 31 de agosto de 1903. Estoy agradecido a Walter Huamaní por compartir este documento. Sobre actividad legislativa de Vidaurre, véase Blanchard, *The Origins*, cap. 3.

era innecesaria, en tanto que las empresas mineras se autorregulaban y habían ya implementado medidas —que reglamentaban el trabajo de los niños, proveían indemnizaciones a los trabajadores lesionados en el trabajo y prohibían el pago de salarios en bienes— que el gobierno había aprobado. Más importante aún, Garland argumentaba que las leyes que podrían aplicarse en los establecimientos industriales de Lima y otros centros manufactureros del país, eran «del todo inadecuadas» en «las apartadas y solitarias regiones andinas», donde se localizaba la mayoría de las minas: «la condición social, el grado de cultura y la topografía de la República son tan diversos que la expedición de una ley del trabajo uniforme para todas las circunstancias políticas del vasto territorio nacional, resultaría una ley injusta y de imposible aplicación».[65]

La objeción de la SNM a la propuesta de Vidaurre revela las ideas de la élite sobre la diferente naturaleza de los trabajadores en el Perú. Si la «condición social» y «el grado de cultura» de los trabajadores en las ciudades justificaban desarrollar la moderna legislación, se seguía que en las «apartadas y solitarias» regiones de los Andes —donde, según Garland, las condiciones sociales y culturales eran inferiores— tales medidas eran no solo innecesarias sino también potencialmente contraproductivas. Las objeciones, entonces, mostraban los sectores de la población peruana que los miembros de la élite, como Alejandro Garland, consideraban idóneos para la «moderna» legislación laboral, y los demás que ellos suponían no lo eran. Indicaban cómo la élite veía a la población peruana de manera desigual. Como sugiere este documento, atributos como «la condición social» y «el grado de cultura», propios de una concepción jerárquica racializada, determinaron esta diferencia. El trabajador urbano era, claramente, digno de la supervisión legislativa del Estado en virtud de su lugar de residencia y su ocupación industrial. En contraste, los trabajadores de las «apartadas y solitarias» regiones de los Andes (a los que Garland se refiere en varias ocasiones como «peones») eran «inadecuados» para ello, porque residían en un ámbito rural y su trabajo no estaba vinculado con la industria. Lo que implícitamente subyacía tras las objeciones de la SNM era la creencia de que, en última instancia, la raza diferenciaba a estos trabajadores, ya que, en el Perú, la raza fue, y hasta cierto punto sigue

65. Alejandro Garland al Director de Fomento, 2 de enero de 1904, en Dirección de Fomento, Sección de Industrias, «Expediente relativo al informe que en el proyecto de ley reglamentando las relaciones entre los Patrones y Obreros solicita la H. Cámara de Diputados», 31 de agosto de 1903.

siendo, firmemente identificada y definida por el lugar de residencia (urbano/costeño o rural/andino).

La respuesta de la SNM a Vidaurre refleja las formas en que las ideas acerca del trabajo y los trabajadores fueron, como varios otros documentos revelan, profundamente racializadas en el Perú de inicios del siglo XX. *La organización social y legal del trabajo en el Perú* de Alberto Ulloa Sotomayor, publicada en 1916 y que un crítico describió como «una obra dolorosa porque deja desnuda la llaga repugnante y triste de nuestra mezcla imposible de razas, de nuestra indisciplina social, de la falta de oriente para los esfuerzos que se manifiestan imprecisos y esporádicos», provee una perspectiva privilegiada de la racialización de las ideas sobre los trabajadores.[66] Al examinar las aptitudes relativas para el trabajo de las diferentes «razas» que componían el «elemento laboral», Ulloa Sotomayor señalaba que la conquista española «no hizo de la raza sometida un pueblo apto para las funciones del trabajo y la civilización».[67] Aunque tenía algo que decir acerca de las cinco «razas» (indios, mestizos, blancos, negros y chinos), se centraba en los indios y mestizos.[68] Rechazaba «el viejo dogma de las razas inferiores» y argumentaba, en su lugar, que el ambiente natural e histórico configuraba las razas. Esta fue una perspectiva general, si no universal, de la que se hizo eco unos años más tarde Francisco Alayza Paz Soldán en su discurso de despedida de la Escuela de Artes y Oficios: «No creemos en la superioridad intelectual de determinadas razas. Si el sudamericano se halla relativamente atrasado en su evolución política e industrial, no es causa de misteriosas influencias del

---

66. Ulloa Sotomayor, *La organización social*. Ulloa se convirtió en ministro de Relaciones Exteriores en la década de 1930. La reseña, firmada I. S. V., se publicó en *La Crónica*, 10 de octubre de 1916.

67. Ulloa Sotomayor, *La organización social*, 4.

68. Ulloa Sotomayor sostiene que negros y chinos estaba obligados a desaparecer, «porque suprimido su ingreso y siendo pequeña su multiplicación por sí mismos, dejarán de constituir un peligro étnico». Se lamentaba del hecho de que el trabajador blanco, «activo, empeñoso, inteligente, ordenado, puntual, es el mejor tipo de obrero que se puede encontrar» es «casi imperceptible en la masa trabajadora». Se lamentaba también de que los programas de inmigración no hubieran sido más exitosos. Al igual que muchos otros, como discuto más abajo, Ulloa Sotomayor creía que «la influencia benéfica que el blanco extranjero habría ejercido y ejercería sobre sus compañeros de trabajo, hubiera modificado muchos de los hábitos perniciosos del obrero nacional y lo habría elevado de nivel moral y social». Ibíd., 4, 19-20. Sobre otras ideas contemporáneas acerca de la aptitud de los afroperuanos para trabajar, véase Oliart, «Images of Gender and Race», 61-62. Naturalmente, tales ideas se basaron en puntos de vista más antiguos sobre los indígenas del Perú. Véase, entre otros, los ensayos de Pablo Macera «El indio y sus intérpretes peruanos del siglo XVIII» y «El indio visto por los criollos y españoles». En Pablo Macera, *Trabajos de historia*, vol. 2.

factor étnico, sino por consideraciones de otro orden, de posible dominio por el individuo».[69] Para Ulloa Sotomayor, la escasa aptitud de los indios para el trabajo se debía a las condiciones climáticas y a la explotación que históricamente habían sufrido, así como también a la ignorancia en la que habían sido mantenidos, que había contribuido a su explotación. El indio, sugería, se había convertido prácticamente en un ser desprovisto de moral (porque la religión, en su caso, también había significado explotación), y en un adicto al alcohol (en el que encontraba «consuelo y olvido contra la rudeza opresora de su vida») y a la soporífera coca (que servía como un «paliativo contra el cansancio y como un alimento»).

Las opiniones de Ulloa Sotomayor del indio como cultural y moralmente atrasado no fueron inusuales en esta época. Ellas hacían eco de las perspectivas racistas de algunos de los más influyentes intelectuales de los inicios del siglo XX en el Perú, como Clemente Palma, Alejandro Deustua o los hermanos Francisco y Ventura García Calderón.[70] También hacían eco de las ideas de los «indigenistas» del Perú, como Luis Valcárcel o Uriel García, quienes, como ha argumentado Marisol de la Cadena y otros autores, rechazaban las comprensiones «biológicas» de la raza y la «degeneración racial» («el viejo dogma» que el propio Ulloa Sotomayor objetaba), y favorecían las culturales y ambientales.[71] En general, sus perspectivas reflejaron un amplio pensamiento racial en Latinoamérica, que tomó diferentes formas según el país, como varios historiadores han demostrado. En lugares con grandes poblaciones indígenas, como México y Perú, llegó a caracterizarse por el surgimiento de un *indigenismo* «oficial», que combinó una exaltación cultural de las culturas indígenas (particularmente aquellas firmemente situadas en el pasado, como la azteca, la maya y la inca) con políticas dirigidas a «redimir» a los indígenas, incrementando su acceso a la educación y salud pública (políticas que cobraron más fuerza en México que en el Perú, pues ahí el indigenismo se convirtió en una estrategia retórica y política del Estado revolucionario). El pensamiento racial también llegó a caracterizarse, en países como México y Brasil, por el nacimiento de una ideología nacionalista que celebraba el «mestizaje» o la «democracia racial», o lo que nosotros podríamos llamar, en

---

69. Alayza Paz Soldán, *La industria moderna*, 42.

70. Sobre las ideologías raciales en el Perú de inicios del siglo XX, véanse, entre otros, Marcone, «Indígenas e inmigrantes»; Oliart, «Images of Gender and Race»; Portocarrero, «El fundamento invisible»; Poole, *Vision, Race, and Modernity*; Manrique, *La piel y la pluma*; De la Cadena, *Indigenous Mestizos.*

71. De la Cadena, *Indigenous Mestizos.*

general, la hibridez racial, que buscaba desafiar el pesimismo racial asociado con las nociones europeas de pureza racial, dando una «inflexión positiva [...] a las mezclas interraciales».[72]

Las opiniones de Ulloa Sotomayor no eran particularmente originales, pero son de interés debido a cómo aplicó estas ideas racistas y raciales a una discusión sobre la aptitud para el trabajo de las diferentes «razas». Arguyó que el ambiente y los factores históricos que este había delineado habían contribuido a hacer «un mal tipo de trabajador del obrero indio, y forman además en él hábitos de pereza que lo hacen rehuir el trabajo en gran parte del año». Sin embargo, insistió en que esta situación podría revertirse a través de una combinación de leyes protectoras y educación. Aquí, nuevamente, encontramos reflejado lo que los historiadores que han analizado la raza y el racismo en el contexto del nacimiento de la eugenesia en la Latinoamérica de inicios del siglo XX, han argüido convincentemente: que el pensamiento racial en Latinoamérica tendía a rechazar las ideas rígidas del tipo racial permanente y la degeneración de lo híbrido (asociadas con la eugenesia anglosajona), y a favorecer las interpretaciones neolamarckianas (relacionadas con la eugenesia francesa), que sugerían que factores ambientales podrían impactar positivamente sobre la herencia generacional.[73] Pero a pesar de su rechazo del «viejo dogma de las razas inferiores», Ulloa Sotomayor concluía su estudio en una forma que ilustra cómo, en la práctica, la «herencia dura» y la «herencia suave» neolamarckiana coexistieron en el contexto peruano: «Ya que sería utópico aspirar a que solo las leyes, suprimiendo abusos inveterados, castigando con penas verdaderamente severas los sistemas de explotación hoy en uso, pudieran regenerar al indígena y hacer de él un componente proficuo para el trabajo y la economía nacional, busquemos el modo de inyectar en la raza aborigen gérmenes de mejoramiento, impulsando su intercambio y su cruce constante y progresivo con el mestizo que tiene que ser en último término el producto étnico netamente peruano».[74]

Por lo tanto, la redención del indio, sugiere su análisis, involucra su transformación en un trabajador mestizo a través de la modificación de su ambiente y sus genes. Para Ulloa Sotomayor, el mestizo o «criollo» —usa

---

72. La literatura sobre este tópico es vasta. Véanse, entre otros, Graham et ál., *The Idea of Race*; y *Wade, Race and Ethnicity*. Para una más reciente interpretación, véase Earle, *The Return of the Native*.

73. Stepan, *The Hour of Eugenics*.

74. Ulloa Sotomayor, *La organización*, 10. Sobre herencia «dura» y «suave», véase Wade, *Race*, Nature, and *Culture*, cap. 3.

ambos términos indistintamente—, quien «constituye la casi totalidad de la población obrera de los centros fabriles y gran parte de la población agrícola de la costa», es «superior como tipo étnico» al indio (los mestizos, aunque inferiores a los españoles, son, según él, superiores a los indígenas o al linaje africano, y no están tan debilitados por la contribución de los chinos a la mezcla racial).[75] Estos trabajadores mestizos, sin embargo, están muy lejos de lo óptimo. Su carácter dominante es «una curiosa mezcla de servilismo y de altivez». Por un lado, son perennemente ociosos, una probable consecuencia tanto del legado de la indolencia española como del hecho de que tienen pocas necesidades. Los trabajadores mestizos tienen una tendencia a trabajar lo menos posible, ya que la mayoría de sus necesidades básicas son fácilmente cubiertas. Como los indios, son propensos al alcoholismo, aunque en menor proporción, y son de escasa moral. Esto es particularmente evidente en la alta proporción de uniones ilícitas que caracterizan la intimidad mestiza. Pero el trabajador mestizo es también proclive a la rebeldía. Según Ulloa Sotomayor, en el momento en que un trabajador mestizo identifica «una meta a la que erradamente crea poder aspirar», se vuelve irascible e insolente, «y como son muchas las veces en que los explotadores sociales o políticos ponen frente a su vista el espectáculo de situaciones y bienes absurdos se provocan, y se han provocado sobre todo en los últimos tiempos, situaciones tirantes, que, bajo el disfraz de una cuestión social que no existe, arrastran a la clase obrera a actitudes violentas y estériles». Sin embargo, Ulloa Sotomayor concluía que ofrecer un régimen laboral adecuado y educación intensiva al trabajador mestizo podría fácilmente convertirlo en «un elemento de progreso y de bien».[76]

Tal como la carátula de *Industria Peruana* discutida en la introducción, el estudio de Ulloa Sotomayor indica cómo una comprensión altamente racializada de la población peruana configuró las ideas de la élite sobre la clase obrera. Como varios historiadores han demostrado, los discursos de inicios del siglo XX en el Perú se basaron en perspectivas racializadas del país que la élite tenía la intención de «modernizar», alimentada esta por el deseo de reconstruirlo tras la humillación de la derrota en la Guerra del Pacífico (1879-1884) y de ubicarlo en un nuevo camino de «progreso», promoviendo la explotación de los recursos del país (particularmente de materias primas, como minerales, azúcar, algodón, lana y caucho). Para la élite peruana, el obstáculo clave para el progreso y la modernidad se localizaba en los Andes y se

75. Ulloa Sotomayor, *La organización*, 12.

76. Ibíd., 14-15.

encarnaba en los indios.[77] Como tal, dadas las ideas dominantes acerca de las fuentes y ubicación del progreso (la economía exportadora y urbana, la costa) y el atraso (la economía de subsistencia, los Andes), no es de extrañar que, como ha sugerido Efraín Kristal, los Andes se hicieran cada vez más invisibles para la élite costeña. De ahí, como discutiré más adelante, los repetidos y fracasados intentos de promover la inmigración europea con el fin de poblar un país «vacío».[78] Muchos estuvieron de acuerdo con que las comunidades indígenas merecían la protección del Estado frente a los rapaces patrones, *mistis* o gamonales, y la redención cultural a través de la educación o «civilización». Otros celebraron el glorioso pasado de las civilizaciones andinas.[79] Pero «lo andino» estuvo largamente ausente de las concepciones de la élite sobre el futuro del Perú. En contraste con Argentina, Chile o los Estados Unidos, en el Perú, las mayorías indígenas no fueron físicamente eliminadas con el fin de dar paso al «progreso». Sin embargo, ellas se excluyeron de las construcciones del futuro del Perú o, como muestro a continuación, se incorporaron en la medida en que se convirtieran, o se pudieran transformar en, trabajadores mestizos.

La idea de que el trabajo industrial podía redimir al indio, «desindianizándolo», en última instancia, desempeñó un rol importante en el pensamiento social peruano a finales del siglo XIX y comienzos del XX, aunque los investigadores han tendido a pasar por alto este papel.[80] En la década de 1880, Luis Esteves desafió las interpretaciones racistas dominantes sobre la población indígena del Perú para argumentar que los indios podían convertirse, como señala Paul Gootenberg, en «la piedra clave del futuro industrial del Perú». De acuerdo con Esteves, la capacidad industrial de los indios necesitaba ser «despertada», una tarea que requería emanciparlos de la opresión feudal. Una

77. Portocarrero, «El fundamento invisible».

78. Kristal, *Una visión urbana de los Andes*.

79. No hace falta decir que la protección del indio y la exaltación de un noble pasado inca fueron los principios centrales del indigenismo en el Perú. Sobre este punto, véase Méndez, «Incas Sí, Indios No».

80. Naturalmente, este no fue un fenómeno exclusivamente peruano. Las ideas de la élite acerca del carácter redentor y racialmente mejorador del trabajo obrero se encuentran en toda América Latina en este periodo. Véanse, entre otros, Clark, *The Redemptive Work*; Grandin, *The Blood of Guatemala*, especialmente el cap. 6; y Weiner, Race, *Nation, and Market*, especialmente el cap. 2. Véase también el estudio sobre Nicaragua de Jeffrey L. Gould, que sugiere que la eliminación de la cultura indígena se llevó a cabo, en parte, a través del reclutamiento laboral forzado y, en gran medida, exitoso, a pesar de una historia de resistencia. Gould, *To Die in This Way*. Para un enfoque algo distinto, véase Wolfe, «Those That Live by the Work of Their Hands».

vez libres, su natural potencial como trabajadores pasaría al primer plano: «No es tarea difícil transformar al indio en un ser industrial; [los indios] tienen dones de imitación y paciencia, los que son suficientes para transformarlos en trabajadores útiles, y su sobriedad los mantendrá satisfechos con un salario escueto».[81] En los inicios del siglo XX, Francisco García Calderón retomó estas ideas para argumentar en su celebrado *Le Pérou contemporain*, publicado en 1907, que los indios, «un pueblo de niños avejentados», podían convertirse en seres productivos, realmente en «trabajadores notables», si se les gobernaba con «sabio tutelaje». Una vez liberados de sus «tradiciones locales, de sus hogares, de sus localidades monótonas y deprimentes», puestos en escuelas especiales y educados en la lengua española, las habilidades de los indios, «la paciencia, la atención al detalle, la precisión plástica», ayudarían a esta «raza obediente» con una real aptitud para la disciplina a superar sus males, definidos como «la uniformidad, una monotonía estéril y una somnolencia secular». De esta forma, como García Calderón indicaba, el «agricultor indio» sería exitosamente transformado en un «trabajador indio».[82]

Como esto sugiere, cuando el doctor Pedro Oliveira presentó un ensayo en el Congreso Nacional de la Industria Minera en 1918, en el que evaluaba si «el trabajo en las minas ha sido factor de cultura para los operarios indígenas», se dirigía a una cuestión que muchos sentían que era no solo científicamente legítima sino de considerable importancia nacional.[83] Un artículo titulado «Los indios: su valor económico», primero publicado en el *Boletín de la Dirección de Fomento* y luego reproducido en la revista *Economista Peruano* a finales de 1910, se dedicó a este asunto directamente: su autor afirmaba que el indio «todavía no conoce el trabajo como lo entienden las naciones civilizadas». Por lo tanto, el deber de cualquier Estado era educar a los indios «en el trabajo físico moderno», entre otros motivos porque la inmigración no podría realmente afrontar la escasez de «manos». Por otra parte, un tipo de inmigrante, el asiático, representaba una amenaza para los países civilizados, y en última instancia, «la raza india es superior y preferible a la raza amarilla». La educación del indio sería lograda colocando a los inmigrantes entre los indios («poco a poco se acostumbraran a los goces que ofrece la civilización»), y obligándolos a cumplir con trabajos forzados, algo que, el autor enfatizaba, no equivalía a la esclavitud sino a una obra civilizadora que enseñaría a los

81. Luis Esteves, *Apuntes para la historia económica del Perú*. Lima: Imprenta Huallaga, 1882, p. 41, citado en Gootenberg, *Imagining Development*, 194.

82. Véase Luna, «État, civilismo et société nationale au Pérou».

83. *La Prensa*, 1 de enero de 1918.

indios «los deberes del hombre hacia su propia persona, hacia sus conciudadanos y hacia el Estado, es decir hacia la patria». Esta educación incluiría una demostración de la superioridad de la raza blanca, que disfrutaría de ciertos privilegios, «a fin de que sea posible ejercer la disciplina y representar la autoridad». Una división racial del trabajo sobrevendría, entonces, con blancos centrados en el trabajo intelectual e indios en el manual. Finalmente, una combinación de trabajo manual y buenas condiciones de trabajo y de vida, que serían garantizadas por el Estado y los empleadores, aseguraría que «los indios se acostumbrarán pronto a una vida que todavía desdeñan».[84]

Estas ideas, y particularmente la de que la redención de los indios involucraba el «despertar» de su capacidad para el trabajo obrero, son particularmente claras en publicaciones asociadas con los sectores agroexportadores, como *El Agricultor*, *La Agricultura* y el boletín de la Sociedad Nacional de Agricultura. A principios de 1900, la discusión sobre la escasez de mano de obra enfatizaba la necesidad del Estado de desarrollar una política de inmigración que favoreciera la llegada de obreros europeos, «cuyas costumbres», señalaba un comentarista, «se adaptan más a las nuestras y que a la vez que reúnen todos los requisitos deseables contribuirán al mejoramiento de nuestra raza».[85] En efecto, para muchos, la inmigración europea prometía solucionar, no solo el problema de la escasez de mano de obra, sino el igual si no más importante problema de la inferioridad racial de la población peruana.[86] Como Octavio Pardo argumentaba en 1887, además de proveer la mano de obra para hacer productivas las fértiles tierras del Perú, «otro bien que la inmigración está llamada a realizar es la mejora de la raza, con una transfusión, permítasenos la palabra, de robusta sangre europea; sabido es que en casi la totalidad de nuestros países [de América Latina] tenemos raza blanca, india y negra y las innumerables mezclas y variedades de ellas provenientes. ¿Y cuántos de los gravísimos obstáculos que hemos encontrado en nuestra vida política no depende de esa falta de homogeneidad [racial]?».[87] Expresando una idea similar, otro autor sustituía la metáfora de la sangre con una referencia a la savia de la planta: «Por desgracia», se lamentaba el anónimo autor, «nuestra posición occidental, que nos distancia grandemente del viejo

84. *Economista Peruano* 2, n.º 21 (30 de noviembre de 1910): 256-257, y continuó en 2, n.º 23 (31 de enero de 1911).

85. *Boletín de la Sociedad Nacional de Agricultura* 5, n.º 1 (julio de 1990): 3-4.

86. Sobre este punto, véanse Marcone, «Indígenas e inmigrantes», García Jordán, «Reflexiones sobre el darwinismo social» y Contreras, «¿Inmigración o autogenia?».

87. *Boletín de Minas, Industrias y Construcciones* 3, n.º 8 (31 de julio de 1887): 51-54.

mundo, nos ha mantenido, durante un largo lapso de tiempo, escasos de aquella savia que nutre el organismo de los pueblos débiles». Por eso, la firma de un acuerdo entre el gobierno peruano y la Pacific Steamship Navigation Company para alentar la inmigración española era motivo de celebración, «pues la inmigración propende al mejoramiento de la raza, punto este de la mayor trascendencia, tratándose de naciones como la nuestra que atraviesan todavía por esa edad incipiente, en que necesitan nutrirse de elementos vivificantes».[88]

Hacia la década de 1920, sin embargo, se empezó a rechazar crecientemente la inmigración como una solución para la escasez de mano de obra. En lugar de europeos, señalaba un articulista, el Perú había recibido inmigrantes asiáticos, y esto había contribuido más a debilitar la homogeneidad racial y social del país:

> Muchos valles de nuestra costa fueron cultivados con la ayuda malsana de braceros exóticos, y es por esto que hoy sus masas proletarias se hallan constituidas por elementos heterogéneos que ostentan una lamentable diversidad en su vigor físico, en sus sentimientos y en sus ideales. Si en el orden étnico es doloroso observar el cuadro que ofrecen nuestras poblaciones, en el orden social muy grandes dificultades nos aguarda el porvenir. El ideal nacionalista de la *unidad* va a ser pronto una bella utopía si un movimiento reaccionario no levanta las vallas poderosas capaces de impedir nuevas importaciones de elementos de esas razas.[89]

Para el autor de este artículo, la inmigración había creado nuevos y peores inconvenientes. La solución real al problema de la escasez de trabajadores, sugería, necesitaba buscarse en el propio país:

> El peón serrano es fuerte, laborioso, sumiso y de gran resistencia para toda clase de trabajos. Se le ha querido negar la inteligencia, pero la práctica y la apreciación serena y amplia de sus facultades intelectuales nos dicen que su falta de iniciativa y de discernimiento provienen del estado de depresión y de ignorancia en que se le mantiene. Esto queda completamente corroborado cuando por circunstancias especiales permanecen algunos años en la costa, en cuyo caso se adaptan tan bien a las modalidades y exigencias de las distintas labores que uno se pregunta por qué no se ha pensado antes en resolver el problema de los braceros con esa gran masa proletaria de la sierra cuya inmigración a la costa sería fácil producir.[90]

---

88. *El Agricultor Peruano* 10, n.º 212 (14 de diciembre de 1907): 3.
89. *La Agricultura* 5, n.º 55 (1920): 12-13.
90. Ibíd.

Los indios, entonces, podían ser transformados en trabajadores productivos si dejaban su ambiente atrasado.[91] Se seguía de ello que el Estado tenía la responsabilidad de crear condiciones que favorecieran la migración interna con el fin de proveer mano de obra para el sector agroexportador y «mejorar» al indio: «corresponde [...] a los poderes públicos estudiar la forma de hacer de la numerosa población autóctona, una colectividad capaz y eficiente. Antes de perseguir remotas inmigraciones exóticas, es preciso levantar el nivel moral y social de los pobladores serranos».[92]

Otros comentaristas coincidían: había llegado el momento de controlar y hacer uso de la mano de obra indígena del Perú, que era, en efecto, otro generoso recurso natural que la élite del Perú estaba llamada a hacer productivo para la mayor gloria de la nación. En lugar de centrarse en la inmigración, un articulista señalaba, el Perú tenía que centrarse en los obstáculos que, en el pasado, habían estancado la conversión de los indígenas del país en «un factor de progreso nacional y un elemento que robustezca la nacionalidad».[93] Para este anónimo autor, el obstáculo que necesitaba superarse era la «comunidad indígena», la institución social y legal de la que muchos pobladores andinos eran miembros, y en la cual vivían y trabajaban como agricultores o pastores; la consideraba una verdadera barrera para el progreso debido a sus primitivos métodos de producción, a que sus miembros fracasaban en hacer uso completo de la tierra, y a que la propiedad colectiva implicaba que raramente se mejorara la producción, mientras que sustraía trabajadores de otras actividades económicas. Sin embargo, el autor prevenía que no era suficiente eliminar la comunidad indígena; el indio necesitaba ser educado de forma moderna, y se necesitaba crear derechos de propiedad, de modo que su producción pudiera encontrar puntos de venta: «Solo así la disolución de las comunidades indígenas lograría incorporar al indio a la vida nacional y las industrias agrarias podrían aprovechar el valioso concurso de su producto y de su esfuerzo».[94]

---

91. Sin lugar a dudas, como he mencionado más arriba, tales ideas circularon antes de la década de 1920. En 1906, por ejemplo, Luis Pesce sostuvo que los indios podían volverse productivos si se ponían a trabajar con migrantes extranjeros: «Los indios de las serranías, regenerados y trasplantados en la costa y la Montaña con sujeción a un bien garantizado plan de migración interna, constituyen los elementos llamados a desempeñar las labores agrícolas corrientes en el Perú; aun más que ellos deben figurar como parte integrante, al lado del trabajador e industrial europeo, en la gran faena de la explotación de las riquezas naturales del país y de su poblamiento». Pesce, *Indígenas e inmigrantes*, 37.

92. *La Agricultura* 5, n.º 55 (1920): 12-13.

93. *La Agricultura* 5, n.º 58 (1920): 16-18.

94. Ibíd.

Aunque las ideas acerca del indio como una fuente de mano de obra habían comenzado a cambiar, algunos continuaron argumentando que los indios eran solo aptos para ciertos tipos de trabajo. En un artículo que consideraba el traslado de indios para colonizar la región amazónica del Perú, Leopoldo Arnaud argumentaba que la clase de labores que los indios podían ejecutar era restringida: «Yo entiendo que el indio bien dirigido o hábilmente llevado puede ser un colaborador valioso e importante cooperando en la tarea manual o esencialmente mecánica de las industrias agrícolas, pero no creo que dado su actual estado de cultura, sea sensato ni prudente confiar a su propia iniciativa los resultados de una labor que requiere cierto sentido inductivo o acción directriz».[95] Entre otros aspectos, explicaba Arnaud, los indios serían incapaces de hacer el trabajo de un *colono* porque no tenían noción de familia y, por definición, la colonización requería la constitución de familias: «El indio [...] desconoce por completo los deberes que le liga con [la familia] y con la sociedad». Los indios tendrían que limitarse a la mano de obra manual básica. El rol del indio en el desarrollo de la agricultura del país, insistía Arnaud, «es de carácter puramente mecánico o puramente material», por lo que lo suponía carente de iniciativa intelectual. En particular, para Arnaud, el indio era inadecuado para la mano de obra industrial.[96] Otros, sin embargo, no estaban de acuerdo:

> Representando, como representa el indio, la gran mayoría de nuestro pueblo, es evidente que mientras no se le coloque en condiciones de vida ventajosa, que le permita cambiar su estado parasitario, incluyéndolos en la vida de progreso a que todo hombre tiene derecho; jamás podrá esperarse de nuestro país un desarrollo importante en sus industrias. Civilicemos al indio; levantémoslo a nuestro nivel si posible, dejemos de explotarlo, y esto será el primer paso provechoso y seguro que en beneficio de la industria nacional se haga.[97]

Para este comentarista, los indios debían ser útilmente empleados en las actividades industriales modernas, pero, como otros, creía que esto solo debía ocurrir después de que hubieran sido «civilizados».

Tales perspectivas podrían ser vistas como meras justificaciones para la captura de indígenas por el Estado o por los capitalistas, ansiosos de conseguir la forma más barata de mano de obra y, también, como un capítulo más

---

95. *Boletín de la Sociedad Nacional de Agricultura* 4, n.º 21 (marzo de 1920): 475.

96. Ibíd., 480.

97. *El Nacionalista* 1, n.º 10 (septiembre de 1932): 4.

en la larga historia de la extracción de fuerza de trabajo que se remonta a los inicios del periodo colonial. Ciertamente, como han demostrado numerosos historiadores, la creencia de que la población andina era racialmente inepta para trabajar, combinada con la capacidad limitada de un débil aparato del Estado para extraer trabajo forzado, obligaban a los capitalistas peruanos, particularmente aquellos ocupados en los sectores agroexportadores, a buscar fuera fuentes alternativas de mano de obra. Experimentos iniciales con mano de obra importada en la costa, particularmente trabajadores chinos culíes, que habían llegado primero al Perú durante del *boom* del guano en la segunda mitad del siglo XIX, y trabajadores japoneses contratados, tuvieron resultados mixtos, como hemos visto.[98] Como consecuencia, los indígenas, con todos sus defectos, se revalorizaron a juicio de los capitalistas: «No hay como nuestros peones de Bambamarca con borrachera y todo», señalaba el administrador de una hacienda azucarera.[99] En las décadas iniciales del siglo XX, las plantaciones de azúcar y (en menor medida) las fincas algodoneras en la costa y las minas en la sierra central ocupaban mano de obra andina a través del «enganche» o peonaje a base de deudas. Este sistema de contratación laboral era menos oprobioso que lo que algunos contemporáneos creían. Se desarrollaba como un subproducto de dinámicas economías interregionales, ligadas, por un lado, a la costa norte y las regiones de la sierra del norte del Perú; y, por el otro, a las minas (particularmente la de cobre de Cerro de Pasco) y los valles de la sierra central. Luego de ser una respuesta a las necesidades de los dueños de haciendas y minas, y del campesinado andino, la mano de obra enganchada por temporada, que resultaba costosa y políticamente inconveniente, fue gradualmente abandonada hacia la década de 1920 a favor de una fuerza laboral proletarizada en las haciendas azucareras de la costa y las minas de la sierra central, como una combinación de un tira y afloja de factores (que incluían las consecuencias ambientales de la minería) que obligaron a los campesinos a abandonar sus tierras.[100]

Sin embargo, interpretar tales perspectivas como meras justificaciones instrumentales para capturar mano de obra andina sería pasar por alto y

---

98. Sobre la mano de obra asiática en las plantaciones costeñas del Perú, véanse, entre otros, Macera, *Cayaltí*; y Gonzales, *Plantation Agriculture*.

99. Citado en Macera, *Cayaltí*, 196.

100. Sobre el enganche y la proletariarización de la mano de obra andina, véanse, entre otros, Klarén, *Modernization, Dislocation and Aprismo*; Gonzales, *Plantation Agriculture*; Flores Galindo, *Los mineros de Cerro de Pasco*; Mallon, *Defense of Community*. Sobre algodón, véase Peloso, *Peasants on Plantations*.

malentender los poderosos presupuestos racializados que apuntalaron ideas acerca de la naturaleza diferenciada del trabajo y los trabajadores, y acerca del rol que los indios podían desempeñar en el futuro industrial del Perú. Estas ideas se retomaron más claramente en un libro titulado *El problema del indio en el Perú*, del director de la Escuela de Artes y Oficios de Lima, Francisco Alayza Paz Soldán, publicado en 1928. Según Alayza Paz Soldán, los indios del Perú eran una fuente de atraso, debilidad nacional y vergüenza. Constituían una raza «que ha quedado rezagada en el camino del progreso, ajena a nuestros sentimientos, indiferente a nuestros ideales, inerte a nuestras necesidades y dolores».[101] Pero ellos también eran un «capital humano», aunque «en un estado de atraso e incultura verdaderamente medioevales, viviendo separado espiritualmente del resto de la colectividad». Para Alayza Paz Soldán, quien, como hemos visto, creía apasionadamente que la industria y el comercio eran la fuente de la grandeza de la nación, se seguía que «el problema de civilizar e incorporar al indio a la vida nacional es el más hondo, el más trascendente de los problemas que nos rodean». Resolver este problema, a su juicio, convertiría al Perú «en rico productor, en entidad poderosa».[102] Creía que, como descendientes de una gloriosa civilización (los incas), los indios peruanos eran capaces de superar su actual atraso. Pero ellos requerían una ayuda que debía provenir de la esfera de los derechos de propiedad, la educación, la infraestructura de transporte, el servicio militar y el trabajo industrial. En resumen, exponer a los indios a un ambiente correctivo permitiría que ellos superasen su atraso cultural.

En particular, Alayza Paz Soldán indicaba que los indios que eran empleados en el trabajo industrial estaban necesariamente expuestos a la civilización moderna, que «le crea intereses y necesidades, modificando radicalmente sus pensamientos y costumbres». Comentaba con satisfacción que «la cultura y civilización que la empresa metalúrgica del Cerro de Pasco [...] ha desarrollado en el apático indio en los últimos años es verdaderamente notable. Ha operado una profunda transformación especialmente en la parte joven de los pobladores, tanto en lo individual como en lo colectivo. El indígena ha experimentado, al ser colocado en condiciones civilizadoras, una metamorfosis completa en ideas y sentimientos».[103] La industria, en resumen, podría redimir al indio. Como señalaba otro autor en 1930: «Lo que necesita

101. Alayza Paz Soldán, *El problema del indio*, 5.

102. Ibíd., 10.

103. Ibíd., 62.

el indio, después de las tierras que cultiva, son fábricas, talleres en donde aprender a manejar toda clase de maquinarias, que es una manera también de civilizar al indio».[104] La medida en que tales ideas eran naturalizadas puede calibrarse por el hecho de que, algunos años después, el docente de derecho Raúl Ferrero argumentara, en un estudio titulado «Destino racial del Perú: el mestizaje» y presentado al vigésimo séptimo Congreso Internacional de Americanistas: «El agrarismo hace del indio un ser raíz, dominado por atavismos de simplicidad rustica y de sumisión servil y resignada. El mestizo, en cambio, es un indio redimido de la fatiga y del automatismo». Como otros antes que él, Ferrero creía que si el indio era separado «de su región o de su sistema de trabajo», invariablemente cambiaría para mejor, aunque prevenía sobre que «al tornar al terruño sea luego reabsorbido por el medio». Para Ferrero, el simple contacto con el mundo «moderno» tornaba al indio en un ser mejor, en un mestizo: «El laboreo en las minas en la sierra, y el servicio militar y el enganche en las haciendas de la costa, modifican al indio. El régimen de vida militar, el cambio de alimentación, o las nuevas condiciones de trabajo como asalariado industrial le obligan a agudizar su ingenio para poder convivir con el ágil temperamento del costeño. El indio que baja a la costa ya es un mestizo espiritual».[105]

La aspiración que tales opiniones revelaban, expresadas sin ambigüedad en la carátula de *Industria Peruana* discutida en la introducción de este libro, fue que la industrialización otorgaría al Perú una solución para su problema más urgente: la inadecuada naturaleza de su gente. Como un artículo de la misma revista señalaba, la mano de obra en la mayor parte del país permanecía largamente no mecanizada y las actividades productivas indígenas habían cambiado poco desde hace miles de años: «Eso ya no es atraso, eso se llama barbarie». La solución era industrializar la producción indígena para el bien de la nación: «El Perú se tornara fuerte cuando el aborigen se haga apto».[106] Estas no fueron perspectivas exclusivas de la oligarquía o de aquellos quienes, como Ferrero, estaban firmemente a la derecha del espectro político. Como es bien sabido, Mariátegui rechazó las opiniones abiertamente racistas sobre los indios de muchos de sus contemporáneos, aun cuando no

104. Eloy Gregorio Parra, «Industrializar al Perú es la fase final de la solución del problema del indio», *La Revista* 4, n.º 153 (7 de agosto de 1930): 19.

105. Ferrero, «Destino racial del Perú».

106. «El Perú será fuerte cuando el indio sea apto», *Industria Peruana* 3, n.º 12 (julio de 1933): s. p.

pudo escapar completamente de los presupuestos racializados de su tiempo.[107] Pero como sus coetáneos, vio la condición de los indios, y de hecho la de los afroperuanos, como un «problema» que necesitaba ser resuelto.[108] Para Mariátegui, también, resolver el «problema» involucraba una transición de un estado forzosamente atrasado a, en su caso, el socialismo: «Las posibilidades de que el indio se eleve material e intelectualmente dependen del cambio de las condiciones socio-económicas [...] Lo que asegura su emancipación es el dinamismo de una economía y una cultura que portan en su entraña el germen del socialismo».[109] Esta transición, argumentaba Mariátegui, podría solo lograrse a través de una fase de industrialización que necesariamente involucraba la proletarización de la población del Perú.

De esta manera, aunque Mariátegui rechazó el racismo de sus contemporáneos, reprodujo la idea de la industria y la proletarización como factores de redención cultural, como en esta discusión sobre los afroperuanos: «El negro o el mulato, en sus servicios de artesano o doméstico, compuso la plebe de que dispuso siempre más o menos incondicionalmente la clase feudal. La industria, la fábrica, el sindicato, redimen al negro de esta domesticidad. Borrando entre los proletarios la frontera de la raza, la conciencia de clase eleva moral, históricamente, al negro».[110] De manera similar, Mariátegui presentó la redención cultural de los indios del Perú como dependiente de la transición de un feudalismo, que mantenía a los indios en un estado de estancamiento y servidumbre, hacia el socialismo, a través de la industrialización:

> Sin los elementos materiales que crea la industria moderna, o si se quiere el capitalismo, ¿habría posibilidad de que se esbozase el plan, la intención siquiera de un Estado socialista, basado en las reivindicaciones, en la emancipación de las masas indígenas? El dinamismo de esta economía, de este régimen que torna inestables todas las relaciones, y que con las clases opone las ideologías, es sin duda lo que hace factible la resurrección indígena, hecho decidido por el juego de las fuerzas económicas, políticas, culturales, ideológicas, no de fuerzas raciales.[111]

---

107. Sobre los puntos de vista de Mariátegui acerca de la población indígena del Perú, véase Valderrama, «Los planteamientos»; Manrique, «Mariátegui»; y Leibner, *El mito del socialismo indígena.*

108. Para el contexto en el cual Mariátegui expresó estos puntos de vista, véase Flores Galindo, «La agonía de Mariátegui»; y Becker, «Mariátegui».

109. Mariátegui, «El problema», 31.

110. Ibíd., 28.

111. Ibíd., 31-32.

Para Mariátegui, entonces, el indio *como indio*, como opuesto al indio *como obrero*, era incompatible con su visión del futuro socialista del Perú.

Tales ideas fueron también integradas a la ideología política y la filosofía social del APRA, el partido político que marcó profundamente la vida política del Perú desde la década de 1930 en adelante. En el texto fundacional, *El antiimperialismo y el APRA*, Víctor Raúl Haya de la Torre, el fundador e ideólogo del partido, reprodujo muchas de las ideas racializadas del indio como miembro de una cultura degenerada, cuya «ignorancia de las razones que determinaron su esclavitud le obliga a ser supersticioso y místico».[112] Los indios, en el pasado pertenecientes a una gran civilización, sugería, se harían nuevamente productivos con las políticas del APRA. Aunque celebraba los medios colectivos de producción supuestamente favorecidos por las comunidades indígenas, Haya de la Torre argumentaba que estos solo se harían verdaderamente productivos a través de la influencia redentora del APRA sobre los indios y su mundo: «La reivindicación del indio como hombre y de su sistema como método de producción son imperativas por razones económicas». Esta influencia incorporaría al indio en el futuro nacional que el APRA trazaría: «La base [de la transformación económica de Indo-América] está en los millones de trabajadores indígenas del campo y de las minas, que alientan como anhelo sagrado para el futuro la restauración de un sistema social del pasado. Restaurado en esencia o modernizado por la técnica contemporánea, habremos utilizado el pasado, como ningún otro pueblo, en condiciones favorables para acelerar el advenimiento del porvenir».[113] El indio, en síntesis, se haría un ser productivo, socialmente útil, a través de su incorporación a la sociedad moderna como una consecuencia de la política social y económica del APRA.

Las ideas acerca del indio expresadas por Haya de la Torre fueron formuladas de una manera más explícita (y menos retórica) por Rómulo Meneses, un miembro del partido en Arequipa. Meneses murió estando en prisión a inicios de 1930, pero se las arregló para producir un breve folleto que discute varios de los objetivos del APRA. Cavilando sobre si «¿la clase indígena es clase proletaria?», concluía Meneses, «No, evidentemente. Es una categoría de masas raciales sin orientación autentica, sin cultura, sin conciencia».[114] Meneses señalaba que los indios «ni siquiera poseen una fermentación revolucionaria de reivindicaciones definidas», como demostraba el hecho de que

112. Haya de la Torre, *El antiimperialismo*, 135.

113. Ibíd., 137.

114. Meneses, *Por el APRA*, 40.

todos los levantamientos indígenas habían sido un fracaso. Para Meneses, el indio no podía ser un proletario porque no podía vender su mano de obra y porque vivía en un mundo semifeudal. Pero esta situación podía cambiar:

> Cuando las sierras peruanas y las circundantes, ingresen en una fase de capitalización efectiva, cuando el sistema de explotación de la tierra y de sus productos varíe de métodos, mediante la restitución de la tierra a quienes la trabajan, parcelando los latifundios, «impulsando el mayor aprovechamiento de la riqueza producida para el beneficio de la colectividad» (Haya de la Torre); es decir, cuando logremos incorporar al indígena como moderno factor de producción y de consumo, entonces, sin recurrir a la prosodia de mencionar derechos antiesclavistas en constituciones que se juran al vacío, la fuerza material de las cosas se encargará de resolver la situación medioeval de nuestras grandes masas étnicas, amorfas en el terreno de clases, destruyendo su actual servidumbre y transformándolas progresivamente en verdaderas clases campesinas colectivizadas.[115]

Nuevamente, en esta concepción, los indios se convertirían en seres productivos y socialmente útiles a través de su incorporación (en realidad, su transformación) en una clase de campesinos colectivizada. Como Mariátegui, los ideólogos del APRA creían que poco podría esperarse de los indios como indios. Ellos tenían que ser transformados en seres productivos, en obreros, y para eso, necesariamente tenían que dejar de ser indios.

Conclusión

«Sin industria, no hay nación». Como ha mostrado este capítulo, este aforismo y la imagen de la carátula de *Industria Peruana* discutida en la introducción ilustran cómo la política laboral en el Perú de inicios del siglo XX fue configurada por las maneras en que la élite peruana asociaba el «problema del indio» con el atraso del país, y la «cuestión obrera», con todos sus defectos, con el futuro industrial, «civilizado» y «moderno» (así como también blanco/mestizo). La cuestión obrera, he argumentado, fue racializada en el Perú en mayor medida que en otros países. Considerando la racialización de la política laboral en el Perú, extraigo la sugerencia de David Theo Goldberg de que, para dar sentido a la interacción entre raza y formación del Estado, necesitamos prestar atención «no solo [a] la forma en que el Estado está más o menos implicado en la reproducción de las condiciones locales de exclusión

---

115. Ibíd., 43. El reconocimiento de Haya de la Torre como la fuente de la oración citada en este pasaje está en el original.

racista, sino en cómo el Estado moderno siempre se concibió a sí mismo como racialmente configurado».[116] Para la élite peruana, responder a la cuestión obrera no fue simplemente enfrentar los problemas que en el Perú, así como en otros países, se asociaban al crecimiento del industrialismo y a la formación de una clase obrera organizada. En el Perú, para progresistas sociales como Francisco Alayza Paz Soldán, conservadores como Raúl Ferrero e incluso radicales como Mariátegui, responder a la cuestión obrera significaba resolver el problema fundamental de la formación del Estado-nación peruano: el obstáculo para el progreso representado por la población indígena del Perú. Responder a la cuestión obrera en el Perú suponía eliminar las trabas raciales con el fin de progresar gracias al poder (¿la magia?) de la industria para transformar a las atrasadas poblaciones indígenas del Perú en trabajadores industriales civilizados blancos/mestizos. Por esta razón, y a pesar de los miedos expresados ante la amenaza social y política que el desarrollo de una clase obrera organizada representaba, los obreros vinieron a desempeñar un rol central, aunque desproporcionado, en la formación del Estado y las políticas nacionales en la primera mitad del siglo XX.

En la mayor parte del siglo XX, aunque los obreros representaban solo un pequeño porcentaje de la población laboral peruana, fueron objeto de mucha más atención del Estado (y de los partidos políticos) que la muy numerosa población rural e indígena porque, a diferencia de ella, eran concebidos como agentes de progreso.[117] Esto no significa argumentar que la población rural e indígena no recibió atención del Estado o ignorar los varios proyectos indigenistas, de arriba a abajo o de abajo a arriba, que configuraron la política social del país.[118] Quizás, como muestra el siguiente capítulo, la interacción de raza, trabajo y Estado en el contexto peruano revela las formas en que «el estado moderno [...] se establece no solo sobre las exclusiones, esas ausencias que invisibilizan, sino en la internalización de estas exclusiones».[119]

116. Goldberg, *Racial State*, 2.

117. En varias formas, mi argumento complementa el de Charles Bergquist de que la importancia de los «trabajadores» (un término que también problematiza) en la historia política de Latinoamérica, que superó de lejos su significado demográfico, se debió a su posición estratégica en los sectores exportadores. En el Perú, sostengo yo, se debe, en parte, a su posición estratégica en esos sectores (azúcar, algodón, cobre, petróleo, harina de pescado, etc.), pero también, y quizás principalmente, a la valoración racializada de los trabajadores frente a los indios. Véase Bergquist, *Labor in Latin America*.

118. Véase, entre otros, Chevalier, «Official Indigenismo»; Davies, *Indian Integration in Peru*; De la Cadena, *Indigenous Mestizos*; Contreras, «Maestros, mistis y campesinos».

119. Goldberg, *Racial State*, 9.

Como discuto en los capítulos que siguen, el Estado peruano en los inicios del siglo XX se desarrolló, ante todo, como un Estado obrero. Es decir, como un Estado de y para la clase obrera, constituida por, y constituyente de, un proyecto de gubernamentalidad que reflejaba la idea de que la clase obrera era un recurso valioso, un agente de progreso, y que el propósito del Estado era protegerla y mejorarla. Se desarrolló en una forma que revela la particular seducción de la clase obrera en el contexto peruano. Al mismo tiempo, se construyó como un Estado expresivo de la creencia de que los indios eran incompatibles con el progreso y, por lo tanto, como un Estado cuyo último y fundamental propósito fue redimir y reconstruir la nación a través de la eliminación de los indios.

2

Constituyendo la clase obrera

Durante la huelga de 1921 en el valle de Chicama, la principal región azucarera en el norte del Perú, los empleados de una nueva institución estatal distribuyeron un panfleto que explicaba el artículo 48 de la recientemente promulgada Constitución de 1920.[1] El artículo establecía el arbitraje obligatorio en los conflictos laborales. Después de detallarlo, el folleto exponía los beneficios del arbitraje, que, se señalaba, era solo una variante de la acción directa. Las huelgas tenían pocas probabilidades de éxito si no eran bien organizadas. Sin embargo, aquellos sindicatos que se embarcasen en una disputa con pleno apoyo de la Constitución se garantizarían el éxito: «Sólo con el arbitraje que coloca a patrones y obreros en igualdad de condiciones se puede discutir amplia y detalladamente cada uno de los puntos del reclamo e inteligentemente hacer triunfar los anhelos del trabajador, que casi siempre son nacidos de sus necesidades insatisfechas».[2] Curiosamente para el caso de una publicación del gobierno, el panfleto se hacía eco de temas anarquistas y del polémico estilo común a las publicaciones de los trabajadores de la época. Sin embargo, su mensaje y propósito eran muy diferentes. Por un lado, como

1. Para un análisis de estas huelgas, véase Klarén, *Modernization, Dislocation and Aprismo*, cap. 2.

2. AGN/MF/RC/1: 14, Sección del Trabajo del Ministerio de Fomento a los obreros en huelga, 1 de octubre de 1920.

ilustra la cita de arriba, el panfleto y la institución que lo había producido buscaban limitar el sistemático y altamente disruptivo recurso a la huelga que marcaba las numerosas disputas laborales a finales de la década de 1910 e inicios de la de 1920, promoviendo el arbitraje mediado por el Estado como una alternativa. El panfleto, el artículo constitucional que promovía y la institución creada para aplicar este artículo son evidencia clara del nuevo concepto de política laboral que había comenzado a tomar forma en la década de 1890, como se examinó en el capítulo anterior. La institución en cuestión fue la Sección del Trabajo del Ministerio de Fomento, fundada en 1919.

La creación de la Sección del Trabajo y la política laboral que promovía parecerían confirmar las narrativas convencionales que sugieren que la política laboral en el Perú de inicios del siglo XX, y particularmente en la segunda presidencia de Augusto B. Leguía (1919-1930) —periodo conocido como el *oncenio* o Patria Nueva—, fue en esencia reactiva a la cuestión obrera, un intento de aplacar o neutralizar el crecimiento de la movilización de los trabajadores.[3] El mismo presidente Leguía lo argumentó de esa forma, al explicar al Congreso peruano en 1920 que «la multiplicación de las huelgas y de los paros, con los desórdenes que, merced a propagandas disociadoras, les son (en la mayoría de los casos) concurrentes, hizo crear la Sección del Trabajo, en el Ministerio de Fomento, destinada a poner, en aquellos conflictos, la solución arbitral tranquila prescrita por el artículo 48 de la Ley Fundamental».[4] Sin duda, una «atmósfera de lucha de clases» configuraba, en el Perú, como en otras partes del mundo, la coyuntura que marcaba la creación de este organismo.[5] La huelga general de diciembre de 1918-enero de 1919, que finalizó el 15 de enero con la adopción de la ley de la jornada de las ocho horas, y, quizás más importante, la revuelta por el abaratamiento de las subsistencias de mayo de 1919, fueron momentos fundamentales en la historia de la clase obrera peruana organizada y de la política peruana.[6] El rol de la agitación laboral en la política relativa al trabajador o, concretamente, en la creación de la Sección del Trabajo, no debería descartarse fácilmente. Pero, como sugiero en este capítulo, las interpretaciones que se centran exclusivamente en el

3. Véase, por ejemplo, Sulmont, *El movimiento obrero en el Perú.*

4. Mensaje del presidente del Perú, Augusto Bernardino Leguía Salcedo, ante el Congreso, 28 de julio 1920. La mayoría de discursos presidenciales, incluido este, están disponibles en el sitio web del Congreso peruano. Véase http://www.congreso.gob.pe/museo.htm.

5. Joll, *The Anarchists*, 217.

6. Los eventos son estudiados con detalle en Blanchard, *The Origins of the Peruvian Labor Movement.*

carácter reactivo de esta política o que consideran que ella fue solo producto de la agitación laboral son incompletas.

Aunque muchos historiadores están de acuerdo en que este fue un periodo histórico fundamental, asombrosamente existen pocos estudios académicos serios sobre la Patria Nueva o, más aún, sobre la política laboral durante el gobierno de Leguía.[7] La Patria Nueva sigue siendo entendida como un proyecto defectuoso de modernización, expresión de un anhelo por restablecer y reorientar la nación que había sido humillada por la catástrofe de la Guerra del Pacífico (1879-1884) por un nuevo camino hacia el progreso que marcaba un cambio en las relaciones Estado-sociedad. Los historiadores usualmente argumentan que el orden político llamado República Aristocrática (1895-1919) se caracterizó por un incipiente Estado-agente, dominado por una oligarquía representada por el Partido Civil (de ahí la identificación de la oligarquía como *civilistas*). Alternativamente, ellos sugieren que la Patria Nueva se caracterizó por el desarrollo de un Estado relativamente autónomo y por la expansión de su capacidad cognitiva y coercitiva, reflejo de un proyecto de modernización más socialmente inclusivo que el que persiguieron gobiernos anteriores.[8] Hace algunos años, por ejemplo, Steve Stein planteaba que el periodo de Leguía estableció las condiciones para el surgimiento de la «política de masas».[9] Más recientemente, Augusto Ruiz de Zevallos ha propuesto que, en los cambios que resultaron de los eventos de 1919 (la huelga general por la jornada de las ocho horas, la lucha por el abaratamiento de las subsistencias de inicios de 1919 y el crecimiento del poder de Leguía sobre

---

7. El régimen de Leguía «es todavía un periodo de mitos, opiniones polarizadas e incluso de especulaciones oportunistas». Irurozqui, «El Perú de Leguía», 98.

8. Peter Klarén, por ejemplo, menciona que Leguía se embarcó en un «nuevo programa nacional de modernización y reforma», y que la Patria Nueva «incluyó un Estado más fuerte, intervencionista», mientras que Manuel Burga y Alberto Flores Galindo han sugerido que Leguía «comprendió la necesidad de desarrollar los aparatos del Estado». Carlos Contreras y Marcos Cueto sostienen, de manera similar, que «la Patria Nueva significó una modernización del Estado [...] se incrementó los impuestos a la exportación, se expandió la burocracia estatal, se pactó empréstitos en el exterior y se realizó acuerdos técnicos, sobre todo con agencias y expertos norteamericanos, para modernizar la salud, la educación, la tecnología agrícola, y otras actividades públicas». Gonzalo Portocarrero, mientras tanto, enfatiza la aceleración de un proceso que se había iniciado antes: «el Estado, bajo la conducción de Leguía, comienza a desarrollar con ímpetu la función de promotor y acelerador del progreso que ya en la anterior etapa se había insinuado». Véase Klarén, *Peru*, 242; Burga y Flores Galindo, *Apogeo y crisis de la República Aristocrática*, 205; Contreras y Cueto, *Historia del Perú contemporáneo*, 190; Portocarrero, «Ideologías, funciones del Estado y políticas económicas», 14.

9. Stein, *Populism in Peru*.

los hombros de la clase obrera urbana), «se encuentran los atisbos de Estado populista y allí se pueden hallar las raíces históricas y sociales de las ofertas programáticas de los principales movimientos políticos del siglo XX —como el Apra, la Democracia Cristiana-PPC, Acción Popular y las izquierdas».[10]

Sugiero en este capítulo que las transformaciones de la Patria Nueva se entienden mejor, no primordialmente como una expansión de la capacidad del Estado, sino más bien como el nacimiento de un nuevo proyecto de regulación que creó, y se expresó en, un nuevo rol para él.[11] En este proyecto, el Estado estaba llamado a proteger a la población, a mejorar su bienestar y a perfeccionarla a través de la inculcación de nuevos hábitos y prácticas, pero también de la administración de su ambiente. La Sección del Trabajo, muestro, ilustra cómo este proyecto de gubernamentalidad se desplegó en la esfera laboral. Comenzaré examinando los primeros intentos para hacer «legible» a la clase obrera, que se centraron en crear instituciones, en efecto precursoras de la Sección del Trabajo, que expresaron racionalidades de gobierno en el ámbito relativo al trabajo (i. e., expresaron un proyecto para proteger y mejorar a la clase trabajadora), y buscaron enmarcarla como objeto de la intervención estatal. Me abocaré a examinar ahora cómo la Constitución de 1920 concibió tales racionalidades de gobierno. Examinaré entonces de qué manera la Sección del Trabajo fue clave para «tecnificar» la esfera laboral y mostraré la importancia de este proceso para el éxito de las relaciones laborales promovidas por el régimen de Leguía. Argumento que el éxito inicial de la institución en conducir los conflictos laborales se entiende mejor como el resultado de la coproducción con la clase obrera de lo que llamo el «Estado obrero», y que la Sección del Trabajo se comprende mejor como una tecnología de gobierno expresiva, y a su vez constitutiva, de este último. Finalmente, discuto las formas en que este organismo reflejaba, y reforzaba, a través de sus exclusiones de la esfera laboral de cierta población trabajadora, específicamente los indígenas, los presupuestos en gran medida racializados sobre la clase obrera que configuraron la política laboral en este periodo.

10. Ruiz Zevallos, *La multitud, las subsistencias y el trabajo*, 213. El Partido Popular Cristiano o PPC, un partido socialdemócrata, se fundó a mediados de la década de 1960.

11. Como sugiere James Ferguson en su estudio sobre los proyectos de desarrollo en Lesotho, «lo que se expande no es la magnitud de las capacidades del 'Estado' sino la intensidad y el alcance de un tipo particular de poder». *The Anti-Politics Machine*, 274.

Haciendo legible a la clase obrera

Aunque creada recién en 1919, la idea de una Sección del Trabajo no era nueva. En 1904, las propuestas de código de trabajo del educador y congresista José Matías Manzanilla incluían planes para constituir un consejo nacional del trabajo. Aunque estos planteamientos no prosperaron, el siguiente año Manzanilla persistió y presentó al Congreso una legislación para, nuevamente, crear una «Junta Nacional de Trabajo». Según la propuesta de Manzanilla, la junta estaría compuesta de un senador, dos diputados y tres académicos (uno de la facultad de Política y Ciencias Administrativas, otro de la de Jurisprudencia y un tercero de la de Medicina de la Universidad de San Marcos), así como de cuatro obreros y cuatro empleadores. Mientras que los políticos y académicos serían nominados por sus «respectivas instituciones», el Ejecutivo designaría a los trabajadores y empleadores. Servirían por cuatro años y estarían habilitados para renovar sus cargos. Las funciones de la junta incluían aconsejar al gobierno en temas laborales, preparar leyes de trabajo, estudiar la legislación de países extranjeros en materia laboral, recopilar estadísticas sobre empleo industrial y hacer investigaciones «sobre el estado moral, intelectual, político y económico de las clases obreras». La ley daba a la junta poderes extensos: la autoridad para intervenir en los reclamos relacionados con el trabajo y resolver, en calidad de última instancia, aquellos que fueran llevados a arbitraje; el poder para aprobar (o rechazar) los estatutos de «sociedades industriales y de trabajadores», y juzgar su legalidad; y el derecho a multar a cualquiera que contraviniera las leyes laborales.[12]

La propuesta de Manzanilla parece haber sido el modelo en que se basaron las *secciones obreras* establecidas en 1913 por el presidente Guillermo Billinghurst (1912-1914). Clausuradas después por Óscar R. Benavides (1914-1915) durante su primer periodo de gobierno, estas instancias funcionaron en las comisarías de policía de Lima y el Callao.[13] Como indican sus estatutos, las secciones obreras habían sido creadas como consecuencia de «la última agitación obrera y consideraciones de interés público y social».[14] Su función fue principalmente recolectar estadísticas laborales, pero se extendía

12. Manzanilla, *Discursos parlamentarios*, 176-179; Manzanilla, *Elecciones políticas y municipales*, 122; véase también Blanchard, *The Origins of the Peruvian Labor Movement*, 37.

13. Angulo Puente Arnao, *Legislación obrera*, 57-61; Núñez, *Legislación social peruana*, 72-75.

14. La breve presidencia de Billinghurst y sus medidas prolaborales se discuten en Blanchard, «A Populist Precursor»; y Huiza, «From the República Aristocrática to Pan Grande».

a la inspección de establecimientos industriales y al otorgamiento de un reconocimiento oficial a las sociedades de trabajadores. Además del registro del número de establecimientos industriales, el número de trabajadores y las tasas de salarios, las secciones obreras estaban encargadas de informar sobre los costos de construcción de la vivienda obrera y sobre los alquileres pagados por la clase trabajadora, determinar la densidad poblacional en los distritos de clase trabajadora y analizar el costo de vida y los precios de los bienes de subsistencia. Otras funciones estadísticas incluían la creación de registros de trabajo relativos a accidentes y a trabajadores desempleados (permitiendo así a estas secciones «suministrar a los industriales el número de operarios que requieran»). El estatuto también concebía la creación de un boletín gratuito que, publicado mensualmente, reproduciría tanto los estatutos de los sindicatos obreros como las regulaciones de los establecimientos industriales. Finalmente, y de modo destacado, los estatutos establecieron que era responsabilidad de las secciones obreras «procesar y registrar» toda la documentación relativa a huelgas y paros que serían regulados ahora por la recientemente promulgada ley de huelga.[15]

Las secciones obreras no prosperaron. Pero su breve existencia señala el surgimiento de un fuerte apoyo a instituciones de este tipo entre ciertos sectores de la élite y, de manera más amplia, una defensa de la idea de que el Estado tenía que adquirir y desarrollar la capacidad de hacer «legible» a la clase obrera, de modo que se pudiera tomar decisiones sobre ella.[16] Varios de los reformadores sociales comentados en el capítulo anterior contribuyeron a los debates sobre la necesidad de tales instituciones. Ya en 1905, Luis Miró Quesada, un estudiante de Manzanilla y, como su profesor, uno de los reformadores sociales pioneros, pidió la creación de un concejo industrial, cuyas funciones incluirían supervisar la implementación de las nuevas leyes laborales que estaban discutiéndose en ese momento, inspeccionar los establecimientos industriales y solucionar las huelgas por medio de un «tribunal de arbitraje y conciliación».[17] En su tesis doctoral de 1916, Alberto Ulloa Sotomayor, un joven jurista que más tarde se convertiría en uno de los más distinguidos internacionalistas del Perú, también recogió la propuesta de

15. Los estatutos de las secciones obreras se incluyen en la *Memoria que el Ministro de Gobierno y Política presenta al Congreso Ordinario de 1913*. Lima: La Opinión Nacional, 1913, pp. 41-45; y se reproducen en Angulo de Puente Arnao, *Legislación obrera*, 56-61.

16. Sobre «legibility», véase Scott, *Seeing Like a State*.

17. Miró Quesada, «La cuestión obrera en el Perú» [1905]. En su *Albores de la reforma social*, 115-119.

Manzanilla y argumentó que «no cabe dudar de la necesidad de la formación de esa Junta Nacional de Trabajo». Ulloa Sotomayor sugirió, además de la junta, que una sección dedicada al trabajo debía establecerse en el Ministerio de Fomento, con el fin de administrar todos los aspectos relativos a la clase obrera y mantener estadísticas, sin las cuales, insistía él, era imposible evaluar el impacto de las leyes laborales existentes o la necesidad de nuevas. También pedía la creación de un cuerpo de inspectores para supervisar los establecimientos industriales y determinar si se estaban cumpliendo las leyes obreras en varias partes del país.[18] En 1917, Juan Angulo de Puente Arnao, un eminente abogado, sugería, haciendo eco de los argumentos presentados por Miró Quesada y Ulloa Sotomayor, que se creara en el Ministerio de Fomento una dirección general consagrada al trabajo.[19]

Estas propuestas, o «proyectos de legibilidad», sostenían la promesa de una «visión sinóptica» de la clase obrera que permitiría al Estado actuar disciplinándola —estableciendo los parámetros de la conducta aceptable en el trabajo, así como en el hogar y la comunidad—, pero también a través de proyectos de «mejoramiento». Las propuestas reflejan racionalidades de disciplina, pero también de gobierno, que apuntaban a proteger a la clase obrera y mejorar su bienestar. Al presentar sus propuestas, los reformadores sociales subrayaron el hecho de que el establecimiento de las instituciones que ellos proyectaban pondría fin al altamente disruptivo recurso de los trabajadores a la huelga. Miró Quesada, por ejemplo, sostenía que el concejo industrial que concebía resolvería prontamente las huelgas «en el caso poco posible de que surgieran una vez adoptadas las medidas que hemos señalado».[20] De manera similar, Puente Arnao concluía que su dirección del trabajo eliminaría las huelgas, «porque entrando el capitalista, el obrero y el Estado en íntima relación, mediante la oficina administrativa cuya creación propongo, todo conflicto sería fácil de disipar».[21] Pero los reformadores sociales también apuntaban a funciones más amplias para estas instituciones, e implícitamente, para el Estado, que servirían para reconfigurar y mejorar las condiciones que los trabajadores enfrentaban en el trabajo y, en menor medida, en sus comunidades. Usualmente, estos nuevos roles del Estado se justificaban señalando su existencia en países «más avanzados», como los de Europa y los Estados Unidos. La evolución de otras naciones sugería, por ejemplo, Puente Arnao,

---

18. Ulloa Sotomayor, *La organización social*, 232.

19. Puente Arnao, *Legislación obrera*, 7-9.

20. Miró Quesada, «La cuestión obrera».

21. Puente Arnao, *Legislación obrera*.

mostraba que el Estado tenía un rol que desempeñar para llevar a las fuerzas sociales en lucha —el capital y el trabajo— a una relación armoniosa.[22]

El hecho de que tales racionalidades de disciplina y gobierno en relación con la clase obrera se reprodujeran crecientemente en la esfera pública indica hasta qué punto adquirían influencia más allá de un pequeño grupo de expertos legales y reformadores sociales. En 1917, el diario *Ilustración Obrera* puso en circulación numerosos artículos que lamentaban la decisión «sin causa» del gobierno de Benavides de clausurar las secciones obreras, organizadas durante el gobierno de Billinghurst, y argumentaba en favor de su restablecimiento. Sin embargo, el periódico sugería que la imaginada «oficina de empleo» no debía ubicarse en las comisarías de policía, como antes, sino más bien ser parte del Ministerio de Gobierno, y que el ministro debía organizar un «gran registro o catálogo» de trabajadores empleados y desempleados. Este ejercicio estadístico resultaría en un «control beneficioso» de las clases trabajadoras, así como permitiría al Estado eliminar «los malos elementos que se introducen en aquellos, y que generalmente son extranjeros, que vienen con rebalsas de otros lugares con el objeto de inculcarles ideas disociadoras y anarquistas que concluyen por desmoralizarlos e instigarlos a desbordes agresivos peligrosos».[23] Pero aunque fuera necesario, enfatizaba el periódico, este rol coercitivo era insuficiente. Con el fin de evitar la militancia, el periódico argumentaba que era necesario establecer una comisión, «que constituyéndose en los grandes centros y empresas industriales se compenetren de la vida del obrero, de su alimentación, del monto del jornal que ha de estar de acuerdo con sus necesidades, de la habitación que les da asilo y de cuantos detalles deben conocerse en toda colectividad que trabaja sin leyes que la amparen y sin garantías que la resguarde del abuso del capital despótico».[24]

Tales racionalidades fueron incluso compartidas por algunos trabajadores que también veían la necesidad de tal institución. Aunque hay información limitada sobre si se puso en operación, en 1914 la Confederación de Artesanos Unión Universal (CAUU) organizó una «Bolsa de Trabajo» bajo la dirección de Adrián Zubiaga, un artesano.[25] La Bolsa de Trabajo de la CAUU claramente fue un intento de cumplir un rol similar al de las instituciones

---

22. Ibíd.

23. *Ilustración Obrera*, 16 de junio de 1917. A pesar de su título, este periódico no parece haber sido escrito por trabajadores. Véase Sánchez Ortiz, *La prensa obrera*, 50; y Machuca Castillo, *La tinta, el pensamiento y las manos*, 138-140.

24. *Ilustración Obrera*, 23 de junio de 1917.

25. Sobre la carrera de Zuabiaga, véase Blanchard, *The Origins*, 41-46, 162.

imaginadas por Manzanilla, Miró Quesada y otros, ya que contaba entre sus objetivos «servir de intermediaria entre la oferta y la demanda del poniendo en relación permanente a los contratantes y facilitando la colocación de obreros y empleados y organizando la estadística e informaciones exactas sobre el mercado del trabajo». Además, la bolsa de trabajo serviría para «contribuir a la solución satisfactoria de los conflictos obreros» y, quizás más ambiciosamente, «propender al acrecentamiento de las industrias nacionales». En resumen, la Bolsa de Trabajo entendió su función como «realizar todos los actos que tiendan a aliviar en lo posible la condición del obrero y armonizar los intereses de las dos clases capital y trabajo». Como Ulloa Sotomayor, Zubiaga justificó su propuesta basándose en lo que ocurría en Europa, e indicó que las bolsas de trabajo «son consideradas en las naciones europeas como una de las justas reivindicaciones de la clase obrera».[26]

Lo que tales propuestas y comentarios revelan es el consenso creciente en torno a la necesidad de desarrollar canales para proteger y mejorar a la clase obrera o, poniéndolo de otro modo, la necesidad de desarrollar tecnologías de gobierno con el fin de plasmar las ahora ampliamente hegemónicas racionalidades de gobierno en la esfera del trabajo obrero. Esto se pone claramente en evidencia en el segundo proyecto legislativo que Manzanilla presentó al Congreso en 1918, que exigió la creación de una dirección general e inspección del trabajo como una subunidad del Ministerio de Fomento. Manzanilla justificó el proyecto legislativo de 1918 a la luz de «el estado actual de las ideas y las realidades del Perú» y del hecho de que el tratado de paz que había puesto fin a la guerra en Europa había establecido una organización permanente de legislación internacional «para favorecer a los trabajadores».[27] Este proyecto repitió el temprano proyecto de Manzanilla, pero presentó una serie de cambios y extensiones que claramente incorporaban las sugerencias presentadas por Miró Quesada, Ulloa Sotomayor y Ángulo de Puente Arnao, y de hecho aquellas desplegadas en los artículos de *Ilustración Obrera* y el proyecto de la Bolsa de Trabajo de la CAUU. Estos cambios reflejan cómo las ideas acerca de la cuestión obrera habían evolucionado en una década. Mientras que el proyecto anterior consideraba una amplia representación en la dirección de la junta de trabajo, con políticos, académicos, trabajadores y empleadores, la nueva ley proponía una membresía puramente técnica (quizás incluso tecnocrática), que

26. AGN/PL/3.9.5.1.15.1.11.3. Adrián Zubiaga al Prefecto, 15 de octubre de 1914.

27. Manzanilla, por supuesto, se refirió al Tratado de Versalles y a la Oficina Internacional del Trabajo. Véase Manzanilla, *Discursos parlamentarios*, 176.

incluía un director, un secretario que hacía las veces de jefe de publicidad, dos jefes de sección, dos funcionarios de primer orden, cuatro de segundo orden, dos inspectores médicos, dos inspectores en ingeniería y, además, otros numerosos inspectores que determinaría la dirección. Eran indicaciones precisas que mostraban una más clara idea del rol que el Estado podía y debía desempeñar en relación con la clase obrera, y que reemplazaban ahora a las relativamente vagas funciones de la junta de trabajo incluidas en la primera propuesta.

El proyecto de Manzanilla de 1918 aun solicitaba investigaciones «sobre el estado moral, intelectual y económico» de los trabajadores, pero «especialmente sobre sus sueldos y salarios, en relación con el coste de los alimentos, habitación y de los vestidos». De manera similar, las funciones estadísticas de la nueva Dirección General eran mejor explicadas: «hacer el censo de la población obrera y la estadística del trabajo, principalmente de las huelgas, de los accidentes y las enfermedades profesionales». La nueva ley también extendía las funciones de la Dirección General a la educación y moralización de la población trabajadora: se publicaría panfletos que atacaran el alcoholismo y promovieran la seguridad y la higiene en el centro de trabajo y la casa, y se establecería un museo que albergaría «modelos y aparatos protectores para la salud y la vida y con cuadros gráficos acerca de los efectos de la falta de previsión sobre una y otra». Finalmente, la nueva ley preveía un, de lejos, más activo rol para la Dirección General a través de sus inspectores de trabajo, a quienes fue dado el poder de entrar e inspeccionar todos los centros de trabajo, demandar que los industriales cumplieran con las leyes laborales, multarlos si no obedecían sus órdenes, ordenar la remoción de mujeres y niños de los establecimientos que infringieran las leyes pertinentes a ellos, y finalmente clausurar los que violasen la ley del descanso dominical.

Las diferencias entre las dos propuestas sugieren un cambio hacia una comprensión más técnica del rol del Estado en relación con la cuestión obrera. La tecnificación de las relaciones laborales proyectada por la segunda propuesta de Manzanilla reflejaba un consenso creciente entre los reformadores sociales de que los políticos debían ser separados de la esfera de la clase obrera, como discuto más abajo. Como argüía Ulloa Sotomayor, era necesario establecer una institución «que sea lo más independiente posible de la acción del gobierno, no sólo por su constitución, sino por su funcionamiento», con la finalidad de evitar que las influencias «pretenda[n] intervenir en forma perniciosa en las cuestiones obreras».[28] Pero el más importante aspecto de la nueva propuesta de Manzanilla, que incorporaba ideas presentadas en varios

28. Ulloa Sotomayor, *La organización social y legal*, 232.

de los comentarios a la propuesta inicial, fue la idea de que el Estado, en última instancia, tenía que cumplir no meramente un rol de disciplina sino primariamente uno gubernamental. En efecto, la Dirección General propuesta por Manzanilla buscaría no solo resolver los conflictos entre trabajadores y empleadores, sino también configurar activamente las relaciones laborales y a los trabajadores (y empleadores) mismos, buscando su mejoramiento. Tales proyectos pretendían no solo hacer «legible» a la clase obrera sino constituirla como un objeto de acción estatal. En general, buscaban imponer, como sugiere Bourdieu, «una particular visión del Estado, una visión en acuerdo con los intereses y valores asociados con la particular posición de aquellos que los producen en el surgimiento del universo burocrático».[29] Pero haciéndolo así, ellos también habían hecho nacer una particular idea de clase obrera: la clase obrera como un factor (en realidad, un socio) en el proyecto de la élite de redención nacional y «mejoramiento»; la clase obrera como agente de progreso.

La constitución de la clase obrera

La Sección del Trabajo se creó por «resolución suprema» el 30 de septiembre de 1919 con la finalidad de coordinar la organización de las «bolsas de trabajo», de «ir acumulando datos sobre la situación actual de los jornaleros en el país; así como también la relación que hay entre sus salarios y las utilidades de las empresas o industrias a que prestan sus servicios». Se organizó por un segundo decreto presidencial del 6 de marzo de 1920. Este segundo decreto expandía considerablemente y, además, especificaba las funciones de la Sección del Trabajo, aunque provisionalmente, dado que su primer artículo establecía que debía elevarse a la legislatura para determinar la «organización definitiva» de aquellas instituciones administrativas encargadas de hacer cumplir las provisiones laborales consideradas por la recientemente promulgada Constitución de 1920. En la práctica, sin embargo, esta provisional «reglamentación» devino en permanente, aun cuando se sometió a modificaciones, como veremos. Como sugiriendo que el Ejecutivo no podría esperar hasta que el Legislativo consiguiera legislar de acuerdo con los nuevos artículos constitucionales a favor de la clase obrera, el decreto hacía explícito la urgencia de seguir adelante y determinar las funciones de la Sección del Trabajo, señalando, en un lenguaje que claramente refleja las racionalidades

29. Bourdieu, «Rethinking the State», 55.

de gobierno que configuraron su creación, que «es deber del Estado propender el mejoramiento moral y económico del proletariado», y que «para la labor que el Ejecutivo tiene el propósito de realizar en provecho de las clases trabajadoras, es necesario iniciar el estudio sistemático de los problemas nacionales de carácter económico-social».[30]

La creación de la Sección del Trabajo como una subunidad del Ministerio de Fomento es particularmente reveladora de las formas en que la esfera de la clase obrera comenzó a verse como una dimensión fundamental de un proyecto de gubernamentalidad. Organizado en 1896 por el presidente Nicolás de Piérola, el Ministerio de Fomento se compuso originalmente de dos direcciones, la Dirección de Obras Públicas e Irrigación y el Directorio de Fomento (compuesto por tres suborganismos: la Sección de Minas, la Sección de Industrias y la Sección de Beneficencia e Higiene). Para la década de 1920, numerosas nuevas direcciones habían sido creadas, incluidas aquellas para salud pública (1903), irrigación (1911), estadísticas (1918), agricultura (1918), minas y petróleo (1922), comunicaciones (1926) e inmigración (1926). Mientras tanto, varias secciones subsidiarias se introdujeron, entre ellas, la Sección de Asuntos Indígenas (1921) y la Sección del Trabajo (1920), ambas suborganismos de la renovada Dirección General de Fomento. Como esto sugiere, para la década de 1920, los trabajadores —como la salud pública, la agricultura y las comunicaciones, aunque no, como discutí al inicio, los indios— fueron vistos como capaces de «desarrollo», pero también como un factor de él. Se comenzó a concebir a la clase obrera como un recurso (como el algodón, el azúcar y el cobre) que debía hacerse productivo para el beneficio de la nación. En general, comenzó a imaginarse como una de las numerosas dimensiones de la economía y de lo social que debía ser «mejorada» y «desarrollada» a través de la política. Como discuto en el siguiente capítulo, la transferencia y «promoción» de la Sección del Trabajo al Ministerio de Salud Pública, Trabajo y Previsión Social, que se creó en 1935, revela no solo la mayor importancia concedida a la cuestión obrera, sino las formas en que en la década de 1930 la acción del Estado sobre la clase de los trabajadores comenzó a concebirse crecientemente en términos gubernamentales.

Los historiadores han tendido a centrarse por obvias razones en el hecho de que la Constitución de 1920 representó un cambio aparentemente radical en cuestión de políticas indígenas. Según Nils Jacobsen, esta Carta, junto con

30. *Memoria que el Ministro de Fomento Dr. D. Julio R. Ego Aguirre presenta al Congreso Ordinario de 1920.* Lima: Imprenta Torres Aguirres, 1921, p. 26.

instituciones tales como la Sección de Asuntos Indígenas y el Patronato de la Raza Indígena, fueron todos elementos de un indigenismo «oficial» que tenía como objetivo tratar el «problema del indio», que «ahora surgía rápidamente como el aspecto central en un debate creciente acerca de la identidad nacional del Perú».[31] El artículo 58 de la Constitución estipulaba que el Estado «protegerá a la raza indígena y dictará leyes especiales para su desarrollo y cultura en armonía con sus necesidades», y establecía el reconocimiento de las comunidades indígenas como entidades legales.[32] Podría decirse que el indigenismo de la Constitución reflejaba la más amplia influencia de las corrientes indigenistas en los círculos intelectuales de la élite durante la Patria Nueva de Leguía, que también encontraron expresión en las artes (particularmente en la literatura y en las artes visuales, pero también en alguna medida en la arquitectura y la música), y que movilizaron a una variedad de grupos asociativos, tales como médicos, protestantes y fotógrafos.[33] Marisol de la Cadena, por ejemplo, ha argumentado que la Constitución, junto con la Ley de Conscripción Vial, que estableció un trabajo obligatorio de tipo corvée con el fin de proveer mano de obra barata para los proyectos de construcción de carreteras del régimen (que discuto en el siguiente capítulo), son evidencia de cómo Leguía tuvo éxito en reconciliar «su indigenismo liberal con su agenda capitalista modernizante».[34]

Los historiadores han puesto menos atención al hecho de que la Constitución también contenía algunos artículos, agrupados en una sección especial titulada «Garantías Sociales», que enfatizaba un nuevo rol para el Estado en la esfera laboral.[35] El artículo 47 establecía que era prerrogativa del Estado legislar sobre la organización del trabajo industrial y sobre la seguridad en el centro de trabajo, con la finalidad de salvaguardar la vida, la salud y la higiene; establecer las «condiciones máximas» de trabajo (i. e., la duración del día de trabajo) y un salario mínimo; y hacer obligatoria la compensación por accidentes relacionados con el trabajo. Los artículos 48 y 49 detallaban que

---

31. Jacobsen, *Mirages of Transition*, 345. Sobre el indigenismo oficial, véanse Chevalier, «Official Indigenismo»; Kapsoli y Reátegui, *El campesinado peruano*; y Degregori et ál., *Indigenismo, clases sociales y problema nacional.*

32. Sobre este punto, véase Davies, *Indian Integration in Peru*, 69-77.

33. Véanse, entre otros, Cueto, «Indigenismo and Rural Medicine»; Fonseca, «Protestantismo, indigenismo y el mundo andino», 282; y Poole, «Figueroa Aznar and the Cusco Indigenistas». Sobre la música indigenista, véase Turino, «The Music of Andean Migrants».

34. De la Cadena, *Indigenous Mestizos*, 87.

35. La Constitución previa, la de 1867, tenía poco o nada que decir sobre garantías sociales, aunque el artículo 27 establecía el derecho a la libre asociación.

los conflictos entre «Trabajo» y «Capital» serían resueltos por un arbitraje obligatorio y que, para este propósito, se crearían tribunales de conciliación y arbitraje. Otros artículos señalaban un más abierto rol gubernamental para el Estado. Los artículos 55 y 56 establecían que el Estado tenía el deber de fomentar el saneamiento y la asistencia pública a través de la creación de hospitales, asilos e institutos, de proteger a los niños y las «clases necesitadas», así como también de desarrollar «instituciones de previsión y de solidaridad social, los establecimientos de ahorros, de seguros y las cooperativas de producción y de consumo que tengan por objeto mejorar las condiciones de las clases populares». El artículo 57 señalaba que en «circunstancias extraordinarias», el Estado estaría facultado para actuar con la finalidad de reducir los precios de los bienes de consumo básico, «sin que en ningún caso se pueda ordenar la apropiación de bienes sin la debida indemnización».

La Constitución de 1920 representaba un punto de inflexión desde el punto de vista del rol del Estado en materia laboral, ya que expandía su poder, posicionándolo tanto retórica como administrativamente, como el legítimo mediador entre el trabajo y el capital, mientras que al mismo tiempo le otorgaba una más amplia responsabilidad para la protección y el bienestar de los trabajadores. Como un comentarista de ese tiempo señalaba: «La nueva Constitución del Perú está inspirada en el concepto del nuevo socialismo científico, es decir señala la intervención del Estado a favor de los que necesitan su auxilio, pero respetando la libertad de la industria y del comercio».[36] El ímpetu de este nuevo rol vino de una combinación de desarrollos transnacionales y locales. Ciertamente, los acuerdos laborales internacionales aprobados en la primera Conferencia Internacional del Trabajo, que tuvo lugar en Washington y comenzó el 29 de octubre de 1919, inspiraron los artículos incluidos en la sección de «Garantías Sociales» de la Constitución de 1920. Sin embargo, aunque los artículos constitucionales claramente hacían referencia a los primeros seis acuerdos internacionales del trabajo, que decidían sobre horas de trabajo en la industria, protección de maternidad, trabajo nocturno para las mujeres, edad mínima y trabajo nocturno para personas jóvenes en la industria, al menos varios de ellos ya se habían, aunque recientemente, convertido en ley. Por lo tanto, aunque los desarrollos transnacionales claramente influyeron en la Constitución de 1920 —un producto del difusionismo constitucional—, también reflejaron desarrollos locales en relación con la política laboral. Como hemos visto, la Constitución de 1920 finalizó de hecho

36. «La carestía de la vida». En Curletti, *Documentos parlamentarios*, 31.

varios años de legislación social e intervención del Estado en la esfera laboral en el Perú.

Como los críticos de las «Garantías Sociales» de la Constitución comprendieron bien, la Constitución no solo expandió el rol del Estado en cuestión laboral. Le dio existencia a aquello que se identificó como el objeto legítimo de la intervención del Estado: la clase obrera. El abogado Carlos Aurelio León, por ejemplo, sugirió que el arbitraje obligatorio era «un idealismo inaplicable al Perú, donde no existe industrialización, ni verdaderas cuestiones sociales». Su implementación, sugería León, era entonces injustificada y, de hecho, peligrosa, ya que aquellos que la apoyaban también estaban de acuerdo con el derecho de los trabajadores a la huelga, y por lo tanto, estaban enviando el mensaje de que las resoluciones del tribunal arbitral podían ignorarse. Por otra parte, argumentaba León, la incorporación del arbitraje obligatorio como un principio constitucional sugería que necesitaban encontrarse soluciones a problemas sociales que no existían: «la ley con su extemporaneidad crea muchas veces necesidades artificiales; y el problema obrero que solo en Lima y Trujillo se inicia, mas por espíritu de imitación que respondiendo a una situación urgente de mejora social, no existe ni llegará a tener en el Perú que es un país poco poblado y de grandes e inagotables recursos, los caracteres trágicos que en otros lugares». De hecho, insistía León, los trabajadores peruanos disfrutaban de salarios relativamente altos y tenían pocas razones para hacer reclamos contra los empleadores o hacer huelga. Las transitorias condiciones creadas por la guerra europea y un «espíritu de imitación» habían llevado a «las masas a una situación de intolerancia y de extrema petición que puede comprometer su propia causa y el porvenir del país»; pero, claramente, parecía sugerir León, esto justificaba la reforma constitucional que tenía como objetivo tratar un problema que podría resolverse fácilmente por la intervención directa, violenta o no, de la autoridades políticas.[37]

Como ocurrió con la legislación laboral temprana examinada en el capítulo anterior, entonces, la Constitución de 1920 constituía a la clase obrera, identificándola como un objeto de intervención estatal, una creación legitimada por la universalidad de preceptos que apuntalaban los artículos que conformaban sus «Garantías Sociales». Pero, igual de importante, se constituía a la clase obrera estableciendo una estricta distinción —en efecto, literal, dada la organización de los artículos de la Constitución en secciones

---

37. León, *Patria Nueva*, 24.

separadas— entre «trabajadores» e «indios». Lo que es notable en relación con la Constitución de 1920 es la forma en que creaba regímenes constitucionales completamente separados, por consiguiente, «existencias constitucionales» económicas, políticas, jurídicas y culturales distintas para trabajadores e indios. Ante todo, estos regímenes diferentes reflejaban, no ideas acerca de lo que podríamos imaginar eran las realidades diferentes que «trabajadores» e «indios» experimentaban (su experiencia de lo material: trabajo en fábrica frente a agricultura de subsistencia; la explotación del industrial frente a la explotación del terrateniente o gamonal), sino más bien ideas sobre la precisa esencia de los «trabajadores» e «indios». Era, en realidad, la subyacente creencia en la naturaleza incompatible de trabajadores e indios, explorada en el capítulo previo, que hacía imperativo y, a su vez, natural e incontrovertible que el Estado desarrollara esferas de acción separadas —realmente dos proyectos de legalidad— en relación con ellos. Esta separación fue confirmada, y convertida en práctica institucional, con el establecimiento de la Sección del Trabajo y la Sección de Asuntos Indígenas como dos instituciones distintas en el Ministerio de Fomento.

Tecnificando la política laboral

Hay pocas dudas de que el objetivo inmediato de las medidas obreristas de Leguía, y particularmente de la Sección del Trabajo, era limitar los conflictos laborales y restablecer la disciplina en los centros de trabajo. La Sección del Trabajo se creó en un contexto político marcado por una severa inestabilidad. El relativo éxito de las huelgas de 1918-1919, que coincidieron con el proceso electoral que derivó en la toma de poder de Leguía, dio confianza al incipiente movimiento obrero: los trabajadores comenzaron a organizar huelgas en una escala sin precedentes, con la finalidad de arrancar concesiones de los empleadores. «En los últimos meses», señalaba el ministro británico en octubre de 1919, «las huelgas ocurren a diario [...] Entre las huelgas recientes hay las siguientes: Ferrocarril Central, Ferrocarril del Sur, tranviarios, electricistas, textiles, estibadores, empleados, gráficos, y telefonistas».[38] Según el ministro británico, la ola de paros había resultado en un incremento general del salario de los trabajadores de un 25% a un 30%. Para algunos observadores existía una comunidad de intereses entre los trabajadores en huelga y Leguía: en abril de 1919, por ejemplo, un informe policial indicaba que la campaña

38. FO 371/3894, Manners a Curzon, 16 de octubre de 1919.

dirigida por Carlos Barba, un zapatero, para llevar a cabo una huelga con la finalidad de forzar al gobierno a reducir el precio de los bienes de subsistencia era, en realidad, una operación a favor de la candidatura de Leguía.[39] Ciertamente, una vez en el poder, Leguía se apresuró a introducir una serie de medidas para aplacar el descontento de la clase trabajadora, que incluyeron un decreto que establecía que los terratenientes tenían que dedicar al menos 15% de su tierra a la producción de alimentos y que ponía un tope al precio de la carne vendida en los mercados y en las carnicerías, e instituyó un mayor control dirigido a erradicar la especulación de precios. Tomadas en su conjunto, estas disposiciones contribuyeron a la caída de los precios de la mayoría de los principales productos alimenticios.[40]

Sin embargo, las medidas a favor de la clase obrera de Leguía y la creación de la Sección del Trabajo también reflejaron un cambio fundamental en la forma en la que los que habían asumido el gobierno del país comprendían la relación entre clase obrera y Estado, y la traducían en política. Medidas tales como el tope en los precios fueron parte de un más amplio paquete de políticas que visiblemente perseguían mejorar las condiciones de vida y laborales de los trabajadores urbanos. Entre ellas figuraban la extensión de la ley de la jornada de las ocho horas a los trabajadores industriales; un tope en los alquileres de vivienda que no excedía las diez libras peruanas (ley 4123); y una ley que proyectaba la construcción de cien casas para obreros «nativos» y empleados públicos que hubieran servido al Estado por más de cinco años. El tono «revolucionario» (evidente, por ejemplo, en el panfleto distribuido a los trabajadores azucareros en huelga en 1921), si no el carácter de la política laboral a inicios de la década de 1920, fue una consecuencia de la purga de la burocracia civilista tras al ascenso de Leguía al poder. Muchos de los nuevos funcionarios eran, en comparación, progresistas, incluidos el ministro de Gobierno, Germán Leguía y Martínez, un primo del Presidente, y Lauro Curletti, quien se convirtió en ministro de Fomento. Su presencia en los más altos escalones de la burocracia estatal creó un clima intelectual que favoreció la introducción de una nueva legislación laboral. Sin embargo, el diseño y carácter de la política laboral fueron en gran medida el trabajo de hombres situados más abajo en el aparato burocrático, pero con más trayectoria en la filas del progresismo.

39. AGN/3.9.5.1.15.1.16.36, Comisario de la Segunda a Subprefecto, 21 de abril de 1919.

40. Ruiz Zevallos, *La multitud*, 207-209.

El rol clave desempeñado por los progresistas, e incluso los radicales, en la configuración de la política laboral en los primeros años de la Patria Nueva, es aún más evidente en la Sección del Trabajo.[41] Erasmo Roca, un abogado y antiguo colaborador del periódico anarquista *La Protesta*, fue en gran medida responsable de la primera organización de la oficina.[42] Además del jefe de sección (Roca), en los inicios de la década de 1920 este organismo tuvo como personal a intelectuales provinciales tales como Hildebrando Castro Pozo, quien más adelante pasó a ocuparse de la Sección de Asuntos Indígenas, y Agustín Haya de la Torre, cuyo hermano, Víctor Raúl, era el fundador y líder del APRA.[43] La incorporación de estos «progresistas» y «radicales» con fuertes lazos y simpatías por la clase obrera reflejaba el momento político (la purga de la burocracia civilista significaba que una nueva burocracia debía establecerse). Pero también mostraba un intento del gobierno de Leguía de

---

41. La estructura jerárquica de la Sección del Trabajo requiere una explicación. El ministro de Fomento, nombrado por el Presidente, se situaba a la cabeza del escalafón. Este puesto era esencialmente una prebenda política: entre 1919 y 1929, cambió treinta veces y, con pocas notables excepciones, los ministros estaban raramente involucrados en el manejo cotidiano del ministerio. La influencia del Ejecutivo en el ministerio residía en las cabezas del directorio y el jefe de sección. El director era «un especialista técnico que prepara la resoluciones, compila la información, y da ordenes, supervisa la secciones subordinadas, y provee a su discreción nuevos servicios burocráticos, asistiendo a varias otras necesidades ministeriales». Debajo de los directores estaban los jefes, quienes estaban «generalmente especializados en sus diferentes campos; aunque algunos no tiene mayor conocimiento, pero tienen auxiliares que hacen el trabajo». Herbold Jr., «Developments in the Peruvian Administrative System», 178. Entre 1919 y 1929, solo dos directores eran responsables de la Dirección General de Fomento: Carlos Portella y Enrique Zegarra. El cargo de jefe de la Sección del Trabajo parece haber cambiado de manos más frecuentemente. Perú-Ministerio de Fomento, *La labor constructiva*, s. p. Portella parece haberse dejado relativamente pronto la cabeza del Dirección de Minería, por lo que mucho de la política de la Dirección General de Fomento en la década de 1920 debe atribuirse a Zegarra. Desafortunadamente, no he encontrado casi ningún dato biográfico de Zegarra. Sin embargo, mi examen de la documentación revela que trabajó cercanamente con el jefe titular de la sección.

42. En 1923, Roca dejó la Sección del Trabajo para hacerse cargo de la Facultad de Economía de la Universidad de San Marcos, después de la purga de los *germancistas* (los seguidores de Germán Leguía y Martínez) realizada por el gobierno. Después de la caída del régimen de Leguía, retornó a la cabeza de la Dirección General de Fomento. En la década de 1930, Roca ayudó a fundar el Partido Descentralista y fue elegido para el Congreso. Temoche Benites, *Manual del sindicalista*, 58.

43. En la década de 1930, junto con Luciano Castillo, un abogado progresista, Castro Pozo fundó un partido socialista, que además de ayudar a organizar a los trabajadores petroleros y yanaconas en el departamento norteño de Piura, proveyó una de las pocas voces democráticas en el Congreso durante los gobiernos de Sánchez Cerro y Benavides. Sobre Castro Pozo, véanse Franco, «Hildebrando Castro Pozo»; Apel, *De la hacienda a la comunidad*; y Leibner, *El mito del socialismo indígena*, 120-128.

incorporar un «conocimiento contextualizado» de la clase obrera que permitiría a los funcionarios en los niveles más altos de la jerarquía burocrática «gobernar de manera efectiva».[44] La incorporación de progresistas en el gobierno correspondía a un más amplio patrón transnacional, particularmente evidente en los Estados Unidos durante la Primera Guerra Mundial, cuando, como señala Rodgers, el Ejército reclutó a varios progresistas por su conocimiento sobre higiene, moral y bienestar, y como «expertos en relaciones laborales, mediadores, especialistas en bienestar industrial, o elaboradores de estándares laborales».[45]

Irónicamente, el ingreso de progresistas y radicales en el aparato del Estado coincidió, o quizás contribuyó, con un intento de presentar las relaciones laborales como algo técnico y no político.[46] Lauro Curletti, ministro de Fomento de 1921 a 1923, por ejemplo, justificó la ley de la jornada de las ocho horas en estos términos:

> La experiencia ha demostrado que el obrero que dedica 8 horas al trabajo, otras 8 horas al descanso y las restantes de cada día al cuidado de su persona, al sport y al estudio, puede satisfacer todas las exigencias de su cultura, conserva su salud y rinde servicios más eficaces a la industria que sirve. Está demostrado también que después de ocho horas de trabajo no se puede mantener debidamente la atención, y que pasado ese tiempo es menos bueno el fruto de la labor y más frecuentes los accidentes que durante esta suelen producirse. En la indicada distribución del horario están pues conciliados los intereses de los capitalistas y de los obreros.[47]

Curletti presentaba la legislación obrera (en este caso, la que regulaba las horas de trabajo) como un campo científico y técnico de conocimiento y práctica. La jornada de las ocho horas era deseable, no solo desde la perspectiva del bienestar de los trabajadores, sino también desde la de los capitalistas, ya que estaba científicamente comprobado que incrementaba la productividad y era, entonces, económicamente beneficiosa para los patrones. De acuerdo

---

44. Me beneficié aquí del análisis de la formación del Estado y el conocimiento cartográfico en México de Raymond Craib. Véase *Cartographic Mexico*, 161.

45. Rodgers, *Atlantic Crossings*, 283.

46. En forma análoga a los proyectos de desarrollo estudiados por James Ferguson en Zambia en *The Anti-Politics Machine*, por Li en Indonesia en *The Will to Improve*; y por Mitchell en Egipto, en *Rule of Experts*, donde «la política de desarrollo nacional y crecimiento económico fue una política de tecno-ciencia, que pretendía traer la pericia de la ingeniería moderna, la tecnología, y la ciencia social para mejorar los defectos de la naturaleza, reparar los males de la sociedad, y arreglar la economía», 15.

47. Curletti, *El problema industrial*, 18-19.

con esta visión de la política laboral, el rol del Estado era demostrar tanto a los trabajadores como a los patrones los beneficios mutuos, comprobados científicamente, de la cooperación. Como en otros campos donde el Estado se volvió crecientemente activo en este periodo, tales como la salud pública y la educación, en relación con la cuestión obrera también la invocación a la «ciencia», en este caso una ciencia social embrionaria, sirvió para justificar y legitimar la intervención estatal. De esta forma, la Sección del Trabajo se promovió a sí misma como una solución puramente técnica a lo que sus arquitectos también se imaginaban y representaban como problemas en gran parte técnicos en la esfera laboral.

La implicación clave de la «tecnificación» de la política laboral fue que la política no tenía ningún papel en la resolución de los conflictos laborales. Los funcionarios de la Sección del Trabajo buscaron presentar, de hecho realizar, la negociación colectiva y el arbitraje mediado por el Estado como procesos principalmente técnicos, donde la política no interfiriera, como bien lo ilustra un artículo publicado en *Mundial*, una revista semanal dirigida a las clases medias y altas. Su edición del 28 de enero de 1921 incluyó una extensión de dos páginas, y varias fotografías, sobre la intervención de la Sección del Trabajo en la disputa entre la Federación de Zapateros y varios talleres en Lima. El artículo comenzaba estableciendo la aprobación de su autor respecto del trabajo de la Sección del Trabajo, señalando que «la Sección del Trabajo, en el Ministerio de Fomento, con las soluciones que ha dado a varios conflictos entre el capital y el trabajo, ha justificado su existencia». Luego reportaba en términos aprobatorios cómo Hildebrando Castro Pozo había encontrado una solución a la disputa que había surgido cuando los trabajadores solicitaron un incremento de salario. Para examinar las pretensiones tanto de trabajadores como de empleadores, Castro Pozo había organizado un pequeño taller de zapateros en las oficinas de la Sección del Trabajo con la finalidad de observar el proceso de trabajo. Como el artículo y las fotografías que lo acompañaban demostraban, la solución a la disputa giró en torno a determinar si la solicitud de un incremento de salario era justificada a la luz del proceso de trabajo que suponía la producción de zapatos. La disputa fue tratada por un tribunal arbitral compuesto por tres abogados, quienes fallaron a favor de los trabajadores y les concedieron un incremento salarial del 15%, entre otros beneficios.[48]

Un aspecto clave del desarrollo de la resolución de la disputa como un proceso técnico fue la estandarización del procedimiento para tratar disputas

---

48. *Mundial* 2, n.º 40 (28 de enero de 1921): s. p. El artículo confunde el nombre de Castro Pozo, llamándolo Humberto en lugar de Hildebrando.

colectivas; un asunto que corresponde a lo que James C. Scott llama «simplificación estatal».[49] Primero, los demandantes presentaban un *pliego de reclamos* a la Sección del Trabajo. Ellos y los acusados eran entonces convocados a una *junta de conciliación* dentro de las 48 horas siguientes. Si no se alcanzaba un acuerdo en la junta de conciliación, un árbitro, usualmente el jefe de la Sección del Trabajo, resolvía la disputa. Si cualquiera de las partes no estaba de acuerdo con su fallo, se convocaba a un tribunal arbitral compuesto de un árbitro que representaba a cada una de las partes y un tercer miembro (usualmente el presidente del tribunal arbitral) designado por la magistratura. Después de oír el caso presentado por cada parte y examinar toda la evidencia, el tribunal presentaba su fallo. El incumplimiento del fallo era castigado con una multa de entre cinco y veinte libras peruanas o de entre diez y treinta días de prisión (aunque esto raramente ocurría).[50] Como esto sugiere, el objetivo inmediato de la conciliación y el arbitraje era reducir el recurso disruptivo a la huelga como la principal forma de lucha en el campo laboral. Pero su finalidad fue también convencer a los trabajadores, y en menor medida a los patrones, de que la negociación colectiva y el arbitraje mediado por el Estado eran razonables y, a la larga, en su beneficio, porque eran parte de un proceso técnico que funcionaba fuera de la esfera de la política y, por lo tanto, ajeno a su influencia.

Esta tecnificación de la política laboral, y la Sección del Trabajo misma, en general sirvió para «naturalizar» el poder del Estado.[51] El poder del Estado para arbitrar entre el capital y el trabajo, sugería la Sección del Trabajo por su misma existencia y por sus procedimientos, derivaba de su capacidad privilegiada para constituir relaciones laborales técnicas y científicas, y, al hacerlo, ubicarse más allá de la política. En efecto, en la elaboración de la acción estatal relativa a la clase obrera en la esfera técnica, la Sección del Trabajo se constituía a sí misma como una «tecnología» privilegiada, de hecho necesaria, para la regulación de las relaciones laborales. La interpelación a la ciencia y

49. Scott, *Seeing Like a State.*

50. Núñez, *Legislación social peruana*, 140.

51. Me beneficio aquí del trabajo de Chandra Mukerji sobre la naturalización del poder en el Estado. Para Mukerji, los jardines de Versalles no solo simbolizan o representan el poder del Estado absolutista en la Francia del siglo XVII, sino el «orden político como extensión del orden natural». Mukerji, *Territorial Ambitions*, 298. Esta sección se basa en general en mi lectura de Mukerji y del trabajo de investigadores tales como Patrick Carroll, Raymond Craib y Timothy Mitchell, quienes han propuesto argumentos parecidos en relación con la ingeniería en la Irlanda del siglo XIX, la cartografía en el México del siglo XX, y la economía en el Egipto del siglo XX, respectivamente. Carroll, *Science, Culture, and Modern State Formation*; Craib, *Cartographic Mexico*; Mitchell, *Rule of Experts.*

la técnica confería a este organismo un universal y desinteresado carácter: dado que actuaba sobre la clase obrera a través de la ciencia y la técnica, el Estado podía reivindicar poner en marcha leyes universales que existían fuera del interés personal o de clase, y de la «política» en general. El poder del Estado se debía a, y se reforzaba por, la idea de que poseía un conocimiento privilegiado de la ciencia y una capacidad para hacerla surgir. Pero también se debía a la noción de que las relaciones laborales mediadas por el Estado eran en sí mismas una «ciencia» universal y desinteresada. En otros términos, la naturalización del poder del Estado resultaba del hecho de que la ciencia le daba una herramienta para el ejercicio del poder, pero también, y quizás principalmente, de la idea —que la Sección del Trabajo buscaba representar y, a su vez, comprobar mostrando las relaciones laborales como una extensión del orden natural— de que el Estado mismo, y sus instituciones y prácticas, eran un tipo de ciencia. Como señala Carroll, «el punto es que el Estado moderno no simplemente usa la ciencia. Más bien es crucialmente constituido por la ciencia».[52]

Es entonces significativo que la oposición obrera a la negociación colectiva y al arbitraje enfatizara que, lejos de ser puramente técnico, el arbitraje era en realidad un dispositivo político inventado para favorecer a la clase capitalista. Anarquistas tales como el panadero Delfín Lévano argumentaban contra «el arbitraje obligatorio en los conflictos entre el capital y el trabajo, artículo que prohíbe que el obrero pueda, amparado del derecho de asociación y pensión, poner precio a su trabajo y obliga a entregar sus reclamaciones mejoristas en manos de una rábula cualquiera o dirimente salida siempre de los enemigos del obrero».[53] De manera similar, un artículo en el primer número de *El Obrero Textil*, el periódico de la recientemente establecida federación de trabajadores textiles, publicado a finales de 1919, reclamaba que el arbitraje estaba sesgado a favor de los capitalistas: «en los tribunales arbitrales los obreros tienen una representación mientras los capitalistas dos: el representante de la empresa o industria afectada por el reclamo obrero y el dirimente que siempre sale de las filas burguesas o que es la autoridad misma». El arbitraje estaba diseñado, por su arquitectura técnica, para favorecer los intereses del orden capitalista, concluía el artículo.[54] Entonces no es sorprendente que en noviembre de 1920, los trabajadores textiles en

---

52. Carroll, *Science, Culture, and Modern State Formation*, 167.

53. Delfín Lévano, «El malestar social». En *La Protesta* 8, n.º 85 (primera mitad de agosto de 1920), citado en Pareja, *Anarquismo y sindicalismo*, 47.

54. *El Obrero Textil* 1, n.º 1 (22 de noviembre de 1919).

huelga rechazaran el arbitraje obligatorio, que ellos calificaban como «justicia burguesa», mientras que el primer Congreso Obrero, celebrado en 1921, lo condenaba rotundamente como una «ley trampa».[55] En otras palabras, para estos críticos del arbitraje, la Sección del Trabajo, o el arbitraje más específicamente, no reemplazaba la política por un proceso técnico. El proceso técnico de arbitraje era una simple reformulación de un sistema de la política que favorecía a la clase capitalista.

Esta oposición se dirigió a las racionalidades de gobierno expresadas por la política laboral perseguida por la Sección del Trabajo. Los anarquistas atacaban la noción de que la intervención de la Sección del Trabajo, y en general, del Estado, en la esfera laboral servía (a) para proteger a los trabajadores, apartando la política de las relaciones laborales; y (b) para mejorar su bienestar, ayudando a crear las condiciones que resultarían en mejores salarios, mejores condiciones de trabajo y, de hecho, de vida. Para los anarquistas, y para los posteriores críticos de la Sección del Trabajo, estas racionalidades de gobierno tenían como objetivo encubierto oscurecer la simple realidad de que el Estado y sus representantes, progresistas o de otro tipo, siempre favorecían los intereses del capital, y que el bienestar de la clase obrera podía solo alcanzarse a través de la lucha de clases. Para los anarquistas, el objetivo de esta Sección era no simplemente favorecer a los capitalistas en las relaciones laborales, sino «estafar» a los trabajadores para que percibieran el tipo de relaciones laborales fomentadas por la Sección del Trabajo como siendo las de su mejor interés. Los anarquistas estaban equivocados acerca de una cosa: como muestro en la siguiente sección, los trabajadores no fueron «estafados» al recurrir a la Sección del Trabajo para resolver sus disputas con el capital. Lo hicieron de buena gana. Sin embargo, tenían razón en general: la Sección del Trabajo operaba, de hecho, como una tecnología de gobierno cuya principal y evidente función era convencer a los trabajadores de que sus objetivos en la esfera laboral eran compatibles con los suyos, y que al recurrir a ella, en lugar de hacer huelga para resolver sus disputas, como diría Li, se comportaban como debían.[56]

---

55. Pareja, *Anarquismo y sindicalismo*, 47; Kapsoli, *Mariátegui*, 90.

56. Li, *The Will to Improve*, 231.

Construyendo el Estado obrero

A pesar de los casos de resistencia y rechazo de la tecnificación de la política laboral, la Sección del Trabajo fue un éxito en sus primeros años, por lo menos en dos sentidos. En primer lugar, gran número de trabajadores recurrieron a ella en los inicios de la década de 1920 con la finalidad de obtener reconocimiento oficial para sus sindicatos y para negociar contratos de trabajo colectivos con empleadores. Este periodo vio una rápida sindicalización, tanto de los trabajadores urbanos como, en menor medida, de los rurales. Las fuerzas conductoras de este sistema de organización obrera variaron de caso en caso, pero, como discuto con más detalle después, el reconocimiento oficial se convirtió en un fuerte incentivo para ingresar a un sindicato, ya que podía ser una poderosa herramienta para los trabajadores. De acuerdo con el decreto del 6 de marzo de 1920, la Sección del Trabajo tenía la potestad para conceder reconocimiento oficial a los gremios «siempre que por sus finalidades o estatutos no contravengan a las leyes y reúnan a los demás requisitos que se fijen por ley o decreto especial».[57] El procedimiento era sencillo y nuevamente reflejo de la simplificación estatal: los sindicatos presentaban una carta en la que solicitaban reconocimiento y una copia de sus estatutos a la Sección del Trabajo, que emitía una resolución que concedía o denegaba el reconocimiento. Una vez obtenido, los gremios o sindicatos podían indicar a los empleadores su estatus como evidencia de su personería jurídica y legitimidad. Muchos se jactaron de su nueva condición en sus membretes.[58] En 1922, según el ministro británico, 31 de un total de 86 sindicatos habían sido reconocidos. Para 1929, la cifra había aumentado a 272.[59]

En segundo lugar, los trabajadores recurrieron en gran número a la Sección del Trabajo para resolver reclamos y, en consecuencia, limitaron su uso de la huelga. De acuerdo con una fuente, esta Sección se ocupó de 89 reclamos en 1920, 106 en 1921, y 77 en la primera mitad de 1922.[60] En 1921, el ministro de Fomento se jactó de que «en su corto tiempo de existencia [la Sección del Trabajo] ha logrado resolver en forma satisfactoria 15 reclamaciones obreras y tramita en la actualidad 17 más».[61] En algunas reclamaciones, las

---

57. Núñez, *Legislación social peruana*, 138.

58. Véase, por ejemplo, AGN/MI/262/Particulares, Sociedad de Obreros «Billinghurst Confederada n.° 1» al ministro de Gobierno, 1 de enero de 1925.

59. Hill, *Report* (1923), 16; Perú-Ministerio de Fomento, *La labor constructiva*, s. p.

60. Hill, *Report*.

61. *Memoria que el Ministro de Fomento Dr. D. Julio E. Ego Aguirre presenta al Congreso Ordinario de 1920*. Lima: Imprenta Torres Aguirre, 1921, s. p.

resoluciones que resultaron de las conciliaciones o arbitrajes de la Sección del Trabajo proveyeron poco más que un pequeño incremento de salario o el pago de una compensación. Sin embargo, muchos trabajadores, la mayoría (aunque no todos) organizados en sindicatos, obtuvieron contratos colectivos exhaustivos, que regulaban todo: desde los salarios, hasta la jornada diaria de trabajo y las condiciones laborales y de vida. En la industria ferroviaria, por ejemplo, tres diferentes contratos colectivos se firmaron el 27 de septiembre de 1919 después de una exitosa huelga que opuso al Ferrocarril Central —controlado por la Peruvian Corporation, una firma británica— contra los trabajadores de la Factoría Guadalupe y sus anexos en Chosica y La Oroya, los operarios de los trenes y los obreros que arreglaban las vías. Todos los trabajadores obtuvieron incrementos en sus salarios, que oscilaron entre 10% y 25%, y doble pago para los fines de semana y uno de día y medio para los feriados. Además, los contratos obligaron a la compañía a llevar a cabo una serie de mejoras en salud y seguridad, y proveer viviendas de mejor calidad.[62] En Arequipa, la administración del Ferrocarril del Sur y los obreros acordaron hacer un contrato similar.[63] Como resultado de los contratos colectivos, los pagos de salarios en el Ferrocarril Central, que ascendían al 28% de los ingresos brutos de 1918, se elevaron a 37% en 1921.[64]

El «éxito» de la Sección del Trabajo, medido por el número de sindicatos que buscaron el reconocimiento oficial y de reclamos que manejó, se debió a una serie de factores, pero particularmente a cambios en la propia clase obrera. Claramente, los trabajadores estaban animados por la presencia de caras familiares y amistosas en la institución y, no cabe duda, por el más amplio clima político que favoreció el arbitraje estatal de las disputas. Juan Pévez, un líder sindical de Ica, recuerda la facilidad con la que el Comité Tahuantinsuyo, una sociedad proindígena, fue reconocido por la Sección del Trabajo: «Para suerte nuestra, el Dr. Castro Pozo estaba autorizado para reconocer todas las instituciones obreras o de otro carácter, ya que era el jefe de la Sección del Trabajo. Y era nuestro amigo [...]. Encontramos entonces el camino muy fácil».[65] Además de su trabajo en la Sección del Trabajo, tanto Castro Pozo como Roca servían como asesores legales a numerosos sindicatos en

62. F. C. Central del Perú, *Sistema de pagos y pactos con empleados y obreros 1930*, 1-7. Estoy agradecido con Francisco Núñez Gonzales por compartir este documento conmigo.

63. AGN/MF/RC/9: 161, «Fallo arbitral-Obreros 1919».

64. Miller, «Railways and Economic Development», 45.

65. Pévez, *Memorias*, 117.

este periodo.[66] Pero el éxito de esta Sección fue también una consecuencia de cambios en el movimiento obrero. En particular, se debió a la menguante influencia de los anarquistas, quienes se oponían a cualquier transacción con el Estado, y al surgimiento de un nuevo liderazgo que comenzó a ver al régimen de Leguía como un potencial aliado en sus relaciones con los empleadores. En general, y de mayor importancia, obedeció a una comprensión cambiante, en la clase obrera organizada, de la idea del Estado y la de la clase obrera misma, que coincidía con las ideas al respecto que la Sección del Trabajo promovía y con las racionalidades de gobierno que aquellas nociones reflejaban.

Tales cambios necesitan ser comprendidos a la luz de la historia de la clase obrera organizada en el Perú. Las primeras formas de organización obrera pueden rastrearse en los inicios de la década de 1860, cuando los artesanos que solicitaban la protección del «libre comercio», del aumento de «comercios deshonrosos» y de la industrialización incipiente, organizaron la primera sociedad de auxilios mutuos.[67] Las dificultades provocadas por la Guerra del Pacífico (1879-1884) impulsaron la afiliación a sociedades de auxilios mutuos a lo largo del país. Para la década de 1880 hubo organizaciones de este tipo en Huacho, Lambayeque, Trujillo, Tarma, Cerro de Pasco, Zorritos, Cuzco y Arequipa, además de aquellas en Lima. Para 1911, hubo 62 sociedades solo en Lima, con una membresía promedio de doscientas personas. Ellas iban desde sindicatos que restringían su membresía a un comercio específico, hasta organizaciones amplias, como la Confederación de Artesanos Unión Universal o la Asamblea de Sociedades Unidas. Las sociedades de auxilios mutuos establecieron lazos cercanos con los políticos de la élite, particularmente los civilistas, y numerosos trabajadores se afiliaron al Partido Civil.[68] Algunos beneficios resultaron de esta relación, entre los que se incluían una legislación laboral limitada, así como un patrocinio y apoyo financiero para esas organizaciones. A pesar de estas ganancias, muchos trabajadores comenzaron a ver los lazos entre las sociedades de auxilios mutuos y los políticos de la élite como una relación desigual y desfavorable, que beneficiaba solo a los políticos y a las cúpulas de las sociedades. Influenciados en alguna medida por intelectuales disidentes, como Manuel González Prada, pero nutriéndose de manera

---

66. Ibíd., 139-140.

67. Sobre los artesanos y el impacto del liberalismo económico en el siglo XIX, véase Gootenberg, *Between Silver and Guano*, y García-Bryce, *Crafting the Republic*.

68. Sobre los artesanos y el Partido Civil, véanse McEvoy, *Un proyecto nacional en el siglo XIX*; McEvoy, *La utopía republicana*; Muecke, *Political Culture in Nineteenth-Century Peru*. Véase también Forment, *Democracy in Latin America*.

más amplia de la retórica y praxis anarquistas que impactaron sobre la clase obrera a través de Latinoamérica, algunos trabajadores comenzaron a ver la ola de huelgas de la década de 1890 e inicios de la de 1900 como evidencia de que la confrontación, en lugar de la acomodación, podía producir resultados.[69] En Lima, Manuel Caracciolo Lévano y su hijo Delfín, ambos panaderos, se convirtieron en los más firmes críticos del liderazgo de las sociedades mutuales y de su relación con los políticos de la élite, y en los más firmes proponentes de la confrontación, pero en otras partes del país, también los anarquistas comenzaron a desempeñar un rol en el movimiento obrero.[70]

Los historiadores han tendido a ver el surgimiento del anarquismo en el Perú como un proceso teleológico que culminó en las huelgas generales de 1919. Es cierto, en la década de 1910 se fundaron numerosas organizaciones anarquistas en varias partes del país, y la literatura anarquista, en la forma de periódicos y panfletos, comenzó a divulgarse en las ciudades y el campo.[71] Los trabajadores anarquistas desempeñaron roles principales, tanto en el movimiento por la jornada de las ocho horas como en el Comité Pro-Abaratamiento de las Subsistencias en 1919, con resultados mixtos. Sin embargo, la influencia directa del anarquismo sobre la mayoría de trabajadores fue limitada. La predominancia de textos anarquistas, principalmente periódicos, en la década de 1910, ha llevado a algunos autores a interpretar el periodo como uno de hegemonía del anarquismo en el movimiento obrero. Sin embargo, los textos escritos por un puñado de trabajadores no necesariamente reflejan las opiniones de todos.[72] De hecho, los programas anarquistas estuvieron frecuentemente en desacuerdo con la masa obrera en los inicios del siglo XX. Por ejemplo, el internacionalismo y las denuncias rutinarias de «patrioterismo» (chauvinismo patriótico) de los anarquistas tuvieron poca acogida en las

69. Entre las primeras huelgas estuvieron las de los panaderos (1887), la de los trabajadores del Ferrocarril Central, la de los tipógrafos y los trabajadores de cigarrillos manufacturados (1892), la de los trabajadores portuarios del Callao (1894) y la de los trabajadores textiles de Vitarte (1896).

70. Los anarquistas afirmaron que las sociedades de ayuda mutual era instituciones arcaicas que no ofrecían nada a la clase trabajadora. De acuerdo con Manuel Caracciolo Lévano, no hacían más que «ayudar a los enfermos y enterrar a los muertos». Citado en Tejada, *La cuestión del pan*, 188.

71. Además de Lima, los grupos anarquistas se organizaron en las haciendas que rodeaban la ciudad, particularmente en los valles de Ate y Carabayllo, y en varios puertos de la costa peruana. Pereda Torres, *Historia de las luchas sociales*, 115-116. Véase también Ramos Rau, *Mensaje de Trujillo*, 60-73.

72. Rancière, «The Myth of the Artisan».

clases populares.[73] La derrota en la Guerra del Pacífico había engendrado una cultura de *revanchismo*. Las sociedades de «tiro al blanco» patrocinadas por el gobierno eran ubicuas y populares entre los trabajadores urbanos que, al menos retóricamente, estaban siempre listos para enfrentar al enemigo chileno. Los anarquistas rechazaron todas las formas de simbolismo nacionalista y manifestaciones patrióticas. En contraste, las sociedades de auxilios mutuos participaron regularmente en las festividades patrióticas, particularmente en los desfiles del 28 de julio (Día de la Independencia) y en la conmemoración de la batalla de Angamos (un punto crucial en la Guerra del Pacífico, cuando los buques de guerra chilenos destruyeron la armada peruana). Por otra parte, en qué medida los trabajadores que se definían a sí mismos como anarquistas estaban plenamente comprometidos con el anarquismo como un proyecto político, es poco claro. Como un obrero de construcción, Isaías Contreras, recuerda: «Toda la década del veinte estaba dedicado al deporte y parte de los días domingo al anarquismo».[74]

A inicios de la década de 1920, un nuevo liderazgo compuesto sobre todo de trabajadores textiles derrocó progresivamente a los anarquistas, en su mayoría panaderos y zapateros, que habían estado al timón de las huelgas generales de enero y mayo de 1919.[75] Varios de los nuevos líderes, como Julio Portocarrero, habían sido previamente anarquistas. Sin embargo, comenzaron a cuestionar cada vez más la idoneidad de esta doctrina. Como señala Temoche Benites, la Federación Obrera Regional del Perú, que era dominada por los anarquistas y agrupaba a varios sindicatos con base en Lima, estaba condenada por su sectarismo: «La FORP [...] se vio condenada a muerte, posiblemente no tanto por la represión gubernativa [...] sino por las polémicas internas definitorias de campos de ideología y acción, por la evolución de los métodos de organización obrera, por la creación de incipientes organismos para la atención de los problemas obrero-patronales, que los líderes forpistas repudiaban indiscriminadamente».[76] El primer Congreso Obrero, celebrado en 1921, debatió si adoptar el anarquismo como su orientación ideológica. Aunque los anarquistas controlaban las posiciones más altas en el Congreso —Delfín Lévano fue elegido secretario—, el debate fue pospuesto a un

---

73. Tejada, *La cuestión del pan*, 250-256. Según un artículo publicado en 1904 en *Los Parias*, «La patria es el pretexto para que algunas docenas de holgazanes vivan a costa del trabajo de los otros». En García Salvatecci, *El anarquismo*, 121.

74. CEDHIP, entrevista con Isaías Contreras.

75. Burga y Flores Galindo, *Apogeo y crisis*, 241.

76. Temoche, *Cofradías, gremios, mutuales y sindicatos*, 179-180.

congreso posterior, ya que ningún acuerdo podía lograrse —evidencia, argumenta Piedad Pareja, de la menguante influencia del anarquismo.[77] Después del congreso, la FORP fue reorganizada en dos federaciones obreras locales, la Federación Obrera Local de Lima y la Federación Obrera Local del Callao. Según Temoche Benites (hay que admitir que un observador no del todo imparcial), las sesiones de estas federaciones usualmente enfrentaban a los trabajadores anarquistas, que «convertían cada asamblea en una tribuna de largas y tediosas disertaciones», contra los trabajadores, que creían que era necesario «encontrarles salida, solución a los problemas del trabajo, a lograr un sano entendimiento con los empresarios, a establecer condiciones tolerables en las relaciones obrero-patronales utilizando lo que llamaban "el pacto colectivo de trabajo"».[78]

Muchos de los nuevos líderes obreros se autoidentificaban como «sindicalistas revolucionarios». Reconocían que compartían muchas ideas con los anarquistas, pero rechazaban sus métodos violentos (aun cuando, en el contexto peruano, el uso de la violencia por los anarquistas fue raro). Según Arturo Sabroso, un trabajador textil y posiblemente el jefe ideológico del sindicalismo revolucionario en el Perú (y después un cuadro obrero del APRA), «el termino revolucionario explica nuestra ansiedad por todo lo que sea innovación progresista, nunca por la adopción de medios terroristas que producen la desolación y la muerte».[79] Sindicalistas revolucionarios como Sabroso vieron al Estado como un potencial aliado en su búsqueda de justicia social. Hasta cierto punto, la postura de los sindicalistas era una respuesta táctica al clima político de represión que analizaré en el siguiente capítulo: señalaba la inmadurez del movimiento laboral y la necesidad de construir sus fuerzas gradualmente. En ese sentido, los sindicalistas afirmaban rechazar la política y actuar solo en la esfera de las demandas económicas. Pero también privilegiaban la organización y unidad, que veían como clave para arrebatar concesiones de los empleadores tomando ventaja de las nuevas leyes laborales, por sobre la ideología. En resumen, dependiendo del punto de vista, el sindicalismo fue pragmático u oportunista. Pero, más importante, reflejó la

77. Pareja, *Anarquismo y sindicalismo*, 1978, 62.

78. Temoche, *Cofradías, gremios, mutuales y sindicatos*, 192. El debate sobre las universidades populares González Prada confirmaba el aislamiento de los anarquistas de la corriente principal de movimiento laboral. Sobre las UPGP, véase Klaiber, «The Popular Universities»; Chamané, «Haya de la Torre y las universidades populares»; y Portocarrero, «José Carlos Mariátegui y las universidades populares Gonzáles Prada».

79. Sabroso, *Réplicas proletarias*, 55-57.

creencia sostenida por Sabroso y otros de que la clase obrera tenía un rol en el «progreso» y, específicamente, de que el logro de la justicia social beneficiaría a la sociedad en su conjunto.[80] Este sistema de organización obrera fue un perfecto complemento de la «tecnificación» del Estado de Leguía. Reflejaba la idea en los sindicatos de que la clase obrera era un agente de progreso cuya contribución en este avance sería mejorada mediante su participación en las relaciones laborales mediadas por el Estado.

Para ponerlo de otro modo, para la década de 1920, la clase obrera organizada en el Perú compartía las racionalidades de gobierno expresadas y promovidas por la Sección del Trabajo. Trabajadores organizados, tales como Sabroso, reformularon la idea de lo obrero y la idea del Estado en términos que hacían eco de los argumentos esgrimidos por progresistas como Manzanilla o Curletti. Esto es evidente no solo en los escritos de los trabajadores sino, más importante, en la forma en que los trabajadores vieron los contratos colectivos que obtuvieron en la Sección del Trabajo. Los trabajadores comprendieron estos documentos como mucho más que meros acuerdos de regulación del trabajo. Eran contratos entre trabajadores, empleadores y el Estado, en el que este último desempeñaba un rol crucial como garante. El contrato de 1920 entre los trabajadores y la administración de Fábrica de Tejidos Santa Catalina, por ejemplo, firmado «ante los poderes públicos», establecía un salario mínimo para hombres y mujeres recién empleados, además de un incremento salarial que oscilaba entre el 5% y el 15%. A los trabajadores se les daría paño, del que podrían hacerse un traje, y ropa impermeable. Además, la fábrica y el sindicato establecieron acuerdos que regulaban enfermedad, accidentes, feriados y bonos semestrales.[81] El uso de «ante» en la fraseología del contrato es revelador. Literalmente, significa «delante»; esto es, el funcionario estaba presente en la firma. Pero el significado de «ante» era claramente «garantizado por». Como sugiere la fraseología, el contrato colectivo traía al Estado a la fábrica (pero también en general) como el poder que garantizaba el contrato y, por lo tanto, los beneficios recientemente adquiridos por los trabajadores. En ausencia de un código laboral o legislación específica que regulara las condiciones de trabajo y pago, estos contratos «garantizados» se convirtieron en las principales herramientas de negociación de los trabajadores. A través del contrato colectivo, el Estado y

---

80. Ruth Thompson elabora un argumento similar para el caso argentino. Véase «The Limitations of Ideology».

81. AGN/MF/RC/6: 119, Aumento acordado entre la Unificación y la Dirección de la Fábrica de Santa Catalina, 7 de octubre de 1920.

los trabajadores se vieron comprometidos en una poderosa alianza. Y a través de él, también, el Estado se constituyó como un Estado obrero y la Sección del Trabajo como una tecnología de gobierno que tenía como su principal fin la protección y bienestar de los trabajadores.

El hecho de que los trabajadores comenzaron a ver al Estado como la manifestación de un proyecto de gubernamentalidad que era también suyo, es evidente en la forma en que los contratos colectivos firmados en la Sección del Trabajo se convirtieron en documentos santificados, reproducidos y distribuidos ampliamente, y con frecuencia incluidos en los estatutos de los sindicatos. De hecho, los trabajadores vieron como un momento trascendental el traer a los patrones a la mesa de negociación con el Estado como regulador. Por ejemplo, Juan Pévez recuerda que las negociaciones entre los representantes del Comité Parcona, una organización obrera en Ica, y los propietarios de la hacienda local «[fueron] seguida[s] con gran interés por numerosos campesinos, que constantemente nos animaban con barras en cada una de nuestras intervenciones. Esto nos alentó muchísimo. Por primera vez en Ica se veía algo de esta naturaleza, ¡por primera vez se confrontaban hacendados y campesinos!».[82] El éxito de la Sección del Trabajo en Lima y los valles vecinos llevó a los trabajadores en otras áreas a demandar que ella también velara por sus necesidades. A raíz de las huelgas en el valle de Chicama, la Asamblea General Obrera de Trujillo, señalando «la importancia de la Sección del Trabajo y [...] la eficacia de su acción», pidió que una delegación de ese organismo se organizara en la ciudad. Solo entonces, afirmaron los trabajadores, los propietarios de las haciendas respetarían las leyes obreras y se eliminaría la necesidad de la huelga.[83] Para tales trabajadores, la idea del Estado expresada por la Sección del Trabajo se convertía en un nuevo, en realidad, el principal canal de resistencia, porque comenzaban a verlo, al menos en parte, como de su propia hechura. Esta Sección, como una tecnología de gobierno, reflejaba y, a su vez, permitía, la mutua constitución o coproducción de la clase obrera y el Estado como manifestaciones de las racionalidades de gobierno.

La coproducción de la clase obrera y el Estado es evidente en el proceso de sindicalismo que acompañó la formación de la Sección del Trabajo. Las historias tradicionales del movimiento obrero peruano han tendido a interpretar el surgimiento del sindicalismo a inicios de la década de 1920 como

82. Pévez, *Memorias*, 124.

83. AGN/MF/RC/1: 14, Asamblea General Obrera al ministro de Fomento, 15 de febrero de 1921.

el producto del desarrollo de la conciencia de clase, surgida de los esfuerzos proselitistas de los anarquistas y culminada en la ola de huelgas de 1918-1919. Ciertamente, entre 1919 y 1921, como ya he señalado, incontables sindicatos y federaciones se organizaron en rápida sucesión, entre ellos la Federación Obrera Regional del Perú, la confederación obrera que proveyó el formato organizativo para muchos otros sindicatos y federaciones laborales. Para el fin de la década de 1920, el Perú había adquirido un «movimiento» obrero organizado, con casi 20.000 trabajadores, según un estimado.[84] Pero esta rápida sindicalización necesita también comprenderse como el reflejo de una idea de la clase obrera y de la práctica relacionada con ella, que estaba implícita en el desarrollo de la nueva forma de relaciones laborales representada por la Sección del Trabajo y expresiva del Estado laboral, esto es, la idea del Estado como un Estado de/para la clase obrera. Desde esta perspectiva, el sindicalismo aparece, no como un proceso autónomo del Estado, o en realidad reactivo a él, sino más bien como constituido por la formación del Estado y constitutivo de él. Puesto en simple, los estatutos de la Sección del Trabajo requerían que los trabajadores presentaran sus reclamos «colectivamente». Solo los trabajadores «empleados» u oficinistas podían presentar reclamos individuales a este organismo.[85] De esta forma, la Sección del Trabajo establecía un marco procedimental que favorecía, de hecho casi requería, el sindicalismo de los trabajadores. Más importante aún, era un marco procedimental que, como la Constitución de 1920, constituía a la propia clase obrera.

No todos los grupos de trabajadores que recurrieron a la Sección del Trabajo estaban sindicalizados. Los trabajadores agrícolas, en particular, frecuentemente se acercaban a ella unidos por una queja común, pero no como un sindicato. Pero parece que muchos trabajadores crearon sindicatos como una consecuencia de la necesidad de presentar sus reclamos a la Sección del Trabajo como una colectividad. Entre los sindicatos que representaban a los trabajadores ante este organismo entre 1920 y 1922 estaban los siguientes: la Federación Gráfica del Perú; la Federación de Electricistas del Perú; la Federación de Telefonistas del Perú; la Federación de Obreros Zapateros; la Unificación de Braceros de la Hacienda El Naranjal; la Federación de Obreros Panaderos «Estrella del Perú»; la Sociedad Obrera y Auxilios Mutuos y Caja de Ahorros de Casa Grande; la Federación de Carpinteros y Ramos Similares;

---

84. Véase *Labor*, 29 de diciembre de 1928.

85. Para una análisis de quejas de oficinistas (empleados) individuales, véase Parker, *The Idea of the Middle Class*, caps. 4 y 5.

la Federación del Gremio de Albañiles; la Federación de Empleados de Hotel y Ramos Similares; la Unión Marítima Obrera de Auxilios Mutuos de Mollendo; la Confederación Ferrocarrilera Obreros del Perú; la Federación de Mosaístas y Anexos del Perú (trabajadores de mosaico); la Unificación de Campesinos de Carabayllo Alto; y la Federación de Motoristas, Conductores y Anexos. En resumen, en la formación de sindicatos —que los representarían en la Sección del Trabajo—, los trabajadores se ajustaron a las ideas de la clase obrera y del Estado que esta Sección promovió (de hecho, las reforzaron), pero que ellos también vieron como suyas: el Estado obrero.

La clase obrera constituida

Como sugiere este análisis, la Sección del Trabajo operó como una tecnología de gobierno que hizo posible la coproducción de la clase obrera y del Estado. Quienes asistieron a las oficinas de ese organismo nos dicen, en efecto, algo acerca de cómo los trabajadores comenzaron a verse, y a ser vistos, como conformes a la idea de clase obrera inmanente al Estado obrero. Desde la perspectiva que ofrece la documentación disponible, la clase obrera fue muy diversa en el Perú de inicios del siglo XX. Como la documentación revela, grupos muy distintos llevaron sus reclamos a la Sección del Trabajo (o fueron blanco de sus funcionarios) en los inicios de la década de 1920, entre los que se incluyeron los trabajadores de las industrias exportadoras, como los de la enorme hacienda azucarera Casa Grande, en el norte del Perú, que se quejaron por la expulsión de algunos de sus colegas de esas tierras; los trabajadores petroleros de la London and Pacific Petroleum Company en el yacimiento petrolífero de Negritos, en el norte del país, que exigieron el despido del gerente general W. M. Young y la construcción de instalaciones deportivas para los trabajadores; los mineros empleados por la «Sociedad Explotadora de Caylloma Consolidada», que presentaron una serie de reclamos; o, para el caso, los yanacones de la hacienda Carabamba en Otuzco, en las tierras altas del departamento de La Libertad.[86] También asociados con el sector exportador, los trabajadores de transporte recurrieron a la Sección del Trabajo para ventilar sus reclamos. Entre ellos estaban los estibadores del puerto sureño de Mollendo (ligados a Arequipa por el Ferrocarril del Sur),

86. AGN/MF/RC/1: 2 (mineros de Caylloma); AGN/MF/RC/3: 61 (trabajadores petroleros de Negritos); AGN/MF/RC/1: 4 (trabajadores azucareros de Casa Grande); AGN/MF/RC/3: 41 (aparceros de Otuzco).

quienes estaban preocupados por los accidentes de trabajo; los trabajadores del puerto del Callao, que se quejaron por la destitución del «maestre de dique» Eduardo Quesnel; o los del Ferrocarril Central, que demandaron una indemnización para uno de sus colegas.[87]

Aunque la Sección del Trabajo estuvo activa en varias partes del país, la mayoría de las disputas documentadas atañe a trabajadores de la capital. Entre los grupos de Lima que recurrieron a ella encontramos artesanos, como los carpinteros que se quejaban de que Abraham Barrera todavía adeudaba al carpintero Raúl Vargas 30 soles por trabajos, o los albañiles, disconformes porque el «Ingeniero» José M. de Rivera había despedido a dos de ellos llamados Pacora y Montoya.[88] Los trabajadores que tendían a trabajar en pequeños talleres también estaban representados en la Sección, e incluían, como hemos visto, zapateros, que demandaban incrementos salariales de los propietarios de las zapaterías; gráficos, que denunciaban la imposición de salarios reducidos en la imprenta Sanmartí; panaderos, que protestaban por el despido de los trabajadores «nacionales» y su reemplazo por japoneses en la panadería Pampa de Lara, o electricistas, que se quejaban por el despido de algunos de sus colegas de las Empresas Eléctricas Asociadas (la compañía que proveía de electricidad a Lima y corría con la red del tranvía).[89] Finalmente, los trabajadores fabriles también estaban representados e incluían a los de la fábrica de fideos de Ernesto Lavaggi, que protestaban por el despido de un trabajador llamado Genero, o, de manera similar, los obreros de la fábrica textil San Jacinto, que se quejaban del despido de dos de ellos.[90]

Los registros de la Sección del Trabajo también contenían un relativamente alto número de documentos de trabajadores empleados en fincas agrícolas cerca de la capital o en los valles vecinos, como la Negociación Villa y la hacienda «La Estrella», ambas dirigidas por inmigrantes chinos (Aurelio Pow San Chia y Pow Lung, respectivamente), la Sociedad Agrícola Santa Bárbara o la Hacienda Puente Piedra, todas las cuales producían productos alimenticios para el mercado local.[91] Otros trabajadores que se acercaban a

---

87. Véase AGN/MF/RC/2: 33 (estibadores de Mollendo); AGN/MF/RC/3: 55 (trabajadores portuarios del Callao); AGN/MF/RC/2: 35 (Ferrocarril Central).

88. Véase AGN/MF/RC/2: 37 (carpinteros); AGN/MF/RC/2: 40 (albañiles).

89. Véase AGN/MF/RC/1: 7 (zapateros); AGN/MF/RC/1: 8 (trabajadores de imprenta); AGN/MF/RC/1: 13 (panaderos); AGN/MF/RC/1: 15 (electricistas).

90. Véase AGN/MF/RC/3: 62 (trabajadores de fábricas de fideos); AGN/MF/RC/3: 63 (trabajadores textiles de San Jacinto).

91. Véase AGN/MF/RC/3: 54 (La Estrella); AGN/MF/RC/3: 46 (Negociación Villa); AGN/MF/RC/2: 27 (Santa Bárbara); AGN/MF/RC/3: 46 (Puente Piedra).

la Sección del Trabajo eran los del transporte urbano, tales como choferes y conductores de tranvía empleados por Empresas Eléctricas Asociadas, quienes se quejaban de despidos injustificados, mientras que sus colegas, que se desempeñaban en varias plantas eléctricas,, demandaban incrementos salariales, el despido de algunos trabajadores y un bono equivalente al salario de sesenta días que se concedería para celebrar el centenario de la Independencia.[92] Finalmente, trabajadores de sectores más inusuales recurrieron a la Sección del Trabajo, entre ellos, los operadores de teléfono de Lima, que se quejaban del despido de trabajadores de sexo masculino y su reemplazo por trabajadores de sexo femenino; los trabajadores de hoteles, que expusieron una queja contra el administrador del aristocrático Club de la Unión; la Compañía Nacional de Zarzuela, que presentó un reclamo contra el administrador del Teatro Mazzi; y, lo más interesante, el Comité Pro-Derecho Indígena, que se quejaba de un tal Víctor Tapia, que parecía haberse apropiado de algún dinero de la organización indígena.[93]

La Sección del Trabajo, entonces, alcanzó y fue alcanzada por todos los tipos de trabajadores en muy diferentes, y con frecuencia distantes, partes del Perú. De hecho, es sorprendente observar la enorme diversidad de trabajadores y las experiencias de trabajo con los que los empleados de esta Sección entraron en contacto y, muy probablemente, pusieron en contacto. En cierto sentido, las oficinas de la Sección del Trabajo fueron un microcosmo del mundo del trabajo en el Perú, un lugar donde trabajadores azucareros de los departamentos norteños de La Libertad y Lambayeque, muchos de los cuales eran enganchados, podían tropezarse con mineros de las tierras altas de Arequipa; donde yanacones japoneses de Huacho, en el norte de Lima, podían toparse con trabajadores agrícolas afroperuanos de Cañete y Chincha, al sur de la capital; y donde numerosos obreros mestizos de las fábricas textiles de Lima podían intercambiar historias con también numerosos trabajadores gráficos, panaderos y electricistas, principalmente mestizos (sin descartar uno que otro migrante europeo o asiático). En otras palabras, desde el punto de vista de los trabajadores que se presentaban a la Sección del Trabajo, la idea de la clase obrera representada por y constituida a través de la Sección del Trabajo incluía personas que trabajan en el taller y en la fábrica moderna, que cortaban la caña, recogían el algodón y extraían el mineral, trabajadores

92. AGN/MF/RC/2: 23 (trabajadores del tranvía); AGN/MF/RC/2: 29 (plantas de energía).

93. AGN/MF/RC/2: 28 (Compañía de Zarzuela); AGN/MF/RC/3: 48 (Comité Pro-Derecho Indígena).

pagados por hora y trabajadores enganchados. Por último, a pesar de ser clara y extremadamente diversa, la clase obrera se constituyó en la Sección del Trabajo como una entidad *nacional* unificada.

Sin embargo, la clase obrera también se formó a través de ausencias o exclusiones evidentes en la documentación de la Sección del Trabajo. La evidencia disponible sugiere que solo en unos pocos casos las mujeres buscaron la mediación de esta institución (o, igualmente probable, que los funcionarios de la Sección solo en contadas oportunidades intervinieron en reclamos que involucraban mujeres). A finales de 1920, por ejemplo, un grupo de seis mujeres escribió una carta al ministro de Fomento en representación del Gremio de Empaquetadoras de la Compañía Salinera del Perú, en la que solicitaba incrementos salariales y un cambio en sus horas de trabajo. Ellas señalaban que eran conscientes de que varios sindicatos habían recurrido ya a la Sección del Trabajo con la finalidad de obtener mejoras en sus salarios y que « según tenemos entendido se ha tramitado peticiones de esta índole y se ha sabido apreciar la justicia que encerraban». Esperaban, entonces, recibir un trato similar: «si se ha considerado equitativo, señor Ministro, el acceder a las solicitudes de los gremios masculinos, toda vez que ellas eran motivadas por la urgencia de remediar en algo el desequilibrio que en los hogares de quienes se procuran los medios de vida únicamente por su propio esfuerzo había ocasionado esa carestía, confiamos nosotras, que constituimos un gremio obrero femenino, en que habrá de merecer igual favorable acogida nuestra petición que tiene fundamento idéntico».[94] Este grupo fue la excepción. La mayoría de mujeres en las ciudades trabajaban como empleadas domésticas o costureras y, a pesar de su gran número, permanecían fuera, o quizás estaban excluidas, de la idea de clase obrera.

La más flagrante ausencia o exclusión era, por supuesto, la de las poblaciones indígenas del Perú, quienes, como hemos visto, por virtud de las disposiciones constitucionales de 1920, estaban constituidas como un objeto de intervención estatal distinto de la clase trabajadora, e incompatible con ella. Sin duda, es muy probable que la población indígena estuviera entre los muchos trabajadores que visitaban las oficinas de la Sección del Trabajo, o al menos entre aquellos representados por los que la frecuentaban, para buscar mediación en sus reclamos con los patrones. Pero ellos iban ahí como trabajadores y no como indios. Estableciendo a la clase obrera y a los indígenas

---

94. AGN/OL/802-258, Consuelo Salvi, Carmen Rosa Figueroa, Victoria Torres, F. Mini, Antonieta Tasso, Rosa Igobichi y Angélica Gonzáles al ministro de Fomento, 11 de diciembre de 1920.

como dos objetos distintos de intervención estatal, la Constitución de 1920 constituía, en efecto, a la clase obrera y a los indígenas como dos distintas e incompatibles categorías de «lo social». La Sección del Trabajo, junto con la de Asuntos Indígenas, institucionalizaron esa incompatibilidad y, al hacerlo, tanto en lo práctico como en lo ideológico, excluyeron a los indígenas de la idea de clase obrera inmanente al Estado laboral: la clase obrera como un agente de progreso, cuya contribución a él resultaría de su protección y mejoramiento. En efecto, la Sección del Trabajo reflejó y, a la vez, puso en práctica, la más amplia exclusión de los indígenas de los proyectos nacionales que la élite peruana había comenzado a formular tras la derrota de la Guerra del Pacífico (una exclusión que, sabemos, tiene raíces históricas más profundas), y de la cual la Patria Nueva de Leguía fue una nueva versión.

Conclusión

En este capítulo, he buscado demostrar cómo la Sección del Trabajo fue la culminación de un proceso que comenzó a finales del siglo XIX, que surgió de problematizar a la clase obrera, esto es, a la cuestión obrera, y de las formas en que la clase obrera comenzó a identificarse con la civilización y el progreso industrial. Propuestas iniciales para crear juntas de trabajo y *secciones obreras* reflejaron racionalidades de gobierno que expresaron nuevas comprensiones de la clase obrera y, específicamente, de las relaciones laborales como un campo de conocimiento y práctica capaz de convertirse en conocible, calculable y administrable. Al mismo tiempo, tales propuestas expresaron la necesidad percibida de desarrollar tecnologías de gobierno que permitieran la protección y el «mejoramiento» de la clase obrera a través de la acción sobre ella misma y sobre el campo de conocimiento y práctica que constituían las relaciones laborales. La Sección del Trabajo fue la manifestación en la esfera laboral de tales racionalidades de gobierno; racionalidades que sus primeros arquitectos buscaron convertir en prácticas a través de la separación de la política de las relaciones laborales y la presentación y desempeño de estas relaciones como materias técnicas meramente, cuyo tecnicismo garantizaba una resolución favorable de los reclamos, tanto de trabajadores como de capitalistas. Su éxito temprano, como he expuesto, se debió al hecho de que las racionalidades de gobierno que la Sección del Trabajo reflejaba fueron en gran parte compartidas por la misma «clase obrera» que buscaba proteger y mejorar.

Como la Inspection du Travail y las oficinas laborales en el África colonial británica y francesa estudiada por Frederick Cooper, la Sección del

Trabajo fue uno de los «dispositivos de vigilancia, configuradores de discursos, definidores de los espacios de legítima contestación» de la época.[95] Pero su nacimiento reflejó, como en el África colonial, más amplias ideas acerca de la naturaleza del trabajo y los trabajadores, y más ampliamente todavía, acerca de las fuentes del progreso y atraso en el Perú. La Sección del Trabajo, como una tecnología de gobierno, expresó y puso en práctica una idea clave que sostuvo el proyecto nacional al centro de la Patria Nueva de Leguía: la clase obrera podía, y de hecho, debía constituirse como un agente de progreso; una vez «mejorada», podía engendrar y engendraría civilización; esa fue la seducción de esta clase. Pero a través de sus exclusiones, la Sección del Trabajo también reflejó otra idea clave del proyecto nacional de la Patria Nueva: que los indios, aunque susceptibles de ser redimidos y civilizados, eran perjudiciales, en tanto que indios, para el progreso. De por sí, la clase obrera y los indígenas se convirtieron en la década de 1920, como lo habían sido en décadas previas, en esferas lógicamente incompatibles de intervención y administración estatal; una incompatibilidad que fue normalizada, como he mostrado, por el establecimiento de la Constitución de 1920 de distintos regímenes constitucionales para la clase obrera y los indígenas y por la misma Sección del Trabajo. Como este análisis sugiere, a inicios del siglo xx, las ideas acerca de la clase obrera, en última instancia, reflejaban ideas sobre la raza: esta clase podía comprenderse como un agente de progreso capaz de mejoramiento, precisamente porque fue concebida como incompatible con la indigeneidad, invariablemente percibida como inherentemente atrasada e inconciliable con el progreso.

---

95. Cooper, *Decolonization and African Society*, 16.

3

Disciplinando a la clase obrera

A inicios de 1922, el prefecto de La Libertad escribió al ministro de Gobierno para expresar su sorpresa y desacuerdo con la decisión del gobierno de embarcar a una treintena de trabajadores con destino a Australia: «No alcanzo a entender, señor Ministro, rigor tan extremado para castigar a ciudadanos peruanos todos ellos, quienes hace poco más de un mes fueron reconocidos por el supremo gobierno como delegados de las diversas sociedades obreras de los valles de Chicama y Santa Catalina».[1] Las huelgas que sacudieron gran parte de las regiones azucareras de La Libertad en 1921 fueron uno de los varios contextos en que la recientemente formada Sección del Trabajo buscó desarrollar la nueva política laboral consagrada en la Constitución de 1920 o, para ponerlo de otro modo, uno de los varios contextos en que el Estado obrero entró en vigor. Lauro Curletti, el ministro de Fomento, viajó a la zona y se reunió con los delegados de los trabajadores. La prensa de la élite informó con aprobación sus intentos de llegar a una solución a la disputa mediada por el Estado. Pero los esfuerzos de Curletti colisionaron con una creciente ansiedad en sectores de la élite en torno a la conflictividad laboral. En la medida en que las huelgas se multiplicaron e intensificaron en todo del país, gran parte de la élite comenzó a ver la negociación colectiva y

---

1. AGN/MI/299/Fomento, Ministerio de Fomento a Ministerio de Gobierno, 16 de enero de 1922.

el arbitraje mediado por el Estado, defendidos por la Sección del Trabajo, y que ellos habían inicialmente aceptado e incluso celebrado, como un asunto desagradable. Esto fue la manifestación local de un proceso transnacional. Como señala Rodgers, «tal como el contagio de las ideas revolucionarias fue mundial de 1917 a 1920, así lo fue la reacción asustada frente a él».[2] Esta «reacción asustada» repercutió rápidamente en la política laboral en el Perú: la construcción del Estado obrero dio paso a la represión, combinada con una mucha menos consensuada forma de política relativa al trabajo.

La idea de que la clase obrera era un recurso valioso que el Estado necesitaba proteger y «mejorar», como he argumentado, configuró las respuestas a la cuestión obrera en el Perú. Los trabajadores comenzaron a ver la Sección del Trabajo como un potencial aliado y participaron activamente en la constitución del Estado obrero. Sin embargo, como muestro en este capítulo, lo opuesto ocurrió con la mayoría de empleadores. Mientras que algunos aceptaron la retórica del Estado obrero, la mayoría rechazó la intervención de la Sección del Trabajo y el tipo de relaciones laborales que buscaba promover, como discuto en la primera sección. Esto tuvo consecuencias para la forma en que la clase obrera se identificó con esta Sección, que, en la mayoría de los casos, se mostró incapaz para hacer cumplir sus resoluciones ante la resistencia de los empleadores. Los trabajadores comenzaron a ver gradualmente a la Sección del Trabajo como inefectiva y las relaciones laborales que promovía como una farsa. En las siguientes dos secciones, considero cómo tanto las racionalidades de disciplina (expresivas de una creencia en la necesidad de controlar a la clase obrera y de la construcción de la clase obrera como amenaza social), como las de gobierno (expresivas de una creencia en la necesidad de proteger y mejorar la clase obrera, y de la construcción de la clase obrera como un agente de progreso), configuraron, al mismo tiempo, las reacciones de la élite hacia esta clase social y, a su vez, las políticas laborales de Leguía. Sostengo, contraintuitivamente, que la represión sistemática, aunque selectiva, de Leguía, se concibió como parte integral de la construcción del Estado obrero. Finalmente, vuelvo a examinar cómo la clase obrera negoció el complicado campo de las relaciones laborales en el contexto políticamente polarizado de inicios de la década de 1930, revelando las tensiones entre las racionalidades de disciplina y de gobierno que configuraron la política laboral.

---

2. Rodgers, *Atlantic Crossings*, 305.

Empleadores y la Sección del Trabajo

Algunos trabajadores vieron el periodo de agitación laboral entre 1918 y 1921 como favorable para la revolución. Un folleto, que circuló a finales de 1921, llamaba a los trabajadores a rebelarse: «Obrero, rebélate, es llegada la hora, la burguesía está agónica y pretende arrastrarte en su caída, hasta el humilde indio lo comprende y se levanta para exterminarla, tú no hagas menos obrero».[3] En la mayoría de los casos, sin embargo, la Sección del Trabajo consiguió convencer al grueso de la clase obrera organizada de los beneficios del arbitraje mediado por el Estado, como comenté en el capítulo previo. Sin embargo, fue mucho menos exitosa con los empleadores. Varios de ellos vieron las demandas de los trabajadores por salarios más altos y mejores condiciones de trabajo como injustificadas y, de hecho, como equivalentes a rebelión. Como señalaba el propietario de un molino de harina, «los peones hoy están engreídos y exigentes hasta la temeridad y buscan cualquier pretexto para fomentar huelgas».[4] Tales perspectivas se traducían en una usual negativa de los empleadores para aceptar las resoluciones de la Sección del Trabajo. Un estudio de 1925 de la reciente legislación laboral concluía que solo los empleadores desobedecían las resoluciones de los tribunales arbitrales: «los anales de la Sección no registran ningún caso de gremio o agrupación obrera que se haya rebelado contra un fallo».[5] Frecuentemente, los empleadores optaban por pagar una multa en lugar de aceptar los fallos de los tribunales. La Sección del Trabajo, como veremos, se mostró incapaz de forzarlos a respetar sus resoluciones. Como consecuencia, la clase obrera comenzó a verla como una institución sin poder efectivo y a abandonar su inicial entusiasmo por las relaciones laborales mediadas por el Estado.

Los trabajadores lograron considerables mejoras en salarios y condiciones de trabajo en los emocionantes días de incertidumbre política y acelerada reforma social y constitucional que caracterizaron el ascenso al poder de Leguía. Pero esta situación no duró. Después del colapso de los precios del azúcar en 1921, que tuvo dramáticas consecuencias para la economía peruana en su conjunto, muchos empleadores trataron de revertir algunas de las primeras concesiones que habían otorgado a su personal. Señalando la situación de

3. AGN/PL/3.9.5.1.15.1.16.38, Intendente de Policía a Prefecto, 29 de octubre de 1921.

4. AGN/PL/3.9.5.1.15.1.13.12, Lisandro Márquez y Molino Puerto Supe a Prefecto, 8 de agosto de 1920.

5. Echegaray y Silva, *Legislación del trabajo*.

crisis, burlaron abiertamente las cláusulas de los contratos colectivos. Recortaron salarios y bonificaciones. En algunas industrias, redujeron la semana de trabajo, con lo que mermaron los ingresos de los obreros. La mayoría de los documentos de los archivos de la Sección del Trabajo de 1921 y 1922 se refiere a protestas de trabajadores por incumplimiento de los contratos colectivos, así como por reducciones de salario, falta de pago y recortes de la jornada laboral. En la mayoría de los casos, los trabajadores no tenían más remedio que aceptar el recorte de los salarios, el incremento de la carga de trabajo y el empeoramiento de las condiciones de trabajo. En 1921, por ejemplo, los trabajadores de El Naranjal, una hacienda en las afueras de Lima, aceptaron un recorte del 20% en sus salarios, con lo que se anulaba el incremento ganado a inicios de 1920.[6] Aunque muchos se quejaban del aumento de la carga de trabajo, para algunos trabajadores la crisis implicó menos trabajo y menos paga. Los peones de la Hacienda Puente Piedra se quejaron a inicios de 1922 de que les ofrecían trabajo por solo dos o tres días a la semana.[7]

Abundan ejemplos de empleadores que se negaron a respetar los procedimientos establecidos por la Sección del Trabajo. En junio de 1923, la Federación de Mosaistas se quejó de que Francisco Gilabert había rechazado considerar el pliego de reclamos presentado ante él o llevar el asunto a la Sección del Trabajo, usando «frases despectivas e hirientes para nuestra patria».[8] Unos meses después, la Federación de Electricistas se quejó de que las Empresas Eléctricas Asociadas (la compañía que operaba la red eléctrica y el tranvía en Lima) se negaba a observar la ley de accidentes.[9] Los empleadores no solo burlaban la ley, también aprovechaban la oportunidad para purgar sus negocios de trabajadores «rebeldes». Esto ocurría en todos los tipos de industria. Por ejemplo, los trabajadores de la hacienda El Naranjal se quejaron en abril de 1921 de que sus propietarios estaban despidiendo sistemáticamente a aquellos trabajadores que se habían unido al recientemente formado sindicato.[10] A inicios de 1926, la Federación de Fideleros y Molineros expresó una queja similar acerca de la fábrica de fideos Nicolini.[11] En febrero de 1921,

6. AGN/MF/RC/1: 10, Asentamiento, 29 de enero de 1921.

7. AGN/MF/RC/3: 46, Unificación de Campesinos de Carabayllo Alto a Sección del Trabajo, 26 de febrero de 1922.

8. AGN/PL,3.9.5.1.15.1.13.14, Federación de Mosaístas a Prefecto, 27 de junio de 1923.

9. AGN/PL/3.9.5.1.15.1.13.14, Federación de Electricistas a Prefecto, 1 de octubre de 1923.

10. AGN/MF/RC/1:10, Unificación de Braceros de la Hacienda El Naranjal a Sección del Trabajo, 21 de abril de 1921.

11. AGN/PL/3.9.5.1.15.1.13.18, Federación de Fideleros y Molineros a Prefecto, 26 de enero de 1926.

la Federación de Electricistas del Perú señaló que, según el contrato colectivo entre las Empresas Eléctricas Asociadas y sus trabajadores, que había sido firmado al finalizar la huelga de noviembre de 1920, la administración se había comprometido a no despedir a ningún trabajador «sin justificación»; sin embargo, dos habían sido despedidos en los últimos cinco días en la Central de Yanacoto.[12] Unos meses después, la gerencia de la minas de Ticapampa en Huaraz explicó que «la anarquía completa del personal obrero, cuyas continuas huelgas y aun violencias armadas hacen indispensable la paralización del trabajo por lo menos durante un tiempo prudencial que permita separar del todo a los elementos perturbadores».[13]

Además de la confrontación directa, los empleadores hicieron uso de diversas estrategias para neutralizar a su personal, que efectivamente se saltaban a la Sección del Trabajo. En respuesta a lo que ellos percibían como un movimiento obrero cada vez más y mejor organizado, los empleadores también comenzaron a organizarse. En Ica, por ejemplo, se creó una Liga de Hacendados en 1921. Mientras tanto, en un intento por socavar a las organizaciones obreras militantes, los empleadores organizaron sindicatos rivales, más flexibles, como la Federación Regional de Trabajadores de Ica.[14] De manera similar, después de las huelgas de 1921 en las regiones azucareras del norte, Víctor Larco, propietario de la hacienda Chiclín, organizó un paternalista Sindicato de Empleados y Obreros de Chiclín para rivalizar con los sindicatos más militantes en el valle de Chicama.[15] Tales intentos de socavar la militancia de la clase obrera se plasmaron también en el campo «simbólico». En 1926, se inauguró en Chiclín un monumento al «Trabajo, Progreso y Vida». El monumento de mármol, diseñado por el «prestigioso artista romano» Ernesto Gazzeri, y que medía casi cuatro metros de alto, representaba «el trabajo [que] está representado por la majestuosa figura central, cuya mano derecha se apoya en el hombro de un adolescente, símbolo del Progreso. Y a sus pies, sobre un haz de trigo, aparece la Vida: una madre que acaricia en su regazo a su tierno hijo y ostenta en la mano izquierda un bouquet de rosas». Según *Variedades*, los dueños de la hacienda Chiclín ofrecían el monumento a

---

12. AGN/MF/RC/1: 15, Federación de Electricistas del Perú a Jefe de la Sección del Trabajo, 26 de febrero de 1921.

13. AGN/MI/221/Relaciones Exteriores, Ministerio de Relaciones Exteriores a Ministro de Gobierno, 4 de enero de 1921.

14. Pévez, *Memorias*, 178.

15. Un sindicato similar fue organizado en la hacienda Cartavio en 1935. Glener Plasencia, «Aprismo, sindicalismo y movimiento obrero», 57-58.

la comunidad local, «como un homenaje a la conducta de los empleados, artesanos y obreros de Chiclín que durante el movimiento sindicalista de 1921 permanecieron fieles a su deber y contrarrestaron con su esfuerzo personal en los abandonados campos de labor y sosteniendo sanos principios en las asambleas de aquellos días la acción desatinada y violenta de los agitadores». El informe concluía: «Su simbolismo y su objeto son, pues, igualmente laudables y realzan el renombre que la pequeña población de Chiclín tiene ya bien ganado por su ejemplar actividad industrial, cultural y patriótica».[16]

En Lima, los empleadores también buscaron organizarse con la finalidad de contrarrestar el crecimiento de los sindicatos. Un sindicato de empleadores, la Unión Imprentas, se creó en 1919, solo unos pocos meses después de la fundación de la Federación Gráfica del Perú (FGP), el sindicato de los trabajadores de imprenta. Los objetivos de la Unión Imprentas incluían medidas paternalistas o, como los empleadores afirmaban, «el mejoramiento de la clase obrera que ocupan en sus labores».[17] Pero su principal meta fue levantar un frente unido para contrarrestar la creciente confianza de los trabajadores de imprenta. Aunque los empleadores afirmaron estar interesados en «el mejoramiento de la clase obrera», hicieron poco por mejorar las condiciones de trabajo en sus talleres. Cuando, en 1924, la FGP escribió al propietario de una imprenta, Carlos Fabbri, para demandar reparaciones básicas en el taller con la finalidad de mejorar los estándares de higiene, Fabbri respondió que «la salud de los operarios depende, en general, de su frágil constitución, y de su poco orden en el sistema de vida que conducen; y no por culpa de los locales donde trabajan».[18] Más célebremente, a inicios de 1928, el gerente de la fábrica textil La Victoria en Lima, Ricardo Tizón y Bueno, organizó un sindicato de auxilios mutuos, del cual fue nombrado presidente honorario, y aplicó una serie de medidas paternalistas en su empresa. Tizón y Bueno buscó extender el sistema mutual que había creado en su fábrica al resto de la industria textil. Creó una Asociación para el Fomento de la Mutualidad en el Perú y se volvió objeto de los feroces ataques de José Carlos Mariátegui y otros, quienes veían estas medidas como un medio para «canalizar el ímpetu revolucionario clasista» y «desviar los obreros de su propia vía, económica y

16. *Variedades*, año 22, n.º 970, 2 de octubre de 1926, s. p.
17. AGN/PL/3.9.5.1.15.1.13.11, Alfredo D. Torres, Unión Imprentas, a Prefecto, 11 de octubre de 1919.
18. AGN/PL/3.9.5.1.15.1.1.15, Carlos Fabbri a FGP, 4 de enero de 1924.

política, para prolongar sobre su organización, deliberadamente detenida en una fase embrionaria y en un tipo compósito, la tutela de la clase patronal».[19]

Las medidas adoptadas por los empleadores se beneficiaron de un clima político distinto, lo que tenía graves consecuencias para el tipo de relaciones laborales que la Sección del Trabajo había estado promoviendo. Una vez que su control sobre el país se fortaleció, el presidente Leguía dio marcha atrás en sus primeras medidas progresistas. A inicios de 1923, por ejemplo, la Federación Gráfica del Perú se quejó con el alcalde de Lima de que la ley de tenencia introducida por Leguía para proteger a los trabajadores pobres no se estaba cumpliendo.[20] Ese mismo año, Leguía destituyó a Germán Leguía y Martínez de su posición a la cabeza del Ministerio de Gobierno y a la mayoría de sus partidarios. Lauro Curletti, Erasmo Roca e Hildebrando Castro Pozo, los arquitectos de la primera política laboral del gobierno, dejaron el Ministerio de Fomento en ese momento, sea voluntariamente o, en el caso de Castro Pozo, como resultado de un exilio forzado. El presupuesto del ministerio se redujo de 109.000 a 36.000 libras peruanas de 1921 a 1922.[21] Pero incluso antes de la partida de Roca y los demás funcionarios, como hemos visto, la Sección del Trabajo había demostrado ser incapaz de forzar a los empleadores a respetar, tanto los contratos colectivos que habían acordado con sus trabajadores como, en general, las nuevas leyes laborales. Otras instituciones del gobierno, también organizadas para aplicar este tipo de relaciones laborales progresistas, se debilitaron de manera similar. En Ica, por ejemplo, los hacendados lograron forzar el reemplazo de un prefecto que simpatizaba con los trabajadores.[22]

En este nuevo y menos favorable contexto para las relaciones laborales mediadas por el Estado, los trabajadores comenzaron a rehuir la Sección del Trabajo. Aunque la Federación de Obreros Panaderos «Estrella del Perú» (FOPEP), el gremio de panaderos de Lima, había obtenido un muy favorable contrato colectivo en 1920, para 1921 las quejas acerca de la inefectividad de la Sección del Trabajo para resolver sus reclamos se habían convertido en un lugar común en las sesiones sindicales. Como señalaba uno de los miembros

---

19. Véase *Labor*, 2 de febrero de 1929. Las medidas no parecen haber tenido el efecto que Mariátegui predijo; los trabajadores de La Victoria tomaron parte activa en la conflictividad laboral que caracterizó la década de 1930.

20. AML, caja «Policía 1919-1923», Federación Gráfica del Perú a Alcalde del Concejo Provincial, 5 de marzo de 1923.

21. Perú, *Statistical Abstract*, 137.

22. Pévez, *Memorias*, 181-182.

en 1922, «la ley del arbitraje es contraproducente para los intereses del gremio en general».[23] En 1926, la FOPEP escribió al prefecto «en demanda de justicia, por no haberla encontrado en la Sección de Trabajo».[24] Incluso cuando las disputas se resolvieron a favor de la FOPEP, los fallos eran raramente implementados; como ocurrió en 1927 con un trabajador que tenía todavía que recibir compensación por despido después de obtener tres fallos a su favor.[25] Como los panaderos, los trabajadores textiles también perdieron toda esperanza de buscar reparación en la Sección del Trabajo y rechazaron tener cualquier vínculo con la institución. En mayo de 1926, por ejemplo, los trabajadores de la fábrica textil San Jacinto organizaron una huelga después de que los gerentes les dijeron que tenían que llevar sus reclamos a esa Sección.[26] Todavía en 1929, un espía de la policía informó que en un encuentro de trabajadores huelguistas, un tal Guzmán había sostenido que «cuantos reclamos presenten ante la Sección del Trabajo del Ministerio de Fomento los federados obreros, tendrán siempre resultados negativos por cuanto los Gerentes de las fábricas mencionadas son amigos íntimos del Director de la Sección del Trabajo».[27]

La experiencia de la Federación Gráfica del Perú (FGP) ilustra aún mejor el cambio en la suerte de los trabajadores con la Sección del Trabajo, y en la percepción que tenían de este organismo.[28] En octubre de 1919, la FGP había presentado su primer *pliego de reclamos* a los propietarios de 46 talleres de impresión. Fueron incluidos en sus reclamos incrementos salariales de entre 50% y 80%, doble pago los domingos, eliminación de las multas y pago por enfermedad equivalente al 50% del desembolso normal. Conforme la disputa se desarrolló, se creó un tribunal arbitral para resolverla. El doctor Pérez Araníbar, el árbitro designado por el gobierno, lo encabezó. La disputa fue una clara victoria para la FGP. El contrato colectivo firmado entre trabajadores y empleadores concedía a los primeros, sobre el salario por día, un aumento del 70%, mientras que los trabajadores a destajo conseguían incrementos específicos. Otros beneficios ganados incluían doble pago en feriados, 50% de

23. FOPEP (Federación de Obreros Panaderos «Estrella del Perú»), 12 de agosto de 1922.

24. AGN/PL/3.9.5.1.15.1.13.18, FOPEP a Prefecto, 26 de julio de 1926.

25. AGN/PL/3.9.5.1.15.1.13.19, Alejandro Antón a Prefecto, 28 de marzo de 1927.

26. AGN/PL/3.9.5.1.15.1.13.18, Fábrica de Tejidos de San Jacinto a Prefecto de Lima, 14 de mayo de 1926.

27. AGN/PL/3.9.5.1.15.1.16.47, Vigilante a Oficial Segundo, 26 de diciembre de 1929.

28. Federación Gráfica del Perú (FGP), *Historia*, 62.

pago extra por noche de trabajo hasta las 11 p. m., y doble pago después de esa hora. La FGP concluía:

> El hecho ha sido evidente, no uno solo de nuestros compañeros ha sido apresado, ningún traidor apaleado, ni una nota discordante, ni una voz destemplada; la armonía social ha sido nuestro norte y el triunfo nuestro acicate. Triunfo modesto materialmente, pero triunfo grandioso moralmente. Hemos conseguido organizar el gremio más desorganizado que ha existido. Y si las ventajas obtenidas no son todo lo que nosotros anhelamos, por lo menos debemos aprovechar de las enseñanzas edificantes que se desprenden de nuestro movimiento.

El doctor Pérez Araníbar recibió un agradecimiento por su intervención, y el sindicato respaldó una moción enviada a la Asamblea Nacional para crear un Ministerio de Trabajo. Pocos meses después, en enero de 1920, la Sección del Trabajo concedió a la FGP reconocimiento oficial como organización obrera.

El tono triunfante y entusiasta de la FGP por la intervención estatal en sus disputas fue de corta duración. Pronto se hizo claro que, aunque los propietarios de las imprentas habían firmado un nuevo contrato colectivo, tenían poca intención de respetarlo, y que el gobierno de Leguía y sus nuevas instituciones burocráticas no tenían interés ni poder para forzarlos a hacerlo. Entre marzo de 1920 y octubre de 1921, la FGP envió varias cartas a la Sección del Trabajo en las que señalaba que los empleadores burlaban el contrato colectivo. Algunas se referían a las deficiencias de las cláusulas de los contratos. Humberto Ibáñez, presidente de la FGP, indicaba en marzo de 1920, por ejemplo, que el fraseo de la cláusula 13, relativa al pago por enfermedad, carecía de precisión, lo que permitía a los propietarios de imprentas evadirla: «toda vez que enferma algún operario se le despide, inhumanamente como sucede con un federado nuestro que trabajó en la litografía Fabbri».[29] Otras quejas se referían a la falta de pago en feriados, la escasa higiene en algunos talleres de impresión, «la poca seguridad y peligro que ofrece para la vida de los operarios la instalación de maquinarias implantadas en locales inapropriados para dicho funcionamiento», así como también jornadas que excedían las ocho horas y «despido injusto».[30] Aunque críticas del comportamiento de los empleadores, el hecho de que la FGP escribiera estas cartas sugiere que, al menos incialmente, sus miembros estaban dispuestos a participar en el nuevo

29. AGN/MF/1: 1, Humberto Ibáñez a Director de la Sección del Trabajo, 13 de marzo de 1920.
30. AGN/MF/RC/1: 1, Humberto Ibáñez a Director de la Sección del Trabajo, 10 de junio y 21 de mayo de 1920 y 12 y 16 de marzo de 1922.

sistema de relaciones laborales que el gobierno de Leguía estaba promoviendo, y a ayudar a configurarlo. Esta actitud no duró.

En el transcurso de 1922, la FGP se sintió cada vez más insatisfecha con la Sección del Trabajo y convencida de su incapacidad para hacer cumplir el contrato colectivo. En agosto de 1922, protestó por «la nulidad y la incompetencia de la Oficina del Trabajo».[31] Para mediados de 1923, el *Obrero Gráfico*, el periódico de la FGP, afirmaba que la Sección del Trabajo y el Consejo Superior de Previsión Social, una institución de vida corta con representación laboral establecida por Leguía, pero que no tenía poder efectivo, «en el fondo y en la forma, sólo llenan funciones decorativas, porque hasta la fecha no hemos visto ni nos hemos enterado de que haya dado alguna resolución justiciera». Según el periódico, las instituciones servían solo a los intereses de los capitalistas: «son cuerpos burocráticos formados para salvaguardar a los ricos».[32] La creciente insatisfacción con la Sección del Trabajo condujo a la FGP a buscar la intervención del prefecto de Lima cuando, en 1924, presentó un nuevo pliego de reclamos que demandaba un aumento salarial general en la industria. Teobaldo Sarmiento, el secretario general de la FGP, explicó a esta autoridad: «No apelamos a la Sección del Trabajo del Ministerio de Fomento por la poca confianza que nos inspira dicha entidad en la solución equitativa de dichos conflictos. La amarga experiencia ya adquirida es la que nos hace dudar. Es por eso, que apelamos al fallo imparcial y sereno de su autoridad».[33] Durante otra disputa, en mayo de 1925, la FGP rechazó la mediación de la Sección del Trabajo, prefiriendo, en su lugar, resolver la disputa directamente con los propietarios de la Imprenta Scheuch, con el argumento de que «las conciliaciones que patrocina esa Dirección no inspiran confianza, pues los precedentes han demostrado su marcada parcialidad».[34]

Como la experiencia de la FGP sugiere, las relaciones laborales concebidas por Curletti, Roca y Castro Pozo colapsaron porque los empleadores rechazaron aceptar los fallos de la Sección del Trabajo, y porque esta demostró ser incapaz de forzarlos a hacer lo contrario. Como consecuencia, los trabajadores que inicialmente habían estado dispuestos a participar en las relaciones mediadas por el Estado y, al hacerlo, involucrarse en la construcción del Estado obrero, gradualmente perdieron fe en la Sección del Trabajo,

---

31. FGP, *Historia*, 123. La FGP usaba el término «Oficina del Trabajo» para referirse a la Sección del Trabajo.
32. *El Obrero Gráfico*, 1 de mayo de 1923.
33. AGN/PL/3.9.5.1.15.1.13.14, Sarmiento a Prefecto, 7 de septiembre de 1924.
34. AGN/PL/3.9.5.1.15.1.13.16, incluido en Enrique Zegarra a Prefecto, 16 de mayo 1925.

debilitando aún más a esta institución. La evidencia disponible sugiere que sus actividades se vieron severamente reducidas de 1922 en adelante. El cálculo económico, sin duda, motivó la resistencia del empleador a la Sección del Trabajo: los contratos colectivos firmados en el periodo 1919-1921 representaron un significativo y, desde el punto de vista de los empleadores, insostenible incremento en los costos laborales. Pero para comprender enteramente el rechazo de los empleadores a las relaciones laborales concebidas por la Sección del Trabajo, necesitamos establecer las motivaciones configuradas por el interés, junto con aquellas configuradas por cómo la élite veía y, a su vez, construía a la clase obrera. El Estado obrero, he sugerido, reflejaba y reforzaba ideas de la élite acerca de la clase obrera como un agente de progreso. Los empleadores del Perú estaban en gran parte de acuerdo con progresistas tales como Manzanilla y Miró Quesada, y líderes obreros tales como Sabroso, en que los trabajadores necesitaban ser protegidos y «mejorados» si iban a contribuir completamente con el progreso. Pero la mayoría de la élite veía las demandas de la clase obrera para mejorar salarios o condiciones de trabajo, y particularmetne el uso de la huelga, como una amenaza para el orden social que reflejaba la creciente influencia entre la clase obrera de fuerzas políticas peligrosas; una influencia que necesitaba ser reprimida activa y rápidamente.

Reacciones de la élite

La ola de disturbios y reclamos laborales en 1918-1921 produjo una hostil reacción de la élite hacia la clase obrera. Un artículo publicado en septiembre de 1919 en *La Revista del Foro*, el portavoz del Colegio de Abogados, comentaba: «lo que venimos presenciando es una gran perturbación en todas las clases sociales, impulsadas tan solo por los intereses prácticos, como consecuencias derivadas del puro comunismo [sic]. Tal situación comprueba, que la presión de los socialistas sobre los obreros que no quieren pertenecer a su organización es más fatal y de terribles consecuencias para el pueblo, que la exagerada opresión burguesa». Leyes obreras, tales como la que dio a los trabajadores el derecho a organizar sindicatos, sugería el autor del artículo, eran necesarias pero potencialmente peligrosas: «¡Pero, hay, cuantos peligros encierra [la ley que permite el sindicalismo], si el socialismo lo utiliza para sus fines ocultando con el aspecto de interés económico, el espíritu profundamente revolucionario!».[35] Estos sentimientos fueron repetidos en un artículo

---

35. *La Revista del Foro* 8, n.º 9 (septiembre de 1919): 199-203.

publicado dos años más tarde en la misma revista, en el que se sostenía que las huelgas generales que el Perú había recientemente experimentado se habían declarado «no para satisfacer un movimiento obrero, sino para realizar un fin político».[36] Los autores de ambos artículos enfatizaban que reconocían el derecho de los trabajadores a protestar y que creían que era deber del Estado prevenir las huelgas aprobando nuevas leyes que protegerían a los trabajadores en el mercado de trabajo, y creando instituciones que resolverían los conflictos laborales, como tribunales de arbitraje. Pero claramente también creían en la necesidad de que el Estado reprimiera la militancia obrera, que ellos interpretaban como crecientemente violenta y con objetivos revolucionarios: «las actitudes de violencia que toda huelga provoca y que son causa repetimos de su propio desprestigio, imponen siempre la necesidad de reprimirla por medios violentos también».[37]

La ola de huelgas puso en escena ideas acerca de la clase obrera que habían configurado cómo la élite peruana se aproximaba a la cuestión obrera desde finales de la década de 1890. A fines de la década de 1910 y comienzos de la de 1920, tales ideas resonaron en foros inesperados. Dos publicaciones dirigidas principalmente a las mujeres de la élite incluyeron comentarios similares sobre la ola de huelgas. En junio de 1919, *La Mujer Peruana* publicó un artículo sobre la reciente huelga general que arremetió contra los «demagogos» que buscaban solo despertar «los malos instintos del proletariado, exaltando sus odios, y soliviantando sus injustificadas ambiciones».[38] El autor del artículo, persiguiendo claramente un efecto poético, vinculó a los «demagogos» con «vientos hurracanados que de lejos vienen», mientras que afirmaba que «por fortuna nuestro pueblo es en el fondo pacífico, como el océano que baña nuestras costas», con lo que retomaba la idea de que la causa de las recientes huelgas había sido importada de otro lugar. De manera similar, la revista *Hogar* publicaba, en 1920, un artículo titulado «¡Viva la Huelga!», que comentaba irónicamente la «absurda» ola de huelgas y el hecho de que «el fenómeno se ha hecho tan extenso que no hay nadie que no haya formado parte de un comité de huelga». Lo absurdo de la ola de huelgas era evidente: había elevado el costo de vida, y como resultado, todo el mundo estaba peor.[39] Otro artículo publicado en la misma revista se refería a una reciente huelga en la hacienda

---

36. *La Revista del Foro* 8, n.º 2 (febrero de 1921): 57-59.

37. Ibíd., 59.

38. «El paro general», *La Mujer Peruana*, 28 de junio de 1919, s. p.

39. «¡Viva la huelga!», *Hogar* 1, n.º 42 (1920): s. p.

azucarera Roma, y señalaba que la única explicación de este hecho era que «manos ajenas a los mismos obreros hayan obrado sobre los ánimos de estos con perversas y obscuras intenciones». Los trabajadores, ciertamente, no tenían razón para organizar una huelga: el propietario de la hacienda, Víctor Larco Herrera, bien conocido «filántropo, ferviente amigo del pueblo», había provisto siempre a sus trabajadores con todo lo que ellos podían desear «para su vida siempre simple pero siempre tambien espectante», lo que incluía un teatro, una escuela, un hospital y una biblioteca.[40]

La prensa burguesa también repitió estos argumentos. Un artículo publicado en mayo de 1920 en *Mundial* sobre la reciente ola de huelgas, puntualizaba su ilegitimidad, afirmando que expresaba nada más que «odio y venganza», dado que el Perú estaba disfrutando un periodo de democracia y era libre del «zarismo» y «militarismo» (una elección del lenguaje que ilustra cómo el más amplio contexto transnacional configuraba las ideas locales sobre la militancia obrera). Las huelgas, en última instancia, eran contraproducentes para los trabajadores, dado que ellas invariablemente implicaban el aumento de los precios: «es así como el pobre obrero que soñó un instante tener algún alivio, se encontró bien luego con que este no llegaba y que lejos de tal, no había conseguido su actitud de rebelde sino empeorar su situación y la de sus demás obreros de luchas y sacrificios».[41] *Variedades*, mientras tanto, culpaba de las huelgas de 1921, en La Libertad, a agitadores que «han minado el espíritu de los trabajadores del valle con el virus bolchevista [sic] y con las trasnochadas teorías prudhonianas». Para el autor del artículo, el «problema» obrero no existía en el valle de Chicama: las haciendas proveían a los trabajadores con todo lo que ellos podían necesitar, lo que incluía buenos salarios, comida barata y nutritiva, vivienda adecuada, tiempo libre, educación, justicia y «buen trato». Se desprendía de ello que aquellos que reclamaban no eran trabajadores sino más bien «revolucionarios», que buscaban solo destruir la propiedad privada, y buenos para nada, que «reclaman el derecho a la holganza cómoda y productiva». El artículo concluía que era deber del gobierno intervenir con fuerza a fin de eliminar esta amenaza al orden social.[42]

Estas reacciones señalaban claramente el miedo social que el periodo de agitación obrera de 1918 a 1921 producía en la élite. Este sentimiento generaba un discurso que enfatizaba la ilegitimidad de las huelgas (dado que, esa

---

40. «La huelga en la hacienda Roma», *Hogar* 2, n.º 65 (1921): s. p.

41 *Mundial*, 14 de mayo de 1920.

42. *Variedades*, 15 de octubre de 1921.

fue la afirmación, los trabajadores disfrutaban de condiciones óptimas de vida y trabajo), que localizaba la fuente de la militancia en una nefasta influencia política externa al Perú y a una «verdadera» clase trabajadora, y que pedía al gobierno adoptar tácticas duras para reprimir la militancia obrera.

Los intentos de la élite de construir una forma más aceptable de clase obrera complementaron su llamado a la represión violenta de la militancia laboral. La revista *Variedades*, por ejemplo, publicaba una «Página obrera» que regularmente reportaba sobre aquellas sociedades obreras que eran consideradas respetables y no políticas, tales como la Sociedad 33 Amigos de Tejidos (una sociedad de auxilios mutuos opuesta a la Federación Textil más militante); la Sociedad Unión Huaraz, descrita como «alejada absolutamente de toda finalidad política»; o el Centro Católico Obrero, cuyo estandarte fue bendecido por el nuncio apostólico.[43] Especial atención recibieron las actividades obreras que eran percibidas como edificantes, tales como una matiné ofrecida por las esposas e hijas de los miembros de la Sociedad 33 Amigos de Tejidos, que incluía «tableaux vivants»; el «almuerzo» organizado por la Sociedad de Auxilios Mutuos de Mollendo; o la entrega de premios de la Sociedad Nacional de Auxilios Mutuos.[44] Comúnmente, la «Página obrera» incluía fotografías de trabajadores bien arreglados, vistiendo trajes, corbatas y sombreros de Panamá, sentados alrededor de largas mesas y flanqueados por banderas peruanas de gran tamaño. El imaginario no era ambiguo: el trabajador peruano real era un respetable y patriótico miembro de la sociedad. Pero qué trabajadores y qué sociedades laborales caían dentro de esta categoría podía cambiar repentinamente. A inicios de 1924, *Variedades* reportó con aprobación la «Fiesta del Árbol» celebrada en el pueblo textil de Vitarte, e incluyó fotografías de los «profesores y alumnos de la Universidad Popular». Uno de estos profesores, claramente visible en una de las fotografías, era José Carlos Mariátegui, quien también escribía una columna regular en la revista.[45] Sin embargo, cuatro años después, la policía rechazó otorgar permiso para celebrar esta festividad, arguyendo que «la fiesta de la planta significa

43. *Variedades*, 19 de enero de 1924, s. p.; 26 de enero de 1924, s. p.; 15 de marzo de 1924, s. p. *Mundial* tiene una página similar, escrita por Federico Ortiz Rodríguez.

44. *Variedades*, 19 de enero de 1924, s. p.; 2 de febrero de 1924, s. p.

45. *Variedades*, 5 de enero de 1924, s. p. Sobre la Fiesta de la Planta, véase Tapia, «La Fiesta de la Planta»; sobre las universidades populares, véanse Klaiber, «The Popular Universities»; Chamané Orbe, «Haya de la Torre y las universidades populares»; y Portocarrero, «José Carlos Mariátegui».

una solidarización del elemento obrero para reafirmar su ideología disociadora; es decir una fiesta netamente bolchevique».[46]

Los intentos de la élite por construir una más aceptable forma de clase obrera son igualmente evidentes en la competencia que *La Crónica* llevó adelante en 1924 para elegir una «reina del trabajo». Esta elección tuvo lugar al mismo tiempo que la más tradicional elección de la «reina del carnaval», usualmente reservada para las damas de sociedad, pero involucró, en vez de ello, a «las señoritas que dedican sus energías a la noble lucha por la vida». La reina del carnaval elegida ese año fue Su Majestad Carmen I, o señorita Carmen Valle Riestra Meiggs, una joven que combinaba en su apellido eso a lo que la élite peruana más aspiraba, una ascedencia hispánica aristocrática vigorizada por sangre anglosajona.[47] El título de la reina obrera, mientras tanto, fue a Su Majestad Rosa I, o señorita Rosas Ramos Rozas, quien trabajaba en el Jardín Estrasburgo, un restaurante. El retrato de ambas reinas se incluyó lado a lado en una extensión de dos páginas en la revista. Con 53.958 votos a su favor, Rosa I había derrotado en una dura competencia a alrededor de veinte candidatas, entre quienes estaban Amparo Barrios, quien trabajaba en el diario *La Prensa*, y María Lucía Oquendo, empleada del Banco Anglo-Americano. Todas las candidatas, ninguna de las cuales trabajaba en fábricas, fueron representadas en *Variedades* en fotografías tomadas en su centro de trabajo, paradas próximas a una máquina de coser, una máquina de escribir, una silla de peluquería, un mostrador de ventas o un escritorio.[48] Mientras que la reina del carnaval era descrita simplemente como «soberana de belleza», la reina obrera, como explicaba el subtítulo bajo su fotografía, había sido elegida por su «virtud y belleza».[49] La reina obrera fue galardonada con diferentes premios por varias casas comerciales de la capital, entre los que se incluían una plancha, un juego de té chino, un gramófono, un juego de peines, un par de relojes de pulsera y dos lámparas.

La élite construyó su propia idea de la clase obrera como una versión de sí misma, compartiendo sus valores y aspiraciones, pero existiendo en una esfera social separada y subordinada. El hecho de que la «virtud» adicionada a la «belleza» haya sido un criterio para la elección de la reina obrera plebeya, pero no para la reina del carnaval aristocrática, sugiere que la virtud era

46. AGN/PL/3.9.5.1.15.1.11.6, Inspector de Investigación a Subprefecto, 21 de enero de 1928.

47. Sobre el carnaval de Lima, véase Rojas Rojas, *Tiempos de Carnaval*.

48. *Variedades*, 23 de febrero de 1924.

49. *Variedades*, 1 de marzo de 1924.

considerada intrínseca a la última y solo lograble en circunstancias excepcionales en la primera. Las fotografías en la carroza en que las dos reinas desfilaban, y los vestidos que ellas y sus respectivas «damas de honor» llevaban, reflejaban esta construcción dual: ellas eran similares pero ostensiblemente diferentes. La carroza de la reina obrera representaba una colmena; la de la reina del carnaval era un trono real completo con dos leones de papel maché coronados. La reina obrera y sus damas llevaban vestidos a rayas y pequeñas antenas en sus cabezas; la reina del carnaval y sus damas portaban magníficos vestidos blancos, que representaban diferentes épocas históricas, tales como la Grecia clásica y la Francia del siglo XVIII. Esta representación de la distinción de clase negaba la existencia de una identidad o cultura de la clase trabajadora. La clase obrera, implicaba la representación, existía como una inferior, subordinada y, en última instancia, dependiente versión de la élite. Pero aunque la representación construía a la clase obrera como subordinada y dependiente, la representaba como existiendo en un universo común con la élite.

Encontramos tal construcción de una clase obrera subordinada y dependiente retomada, aunque de forma diferente, en un artículo publicado por *Variedades* sobre la hacienda Chiclín de Rafael Larco. La hacienda se representaba como una «obra social e industrial».[50] Larco era alabado por proveer a sus trabajadores con todos los «elementos y comodidades necesarias para la vida», que incluían vivienda, educación, comida nutritiva y tiempo libre. El resultado era relaciones laborales «ampliamente cordiales» en la hacienda y basadas en «la solidaridad y el respeto mutuo». Para el autor del artículo, el éxito de Chiclín se debía al hecho de que «la política, como sistema de vida, no se practica». En su lugar, la preocupación central de Larco, que se presentaba como un modelo que debía ser seguido universalmente, era «la reeducación cívica y moral del pueblo, para la hora de las grandes conquistas democráticas». En efecto, el artículo daba a entender que el real éxito de Chiclín era que representaba un experimento social de construcción de trabajadores. Todos los niños tenían que asistir a la escuela, «y en ellas se dirige, armónicamente, su educación intelectual, moral y física». Los servicios de sanidad y salud eran provistos también, por lo que «la higiene pública y privada [...] es admirable». Vicios tales como el alcohol habían sido «desterrado[s] definitivamente» gracias a una efectiva campaña. La buena salud de los trabajadores era una consecuencia de las «raciones en crudo y cocidas, de alimentos

50. *Variedades*, 2 de febrero de 1924. Rafael Larco Hoyle fue el nieto de Víctor Larco Herrera.

escogidos y en las proporciones científicamente necesarias para la vida» que ellos recibían. El resultado era claro: el éxito de Chiclín se debía a la «obra social» de Larco, esto es, a la ingeniería de trabajadores correctos a través de la aplicación de métodos científicos (se asume, aunque esto no era mencionado en el artículo), que habría adquirido mientras estudiaba en la Universidad de Cornell. En resumen, la ingeniería social de Larco sugería que los trabajadores podían ser mejorados por una acción sobre sus cuerpos y carácter, así como sobre su ambiente.

Como esto insinúa, una combinación de racionalidades de disciplina y racionalidades de gobierno configuraban las ideas de la élite sobre la clase obrera. La élite estaba de acuerdo con que los trabajadores necesitaban ser protegidos y «mejorados», de modo que su contribución al progreso pudiese aumentarse (aunque no lo estaba acerca de si el Estado o los empleadores eran los mejor ubicados para desempeñar esta tarea). Sin embargo, como los trabajadores eran propensos a nefastas influencias políticas y podían muy fácilmente convertirse en una amenaza para el orden social, la élite concordaba con que el Estado necesitaba reprimir cuidadosamente y por la fuerza la militancia obrera. Como discuto en la siguiente sección, casi desde el principio de su régimen, Leguía y su aparato político reprimieron sistemática, aunque selectivamente, lo que percibieron como militancia obrera. Emplearon una estrategia que consistía en «alterizar» la militancia presentándola como una expresión de influencias extranjeras o malignas, mientras que al mismo tiempo promovían una forma blanda de sindicalismo. Sin embargo, estas medidas, expresivas de racionalidades de disciplina, no eran antitéticas con las racionalidades de gobierno manifestadas en el Estado obrero, o evidencia de un abandono de ellas. De hecho, Leguía y sus seguidores veían y justificaban la represión de la militancia obrera, y la profundización de la dictadura en general, como un medio para desarrollar el proyecto de gubernamentalidad manifestado en el Estado obrero. Las racionalidades de disciplina adoptadas por el régimen fueron parte integrante, más que antitética, de las racionalidades de gobierno del Estado obrero.

Política laboral

Un editorial publicado en *Variedades* en 1924 sobre una reciente huelga de trabajadores tranviarios sobre horas de trabajo y pago de horas extras, combinaba una crítica del anarquismo, «dirección de brutalidad sangrienta y felizmente utópica», con una discusión del socialismo, una doctrina que, según el editorialista, estaba de lejos mejor ubicada para lograr la «paulatina adaptacion de la vida social a la realidad severa e indestructible en que se desenvuelve la existencia de los pueblos civilizados». Curiosamente, sin embargo, el editorialista señalaba una inesperada fuente de socialismo:

> Como la entidad más fuerte y capacitada para ir modificando los valores sociales y establecer la mejor relación entre ellos, y conseguir el mejoramiento económico del proletariado y la superación de sus condiciones y derechos en su contacto con el capital, es el Estado, es esta entidad la que debe asumir, y la asume en todos los pueblos progresistas, la misión de ir orientando todas las instituciones de su radio de acción a un socialismo eficaz y razonable, que signifique no el aniquilamiento de una clase, entidad o valor social sino la harmonía [sic] de todos, sacrificando los que más ventajas y éxitos hayan alcanzado, parte de ellos, en beneficio de los menos afortunados.[51]

Como esto sugiere, el «socialismo» que este editorialista tenía en mente no era el que jóvenes intelectuales como Mariátegui y Haya de la Torre habían comenzado a reinterpretar para el contexto peruano.

En la formulación de la idea de «socialismo» como el camino verdadero para el mejoramiento proletario, el editorialista retomaba algunas de las ideas que configuraron la visión de la élite de la clase obrera como proclive a las nefastas influencias y una amenaza para el orden social. El editorial sugería que si los trabajadores protestaban, era porque se habían dejado arrastrar por «las doctrinas de disociación y anarquía», y justificaba el uso de la fuerza por parte del Estado para la represión de huelgas ilegítimas. Pero el editorial también reflejaba la perspectiva de las relaciones laborales mediadas por el Estado, manifestada en la Sección del Trabajo, que expresaba una nueva comprensión del rol del Estado como regulador de la sociedad y de la propia clase obrera —lo que he llamado el Estado obrero. Como hemos visto, las primeras discusiones sobre la legitimidad de las huelgas se habían centrado en si los trabajadores tenían algún derecho para quejarse. En la interpretación presentada en este editorial, sin embargo, el Estado y no los empleadores o la élite determinaba si las huelgas eran legítimas o no. Los trabajadores estaban perfectamente en su derecho a organizar una huelga, concluía el editorial, «cuando un gremio o una clase de trabajadores, heridos en sus derechos o intereses, se pone dentro de la ley que el Estado ha dictado para normar el ejercicio del derecho de huelga, y con conocimiento del Estado —que entonces

51. *Variedades*, 25 de octubre de 1924.

es ya parte mediadora en el conflicto— se produce ese doloroso medio de presión a la entidad que deniega la justicia debida».[52]

En el contexto del así llamado «complot comunista» de 1927, cuando el régimen acusó a los trabajadores reunidos en el segundo Congreso Obrero Local en Lima de conspirar para derrocar al gobierno, el mismo editorialista de *Variedades*, probablemente Clemente Palma, retomó la idea del Estado socialista como solución para la inequidad. Sin embargo, ahora sostenía que la progresiva evolución en el bienestar del proletariado que el «socialismo» implicaba había sido quebrada por la guerra y la Revolución rusa. La propagación del comunismo representaba una amenaza que necesitaba ser anulada a través de la fuerza.[53] Los comentarios de Palma reflejan el miedo social que marcó esos días, que llevó a *Mundial* a afirmar que el segundo Congreso Obrero Local había proclamado su adherencia a la Tercera Internacional en Moscú y que «era tanta la odiosidad hacia la burguesía que está probado que en las clases de Química de la Universidad Popular los profesores explicaban las diversas formulas y medidas para preparar explosivos y bombas de mano».[54] En general, el aparente abandono de Palma del «socialismo» y su abrazo de la fuerza como el principal medio para hacer frente a la clase obrera parecen reflejar la narrativa dominante sobre la Patria Nueva de Leguía. Usualmente, los historiadores contrastan la temprana promesa de reforma social y apertura política hacia la clase obrera y las comunidades indígenas con el posterior servilismo al capital extranjero, la corrupción generalizada y la represión de las fuerzas populares.[55]

---

52. *Variedades*, 25 de octubre de 1924.

53. *Variedades*, 11 de junio de 1927.

54. *Mundial*, 10 de junio de 1927.

55. Varios historiadores localizan el punto de inflexión en 1923, cuando el intento de Leguía para consagrar la nación al Sagrado Corazón de Jesús produce protestas estudiantiles que fueron firmemente reprimidas, lo que resultó en el exilio de un serie de líderes estudiantiles, entre los que se incluía, el más famoso, Víctor Raúl Haya de la Torre. Véase, por ejemplo, Stein, *Populism in Peru*, 78. Otros sostienen que el cambio vino mucho antes. Según Sulmont, «Leguía no contó más que con brotes esporádicos de apoyo popular y rápidamente su populismo dio paso a una política sistemática de represión y de control»; *El movimiento obrero*, 91. Esta idea general del periodo conlleva a una interpretación de la política obrera de Leguía que enfatiza la inconsistencia, en el mejor de los casos, y la traición pura y simple, en el peor. Una formulación común sugiere que, siendo ayudado por las masas (particularmente por la clase obrera organizada) para alcanzar el poder, Leguía después le volvió la espalda a las fuerzas populares y estableció una terrible alianza con el capital extranjero (vendiendo el Perú al capital monopólico estadounidense —particularmente a firmas tales como la Foundation Company, que «modernizó» gran parte de Lima, y a los intereses petroleros y mineros) y, aunque la contradicción rara vez

Hay pocas dudas de que la actividad sindical fue progresivamente restringida en el curso de la década de 1920, así como también la forma de las relaciones laborales que la Sección del Trabajo había buscado institucionalizar al comienzo de la década. En 1927, el Ministerio de Fomento manejó solo veinte disputas. De estas, solo siete fueron consideradas legítimas.[56] Es revelador que mientras que el presupuesto del Ministerio de Fomento se redujo en los inicios de la década de 1920, los recursos dirigidos a la policía se dispararon de 275.000 libras peruanas en 1917 a 731.000 en 1921 y 600.000 en 1922.[57] Sin embargo, aunque el régimen de Leguía no se abstenía de la represión violenta, la mayoría de políticas represivas del régimen se circunscribían a la persecusión selectiva, el encarcelamiento y el exilio de los líderes obreros e intelectuales proobreros, como revela la documentación del Ministerio del Interior. En 1921, como hemos visto, los disturbios en el valle de Chicama fueron resueltos por el despliegue de tropas, que procedieron a disolver los sindicatos y arrestar a los líderes huelguistas, dejando a varios trabajadores muertos. Aunque raros, incidentes igualmente brutales ocurrieron en años posteriores durante la Patria Nueva. Sin embargo, en general, la represión se dirigió a desarticular el sindicalismo militante. Comúnmente, las sedes sindicales y los diarios obreros se clausuraron y las bibliotecas de los trabajadores se confiscaron. En 1923, por ejemplo, oficiales de la policía allanaron el Centro Obrero Iqueño y confiscaron varios «libros prohibidos», cuyos autores incluían a Marx, Kropotkin y Gorki, así como los archivos del centro.[58] El siguiente año, el jefe de la policía escribió al prefecto de Lima con respecto a la circulación de un «manifiesto de ideas socialistas», que vio como parte de una campaña para perturbar «el ánimo de los obreros con ideas disociadoras», y pidió que se dieran órdenes para interceptar este tipo de publicaciones.[59]

---

se observe, con la emergente burguesía industrial. Por lo tanto, era inevitable que Leguía renegara de su apertura inicial a la clase obrera y reprimiera su actividad en consonancia con los intereses de sus nuevos aliados. La formulación clásica está en Caravedo Molinari, *Clases, lucha política y gobierno*, pero retomada en varios textos, entre los que se incluye Burga y Flores Galindo, *Apogeo y crisis*.

56. *Mensaje presentado al congreso ordinario por el Presidente de la República Augusto B. Leguía* (Lima, 1928), 114-115.

57. Perú, *Statistical Abstract*, 137.

58. Pévez, *Memorias*, 201.

59. AGN/PL/3.9.5.1.15.1.2.36, Director General de la Guardia Civil y Policía a Prefecto, 29 de agosto de 1924.

Quizás inevitablemente, la eliminación de «ideas disociadoras» implicaba la eliminación de aquellos que las producían. Aunque algunos, como Mariátegui y Haya de la Torre, se asentaron en exilios relativamente confortables, para la mayoría de los oponentes de Leguía, el destierro fue una prueba y un tiempo difícil. El exilio de Nicolás Gutarra lo llevó a Argentina, Bolivia, Brasil y la Guyana Francesa. En Venezuela, este antiguo ebanista pidió la ayuda del cónsul peruano, dado que se encontraba «en las más terribles circunstancias». Poco más de un mes más tarde, Gutarra fue arrestado por las autoridades venezolanas, encarcelado y, subsecuentemente, deportado a Colombia.[60] Por supuesto, el exilio de los líderes obreros peruanos o de los activistas estudiantiles no evitó que ellos continuaran sus actividades en otra parte. Como señaló el cónsul peruano en Panamá, los peruanos Luis Bustamante, Nicolás Terreros, Esteban Pavlevitch y Dagoberto Ojeda, junto con un español llamado Blázquez de Pedro, estuvieron detrás de la Liga de Inquilinos, que protestó por el aumento de las rentas en la ciudad.[61] La reputación de los exiliados peruanos los precedía. En 1926, el gobierno cubano rechazó la entrada a Samuel Vázquez, quien había sido deportado después de haber estado recluido en la isla de San Lorenzo. El cónsul peruano no tuvo otra opción que enviar a Vázquez, un exsecretario general de la Federación de Choferes y próximo a convertirse en un cuadro obrero del APRA, de regreso al Perú.[62] En marzo de 1924, la Universidad Popular José Martí y la Federación Universitaria de Cuba presentaron una protesta oficial al cónsul peruano en La Habana por el arresto de José Carlos Mariátegui y la clausura de *Claridad*, su imprenta.[63]

---

60. AGN/MI/224/Diversos, Consulado del Perú, Pará, a Director de Gobierno, 9 de abril de 1921; AGN/MI/229/Relaciones Exteriores, Ministerio de Relaciones Exteriores al Director de Gobierno, 15 de diciembre de 1921 y 21 de enero de 1922; AGN/MI/227/Callao, Prefectura del Callao a Director de Gobierno, 20 de enero de 1920.

61. AGN/MI/258/Relaciones Exteriores, Ministerio de Relaciones Exteriores a Ministro de Gobierno, 10 de noviembre de 1925. Pavlevitch, o Pavletich como aparece en otros documentos y en sus propios escritos, nació en el área productora de cocaína de Huánuco en una familia de inmigrantes croatas y desempeñó un rol clave en la historia política de varios países latinoamericanos, entre los que se incluía Nicaragua, donde participó en la insurrección de Sandino. Con Terreros, que retornó al Perú a inicios de la década de 1930 para dirigir brevemente el Partido Comunista, y Jacobo Hurwitz, un peruano nacido de inmigrantes judío-alemanes, Pavletich estableció una cédula del APRA en Ciudad de México en 1927. Véase Bergel, «Nomadismo proselitista».

62. AGN/MI/261A/Relaciones Exteriores, Ministerio de Relaciones Exteriores a Ministro de Gobierno, 12 de julio de 1926.

63. AGN/MI/248/Relaciones Exteriores, Ministerio de Relaciones Exteriores a Director de Gobierno, 7 de marzo de 1924.

Mientras que los peruanos con ideas subversivas fueron enviados fuera del país, los extranjeros con ideas subversivas debían ser mantenidos a raya. En 1922, se enviaron instrucciones a las prefecturas costeras «para que no se permita el desembarque por estos puertos de determinados individuos; unos como perniciosos e instigadores de huelgas, y otros como reconocidos macrós y rateros».[64] El siguiente año, un danés llamado «Crisp. S. Nor», descrito como un miembro de la «asociación internacional del trabajo de E.U. de America», junto con un rumano y un holandés, que poseían «periódicos subversivos [...] que prueban su filiación a las nuevas tendencias de los trabajadores», fueron cercanamente vigilados «para impedir que intentaran desembarcar o comunicarse con alguien» cuando su nave atracó en el puerto de Salaverry, en La Libertad.[65] En 1926, el Ministerio de Gobierno emitió la siguiente directiva para las prefecturas:

> Habiéndose descubierto que supuestos comerciantes ambulantes, de nacionalidad turca, son agentes de propaganda bolcheviquista, encargados de agitar a las clases obreras; que proceda en el día, de orden del sr Ministro, a la más severa investigación acerca del origen y condiciones personales de los negociantes ambulantes extranjeros que circulen por el departamento de su mando, recojiendo los carnets y remitiéndolos a esta Dirección, sin perjuicio de detener a los que considere sospechosos.[66]

Algunos observadores fueron tan lejos como para culpar de la militancia obrera a un complot chileno para desestabilizar el Perú en el periodo previo a las negociaciones sobre las reclamaciones surgidas de la Guerra del Pacífico.[67] Un editorial en *Variedades* afirmaba que naves chilenas transportaban a «individuos que traen la misión de soliviantar las agrupaciones obreras predicándoles la necesidad de que se hagan justicia por sí mismos, modificando radicalmente la organización social, imponiendo nuevas leyes sobre el trabajo por las que resulten los verdaderos amos de las industrias y los disfrutadores absolutos del capital y sus frutos». Lo que estas personas buscaban, en

---

64. AGN/MI/228/Lambayeque, Prefectura de Lambayeque a Director de Gobierno, 28 de septiembre de 1922.
65. AGN/MI/238/La Libertad, Prefectura de La Libertad a Director de Gobierno, 6 de julio de 1923.
66. AGN/MI/267A/Diversos, Dirección General de la Guardia Civil y Policía, 5 de octubre de 1926.
67. Véase Skuban, *Lines in the Sand.*

realidad, sugería el editorial, era «el trastorno político y la urgencia de un gobierno con el que Chile pueda "entenderse"».[68]

Como sugiere lo anterior, la estrategia discursiva empleada por el régimen de Leguía involucraba «alterizar» la militancia, enfatizando el carácter extranjero de los trabajadores militantes. Pero el régimen también «alterizaba» la militancia, estableciendo una estricta distinción entre «reales» y «falsos» trabajadores. Cuando, en 1923, se le requirió al prefecto del Callao autorización para una *romería* que tuviera lugar el 1 de mayo, este enfatizó:

> Esta autorización, que desde luego se refiere al elemento honrado y consciente de sus deberes, entraña también la orden más terminante del suscrito, para que se siga la pista a aquellos *que vienen de fuera* y que a título de sindicalistas, se introducen entre la clase sana, aprovechando de estas ocasiones, para malearla con sus vicios y doctrinas perniciosas. Al efecto remito a Ud. adjunta, una relación de esos elementos nocivos, con los cuales no omitirá Ud. severidad extrema, si intentaran promover desórdenes o consumar cualquier acto que estuviera fuera del marco de corrección y compostura, que es peculiar de los *verdaderos* obreros chalacos.[69] [énfasis añadido]

De manera similar, en 1922, el gobernador de Tinyahuarco en Cerro de Pasco acusó a Jacinto Rojas Vicuña, un «comerciante ambulante», de ser un «explotador de los obreros de la escala más humilde; agitador de las masas proletarias, y expulsado de esta fundición por haber sido uno de los cabecillas de la huelga de 1917. Ni Rojas Vicuña, ni los que le secundan, pueden preciarse del honroso título de obreros».[70] El diputado por Cajabamba, resaltando los eventos de Chicama en 1921, señalaba el lamentable estado de los asuntos creados «no tanto por la acción de los verdaderos obreros, sino de los agitadores que se han establecido en las haciendas, los que no hacen sino especular con los obreros».[71] En 1926, el «seudo-obrero apellidado Chávez», expulsado de Chicama, se pasó a la hacienda de Julcán en Otuzco, donde, según una autoridad local, «realiza perniciosa propaganda contra el orden social».[72]

---

68. *Variedades*, 10 de enero de 1925, 4.
69. AGI/MI/236/Callao, Prefecto del Callao a Subprefecto, 28 de abril 1923.
70. AGI/MI/231/Diputados, Gobernación de Tinyahuarco a Subprefecto de Cerro de Pasco, 12 de marzo de 1922.
71. AGN/MI/231/Diputados, Secretaría de la Cámara de Diputados a Ministro de Gobierno, 3 de enero de 1922.
72. AGN/MI/267A/Diputados, Cámara de Diputados a Ministro de Gobierno, 7 de enero de 1926.

En algunos casos, la «alterización» retórica de los militantes se extendía a atribuir características lunáticas o incluso demoniacas a los «agitadores», «instigadores» e «incitadores» que influían en los trabajadores honestos. Después de la expulsión del agitador Marcelino Zamalloa de La Libertad en 1922, el prefecto local afirmó que «los centros obreros se hallan dedicados a sus funciones diarias libres de las *sugestiones malsanas* de los agitadores expulsados».[73] Algunos años después, Carmen López y Mario Navarrete, dos supuestos agitadores, «*poseídos de una furia ciega*, encabezaron una multitud, que armada de machetes persiguieron al caporal apellidado Segura, el cual logró ponerse a salvo», según el prefecto de Lambayeque.[74] Naturalmente, los empleadores compartían (y, sin duda, alimentaban) este discurso oficial del trabajador militante como necesariamente extranjero. Cuando su condición como trabajador no podía negarse, su importancia, sobre todo en la medida en que él hablaba por otros trabajadores, necesitaba minimizarse. Entonces, los gerentes de la fábrica textil La Unión en Lima se quejaban de que «la tranquilidad de nuestra Fábrica está amenazada con la acción disolvente de un grupo reducidísimo de obreros que no buscan otra cosa que agitar a sus demás compañeros».[75] Estas operaciones discursivas fueron elementos de una estrategia mayor para volver ilegitimo y reprimir todo tipo de actividad organizada por los trabajadores. Todas las reivindicaciones eran obra de agitadores; todos los mítines eran sediciosos.

Al mismo tiempo, los trabajadores invirtieron considerable tiempo y esfuerzo tratando de convencer a las autoridades de lo contrario. En 1925, por ejemplo, Samuel Vázquez, de la Federación de Choferes, ahora de regreso al Perú después de retornar del exilio en el Caribe (véase más arriba), escribió al prefecto de Lima para quejarse de que la policía había denegado al sindicato el derecho de mantener sesiones. Vázquez enfatizaba: «nuestras reuniones jamás toman tintes políticos ni como se creen subversivos, son netamente proletarias y con fines clasistas, es decir netamente obreros».[76] De manera similar, cuando en 1927, la Federación Obrera Local de Lima escribió al subprefecto de Lima con el fin de solicitar permiso para realizar el segundo

73. AGN/MI/228/La Libertad, Prefectura de La Libertad a Director de Gobierno, 7 de marzo de 1922.

74. AGN/MI/278/Lima, Prefectura de Lambayeque a Director de Gobierno, 23 de octubre de 1928.

75. AGN/PL/3.9.5.1.15.1.13.20, Fábrica de Tejidos La Unión a Prefecto de Lima, 5 de diciembre de 1929.

76. AGN/PL/3.9.5.1.15.1.13.15, Samuel Vásquez y Federación de Choferes a Prefecto, 17 de noviembre de 1925.

Congreso Obrero Local, esta señaló: «Esperando que dada la finalidad que perseguimos que, no es otra que estudiar los diversos problemas que afectan a la colectividad trabajadora, se nos dé la debida garantía para el libre funcionamiento de nuestro segundo certamen proletario».[77] Pero para las autoridades, el mismo hecho de que los trabajadores mantuvieran una reunión sindical o un congreso nacional era evidencia de actividad subversiva con consecuencias potencialmente desastrosas. Como el subprefecto de Lima señalaba en su carta al prefecto en relación con la organización del segundo Congreso Obrero: «se desprende que en dichas reuniones se preconiza el sindicalismo revolucionario y se hace, en ese sentido, propaganda nociva, en el seno de las diversas instituciones proletarias y entre el elemento indígena, que debe ingresar a las filas del Ejercito».[78] Si bien el sindicalismo revolucionario era el natural complemento de las relaciones laborales postuladas por la Sección del Trabajo, estaba en desacuerdo con las estrategias discursivas antiobreras del régimen de Leguía.

Al mismo tiempo que se reprimía lo que se consideraba una forma de sindicalismo militante, el gobierno de Leguía promovía una forma blanda de este sistema de organización a través del patrocinio de sociedades de auxilio mutuo, que, a cambio, hacían campaña a favor de los esfuerzos de reelección presidencial. El régimen subsidiaba y pagaba las rentas (aunque, a juzgar por los documentos disponibles, no regularmente) de los locales de la Confederación de Artesanos Unión Universal (CAUU) y de la Asamblea de Sociedades Unidas (ASU), dos organizaciones de auxilio mutuo.[79] A cambio, ambas instituciones difundían propaganda del gobierno. En abril de 1927, la CAUU publicó el *Manifiesto a la clase trabajadora*. La mitad del panfleto se dedicó a un retrato bigotudo de Leguía. Después de enumerar las razones para avalar la reelección del Presidente, concluía:

> La Confederación de Artesanos Unión Universal se dirige al pueblo de toda la República y le pide ya que ve claramente con complacencia la acción del actual gobernante que en todas sus manifestaciones, se produce enérgico y que ha dado un impulso proporcionalmente aventajado en todo el contorno del país. Este mismo pueblo deseoso de engrandecimiento para la Nación, debe

77. AGN/PL/3.9.5.1.15.1.16.44, Arturo Sabroso y Secretario General, FOLL, a Intendente, 15 de enero de 1927.

78. AGN/PL/3.9.5.1.15.1.16.44, Subprefecto a Prefecto, 28 de enero de 1927.

79. AGN/MI/264/Particulares, CAUU a Ministro de Gobierno y Policía, 5 de mayo de 1926; AGN/MI/261/Particulares, ASU a Presidente de la República, 18 de septiembre de 1925.

incondicionalmente reclamar con su voto la REELECCIÓN de don Augusto B. Leguía, a la presidencia de la República para el período constitucional de 1929-1934».[80]

En 1928, la ASU, de manera similar, urgió a los trabajadores a respaldar la reelección de Leguía y la candidatura única.[81] La CAUU hizo algo aún mejor. Produjo una *Circular a todas las sociedades obreras de la República*, de la cual dos mil copias fueron entregadas al Ministerio de Gobierno para distribuir a través del país. La circular, que señalaba que la clase trabajadora «le debe a nuestro genial Mandatario [Leguía] las más eficaces leyes que la amparan en los accidentes del trabajo, despedidas intempestivas, seguro obrero, higienización de Fábricas y Talleres y de Profilixia Social», llamaba a los trabajadores a votar por el Presidente.[82]

Sin embargo, la política laboral de Leguía no puede reducirse a la simple represión de la militancia obrera y la cooptación de los sindicatos. Sin lugar a dudas, esta política se implementó en un amplio contexto de profundización de la dictadura. Tal como lo ha indicado Julio Cotler, como otros regímenes de «orden y progreso» en Latinoamérica, el de Leguía justificó sus reelecciones en 1924 y 1929 argumentando que el país no estaba listo para la democracia como una consecuencia de su atraso económico, social y moral. La democracia en tales condiciones era equivalente al caos. Era entonces

80. AGN/MI/268/Huaraz, Manifiesto de la CAUU a la clase trabajadora de la República, 1 de abril de 1927.

81. AGN/MI/278/Lima, Prefectura de Lima a Director de Gobierno, 10 de mayo de 1928.

82. AGN/MI/290/Particulares, CAUU a Ministro de Gobierno, 7 de junio de 1929. Las sociedades de auxilios mutuos hicieron, en ocasiones, uso de sus posiciones de influencia para lo que podría considerarse un efecto positivo. En junio de 1929, la CAUU requirió la intervención del ministro de Gobierno para frenar los excesos de los gobernadores de distrito y terratenientes de Santiago de Chuco, que extorsionaban con «servicios gratuitos» y «faenas o sea cuatro días de servicios gratuitos, como también el enganche forzoso para la costa, dándoles o imponiéndoles salarios irrisorios». En julio de 1930, se protestó por el aumento del 25% de los precios de las tarifas del tranvía de Lima a Callao, propiedad de las Empresas Eléctricas Asociadas. La CAUU señalaba que tal aumento era inaceptable dado que el país estaba enfrentando «la más honda crisis». Indicaba que la «proletarian class» se había mudado al nuevo vecindario en las afueras de la ciudad para encontrar vivienda asequible: «Estos vecinos y modestos propietarios se verían enormemente perjudicados en sus intereses, si se suprimen algunas líneas, se reduce el número de omnibuses y se alza el valor de los pasajes AUNQUE FUERA EN SU PARTE MÁS MÍNIMA, tal como pretenden hacerlo las Empresas Eléctricas Asociadas». A pesar de tales medidas, las organizaciones de auxilios mutuos comenzaron ser vistas como meros lacayos del régimen y, tras el colapso de la Patria Nueva, se convirtieron en uno de los principales blancos de los ataques antileguiístas. AGN/MI/290/Particulares, CAUU a Ministro de Gobierno, 27 de junio y 19 de agosto de 1929.

necesario un «caudillo constructor» para organizar el país políticamente y ponerlo en el camino del desarrollo económico. Solo entonces podría prevalecer la verdadera democracia.[83] Estos eran precisamente los argumentos usados, y desarrollados aún más, por uno de los más ardientes partidarios del régimen, Clemente Palma, en sus editoriales en *Variedades*. Palma defendía, por ejemplo, que «en los pueblos jóvenes, que no han logrado arquitecturar integral y armónicamente los elementos de la nacionalidad, no son prudentes ni conducentes a esta finalidad los sistemas avanzados de gobierno estrictamente democráticos». Más específicamente, sugería Palma, países «que tienen aún en lenta evolución resolutiva el problema de la homogeneidad étnica, que aún guardan los rezagos de regímenes ancestrales encontrados con los principios de la democracia», habían tendido a producir «vicios de ideología», así como también «incongruencias con la realidad sociológica» y una « derivación de retoricismo» estéril que llevaba al estancamiento económico. Palma concluía que tales vicios ideológicos «por significar fracasos ideológicos no educan sino desconceptúan los ideales democráticos y desorientan a las colectividades en la marcha hacia el progreso».[84]

La justificación de la dictadura que Palma y otros postulaban se centraba en el argumento de que Leguía estaba construyendo un futuro industrial y moderno que ayudaría al Perú a superar su atraso económico, social, moral y, de hecho, racial; y, por lo tanto, a establecer la «verdadera» democracia. Palma sostenía, por ejemplo: «hay una serie de obras en camino y otras planeadas tendientes a robustecer nuestra producción e incrementar el progreso general, que el país no quiere que se queden a medio hacer».[85] De manera similar, cuando Manuel Vicente Villarán, un eminente abogado y educador progresista, emitió un manifiesto condenando la relección de Leguía en 1924, en el que cuestionaba los supuestos logros del régimen, Palma replicó:

> No hay persona en el Perú que desconozca el nuevo espíritu que hoy predomina en la nación, el ambiente de progreso febril y de adelanto que se ve por todas partes. No tiene el doctor Villarán sino que subir a la azotea de su casa y mirar hacia el sur la espléndida avenida de asfalto que une la capital con Miraflores haciendo de este balneario un anexo urbano de la ciudad; y hacia el occidente, la nueva calzada de asfalto que une Lima con el primer puerto de la república. No tiene el doctor Villarán sino que ver la infinidad de construcciones, suntuosas

---

83. Cotler, *Clases, Estado y nación*, 190-191.

84. *Variedades*, 16 de octubre de 1926, s. p.

85. *Variedades*, 19 de julio de 1924, 1760.

> unas, modestas otras, que se levantan por todas las regiones de la ciudad, las nuevas fábricas, los nuevos establecimientos industriales, que surgen a cada rato.[86]

El establecimiento de un nuevo congreso dominado por los partidarios del régimen fue igualmente justificado por referencia al futuro moderno que ayudaría a construir: «no se discutirán problemas candentes de predominio de tal o cual agrupación u orientación política; pero se discutirán cuestiones de salubridad, de higiene, de minería, de agricultura, de vialidad, de comercio, de obras portuarias, de fomento industrial, de apoyo a instituciones culturales, de instrucción publica etc.».[87]

Una de las piedras angulares de esta justificación de la dictadura era que la redención del indio era una parte integral del proyecto de modernización de Leguía, «mediante la acción cultural, la dación de leyes protectoras de sus intereses materiales, y la mejor administración de justicia en sus querellas». Leguía mismo afirmaba en 1929:

> La redención del indio y la irrigación de la costa tienen para mí el mismo significado. Son obras que yo realizo conscientemente, valerosamente, abnegadamente, para despertar la conciencia agraria del país, para democratizar la propiedad, a fin de que no sea un privilegio de los fuertes sino un derecho de los débiles; en suma para destruir el último eslabón de la cadena esclavizadora que no pudo romper el glorioso martillo de Ayacucho y que uncía a los indios de la sierra y a los colonos de la costa al yugo de una tutela servil e intolerable.[88]

Es revelador que Leguía percibiera la irrigación y la redención del indio como la misma cosa: el objetivo en cada caso era transformar algo estéril en algo productivo; tornar el desierto en cañaverales y a los indios en trabajadores. Curiosamente, Palma veía este aspecto del amplio proyecto de Leguía como una de las más difíciles tareas que el régimen debía afrontar: «en nuestro concepto la labor es larga y difícil, porque hay que luchar con la resistencia pasiva que la misma raza [indígena] ofrece. Quizás mayores y más permanentes resultados se obtendrían con el contacto de razas superiores y la aplicación inflexible de una legislación especial del trabajo de los indios».[89] Leguía pensaba de otra forma. La inmigración, aunque bienvenida, no podía reemplazar la necesidad de redimir al indio: «Antes de regularizar la

86. *Variedades*, 9 de agosto de 1924, 1948.

87. *Variedades*, 9 de septiembre de 1924, 2204.

88. Citado en Burga y Flores Galindo, *Apogeo y crisis*, 215.

89. *Variedades*, 18 de octubre de 1924, s. p.

inmigración e inyectar nueva sangre a nuestro pueblo es un deber exaltar las potencias de nuestra población».[90] Como esto revela, los debates acerca de la clase obrera y la indigeneidad, examinados en el primer capítulo, claramente daban forma, de hecho proveían la racionalidad, al proyecto de modernización de Leguía.

La influencia de estos debates en la política de la Patria Nueva echan nueva luz sobre uno de los más controversiales aspectos del régimen de Leguía: la Ley de Conscripción Vial. Los investigadores han tendido a ver esta norma, que, en la práctica, obligaba a las poblaciones indígenas a proporcionar trabajo para la construcción de carreteras, como un simple mecanismo de extracción de mano de obra indígena; incluso, defienden algunos, como evidencia de una alianza entre el Estado central y los terratenientes y gamonales andinos. En contraste, una reciente interpretación ha sugerido que, en realidad, la ley dio a los indígenas la posibilidad de ejercer algún grado de agencia, enfrentando al Estado contra los gamonales.[91] Pero la ley necesita también ser comprendida como un reflejo de la idea ampliamente compartida, incluso por Leguía, de que el trabajo obrero podía redimir a las poblaciones indígenas del Perú, y que los indios, una vez civilizados (i. e., una vez desindianizados) por su transformación en trabajadores, podían contribuir al progreso. Esta idea estaba gráficamente ilustrada en 1925, en una revista llamada *Ciudad y Campo y Caminos*, que incluía una fotografía de un «grupo de indios». En la leyenda de la fotografía se lee: «Estos hombres son los mismos que hasta hace pocos días trabajaban en la construcción de dicha carretera y ahora presos de asombro y entusiasmo se les ve correr siguiendo a los automóviles, maquinas completamente desconocidas para ellos que tendrán la virtud de contribuir a su civilización».[92] Unos pocos años después, la misma revista publicaba otra fotografía de dos indígenas sonrientes en trajes tradicionales. La idea de que el trabajo en las carreteras estaba ayudando a civilizar a estos hombres se repetía: «Con el incremento de la vialidad y la popularización del automovil, [los indios] van asimilando la civilización que uniéndose en ellos a la fortaleza de su raza, sana moral y condiciones especiales para rudos trabajos, los convierte en valiosos y efectivos valores para la actual era de prosperidad por la que marcha el país».[93] De esta forma, los comentaristas

---

90. Citado en Kristal, *Una visión urbana de los Andes*, 181.

91. Pereyra Chávez, «Los campesinos y la conscripción vial».

92. *Ciudad y Campo y Caminos* 8 (julio de 1925): 39.

93. *Ciudad y Campo y Caminos* 38 (marzo-abril de 1928): 41.

de la élite, haciéndose eco de la propia retórica de Leguía, reimaginaban, y justificaban, la construcción de carreteras con trabajo forzado como una estrategia civilizadora.

En la superficie, la política laboral de Leguía parecería haber estado caracterizada por un corto periodo de relaciones laborales, tal como fueron concebidas por la Sección del Trabajo, reemplazado por un largo periodo de relaciones laborales definidas por la represión. En otros términos, las racionalidades de gobierno que se manifestaron en el Estado obrero fueron abandonadas a favor de medidas que reflejaron racionalidades de disciplina. Sin duda, Leguía reprimió a la clase obrera organizada sistemática aunque selectivamente, «alterizó» ciertas formas de ser obrero consideradas militantes, y buscó moldear un movimiento obrero sumiso. Aparte de que trabajadores y organizaciones fueron objeto de represión, la principal víctima de esta política fue la Sección del Trabajo —convertida en una institución inefectiva, ignorada por los empleadores y rehuida por los trabajadores— y, en general, el Estado obrero, el Estado de y para la clase obrera, que los trabajadores abrazaron en los inicios de la década de 1920. Pero como el análisis de más arriba sugiere, las racionalidades de gobierno continuaron configurando la política laboral más amplia de Leguía, incluso después de que la función de la Sección del Trabajo para configurar las relaciones laborales había sido severamente socavada. Leguía vio la represión de la clase obrera militante, y la profundización de la dictadura de la cual dependía su gobierno, como condiciones necesarias para el éxito de la implementación del proyecto de gubernamentalidad que proyectaba a la clase obrera como un agente de progreso y como la dimensión clave de una estrategia civilizadora y redentora dirigida a los indígenas. Como las ideas de la élite sobre la clase obrera examinadas en la sección previa, la política laboral de Leguía se configuró tanto sobre la base de racionalidades de disciplina como sobre la de racionalidades de gobierno que reflejaron construcciones de la clase obrera como una amenaza social, pero también como un agente de progreso. A su vez, esta combinación de racionalidades de disciplina y de gobierno expresaron en general las formas en que la clase obrera en el Perú era inmanente a un proyecto de formación de nación racializado.

Reconstruyendo el Estado obrero desde abajo

En la década de 1930, tanto las racionalidades de disciplina como las de gobierno continuaron configurando la política laboral. Después de la «Revolución de Arequipa» de Luis M. Sánchez Cerro (agosto de 1930) y la caída del régimen de Leguía, la Sección del Trabajo se reorganizó durante los breves gobiernos provisionales presididos por las juntas dirigidas por Sánchez Cerro (agosto de 1930-marzo de 1931) y David Samanez Ocampo (marzo-diciembre de 1931). Erasmo Roca fue nombrado de nuevo director de Fomento, y una serie de progresistas y radicales, entre ellos, Ángela Ramos, miembro del Partido Comunista, fueron empleados en esta Sección. Entre las primeras actividades de la renovada Sección del Trabajo estuvo la organización de una bolsa de trabajo en el local de la CAUU para ayudar al creciente número de trabajadores desempleados de Lima.[94] Roca estaba particularmente preocupado por expandir el alcance de la Sección del Trabajo más allá de la capital. En septiembre de 1930, un decreto ordenaba la creación de inspecciones regionales de trabajo, con las mismas funciones que la Sección del Trabajo, en las principales ciudades de provincia del país. Para 1933, había inspecciones en Talara, Trujillo, Cañete, Huacho, Oroya, Callao, Arequipa y Chiclayo.[95] Al mismo tiempo, Roca se dedicó a recopilar información estadística básica sobre materias laborales en el país.[96] En la Sección del Trabajo, el nuevo jefe Manuel Chávez Fernández buscó recapturar el espíritu que había guiado a la Sección del Trabajo a inicios de la década de 1920. Durante una disputa entre la Federación Gráfica del Perú y una imprenta, Chávez Fernández comentaba al ministro de Fomento: «La Imprenta sostiene que habiendo los operarios paralizado las labores, han hecho abandono del trabajo, y, en consecuencia, perdido todo derecho. Este criterio medioeval es inaceptable porque para estos casos está la intervención del Gobierno como poder regulador. Aceptar la teoría de la Imprenta sería retroceder a un guerra sin cuartel entre el capital y el trabajo y esto es imposible legalmente desde que existen preceptos constitucionales y gubernativos que señalan la tramitación y la resolución de los conflictos».[97]

De la misma forma que a inicios de la década de 1920, la combinación de caras amigas de la clase obrera en la Sección del Trabajo y un clima de incertibumbre política y económica parecían haber convencido a los trabajadores

94. AGN/PL/3.9.5.1.15.1.1.18, Erasmo Roca a Prefecto, 21 de octubre de 1930.

95. *Boletín Oficial de la Dirección General de Fomento* 1-2 (1933): 78.

96. En abril de 1931, solicitó a la prefectura, datos prospectivos sobre accidentes de trabajo y un mes más tarde pidió información sobre huelgas. Los siguientes meses, similares cartas se enviaron a las prefecturas en el resto del país. AGN/PL/3.9.1.15.1.1.18, Erasmo Roca a Prefecto, 15 de abril de 1931 y AGN/PL/3.9.1.15.1.1.19, Erasmo Roca a Prefecto, 19 de mayo de 1931; ADC/6, Ministerio de Fomento a Prefecto del Cuzco, 19 de mayo de 1931.

97. AGN/MF/RC/4: 70, Chávez Fernández a Director de Fomento, 14 de agosto de 1930.

de recurrir nuevamente a esta institución para llevar a los empleadores a la mesa de negociaciones. Esta fue una dimensión local de un proceso transnacional. Como señala Rodgers, en la mayoría de las economías del Atlántico Norte en este periodo, «a medida que los trabajos se evaporaban en los primeros años de la crisis [...] los sindicatos que habían resistido por un buen tiempo a la intervención gubernamental en la regulación de la negociación colectiva del trabajo, se tornaron hacia el Estado para que éste establezca nuevos pactos entre los trabajadores, el gobierno, y los empleadores en búsqueda de estabilidad».[98] Este incremento en la actividad de la Sección del Trabajo no pasó inadvertido. En mayo de 1931, el prefecto de Lima escribió al Ministerio de Gobierno en relación con «las reclamaciones obreras que, con frecuencia, se vienen formulando ante este Despacho», y pidió que las resoluciones de la Sección del Trabajo le fueran transcritas a él.[99] Según la documentación sobreviviente, la Sección manejó 26 reclamos en 1930 y 22 en 1931, aunque la cifra real debe haber sido mayor en ambos casos. El aumento de reclamos creó una «industria» construida alrededor de la resolución de conflictos. Una serie de abogados, tales como Luciano Castillo y Edgardo Rebagliati en Lima, y Francisco Mostajo y José Luis Bustamante y Rivero en Arequipa, que habían perfeccionado sus habilidades en derecho laboral en la década de 1920, comenzaron a especializarse en asesorar sindicatos durante los conflictos y representarlos en las negociaciones en la Sección del Trabajo.[100] Folletos, tales como *Los reclamos de los trabajadores ante el Ministerio de Fomento* de R. Costa y Cavero, fueron publicados y presumiblemente comprados por trabajadores involucrados en los reclamos. Los folletos contenían todas las leyes relevantes respecto de los reclamos laborales y explicaciones de los roles del Ministerio de Fomento y la Sección del Trabajo. Además, proveían de copias de todos los formularios necesarios.[101]

Este clima de apertura política durante la fase inicial del gobierno provisional de Samanez Ocampo fue de corta duración. Un ola de huelgas que se inició en 1930 en las minas de la sierra central culminó en la huelga general de 1931, convocada por la Confederación General de Trabajadores del Perú (CGTP), la central laboral controlada por el Partido Comunista del Perú, en

---

98. Rodgers, *Atlantic Crossings*, 418.

99. AGN/MI/311/Lima, Prefecto del Departamento a Director de Gobierno, 26 de mayo de 1931.

100. Castillo incluso anunció sus servicios en *Labor* de Mariátegui: «Luciano Castillo —Lawyer— Specializes in the legal defense of employees and workers». *Labor*, 24 de noviembre de 1928, 6.

101. Costa y Cavero, *Los reclamos de los trabajadores*.

el contexto de una profundamente cáustica huelga de choferes de taxi o servicio colectivo.[102] Durante la huelga general, el gobierno promulgó un decreto que supendía todas las libertades civiles en el momento en que una huelga era declarada.[103] Después de la elección de Sánchez Cerro a la Presidencia a finales de 1931, el Congreso aprobó la así llamada Ley de Emergencia, que entregó al gobierno amplios poderes para reprimir a oponentes obreros y políticos. Una red de informantes de la policía fue rápidamente puesta en marcha. Después de la revolución aprista de Trujillo de mediados de 1932, la represión de la clase obrera se incrementó significativamente.[104] En un clima de creciente represión de las actividades sindicales y persecusión de los líderes obreros, como en la década de 1920, los sindicatos se vieron forzados a reafirmar su carácter apolítico si deseaban continuar operando.[105] Para las autoridades, sin embargo, de nuevo como en la década de 1920, el mismo hecho de que los trabajadores buscaran reunirse socialmente, para no hablar de organizarse, representaba una potencial amenaza para el orden social. En 1934, las autoridades negaron el permiso a los trabajadores para celebrar la anual Fiesta de la Planta, como lo habían hecho seis años antes (véase más arriba), con el argumento de que «en dicha fiesta, si es verdad que el pueblo de Vitarte, en especial los textiles y gente que va de Lima tienen un día de distracción, también es efectivo que se aprovecha de ella para recordar que ese día debe afirmarse el propósito de lucha contra los patrones y no dejarse explotar, principio que desde luego solo tiende a revivir el antagonismo que se está creando entre el Capital y el Trabajo y que puede tener si no se contrarresta su acción, fatales consecuencias».[106]

En este contexto, la Sección del Trabajo fue reorganizada por segunda vez, y Manuel Vigil fue nombrado su jefe en agosto de 1932. Casi

---

102. Sobre las huelgas en los centros mineros, véanse Flores Galindo, *Los mineros de la Cerro de Pasco*; y Mallon, *The Defense of Community*. Sobre la huelga general, véanse Martínez de la Torre, *Apuntes para una interpretación marxista*, vol. 1, 130-190; Dawson, «Politics and the Labour Movement», cap. 7.

103. *La Tribuna*, 31 de mayo de 1931.

104. Sobre la revolución de Trujillo, véanse Giesecke, «The Trujillo Insurrection»; y García-Bryce, «A Revolution Remembered».

105. A finales de 1932, por ejemplo, solicitando autorización para sostener sesiones, el sindicato de trabajadores cerveceros enfatizaba: «nuestra organización es más humanitaria que de lucha, pues hase [sic] tiempo que nos hemos separado de la CGTP por convenir así a nuestros intereses». AGN/PL/3.9.5.1.15.1.11.8, Unificación de Obreros Cerveceros Backus y Johnston a Prefecto, 24 de diciembre de 1932.

106. AGN/PL/3.9.5.1.15.1.11.11, Jefe de la Brigada de Asuntos Sociales a Jefe General, 24 de junio de 1934.

inmediatamente, Vigil se dedicó a cambiar radicalmente el tono de las relaciones laborales que Roca y Chávez Fernández habían favorecido. Solicitó una lista de la prefectura de «individuos perniciosos, especialmente [...] aquellos que se dedican a propagar las ideas subversivas, disociadoras y comunistas», de modo que la Sección del Trabajo estaría «al tanto de los antecedentes de quienes reclaman o provocan conflictos entre el Capital y el Trabajo».[107] Su solicitud fue denegada con el argumento de que los archivos de la policía eran secretos. Pero los instintos represivos de Vigil no fueron fácilmente apaciguados. En octubre de 1932, cuando los trabajadores tranviarios hicieron huelga, Vigil escribió al ministro de Gobierno solicitándole que diera órdenes «a fin de que la situación de hecho creada de forma inaceptable sea reprimida».[108] Las tácticas de mano dura de Vigil parecen haber coincidido con una aguda reducción de los reclamos laborales en 1932, aunque no es claro si los dos hechos estuvieron directamente conectados. Para 1934, sin embargo, los disturbios laborales se incrementaban nuevamente. El número de reclamos atendidos por la Sección del Trabajo se elevó a 58 en 1934, más de uno por semana. De estos, 52 fueron resueltos por conciliación (i. e., ambos lados se pusieron de acuerdo) y seis por arbitraje (i. e., el tribunal de arbitraje emitió un fallo).[109] A pesar de su aparente hostilidad hacia la clase obrera, bajo la administración de Vigil el perfil institucional de las cuestiones laborales se elevó. La Sección del Trabajo se transfirió del Ministerio de Fomento al recientemente creado Ministerio de Salud Pública, Trabajo y Previsión Social, y se estableció una Dirección del Trabajo. La Sección del Trabajo expandió sus funciones para incluir una oficina que proveyera asesoría legal a trabajadores con la finalidad de acelerar la resolución de sus reclamos.[110]

El elevado perfil de las cuestiones obreras en los ministerios reflejó su también elevado perfil en la Constitución. Si la Carta de 1920 había introducido una sección de «Garantías Sociales» separada, la de 1933 agrupó los artículos relativos a la clase obrera en un solo capítulo de «Garantías Nacionales

107. AGN/PL/3.9.5.1.15.1.1.19, Manuel Vigil a Prefecto, 21 de septiembre de 1932.

108. AGN/PL/3.9.5.1.15.1.1.19, Manuel Vigil a Ministro de Gobierno, 25 de octubre de 1932.

109. *Boletín de la Dirección General de Fomento* 3, n.° 11 (1935): 35-36.

110. *Boletín de la Dirección General de Fomento* 3, n.° 11 (1935): 76. Según el ministro británico, la oficina se creó «para evitar complicaciones innecesarias que surgen de defensas ineficientes por parte de abogados que defienden la causa de un obrero». FO 371/18721, Forbes a Hoare, 26 de julio de 1935. Después, en 1942, la dirección fue transferida al Ministerio de Justicia y, finalmente, en 1949, el presidente Odría creó el Ministerio de Trabajo y Asuntos Indígenas. Herbold, «Developments in the Peruvian Administrative System», 152-158, 334-335; Payne, *Labor and Politics in Peru*, 57.

y Sociales», como insinuando que lo social y lo nacional eran indistinguibles.[111] Tal sugerencia parece ser confirmada por la inclusión del artículo 53, que proscribía a los «partidos políticos organizados internacionalmente», una referencia finamente velada tanto al APRA como al Partido Comunista Peruano (PCP). Los artículos referidos a la clase obrera retomaban los principales puntos de la Constitución de 1920. Por ejemplo, el artículo 46 establecía el poder del Estado para legislar sobre la organización y «seguridad general» del trabajo industrial, la duración de la jornada de trabajo y un salario mínimo. Los artículos 48, 49 y 50 puntualizaban el rol del Estado como garante de la salud pública y proveedor de, en efecto, seguridad social, estableciendo que «la ley establecerá un régimen de previsión de las consecuencias económicas de la desocupación, edad, enfermedad, invalidez y muerte; y fomentará las instituciones de solidaridad social, los establecimientos de ahorros y de seguros, y las cooperativas», y otorgaban al Estado el poder para abaratar los bienes de subsistencia. Aunque la Constitución de 1933 no hacía mención del arbitraje obligatorio en los conflictos obreros (un aspecto de la Constitución de 1920), incluía, sin embargo, una serie de innovaciones. El artículo 43, posiblemente inspirado en la corporativista Carta del Lavoro italiana de 1927, establecía que el Estado legislaría sobre el contrato colectivo, aunque el artículo 44 prohibía la inclusión en este tipo de contrato de restricciones en los derechos civiles, políticos y sociales. Finalmente, el artículo 45, posiblemente esbozado sobre la base del artículo 123 de la Constitución mexicana de 1917, establecía que el Estado favorecería un régimen de participación en los beneficios para los trabajadores.

A pesar del elevamiento institucional y el reafirmamiento del perfil constitucional de las cuestiones obreras, el gobierno de Sánchez Cerro y, desde 1933, el de Óscar R. Benavides (1933-1939), hicieron poco por tratar los problemas que habían plagado la Sección del Trabajo en la década previa. A inicios de 1931, un periódico se quejaba de la ineficiencia de la Sección del Trabajo para tratar con los reclamos obreros e instaba a reducir la burocracia.[112] Sin embargo, las colas y retrasos que el diario criticaba eran más probablemente el resultado de una *falta* de burocracia. La creciente presencia institucional de la Sección del Trabajo no se reflejaba necesariamente en una capacidad incrementada para enfrentar los problemas por los cuales fue

---

111. La Constitución de 1933 y el Congreso Constituyente son los temas de Balbi y Madalengoitia, *Parlamento y lucha política*. Desafortunadamente, las autoras tienen poco que decir acerca de las provisiones de la Constitución en relación con la clase obrera.

112. *Libertad*, 3 de enero de 1931.

creada. En 1896, el Ministerio de Fomento tenía 30 empleados, de los cuales 11 trabajaban en la Dirección de Fomento. Para 1919, los empleados del ministerio se habían elevado a 654, y para 1929, se habían estancado en 1257.[113] Pero la Sección del Trabajo representó una muy pequeña proporción de esta burocracia. En 1929, tenía tan solo seis empleados. La inspectoría empleaba a otros cinco.[114] Con un personal de seis, la Sección no estaba equipada para ocuparse del creciente número de reclamos. Aunque su presupuesto se desconoce, tenía claramente un financiamiento insuficiente.[115] Además de recursos limitados, la Sección del Trabajo sufría de una paralizante falta de poder. Sus oficiales regularmente se quejaban de las burlas abiertas de los empleadores a sus fallos. En 1936, el inspector del Cuzco admitía: «Desgraciadamente muchas de mis disposiciones no son acatadas, como debiera ser, por algunas personas poco escrupulosas o premunidas de cierta posición social, que hacen caso omiso a las leyes y disposiciones que amparan tanto al patrón como al operario».[116]

Los problemas enfrentados por la Sección del Trabajo se agravaban por la crítica, formulada por las nuevas fuerzas políticas de izquierda, de las relaciones laborales que buscaba promover. Tanto el PCP como el APRA alentaban la desconfianza de los trabajadores en ella. La CGTP, controlada por los comunistas, pedía su abolición. Se afirmaba que la propia Sección del Trabajo reconocía que no podía imponer sus resoluciones a los empleadores y que «nunca, el proletariado peruano vio [en esta Sección] sino un medio de embaucar y detener el empuje de las grandes masas obreras».[117] El diario del APRA, *La Tribuna*, publicaba cotidianamente artículos que señalaban

---

113. Herbold, «Developments», 155.

114. Perú-Ministerio de Fomento, *La labor*, s. p.

115. La inspectoría en Arequipa tenía un presupuesto anual de mil soles. *El Comercio*, 24 de noviembre de 1931. En julio de 1932, el inspector del trabajo en Arequipa rogó al prefecto devolver un folleto que contenía las leyes y regulaciones que gobernaban la inspección. Era su única copia. Más revelador e irónico es el hecho de que, a finales de 1933, el mismo inspector escribió a un sindicato local para solicitar su asistencia. Señalaba que no había recibido su sueldo por ocho semanas y esperaba que el sindicato lo ayudara. ADA/108, Inspección Regional del Trabajo al Prefecto de Arequipa, 5 de julio de 1932; ADA/110, Jefe de la Brigada a Sargento Mayor, 10 de diciembre de 1933.

116. ADC/11, L. Boza a Prefecto del Cuzco, 11 de marzo de 1936. En las provincias, y particularmente en Arequipa (tradicionalmente hostil a Lima), las inspecciones eran percibidas como imposiciones desde Lima y, como tales, recibieron fuerte oposición tanto de los trabajadores como de los empleadores. Un proyecto para reemplazar la inspección por una delegación regional laboral con base en Arequipa fue cálidamente recibido por el diario de Arequipa *Noticias*, 11 y 12 de mayo de 1934.

117. Martínez de la Torre, *Apuntes para una interpretación marxista*, vol. 3, 85, 124.

la ineptitud de esta institución, con títulos bastante sugerentes: «Prueba irrefutable de la inutilidad de la Sección de Trabajo»; «La letárgica Sección del Trabajo estimula la burla de los capitalistas sobre el derecho obrero».[118] Ambos partidos buscaban presentarla como un mero apéndice de los intereses de los empleadores. Si la Sección del Trabajo estaba verdaderamente parcializada en favor de los empleadores es algo que no queda claro. Como en la década de 1920, este organismo continuó usando el reconocimiento de sindicatos como una herramienta de control. En 1934 se reconocieron siete nuevas «sociedades»; en 1935, otras 26.[119] La mayor parte de esos nuevos sindicatos, como indican sus nombres, eran sociedades de auxilio mutuo. Pero la evidencia disponible sugiere que el reconocimiento selectivo de sindicatos fue un intento de socavar la militancia sindical y no necesariamente de favorecer a los empleadores. A pesar de las protestas de los trabajadores en sentido contrario, la documentación muestra que los empleados de la Sección del Trabajo se percibían como pilares imparciales de una justicia social respaldada por el Estado. Pero los trabajadores no estaban de acuerdo. Como en la década de 1920, en la de 1930, los trabajadores pronto comenzaron a rehuirle a esta Sección. En 1934, por ejemplo, la federación textil se quejó de la actitud de Vigil en una disputa con la fábrica textil El Progreso.[120] En 1936, los trabajadores del tranvía rechazaron negociar en la Sección del Trabajo, argumentando que «el Jefe de dicha Sección admitió ciertas frases hirientes al personal (todo el personal son rateros) mostrando así claramente su parcialidad con la compañía».[121]

A pesar de la percepción negativa de la Sección del Trabajo entre los trabajadores organizados, la documentación sobreviviente y, como hemos visto, las cifras oficiales publicadas por el Ministerio de Fomento, sugieren que muchos trabajadores continuaron presentando reclamos a ella. Más de 160 reclamos distintos de 1930 a 1939 sobrevivieron en la documentación de este organismo. Como en la década de 1920, tal como discutí en el capítulo anterior, ellos se referían a un amplio rango de trabajadores, aunque dominaban los obreros textiles de Lima, los choferes de bus, los tranviarios, los zapateros, los panaderos y los gráficos, así como los yanacones (un buen número de ellos japoneses enfrentados contra terratenientes de la misma nacionalidad)

118. *La Tribuna*, 14 de junio y 13 de julio de 1934.

119. *Boletín de la Dirección General de Fomento* (1935): 38-39.

120. AGN/PL/3.9.5.1.15.1.11.11, FTTP a Prefecto, 10 de diciembre de 1934.

121. AGN/PL/3.9.5.1.15.1.11.14, Federación de Motoristas a Prefecto, 18 de mayo de 1936.

de los valles cercanos a la capital. Los grupos que presentaron sus reclamos en la Sección del Trabajo incluían los trabajadores del teatro del Callao, los empleados del Hospital Italiano, los recolectores de aceitunas del Jockey Club de Lima, el sindicato de peluqueros de Arequipa, y una serie de polacos descontentos, contratados para colonizar partes de la selva del Cuzco, que solicitaban que sus pasajes de retorno a Polonia fueran pagados por el Sindicato Polaco-Americano de Colonización del Sepa.[122] La relativa escasez de reclamos que involucraran a trabajadores fuera de Lima puede, en parte, ser una consecuencia de la creación de inspecciones regionales, que ahora se ocupaban de los conflictos locales. Una excepción es un reclamo que implicaba a los inquilinos de las haciendas de Sangual y Unigambal en La Libertad.[123] Aun así, hay mucho que indica que la información es en gran parte incompleta. Como en la década de 1920, la mayoría de los reclamos se refería a intentos de los empleadores de transferir el costo de la recesión a su mano de obra, a través del cese de trabajadores, el recorte de los salarios, el incremento de las horas de trabajo sin aumentar la remuneración, la ampliación de las horas de trabajo sin consultar con los trabajadores, y la no observancia de legislación obrera costosa que regulaba los días de descanso, las vacaciones pagadas, el equipo de protección y las condiciones de trabajo higiénicas, así como la no observancia de los contratos colectivos. Aunque la economía se había recuperado para 1933, muchos reclamos continuaron girando alrededor de estos mismos temas. Pero ellos también reflejaban cómo la política laboral en la década de 1930 siguió siendo configurada tanto por racionalidades de disciplina como por racionalidades de gobierno.

Un reclamo específico, el conflicto de 1931 entre el sindicato de panaderos de Lima, la Federación de Obreros Panaderos «Estrella del Perú» (FOPEP) y los propietarios de panaderías, ilustra bien esto. Ostensiblemente acerca de si el sindicato o los propietarios de las panaderías tenían derecho a determinar quién trabajaba en la industria, la disputa fue cáustica y larga, y fue llevada a un tribunal arbitral. Los propietarios de panaderías sostenían que el contrato colectivo de 1920 que regulaba toda la industria, y que ellos estaban tratando de rescindir, había creado una industria completamente sometida al sindicato (ya que este había obtenido que únicamente los miembros de la FOPEP pudieran ser contratados en las panaderías de la capital) y

122. Véanse AGN/MF/RC/4: 73; AGN/MF/RC/5: 97; AGN/MF/RC/8: 150; AGN/MF/RC/16: 233; y AGN/MF/RC/4: 86.

123. Véanse AGN/MF/RC/10: 167 y AGN/MF/RC/11: 178.

establecía un monopolio que refrenaba la libertad de trabajar y contratar, la «más grande» de todas las libertades. Tal monopolio era injustificado. Por un lado, el trabajo llevado a cabo por los panaderos podía ser desempeñado por casi todo el mundo: «El obrero panadero es un obrero como cualquier otro, no es un profesional, no tiene preparación alguna, es un simple trabajador que adquiere los conocimientos rudimentarios en un taller; que con la actual mecanización, por incipiente que aún sea entre nosotros, ya no desarrolla esfuerzo ni mental ni muscular alguno, pues sólo ejecuta una simple acción mecánica del trabajo».[124] Los panaderos, entonces, simplemente eran apéndices de las máquinas y, como tal, no tenían derecho a voz ni voto en cómo la industria funcionaba o, más precisamente, en quién trabajaba en ella. Por otra parte, sostenían los propietarios de panaderías, los panaderos disfrutaban de uno de los más altos salarios del Perú. La industria panadera, por otra parte, era pobre: «No se trata de grandes establecimientos industriales, dirigidos por altos jefes, sino de simples amasijos en los cuales el patrón vive al lado de sus obreros compartiendo con ellos sus afanes y fatigas». En efecto, la mayoría de los propietarios de panadería contribuían directamente a la faena de las panaderías. Presentándose como poco más que trabajadores, estos propietarios crearon una imagen de una industria donde propietarios y trabajadores eran iguales, donde la explotación no podía ocurrir porque afectaría a ambos.

Sin embargo, el argumento clave de los propietarios de panaderías era que un fallo en favor de la FOPEP sería una victoria para el comunismo. Los miembros de la FOPEP, sostenían los propietarios de panaderías, no eran patriotas sino alborotadores que buscaban simplemente trastornar el orden social y que no representaban a la mayoría de panaderos: «Los que patrocinan esta imposible reforma social, son los agitadores de oficio, los perturbadores del orden social, los que proclaman ideas contrarias a la Patria y a sus instituciones, son en fin, los que explotando la buena fe de nuestro pueblo y de sus propios camaradas, tienen en constante agitación y zozobra al país».[125] Si el tribunal fallaba a favor de la FOPEP, solo un pequeño grupo de trabajadores que mantenía «ideas utópica y demoledoras» sería capaz de trabajar. Tanto el capital como el Estado sufrirían: «no solo caería bajo la autoridad de un gremio siempre apasionado y violento, la libertad y los capitales de la industria panificadora sino también la respetabilidad y el prestigio de la autoridad». De

124. AGN/MF/RC, 5:106, Representantes de los industriales a Presidente del Tribunal Arbitral, 30 de agosto de 1931.

125. Ibíd.

hecho, los efectos de tal fallo tendrían profundas repercusiones más allá de la industria panadera y equivaldrían a una radical renovación de la organización social y económica: «sería el principio de una sustancial transformación en el actual sistema y organización del trabajo y de las industrias del Perú».[126]

El representante de los panaderos ante el tribunal arbitral, Jorge R. Gutiérrez, hizo una refutación enérgica de las acusaciones de los propietarios de panaderías. Rechazó la afirmación de que la FOPEP no representaba a los trabajadores de las panaderías. La mayoría de obreros panaderos, puntualizaba, eran miembros de esa federación. La FOPEP había sido oficialmente reconocida tanto por el gobierno nacional como por la municipalidad, prueba clara de su legitimidad. Por otra parte, el reconocimiento había sido concedido por una muy sensible razón: la FOPEP cumplía un rol social y sanitario clave. La federación no buscaba un monopolio. Los panaderos estaban a favor de la libertad de trabajo «siempre y cuando no vaya esa libertad hasta el extremo de oponerse a las buenas costumbres y a la salud pública que son precisamente las mismas restricciones impuestas por la Constitución del Estado». ¿Cómo si no podríamos, preguntaba Gutiérrez, impedir que «tarados» físicos y morales, asesinos y ladrones trabajen en panaderías? Por otra parte, la FOPEP demandaba que los trabajadores se unieran a la federación no solo por el bienestar de la sociedad como un todo sino porque el sindicalismo equivalía al bienestar privado o «la disciplina, el orden, la metodización y la culturización del hombre por el hombre».[127] Gutiérrez sostenía que los propietarios de panaderías, que restringían la competencia al imponer una mínima distancia entre estos locales, mantenían el real monopolio. La competencia podría beneficiar al consumidor. Las afirmaciones de los propietarios de que la industria estaba en crisis eran falsas: el precio de la harina había caído a la mitad de su precio de 1919, los salarios no se habían elevado desde 1920, la demanda había crecido considerablemente, y los propietarios se habían hecho suficientemente ricos como para comprarse fincas.

Más importante, quizás, Gutiérrez refutó el argumento clave de los propietarios. La FOPEP, argumentaba, desempeñaba una función clave de ayuda mutual: protegía a los trabajadores en una industria que se caracterizaba por condiciones antihigiénicas y alta mortalidad, donde el personal estaba expuesto a enfermedades que no eran consideradas en la legislación sobre

---

126. AGN/MF/RC, 5: 106, Representantes de los industriales a Presidente del Tribunal Arbitral, 10 de septiembre de 1931.

127. AGN/MF/RC, 5: 106, Gutiérrez a Tribunal Arbitral, 4 de septiembre de 1931.

compensación. Sin embargo, el sindicalismo no solo ayudaba a mejorar la organización del trabajo, sino que era un factor clave en la prevención de «desviaciones de carácter político o de otro matíz que no sea el referente al trabajo y sólo al trabajo». La FOPEP no era una organización militante. Al contrario, argumentaba Gutiérrez, representaba la última defensa contra el comunismo. Por otra parte, esta federación, y los sindicatos en general, encarnaban el propio progreso. La Liga de Naciones, señalaba Gutiérrez, había recomendado a los estados «civilizados» del mundo «la constitución de las corporaciones o gremios de trabajadores, en los distintos ramos de actividad humana». Gutiérrez pasó a argumentar:

> Hoy el estado no es la figura abstracta ni la entidad sin contenido. Hoy el estado es una concreción viviente, es el resumen y el compendio del modo de pensar y de sentir de la clase productora. Hoy el estado es el mismo pueblo dándose las leyes en pro de su mejoramiento y de sus legítimos derechos de vida. Hoy el estado es el conjunto de gremios y sindicatos en los cuales se compendian todas las actividades lícitas humanas. Nada ni nadie podrá destruir estas agremiaciones y nada ni nadie podrá impedir que ellas regulen el trabajo, dentro del respeto mutuo y recíproco, dentro de la libertad y dentro de la armonía social.

Los sindicatos, entonces, trabajaban no contra el Estado sino dentro de él y junto con él.

Los debates en el tribunal arbitral ilustran claramente cómo las racionalidades de gobierno y de disciplina proveyeron idiomas particulares con los cuales los trabajadores y empleadores buscaron configurar las relaciones laborales. Usualmente, los empleadores pretendieron presentar a los trabajadores como peligrosos para sus negocios y para la sociedad en general. Durante una disputa en la imprenta El Escritorio en 1930, por ejemplo, su propietario se negó a reincorporar a los trabajadores que habían hecho huelga basado en que «por su conducta se han hecho peligrosos para la tranquilidad y disciplina que es menester conservar para la buena marcha de una negociación».[128] De manera similar, en 1933, el gerente de la fábrica textil El Huaico en Arequipa escribió al prefecto para denunciar las actividades de un trabajador que había estado detrás de la última huelga. Este hombre, señalaba el gerente, «ha estado en Alemania y hasta en Rusia y [...] nos ha hablado de las condiciones en São Paulo y nos parece muy probable que en curso de sus viajes haya estado en relaciones con los comunistas y que todavía se halla

---

128. AGN/MF/RC/4: 70, SC Silva a Jefe de la Sección del Trabajo, 8 de julio de 1930.

en comunicaciones con ellos, no explicándose de otro modo su proceder. En resumen, es un individuo peligroso y cuya influencia es excepcionalmente mala en el pueblo bajo todo punto de vista».[129] Los trabajadores, en contraste, normalmente buscaron presentar sus quejas en consonancia con, y propicias para, los objetivos del Estado obrero. Durante una disputa en la fábrica textil San Jacinto en 1930, por ejemplo, el sindicato resaltó su contrato colectivo de 1922 y la legitimidad que este documento confería a sus demandas: «La existencia de un contrato colectivo de trabajo hace jurídicamente nuestro derecho inobjetable. Los contratos tienen fuerza de ley para los contratantes, es un principio elemental del derecho clásico, y, en las relaciones del patrono y el trabajador, el contrato colectivo representa una garantía social para que no se envilezca el salario, que es una tendencia patronal».[130]

Como esto sugiere, en los inicios de la década de 1930 varios sindicatos invocaron las racionalidades de gobierno expresivas de la idea de que la clase obrera era un agente de progreso como una estrategia para contrarrestar el despliegue, por parte de los empleadores, de las racionalidades de disciplina que plasmaban la idea de que la clase obrera constituía una amenaza para el orden social; esto es, las dos ideas acerca de la clase obrera se convirtieron en modismos a través de los cuales las disputas laborales y la propia idea de las relaciones laborales fueron negociadas. En lo que equivalió a un intento de reestablecer las relaciones laborales concebidas por la Sección del Trabajo desde abajo, esto es, reconstruir el Estado laboral desde abajo, los trabajadores usaron este modismo para invocar el Estado laboral y el más amplio proyecto de gubernamentalidad que él reflejaba. En la mayoría de casos, tales intentos resultaban contraproducentes. Incluso cuando las disputas eran resueltas a favor de los trabajadores, la Sección del Trabajo demostró ser incapaz de hacer cumplir los fallos de los tribunales arbitrales. Varios sindicatos fueron severamente debilitados en este proceso, y los trabajadores, comprensiblemente, buscaron formas alternativas para resistir los ataques de los empleadores a sus condiciones laborales y sus medios de vida. En algunos casos, estas alternativas llevaron a una radicalización de los sindicatos, de modo que ellos entraron en contacto con los proyectos del Partido Comunista Peruano o el APRA, un proceso que en muchas ocasiones sirvió para legitimar, a ojos de las autoridades, las acusaciones de los empleadores en relación con el

129. ADA/112: Gerente Hilton y Fábrica el Huaico a Prefecto, 22 de noviembre de 1933.

130. AGN/MF/RC/7: 134, Pedro Alvarado, Secretario General, Sindicato Textil de San Jacinto a Presidente del Tribunal Arbitral, 10 de marzo de 1930.

peligro representado por los trabajadores que hacían reclamos para mejorar salarios o condiciones de trabajo. En otros casos, llevaban a intentos de establecer arreglos con los regímenes autoritarios en el poder.[131]

Con todo, como demostraba la disputa de los panaderos, la clase obrera se mostró hábil en conectar las ideas acerca de ella como un agente de progreso y como una amenaza para el orden social en formas que ayudaban a fortalecer su posición en el contexto político de la década de 1930. Otro ejemplo puede ilustrar esto aún más. En 1939, la Federación Gráfica del Perú (FGP) fue reorganizada después de varios años de inactividad a causa de la represión. Según un editorial en el *Obrero Gráfico*, el diario de la federación, sus objetivos y valores eran los de una institución moderada:

> No pretendemos lanzarnos a una lucha incontrolada en el terreno de las reivindicaciones sociales; no, dentro del orden y el amparo de las leyes, vamos de frente a reconquistar nuestros derechos vulnerados; vamos a pedir el cumplimiento de esas mismas leyes,y, con respeto, también, el derecho ajeno, defendiendo con justicia y serenidad el derecho propio, avanzaremos por esta ruta escabrosa sin desmayos, con la firmeza que los gráficos saben sentir y demostrar, y con la seguridad de que defendemos nuestro presente y nuestro porvenir.[132]

Con este editorial, el liderazgo de la FGP esperaba sin duda dar señales a las autoridades de que rechazaba los proyectos radicales y, en particular, que su propio coqueteo con ese tipo de proyecto, a saber el del Partido Comunista, que había tenido considerable influencia en ella a inicios de la década de 1930, era un asunto del pasado. Pero mientras el editorial enfatizaba el carácter moderado de la federación, también destacaba el tipo de marco legal e institucional de las relaciones laborales requerido con el fin de lograr una política exitosa al respecto en el nuevo, más libre, clima político que el recién estrenado gobierno de Manuel Prado (1939-1945) estaba promoviendo. Los temas que el editorial remarcaba, la protección de la ley, los derechos laborales y la justicia, y la implicación de que ellos habían sido negados en el pasado, todos indirectamente señalaban las causas (y responsabilidades) de las «luchas incontroladas» del pasado. Como la refutación de los obreros panaderos de las acusaciones de los propietarios de panadería, este editorial apunta a una reformulación sofisticada del Estado obrero desde abajo. El editorial implicaba que las luchas sin sentido del pasado eran una consecuencia directa

---

131. Véase Drinot, «Fighting for a Closed Shop» y «Hegemony from Below».

132. *El Obrero Gráfico*, 4 de septiembre de 1940.

de la falta de efectivas relaciones laborales, esto es, de la ausencia del Estado obrero que la Sección del Trabajo había promovido pero fallado en cumplir. De este modo, los obreros gráficos movilizaron tanto racionalidades de gobierno como racionalidades de disciplina para formular tanto una crítica de las fallas del Estado como una propuesta para un nuevo orden social basado en el restablecimiento del Estado obrero.

Conclusión

En este capítulo, he explorado la interacción de racionalidades de disciplina y racionalidades de gobierno en la configuración de la política laboral concebida en el Estado obrero en la década de 1920. El «fracaso» de la Sección del Trabajo en imponer sus fallos a los empleadores y el gradual alejamiento de los trabajadores, que habían sido atraídos por su promesa de arbitraje mediado por el Estado y de negociaciones colectivas, parecerían sugerir que el régimen de Leguía abandonó rápidamente el proyecto de gubernamentalidad que parecía haber nacido con la creación de la Sección del Trabajo y la Constitución de 1920. Los empleadores rechazaron los fallos de esta Sección porque los percibían como onerosos, pero en general porque ellos, y la élite peruana, comenzaban a ver las demandas de los trabajadores para mejorar sus condiciones laborales como injustificadas y como invariablemente influidas por tendencias militantes que amenazaban el orden social. Sin embargo, en la construcción de la clase obrera como una amenaza al orden social, ellos también cimentaron una versión más aceptable de esta clase, inferior a la élite paternalista, pero dependiente de ella; una construcción que retomó y reprodujo las racionalidades de gobierno que formaban la base del Estado obrero. De manera similar, mientras que el régimen de Leguía reprimió activamente a la clase obrera, interpretó la represión como integrante y necesaria para la realización del proyecto de gubernamentalidad manifestado en el Estado obrero, que concibió la regulación de esta clase como un medio de superación de la indigeneidad; de esta forma, las racionalidades de disciplina desplegadas en el periodo de Leguía son mejor comprendidas, no como un abandono, sino más bien como otra dimensión del Estado obrero; esto es, de un proyecto racializado de redención y civilización nacionales.

En la década de 1930, en un contexto de intensa represión, y a pesar de la amarga experiencia de la década de 1920 y de la creciente crítica de las relaciones laborales mediadas por el Estado que emanó de la izquierda, los trabajadores recurrieron nuevamente a la Sección del Trabajo. Al hacerlo, buscaron aprovechar la tensión entre las racionalidades de disciplina y las de gobierno que configuraron la política laboral con la finalidad de ganar algunas concesiones de los empleadores como parte de un más amplio intento de reestablecer el Estado obrero desde abajo. Al igual que la élite en la década de 1920, los trabajadores erigieron la militancia como una amenaza social. Pero sostuvieron que esta amenaza sería más efectivamente combatida por el cumplimiento de las aspiraciones concebidas por el Estado obrero que por la represión. La militancia en esta perspectiva fue reelaborada, no como un producto de influencias extranjeras o enfermizas, sino como expresión del fracaso en implementar el Estado obrero, y más concretamente, como una inevitable consecuencia de la resistencia de los empleadores al proyecto de gubernamentalidad manifestado en el Estado obrero. Esta estategia discursiva revela la medida en que los trabajadores vieron el Estado obrero como una expresión de sus propias aspiraciones gubernamentales. Pero también deja ver cómo los trabajadores reelaboraron efectivamente las racionalidades de gobierno concebidas por el Estado obrero como una dimensión clave de su crítica a los fracasos de los proyectos de formación de Estado-nación de la élite.

4

Domesticando a la clase obrera

Cuando en 1935 la Junta Departamental Pro Desocupados de Lima publicó un libro que exhibía las obras públicas que se habían construido desde su creación, cuatro años antes, eligió representar en la carátula un nuevo puente planificado sobre el río Rímac. Sus autores explicaban que esta construcción era un proyecto de «gran magnitud técnica y económica», que haría una importante contribución al desarrollo urbano de la capital, «estableciendo después de 64 años una nueva estructura que una la zona INDUSTRIAL N. O. con la zona de POBLACION OBRERA S. O.».[1] El simbolismo de la imagen era claro. La Junta Pro Desocupados y, a través de ella, el Estado, se comprometían a hacer posible el progreso industrial conectando, física y simbólicamente, capital y trabajo. Para ponerlo en función de la imagen empleada, el rol del Estado, sugería el libro, era cerrar la brecha que mantenía separado al trabajo del capital. El simbolismo empleado era revelador de las formas en que los autores comprendían este «puente». La imagen invocaba la capacidad técnica del Estado, su habilidad para literal y metafóricamente «diseñar» el puente entre el trabajo y el capital; la brecha entre ambos se comprendió como un problema que podría tratarse mediante la ciencia y la tecnología. Pero la imagen también invocaba el rol del Estado como mediador entre el

1. *Acción social y obras por la Junta Departamental de Lima Pro Desocupados, 1931-1934*. Lima: Imprenta Torres Aguirre, s. p.

trabajo y el capital, y como entidad en la cual residía, en última instancia, el poder para aprovechar y hacer productivos el trabajo y el capital con el fin de lograr el progreso. La imagen invocaba lo que he llamado el Estado obrero.

Este capítulo y los siguientes dos examinan el desarrollo del Estado obrero peruano en la década de 1930. Como en la de 1920, la tecnificación de las relaciones laborales en los años treinta, invocada por la imagen del puente, reflejaba un intento de separar la política de las relaciones laborales y proteger a la clase obrera de influencias perniciosas. Pero el desarrollo del Estado obrero en la década de 1930 también revelaba la percepción de que la clase obrera era un elemento necesario y clave en la constitución de un orden industrial que ayudaría al Perú a vencer su atraso: como en periodos anteriores, en la década de 1930, la clase obrera se concibió como un agente de progreso y civilización. Pero también fue percibida como estando necesitada de civilización. En la década de 1920, como he mostrado, la élite comenzó a ver a la clase obrera como amenazada por ideologías extranjeras. En los años treinta, este peligro se materializó con la conformación del Partido Comunista Peruano y el APRA. La política laboral se diseñó para contrarrestar la influencia de ambos partidos sobre la clase obrera. Iniciativas como los proyectos de vivienda obrera discutidos en este capítulo, o los «restaurantes populares» y la Ley del Seguro Social Obrero de 1936, analizados en los siguientes dos, fueron «armas de los fuertes» (para invertir la famosa expresión de James C. Scott), que los gobiernos de la década de 1930 utilizaron para socavar el apoyo de la clase obrera a los partidos de izquierda.[2] Los proyectos de vivienda para trabajadores, o «barrios obreros», fueron elementos de una amplia estrategia para minar el atractivo de los nuevos partidos políticos que pretendían representar y liderar a esta clase. La construcción de las nuevas casas proveía de trabajo (se contrató a trabajadores desempleados para ella) y de un lugar decente para vivir. Al construir estas viviendas, los gobiernos de la década de 1930 podían pretender que consideraban sinceramente los intereses de la clase obrera.

Sin embargo, como han argumentado historiadores que han estudiado la vivienda obrera en otros contextos, las casas para trabajadores no solo estuvieron destinadas a alojarlos y, al hacerlo, debilitar el atractivo de los proyectos «revolucionarios». Estuvieron destinadas también a crear el tipo «correcto» de trabajador.[3] Como sus contrapartes en otros lugares, los re-

---

2. Scott, *Weapons of the Weak.*

3. En el París del siglo XIX, por ejemplo, los promotores burgueses de la «cité ouvrière» sostenían que «alejados del ambiente en el que se convertían en "envidiosos, avaros,

formadores sociales peruanos también vieron la vivienda obrera como una estrategia civilizadora o, como sostuvo Lewis Mumford, como la propia civilización.[4] Sobre la base de tales aproximaciones, en este capítulo sostengo que los barrios obreros reflejaron racionalidades de gobierno y funcionaron como una tecnología de gobierno en la esfera de la vivienda; esto es, reflejaron la creencia de que el Estado debía proteger a los trabajadores y buscar «mejorarlos», actuando directamente tanto sobre ellos como sobre su ambiente laboral y doméstico. Construyendo casas para los trabajadores, los reformadores sociales esperaban «domesticar» a los trabajadores, esto es, inculcar ciertos valores y hábitos de género en aquellos que vivían en ellas. Ser dueño de una vivienda estimularía al trabajador masculino a establecerse e iniciar una familia, y a desarrollar un nuevo interés en el ahorro y la responsabilidad económica. Los arquitectos de los proyectos de vivienda creían que estos nuevos valores y hábitos mantendrían la militancia acorralada. Pero los barrios obreros reflejaban, principalmente, la creencia de que la vivienda protegería a los trabajadores de la enfermedad, la inmoralidad y la explotación de inescrupulosos propietarios y que, al hacerlo, les permitirían constituirse a ellos mismos en los agentes físicos y morales de la «civilización» del Perú. De esta forma, la vivienda obrera, así como la Sección del Trabajo, reflejaban las racionalidades de gobierno manifestadas en el Estado obrero, que giraba en

---

revolucionarios, escépticos y por último comunistas", en un solo paso los obreros podían ser reubicados en ambientes saludables, ligados al orden político, y separados de elementos degenerados y criminales que poblaban las zonas congestionadas de la ciudad». De manera similar, en la «Viena roja», las autoridades municipales socialistas buscaban que los «palacios del pueblo» que ellas construían «sean más que viviendas de mejor calidad. Debían proveer el ambiente sumamente importante en el que la familia obrera sería socializada de manera a convertirse en *ordentlich* (persona ordenada) y ser educada por una emergente cultura partidaria para volverse un "nueue Menschen"». En la Bombay colonial, el City Improvement Trust fue encargado de reemplazar «la miseria y el hacinamiento que caracterizaban los tugurios de los pobres [...] con nueva vivienda saludable, diseñada para mejorar a la clase obrera moralmente y demostrar la benevolencia de los gobernantes de la ciudad». En la España de inicios del siglo XX, la élite reformista creyó que la vivienda adecuada lograría que los trabajadores varones dejaran de depender del alcohol y llevaría a la constitución de familias que contribuirían a la regeneración de la «raza» española. Véanse Shapiro, «Paris», 56; Gruber, *Red Vienna*, 63; Kidambi, «Housing the Poor in a Colonial City», 58; Campos Marín, «Casas para obreros». En Latinoamérica, también, tales perspectivas configuraron las políticas de vivienda social. En Colombia, por ejemplo, sostenía Carlos Ernesto Noguera, los proyectos para construir viviendas higiénicas para trabajadores correspondieron a una estrategia «médico-política» para inculcar valores burgueses y «urbanidad», una específica forma de estar en la ciudad, en las clases trabajadoras de Bogotá y Medellín. Noguera, *Medicina y política*, 127-149.

4. Rodgers, *Atlantic Crossings*, 399.

torno de la constitución de la clase obrera como un sujeto capaz de redimir a la nación peruana y conducirla por el camino del progreso.

Más allá de la incorporación

La década de 1930 fue un periodo de considerable convulsión económica y política en el Perú. Aunque la recesión económica fue relativamente corta y no supuso un ajuste a fondo de la economía del país, la depresión mundial tuvo un profundo impacto que resultó en altos niveles de desempleo en las ciudades y en los sectores de exportación. El periodo se caracterizó también por una severa inestabilidad política, lo que ha llevado a representarlo como uno de «crisis revolucionaria». En parte, esta inestabilidad se debió a la formación de nuevos partidos «modernos», el Partido Comunista del Perú (PCP), la Alianza Popular Revolucionaria Americana (APRA) y la Unión Revolucionaria (UR), el partido del presidente Luis M. Sánchez Cerro (1931-1933), y al surgimiento de nuevos discursos políticos (comunismo, populismo, fascismo), que, juntos, expandieron y polarizaron significativamente la arena política.[5] En este contexto, los disturbios obreros se incrementaron considerablemente (tal como se puede deducir por el número e intensidad de las huelgas), culminando, como se discutió en el capítulo previo, en la huelga general de mayo de 1931, que involucró a varios miles de trabajadores de una serie de industrias y que tuvo un impacto a escala nacional. Como ocurrió con otras huelgas en este periodo, como las de octubre de 1930 en la sierra central, el PCP intentó transformar la huelga general de 1931 en un catalizador de la acción revolucionaria. Se podría decir que estas fueron quijotescas empresas revolucionarias que alienaron a gran parte de la clase obrera organizada y ayudaron a legitimar, a ojos de muchos, la represión estatal. Sin embargo, estas acciones y, más tarde, una serie de huelgas dirigidas por el APRA, marcaron el tono de las relaciones laborales en la mayoría del periodo posterior a la década de 1930. En este contexto, tanto el gobierno de Luis Sánchez Cerro (1931-1933) como el de Óscar Benavides (1933-1939) tomaron una serie de medidas que

5. La crisis «revolucionaria» de la década de 1930 y el movimiento laboral son examinados en Deustua y Flores Galindo, «Los comunistas y el movimiento obrero»; Caravedo Molinari, *Clases, lucha política y gobierno*; Quijano, *El Perú en la crisis de los años treinta*; Balbi, *El Partido Comunista y el APRA*; Stein, *Populism in Peru*; Anderle, *Los movimientos políticos en el Perú*; Pareja, *El movimiento obrero peruano*; Derpich e Israel, *Obreros frente a la crisis*. La economía del periodo se examina en Thorp y Londoño, «The Effect of the Great Depression».

apuntaban, de acuerdo con la propaganda oficial, a aliviar el impacto de la depresión mundial sobre la clase obrera.

Hay pocas dudas de que la política laboral de los gobiernos de Sánchez Cerro y de Benavides, a través de los barrios obreros, restaurantes populares y aseguramiento social, entre otras medidas, tuvo una clara intención política. Esta «acción social» formaba parte de una estrategia de dos aristas, dirigida a limitar los disturbios sociales y la militancia obrera. Como es bien sabido, la otra parte de esta estrategia consistió en la represión intensa pero selectiva de las organizaciones laborales y los partidos políticos de izquierda. Durante la huelga general de mayo de 1931, por ejemplo, el gobierno expidió un decreto que suspendía todas las libertades civiles cuando una huelga se declaraba. Más importante aún, a inicios de 1932, el Congreso aprobó la Ley de Emergencia, que otorgaba al gobierno de Sánchez Cerro poderes ilimitados para reprimir a oponentes obreros o políticos. La tensión política se agudizó, mientras que las confrontaciones entre el gobierno y los partidos de izquierda se volvieron cada vez más violentas. La masacre de cientos de apristas a manos de los militares en Trujillo, en 1932, fue seguida, en 1933, por el asesinato del presidente Sánchez Cerro por un militante de ese partido. En este contexto cada vez más tenso, las medidas de «acción social» se volvieron crecientemente políticas, esto es, se percibieron y usaron cada vez más como herramientas políticas para cooptar o «incorporar» a una clase trabajadora que se veía como más militante y más potencialmente revolucionaria.[6] Tanto el APRA como el Partido Comunista afirmaban que la acción social del Estado era una estrategia para debilitar su atractivo político entre la clase obrera organizada. Según Gonzalo Portocarrero, «se trataba de demostrar que se podía hacer desde el Estado lo que el Apra venía demandando».[7]

Al igual que el régimen de Perón en la Argentina de la década de 1940, y que la mayoría de los gobiernos de entreguerras en las economías del Atlántico Norte (desde la Italia de Mussolini hasta el New Deal de los Estados Unidos de Roosevelt), los gobiernos peruanos de la década de 1930 «pregonaban la necesidad de armonizar los intereses del capital y del trabajo dentro de un marco de estado benévolo, para beneficiar a la nación y a su desarrollo económico».[8] El gobierno de Benavides, en particular, presentó su «acción social» o «corporativismo» como estando por encima de la política partidista:

---

6. Sobre la incorporación, véase Collier y Collier, *Shaping the Political Arena.*

7. Portocarrero, *De Bustamante a Odría*, 49.

8. James, *Resistance and Integration*, 34.

> De manera general [el corporativismo], representa el término medio entre el individualismo y el socialismo. Armoniza los derechos del hombre con los intereses permanentes del Estado. Las corporaciones, organizaciones unitarias de las fuerzas productivas, culturales o de otro orden forman la base de la organización social. El Estado ampara la iniciativa privada considerándola como el instrumento más eficaz para el interés nacional, pero a la vez subordina los fines particulares a los altos fines de la nación. Organiza la producción según un plan racional y con vistas al poderío del país, eliminando los conflictos entre el capital y el trabajo.[9]

Quizás más que representar los intereses de la élite, el Estado afirmaba estar por encima de ellos y, en general, de la política, y adoptaba el rol de árbitro entre los dos grandes actores sociales: el capital y el trabajo.[10] En este discurso, la búsqueda de justicia social y la autonomía estatal se articulaban para formar las estructuras de apoyo de los nuevos y «modernos» (racionales) proyectos de construcción del Estado y de la nación que se orientaban a revitalizar el Estado-nación («con vistas al poderío del país»), suprimiendo los conflictos de clase en favor de la armonía.

Un discurso de Benavides, pronunciado en marzo de 1939, puede ayudar a ilustrar mejor algunas de las ideas que fundamentaron la política laboral de su régimen. Benavides comenzaba señalando que el Perú estaba sometiéndose a un proceso de cambio que ocurría más allá de la esfera material: el país había experimentado una verdadera transformación moral. Gracias a su intervención, el pesimismo, «nuestro más incurable mal», había dado paso a un optimismo basado en «la potencialidad de nuestras riquezas, de nuestra capacidad para explotarlas, en la fe profunda y cierta que conduce hoy al peruano hacia la gran realidad del Destino».[11] Uno de los pilares de este optimismo era una nueva aproximación a los problemas sociales. Benavides sugería que aquellos que creían que las justas aspiraciones de bienestar y mejoramiento de la clase trabajadora podían posponerse indefinidamente o satisfacerse solo parcialmente, eran ciegos cómplices del sectarismo (es decir, del APRA).

---

9. Citado en López Soria, *El pensamiento fascista*, 101.

10. Aunque en esta retórica resonaba el corporativismo italiano, también lo hizo la de las políticas sociales de entre guerras en la mayoría de países en Latinoamérica y Europa, y en los Estados Unidos. Como ha mostrado Orazio Ciccarelli, Benavides «obviamente no tenía ningún compromiso intelectual con el fascismo», en contraste con lo que los críticos contemporáneos afirmaban y con lo que algunos historiadores sostienen. Véase Ciccarelli, «Fascism and Politics», 432.

11. *El General Benavides a la Nación, Mensaje del 25 de Marzo de 1939*. Lima: Oficina de Informaciones del Perú, 1939, 4.

Él ahora se daba cuenta de que los problemas sociales estaban íntimamente ligados a las cuestiones de seguridad y progreso. Aunque se aseguraba de enfatizar que aquellos que manipulaban las legítimas aspiraciones de la clase trabajadora por ambición personal no merecían sino la condena, Benavides declaraba:

> Dije una vez: «No sé, ni me interesa saber, si soy o no soy socialista». Pero soy, sobre todo, humano. Sin que esto deba interpretarse como una rectificación de mi propio pensamiento, quiero decir hoy que si socialismo es justicia social, elevada, comprensiva y amplia, dentro de Supremo interés de la Nación y la autoridad intangible de Estado, yo no sólo comparto estos principios; los he puesto en práctica, con profunda fe, en estos cinco años de gobierno. Y no con palabras vacías o fáciles promesas. Con leyes que rigen y forman ya parte inseparable de nuestra existencia colectiva, armonizando los legítimos intereses de todas las clases; con obras útiles y duraderas, cuya realidad no puede ser desmentida ni desfigurada ante mis conciudadanos.[12]

Si «la secta» (el APRA) hubiera tomado el poder cuando él lo hizo, resaltaba Benavides, ninguna de las obras sociales que había emprendido existirían, y el Perú se habría sumido en el caos.

Aunque Benavides atribuía el éxito de su régimen a sus acciones personales, también enfatizaba la importancia del Estado para lograr lo que llamaba «el equilibrio social». Sugería que el incremento de la riqueza a expensas del capital humano representaba una amenaza para la nación. De manera similar, si la mano de obra se volvía demasiado cara, la iniciativa empresarial decaería, el capital huiría del país, la depresión económica sobrevendría, y el desempleo se incrementaría. A causa de sus vastos recursos naturales, el Perú podía esperar varios siglos de prosperidad e incremento del bienestar colectivo. Sin embargo, sugería Benavides, esta prosperidad resultaría solo del abandono de la lucha de clases a favor de la cooperación de clases. Nuevas fuentes de capital producirían el desarrollo de la industria y el comercio, y crearían otras fuentes de empleo. Sin embargo, la clave de la grandeza era la protección del capital humano: «Con una clase laboriosa deficientemente alimentada, obligada a habitar en viviendas insalubres, sin posibilidad de dar instrucción a sus hijos, a la que la enfermedad condenaba a la miseria, y la invalidez y la ancianidad al más completo desamparo, no era posible crear ese estado de confianza, de fe, de permanente seguridad que es indispensable para

12. Ibíd., 55.

el progreso de los pueblos».[13] Estos problemas sociales, afirmaba Benavides, habían sido enfrentados por la acción social del Estado a través de la creación de los «restaurantes populares», los «barrios obreros» y el Seguro Social Obrero, entre otras medidas. De manera más general, el Estado había iniciado «una era de solidaridad entre las clases [...] infundiendo la conciencia de sus responsabilidades y de sus deberes frente a la Nación».

Tal como discutí en la introducción de este libro, al igual que los críticos apristas y comunistas de los regímenes de Sánchez Cerro y Benavides, los historiadores han interpretado generalmente este discurso como poco más que una retórica vacía y han calificado las políticas sociales que se derivan de él como estratagemas para socavar el apoyo a las nuevas alternativas políticas radicales representadas por la izquierda, esto es, como elementos de una más amplia política populista basada en la cooptación de la clase obrera y la neutralización de la izquierda. Hay pocas dudas de que la «acción social» de los gobiernos de Sánchez Cerro y Benavides tuvo tal función. Pero el paradigma de la cooptación o incorporación es incompleto. Por un lado, historiadores dedicados a experiencias de «populismo» en otras partes de Latinoamérica han mostrado que el paradigma de la cooptación o incorporación no capta apropiadamente el carácter de la relación entre los líderes populistas y sus clientelas, particularmente cuando se trata de la clase obrera organizada.[14] En esta literatura, el populismo aparece como un proceso político negociado, pero también como uno cultural, configurado desde arriba y desde abajo, quizás más que como un proceso unidireccional de cooptación o incorporación.[15] En general, reducir tales políticas a la cooptación es malentender o minimizar las racionalidades de gobierno que ellas representan. La creencia

---

13. Ibíd., 56-57.

14. Para una discusión conceptual útil, véase Knight, «Populism and Neo-Populism en Latin America».

15. Como sugiere Daniel James, los trabajadores argentinos fueron atraídos por el peronismo a causa de las ganancias materiales concretas que resultaron de la «incorporación», pero también porque implicaba «una noción mayor del sentido de la ciudadanía y de las relaciones entre los obreros y el Estado, y un componente social "herético" que correspondía al deseo obrero de tener un mayor estatus social, de dignidad en el lugar de trabajo y más allá, y la negación de las pretensiones sociales y culturales de las élites». Pero esta no fue una mera relación instrumental: el peronismo se configuró por sus fuerzas constituyentes. Como menciona sucintamente James, «el Peronismo en gran parte se definió a sí mismo, y fue definido por sus miembros de clase obrera, como un movimiento de oposición social y política, como la negación del poder, símbolos y valores de la élite dominante». Fue la clase trabajadora argentina la que dio al peronismo su palanca política. James, *Resistance and Integration*, 263, 34; Para el caso brasileño, véase French, *The Brazilian Workers' ABC*.

de Benavides en la necesidad de proteger «el capital humano», como lo denominaba el Presidente, para «el progreso de la nación», refleja una más amplia y generalizada creencia en la clase obrera como un agente de progreso y en la necesidad del Estado de proteger, mejorar y aprovechar esta fuente de progreso. Esto refleja lo que llamo el Estado obrero.

Vivienda obrera, 1900-1930

La preocupación por las precarias condiciones de vivienda de los trabajadores de Lima puede rastrearse hasta los inicios del siglo XX e, incluso, antes. Hacia la mitad del siglo XIX, un nuevo grupo de profesionales comenzó a ver la ciudad como una fuente de contagio biológico y moral que necesitaba reordenarse.[16] Las intervenciones de salud pública contra enfermedades epidémicas iban de la mano con el descubrimiento de los pobres como objeto de estudio por un pequeño pero influyente grupo de médicos y abogados limeños, preocupados por la cuestión social.[17] Estos profesionales, en particular los así llamados *higienistas*, desarrollaron una comprensión fuertemente racializada de los problemas de Lima, donde la mezcla racial y la presencia de razas «inferiores» (particularmente inmigrantes chinos, pero también afroperuanos e indígenas) comenzaron a verse como una de las fuentes clave de su «atraso».[18] Los higienistas interpretaron la ciudad como una patología, esto es, la vieron y representaron como enferma. Pero también la consideraron como capaz de una reforma sanitaria y una redención moral. Como en otras partes de Latinoamérica, en el Perú, un nuevo grupo de profesionales (abogados, médicos, arquitectos y planificadores) argumentó enérgicamente que la ciudad enferma debía tornarse en una ciudad civilizada: personas y edificios serían mejorados a través de la aplicación de métodos científicos y la inculcación de costumbres y prácticas civilizadoras.[19] Como ha mencionado Daniel Rodgers, en Latinoamérica, como en otros lugares a inicios del siglo XX, los reformadores sociales estuvieron de acuerdo con «que lo valores centrales de una sociedad debían escribirse en el diseño de sus calles y edificios públicos, de sus refugios, y de

16. Ramón Joffré, *La muralla y los callejones*; Lossio, *Acequias y gallinazos*.

17. Cueto, *El regreso de las epidemias*.

18. Véase Muñoz Cabrejo, *Diversiones públicas*.

19. Véanse, por ejemplo, Meade, *Civilizing Rio*; Outtes, «Disciplining Society through the City»; Overmyer-Velázquez, *Visions of the Emerald City*.

su paisaje urbano».[20] En Lima, las casas de los trabajadores fueron uno de los espacios sociales clave en que se «escribieron» los «valores centrales» de la sociedad peruana que los reformadores sociales estaban tratando de construir.[21]

Los primeros proyectos para afrontar las precarias condiciones de vivienda de la clase trabajadora limeña mezclaban ideas sobre regeneración urbana e edificación moral. En 1900, por ejemplo, el expresidente Nicolás de Piérola y sus asociados fundaron una compañía de construcción, La Colmena, que prometía ofrecer vivienda barata a aquellos que, según el folleto publicitario de la empresa, «viven de un sueldo o de un jornal» y, al hacerlo, convertir a las personas que alquilaban en personas que poseían un capital. La compañía buscaba no solo cambiar el tipo de construcción que caracterizaba a la ciudad, sino también, a través de nuevas obras, transformar «los poblados y la condición general de sus moradores». De acuerdo con el mencionado folleto, los fines de la compañía apuntaban a las necesidades económicas, estéticas y morales de la ciudad y su población. Por lo tanto, además de «combatir el barro, la decoración efímera i malsana, por el empleo de material más noble, protector i duradero», la compañía buscaba «levantar moradas salubres i cómodas en vez de enfermizas i mal dispuestas» y «substituir el edificio levantado sin regla ni arte, por el que pueda ser contemplado con agrado, hermoseando nuestras poblaciones». Finalmente, la empresa perseguía estimular el crecimiento de las industrias asociadas, aumentar el ahorro entre la población y, en general, «abrir un nuevo campo de acción; más adelantado a los hombres de trabajo». Las ambiciones de la compañía eran verdaderamente revolucionarias: «nos mueve, no menos, el propósito de ejercer influencia transformadora de los hábitos, carácter, del modo de ser de la Nación, estimulando i encaminando su desenvolvimiento».[22]

El proyecto de Piérola expresaba perfectamente lo que David Parker ha llamado «la fantasía de la vivienda obrera» de reformadores peruanos, tales como Pedro Paulet y Enrique León García, a inicios del siglo XX.[23] Las ideas

---

20. Rodgers, *Atlantic Crossings*, 160.

21. Sobre la política de vivienda en este periodo, véanse Ludeña Urquizo, *Lima: Städtebaun und Wohnungswessen*; Parker, «Civilizing the City of Kings»; Proyecto Historia UNI, *Construyendo el Perú*; Ludeña Urquizo, *Lima: Historia y urbanismo*; Cabello Ortega, «Urbanismo estatal en Lima Metropolitana». Sobre la patologización de las viviendas de los trabajadores, véase también Callirgos, «Reinventing the City of Kings», 199-213.

22. *La Colmena-Sociedad anónima de construcciones y ahorros*. Lima: Tipografía de El País, 1900, 1.

23. Para una útil discusión sobre las propuestas de Paulet y León García para la vivienda de los trabajadores en la década de 1900, véase Callirgos, «Reinventing the City of Kings», 214-228.

acerca de la vivienda, de acuerdo con Parker, reflejaban dos objetivos de la élite en relación con sus más amplios fines de «mejoramiento» de la clase trabajadora: «Por un lado tenía que proveer a los pobres con edificios limpios, amplios y bien ventilados que resistiesen a la incubación de microbios; por otro, tenía que educar a los pobres sobre limpieza, higiene, puericultura, ahorro y temperancia». La solución era convertir a los trabajadores de inquilinos en propietarios, ya que la élite creía que, haciéndolo así, ambos objetivos serían cumplidos: «No solo los trabajadores vivirían en casas salubres y sin depender de propietarios, sino que desarrollarían el hábito del ahorro (en vez de gastar sus sueldos en alcohol) y al convertirse en propietarios de un hogar supuestamente descubrirían el placer y las responsabilidades de la vida doméstica».[24] Tales fines no fueron nunca logrados por dos simples razones: pocas casas se construyeron con propietarios de clase trabajadora en mente, y pocos trabajadores podían permitirse pagar hipotecas en lugar de alquileres. Durante los primeros años del siglo XX, gran parte de la vivienda obrera era construida, no por inversionistas privados como Piérola, sino por organizaciones benéficas, como la Sociedad de Beneficencia de Lima, y solo ocasionalmente por el gobierno, como ocurrió durante la administración de Guillermo Billinghurst (1912-1914), cuando un proyecto de vivienda obrera se inició en el área de Malambo de la ciudad. Sin embargo, este proyecto permanecía inconcluso en 1916. Solo ocho casas habían sido construidas y una de ellas era inhabitable.[25] En este contexto, los críticos de la fantasía de la vivienda obrera comenzaron a expresar su preocupación: según un artículo en *La Crónica*: «hacer cincuenta, cien, quinientas casas para obreros en Lima, no es resolver el problema de la habitación obrera». A lo mejor, tal esquema resultaría en la creación de «cincuenta obreros modelos», quienes, con el tiempo, se unirían a las filas de la clase media y se convertirían en «pacíficos burgueses, fundadores de una suerte de burguesía obrera».[26]

Durante la década de 1920, varios comentaristas de la élite retomaron la fantasía de la vivienda obrera. A finales de 1921, Carlos Enrique Paz Soldán, un pionero de la medicina social en el Perú, dio una charla en el Teatro Mazzi de Lima, titulada «La casa obrera: base para la democracia», en la que sostenía que «la felicidad y la grandeza de los pueblos emana de la felicidad y la tranquilidad de las familias, y en tal sentido la conveniencia de procurar

24. Parker, «Civilizing the City of Kings», 163-164.

25. *La Crónica*, 16 de diciembre de 1918.

26. *La Crónica*, 10 de octubre de 1916.

hogares confortables y baratos para las clases menos acomodadas, orientando la legislación al fin de dar a cada familia la propiedad del rincón que habita, con aire, luz, agua y salubridad garantizadas».[27] De manera similar, E. S. Dávila Cárdenas, quien sugirió la presencia de un «arquitecto general» para supervisar la transformación urbana de Lima, sostuvo que los problemas de vivienda de la ciudad necesitaban considerarse desde la perspectiva de la ciencia y la medicina social. Más que gastar millones en un buque de guerra, el Estado podía construir cientos de modernas casas que servirían como modelos para la edificación de más viviendas y como una fuente de «capital positivamente civilizador» para los trabajadores, quienes se beneficiarían de vivir en «domicilios físicamente perfectos».[28] Estas ideas fueron retomadas en el primer número de la revista *Ciudad y Campo*, de 1924, que sugería que la vivienda barata daría a «las familias modestas» la oportunidad de acceder a condiciones de vida higiénicas y de convertirse, con el tiempo, en propietarias. La revista enfatizaba que las casas necesitaban construirse de tal forma que confirieran un conjunto de valores y formas de actuar que fueran higiénicas y morales: «Todo departamento de casa barata moderna debe componerse de las piezas necesarias para una familia dentro de los límites del relativo bienestar y sin comunicación alguna con los departamentos o casa contigua; se han de evitar los servicios higiénicos comunes, los pasillos interiores que establecen una mezcla de familias poco conveniente, lo mismo desde el punto de vista higiénico que moral». La revista también señalaba que los dormitorios no debían usarse para otros propósitos durante el día, y que niños y padres debían dormir en habitaciones separadas.[29]

Los trabajadores no eran meramente objetos de la «fantasía de vivienda» de la élite. Ellos también buscaban escapar de las calamitosas condiciones de vida que enfrentaban en muchos de los «callejones» o «casas de vecindad» en los que tendían a congregarse.[30] En 1921, un grupo de oficinistas y operarios escribió al presidente Leguía para sugerir una solución a la crisis de vivienda en la capital, puntualizando los principales problemas: viviendas insalubres, alquileres altos y propietarios ávidos de obtener una ganancia rápida. Sin embargo, una solución a esto se había presentado con la llegada a Lima de

27. *Variedades* 17, n.º 716 (19 de noviembre de 1921).

28. Dávila Cárdenas, *La función del Estado*, s. p.

29. *Ciudad y Campo* 1 (julio de 1924): 11.

30. Descripción de callejón tomada de Stein, *Populism in Peru*, 67. Una descripción detallada de las varias formas de vivienda en Lima durante este periodo está en Calderón, *La casa limeña*, 41-71.

«casas portátiles de madera», importadas por una compañía de los Estados Unidos dispuesta a venderlas a crédito. Las casas, construidas por la Portable House Company of Seattle y exhibidas en el Parque Zoológico de Lima, eran descritas en entusiastas términos por la revista *Variedades*, que señalaba que las viviendas prefabricadas permitirían a cualquiera, «por escasos que sean sus recursos», convertirse en propietario, «satisfaciendo así la imperiosa necesidad de la habitación».[31] Presentándose como «padres de familia», los trabajadores requerían que el Estado les concediera terrenos donde establecer estas casas prefabricadas en el distrito de Santa Beatriz, a medio camino entre Lima y el distrito de Miraflores. De esta forma, señalaban los suscritos, «la idea largamente acariciada por su Gobierno, un barrio realmente obrero», se convertiría en realidad.[32] Algunos historiadores han visto el «callejón», la versión peruana (en términos quizás más simbólicos que arquitectónicos) del «conventillo» argentino y el «cortiço» brasileño, como un sitio privilegiado de formación de la cultura de la clase trabajadora y de sus formas de sociabilidad.[33] De alguna manera, este se ha idealizado en la cultura popular; quizás como una reacción a su equivalencia con una patología en el discurso de la élite. Pero es justo especular que la mayoría de trabajadores se habría movido fuera de los «callejones» si hubieran podido hacerlo.

Como se discutió en capítulos previos, Leguía adoptó, poco después de llegar al poder, una serie de medidas para enfrentar el problema de la vivienda; no obstante, estas disposiciones parecen haber hecho poco por enfrentarlo y podrían, más bien, haberlo exacerbado. Según un estudio del arquitecto Alberto Alexander, los controles del precio de los alquileres establecidos por Leguía contribuyeron a detener la construcción de nuevas viviendas.[34] Para Alexander, el alto precio de la vivienda fue una consecuencia de las fuerzas de la oferta y la demanda, y del elevado costo de la construcción, y no de la especulación de los propietarios, como creyeron varios. Alexander calculó que, mientras que la demanda de vivienda creció en un 10,3% entre 1908 y 1920, el aumento de la población fue de 25,3%. Esto habría resultado en un incremento de 100% en el costo del metro cuadrado construido en algunas partes de Lima, un aumento al que los más altos costos de mano de obra y materiales de construcción habrían contribuido (el primero de los cuales

31. *Variedades* 17, n. ° 708 (1 de octubre de 1921): 1495-1496.

32. AGN/MF/Gremios 1: 18, Moisés Azana et ál. a Augusto Leguía, 25 de octubre de 1921.

33. Véase Tejada, «Malambo»; y Del Águila, *Callejones y mansiones*. Un análisis de un callejón específico es el de Dreifuss Serrano, «Ciudad y vivienda colectiva republicana».

34. Alexander, *Estudio sobre la crisis de la habitación*.

Alexander atribuye en parte a las «teorías comunistas»). Más que un intento de controlar el precio de los alquileres en la ciudad, sugería Alexander, era imperativo comenzar un proyecto para construir, y de manera barata, en la ciudad. Él vio esto como una tarea en la cual el Estado debería haber desempeñado un rol clave: «Es evidente que el Gobierno constituye una entidad que debe estar en aptitud de financiar un proyecto de construcción intensivo. No se trata, desde luego, de llevar a cabo un programa a base de un criterio absolutamente altruista, pero sí persiguiendo una finalidad económica que dé margen para obtener, además del costo de las obras, un interés mínimo y los gastos de dirección y administración consiguientes».[35]

Por supuesto, la década de 1920 fue testigo de una significativa expansión del área construida de la ciudad. El régimen de Leguía dio a la Foundation Company, una empresa de los Estados Unidos, un contrato exclusivo para ampliar y pavimentar las calles de la ciudad, modernizar su infraestructura urbana (electricidad, agua, desagüe, parques y monumentos), y, en general, convertir a Lima, a través de un proceso parecido a la transformación de Haussmann de París, en una urbe «moderna» que impresionara tanto a visitantes extranjeros como a limeños.[36] Al mismo tiempo, una serie de compañías de construcción obtuvieron contratos para urbanizar diferentes partes de la ciudad. Los impulsores del régimen presentaron la urbanización emprendida por Leguía como una acción social. La nueva urbanización de Santa Beatriz, anteriormente una tierra agrícola, fue exhibida como un particular éxito gracias a la combinación del bajo costo de las parcelas y la disponibilidad de crédito barato. Como consecuencia, así lo afirmaron sus impulsores, «son incontables las personas que en esta forma ha alcanzado el ideal, por mucho tiempo ambicionado, de tener casa propia. Militares, marinos, empleados, cesantes, pensionistas, obreros manuales e intelectuales, en una proporción de un 70%, sobre el total de lotes vendidos, son los actuales propietarios del barrio de Santa Beatriz».[37] Adicionalmente, el régimen construyó una serie de casas para obreros en el Callao.[38] En su inauguración, Leguía sostuvo que estas obras reflejaban la creencia de que «la asistencia social deja de ser un favor de los hombres para convertirse en una obligación del estado».[39] De

35. Ibíd., 51.

36. Ludeña Urquizo, *Lima: Stadtebau und Wohnungswessen*, 125-146.

37. Anónimo, *Lima, 1919-1930*, 29.

38. Véase *Ciudad y Campo y Caminos* 5, n. ° 37 (enero-febrero de 1928): 38-39; y 6, n. ° 43 (enero-febrero 1929): 41-43.

39. *La Prensa*, 19 de marzo de 1928.

manera similar, un informe del gobierno afirmaba que las 72 casas «forman un barrio modelo. Seguramente es el esfuerzo más grande que se ha hecho en el país para dotar a la clase obrera de alojamiento barato e higiénico. Por lo demás, las casas están construidas de material de primera clase y provistas de las comodidades y servicios sanitarios más indispensables».[40]

Sin embargo, estas iniciativas hicieron poco para enfrentar la cuestión de la vivienda obrera, y su fracaso llevó a algunos comentaristas a enmarcar sus preocupaciones por la precariedad de la vivienda en Lima en una más amplia, aunque velada, crítica del régimen. En 1927, un artículo en *Variedades*, normalmente cercano al gobierno, señalaba que el *boom* en construcción beneficiaba solo a un pequeño sector de la ciudad:

> Es que no se construye sino para la gente adinerada: Chalets confortables y espaciosos; mansiones de varios pisos rodeadas de pintorescos jardines. Para los pobres, para los laboriosos ciudadanos que contribuyen con su esfuerzo personal, con su trabajo diario al bienestar patrio, para éstos no hay casas. Se ven en la necesidad de domiciliarse en esos predios llamados callejones, cuyos propietarios se limitan a exigir puntualmente el pago de los arriendos desproporcionados que cobran por míseros, insalubres y antihigiénicos cuartuchos.

El artículo pasaba a describir las espantosas condiciones de vivienda en el Callao, que ilustraba con una serie de fotografías. Su indignante tono llama la atención:

> ¿Cómo se quiere que desaparezca el raquitismo de la raza si nuestro pueblo carece de hogares dotados de los elementos más indispensables para la conservación de la salud? ¿De qué sirve la propaganda en favor de los deportes, qué utilidad pueden proporcionar los campos de balompié, los etadiums [sic] modelos y las lecciones de cultura física, a seres que se ven obligados a buscar el sueño reparador del cotidiano desgaste de energías producido por el trabajo y la práctica de deportes, en recintos donde el agua se distribuye por turno a cucharadas, y los servicios higiénicos brillan por su ausencia?

El autor del artículo solicitaba al gobierno construir urgentemente casas para obreros en el Callao, y concluía con una solapada crítica de los proyectos de urbanización de Leguía —un ataque que revela cómo la política laboral fue crecientemente comprendida en formas que expresan racionalidades de gobierno: «No tenemos derecho a vanagloriarnos de nuestras hermosas y

---

40. Anónimo, *Lima, 1919-1930*, 200.

modernas avenidas, ni a repetir con insistencia papagayesca aquello de *mens sana in corpore sano*, pues no pueden conservar ni la mente ni el cuerpo sano los habitantes de un pueblo que no tiene donde vivir ni siquiera donde dormir como lo disponen los más elementales principios de la higiene».[41]

De manera similar, la revista *Mundial* publicó una serie de artículos sobre «el problema de la vivienda obrera». Uno de ellos, que ligaba la precariedad de la vivienda a la propagación de la tuberculosis, señalaba que la enfermedad representaba una amenaza no solo para aquellos que vivían en viviendas de escasa calidad, sino también para los ricos en sus cómodas casas. Daba el ejemplo de una mujer, una versión peruana de Typhoid Mary, que cuidaba a su hijo enfermo por las noches, pero que durante el día trabajaba como sirviente doméstica con una familia rica, «llevando consigo los gérmenes de la terrible enfermedad; y bien sabe todo el mundo que esos gérmenes no respetan ni a los pobres ni a los ricos!...».[42] Otro artículo, escrito por Federico Ortiz Rodríguez, quien escribía regularmente la «Página del pueblo», señalaba que mientras varios países en Latinoamérica habían iniciado grandes proyectos de vivienda, el Perú se había quedado atrás «en un asunto que hoy día es en todas partes del mundo la principal cuestión del estado moderno». La ironía era que el Perú había sido uno de los primeros países en iniciar proyectos de vivienda obrera. El artículo listaba una serie de iniciativas: las casas construidas por Enrique Meiggs en la década de 1880, en lo que se convertiría en la calle de los Artesanos, cerca de las barracas de Santa Catalina; las construidas en 1895 por Glicerio Joya en el distrito de La Victoria; y las de la época de Guillermo Billinghurst siendo alcalde en 1910 (en el barrio de Santa Sofía) y presidente en 1913 (en el barrio de Malambo). Ninguna de estas iniciativas había pasado de ser un experimento. Como el autor del artículo de *Variedades*, Ortiz Rodríguez, concluía en una forma que nuevamente invocaba racionalidades de gobierno: «La mejor escuela de humanidad, de patriotismo, de higiene, de economía, de amor y de solidaridad está en el hogar donde el hombre se desarrolla, pues mientras nuestro pueblo tenga por habitación un tugurio infecto, donde se le mida y se le pese, como si fuese oro y brillantes el aire, la luz y el agua, jamás hemos de conseguir tener los ciudadanos fuertes de cuerpo y de espíritu que la patria necesita para su grandes reivindicaciones».[43]

---

41. *Variedades* 23, n.º 986 (22 de enero de 1927).
42. *Mundial* 7, n.º 331 (15 de octubre de 1926).
43. *Mundial* 8, n.º 421 (6 de julio de 1928).

Las viviendas obreras y las juntas pro desocupados

En la década de 1930, la situación de la vivienda obrera había cambiado poco. Podría decirse incluso que había empeorado como consecuencia de la significativa migración de la década de 1920, cuando 65.000 provincianos se mudaron a la capital, contribuyendo a un incremento general de la población de la ciudad, que pasó de 223.807 habitantes en 1920 a 376.097 en 1931.[44] Como en la década anterior, eran comunes los reclamos de que el Estado invirtiera en vivienda. A inicios de 1931, una serie de artículos en el periódico *Alma Obrera* urgían al gobierno a facilitar la construcción de vivienda obrera a través de medidas fiscales, entre las que se incluían la eliminación de impuestos a las importaciones de materiales de construcción, la concesión de una moratoria fiscal de cinco años, y el establecimiento de facilidades de crédito que permitieran a los trabajadores pagar las casas en cuotas mensuales. Además, los artículos proponían que los trabajadores que se beneficiaran con una nueva vivienda fueran ellos mismos la mano de obra para su construcción. Tales medidas se harían cargo de las terribles condiciones de vivienda que la mayoría de trabajadores enfrentaban, particularmente en lo concerniente a las pobres condiciones de higiene con las que tenían que lidiar y las usureras tasas de alquiler que estaban forzados a pagar. Ellas también fomentarían y expandirían la propiedad privada.[45] Otro artículo, que pedía distintas medidas para proteger a los trabajadores, particularmente a los desempleados (tales como la prohibición de los despidos a menos que una falta muy seria hubiese sido cometida, facilidades para la distribución de alimentos estatales para desempleados y una moratoria en los pagos de alquiler para esas personas), enmarcaba estas amplias peticiones de intervención del Estado en una retórica que subrayaba los peligros planteados por el aumento de la lucha de clases en el país: «Medidas como estas se imponen en el momento, como único medio de ayudar al proletariado sin trabajo y como medio de neutralizar la propaganda disociadora que en estos momentos realizan elementos de corrientes extremistas con el fin de crear horas de caos y anarquía muy peligrosas para el país».[46]

La creencia de que una vivienda adecuada para los trabajadores podría ayudar a detener el aumento de la militancia no era solo propia del Perú,

---

44. Stein, *Populism*, 51, 65.
45. *Alma Obrera* 1, n.° 1 (2 de abril de 1931): 14; y 1, n.° 2 (11 de abril de 1931): 10-11.
46. *Alma Obrera* 1, n.° 2 (11 de abril de 1931): 11.

como han mostrado varios historiadores.[47] En el Perú, como en otros lugares, tales preocupaciones hicieron de la vivienda obrera un campo de batalla político clave, como demuestran los primeros programas de construcción de vivienda iniciados por la Junta Pro Desocupados en Lima en 1931. Fundadas el 10 de abril de 1931, las juntas pro desocupados fueron la respuesta del Estado peruano al desempleo provocado por la depresión mundial. Su principal función era la distribución de fondos recaudados mediante nuevos impuestos. Una entidad central, la Comisión Distribuidora, asignaba dinero a las distintas juntas departamentales que fueron gradualmente creadas durante el curso de 1931 y 1932. Inicialmente, la membresía de la Comisión fue políticamente variada e incluía un cuadro dirigente aprista, Manuel Seoane. Las membresías de las juntas departamentales tendían a incluir a respetables locales. En Lima, la Junta fue dirigida en sus inicios por José de la Riva-Agüero, un historiador y una figura conservadora importante. Los recursos de la Junta eran considerables. Entre julio de 1931 y diciembre de 1934, sus ingresos totalizaron alrededor de siete millones de soles, de los cuales 2 se gastaron en carreteras y puentes, 1,11 millones en hospitales y vivienda obrera, 1,6

47. Como ha mostrado Mark Swenarton, durante los debates parlamentarios en la Cámara de los Comunes del Reino Unido sobre la ley de vivienda en 1919, un miembro del Parlamento sostuvo que «las condiciones actuales de vivienda son las verdaderas y en realidad las únicas razones de los disturbios sociales», mientras que otros sugirieron que «que la mala vivienda hacía que el hombre comenzara a pensar en el Bolchevismo y que la solución era darle una casa de calidad». En Irlanda, en la década de 1910, incluso las voces conservadoras habían comenzado a asociar militancia laboral con malas condiciones de vivienda, con el *Irish Times* señalando que «la condición de los barrios bajos de Dublín es la causa no solo de la enfermedad y del crimen sino de gran parte de nuestros disturbios industriales» y añadiendo «si cada trabajador no calificado de Dublín fuese el inquilino de un hogar decente de dos o hasta tres habitaciones, la ciudad no estaría dividida en dos partes hostiles». Tales preocupaciones producían debates entre arquitectos, urbanistas y políticos en relación con la forma o diseño apropiado de la vivienda para trabajadores. En la Argentina de la década de 1930, por ejemplo, los conservadores rechazaron las viviendas multifamiliares sobre el fundamento de que la agrupación de los trabajadores ayudaba a propagar ideas revolucionarias y, en su lugar, favorecían las viviendas familiares independientes. Mientras tanto, los socialistas sostenían que las viviendas multifamiliares ayudaban «crear comunidades sobre la base de la igualdad y la solidaridad». En el Brasil de la década de 1940, la urbanización Realengo en Río de Janeiro fue diseñada según principios que reflejaban las inquietudes políticas y las ideas de ingeniería social de los reformadores sociales, y no de acuerdo con las necesidades de los inquilinos. Como consecuencia, tan pronto como los inquilinos pudieron realizar modificaciones, muchos aspectos de las casas fueron cambiados, tales como las pequeñas cocinas que prevenían el tipo de socialización que los trabajadores favorecían, pero que los reformadores sociales temían. Swenarton, *Homes Fit for Heroes*, 85; McManus, «Blue Collars, "Red Forts", and Green Fields», 42; Aboy, «"The Right to a Home"», 501; Mangabeira, «Memories of Little Moscow (1943-64)», 279.

millones en pavimentación y saneamiento, y 1,22 millones en construcción de escuelas.[48] Entre 1931 y 1943, un total de 32.018 trabajadores se registró en la junta de Lima y recibió algún apoyo en forma de empleo en obras públicas.[49] Además de las obras públicas, las juntas proveyeron formas más inmediatas de socorro. Todavía en abril de 1933, la olla común de la junta de Lima daba de comer a alrededor de quinientas personas por día.[50] Esta junta, por otra parte, ayudó a un buen número de provincianos incapaces de encontrar trabajo en la capital a retornar a su lugar de origen: 8060 entre 1931 y 1934; 1957 entre 1935 y 1936; 615 entre 1937 y 1938; y 836 entre 1939 y 1941.[51]

La vivienda obrera construida por la junta de Lima se inauguró en agosto de 1931.[52] Edificada sobre el viejo «camal» o matadero, el nuevo edificio, que costó 225.785 soles, cubría un área total de 3.869 metros cuadrados e incluía seis pequeñas casas, 49 pequeños departamentos y dos almacenes. Unos 1400 trabajadores fueron empleados en la fase de construcción. El primer informe de la Junta, publicado en 1935, incluyó la siguiente descripción, ilustrada con fotografías, de las nuevas casas y departamentos:

> Las casitas son de dos y tres habitaciones, hall, patio interior, baño y lavatorio. Los departamentos de dos habitaciones, patio, cocina, y lavatorio. Los cuartos tienen pisos de madera y los patios y corredores de mosaicos y concreto. Las paredes son de ladrillos; las puertas y ventanas de Pino Oregón, con apropiada disposición de aire y luz. Para comodidad de los moradores, posee, además, un gran patio interior.[53]

El énfasis en la calidad de los materiales usados (ladrillo en lugar de adobe y mosaicos), en la circulación de aire e iluminación, y en la comodidad de los residentes, señala las formas en que el diseño arquitectónico de interiores y exteriores fue considerado un importante aspecto de estas casas obreras, y se hace eco de algunos de los temas clave de la arquitectura social-modernista

48. FO 371/18720, Forbes a Simon, 25 de abril de 1935.

49. *Memoria de la Junta Departamental de Lima Pro Desocupados, 1942, 1943 y 1944*. Lima: Tipografía Peruana, 1946, s. p.

50. *El Comercio*, 5 de abril de 1933.

51. *Memoria al 31 de diciembre de 1934 de la Junta Departamental de Lima Pro Desocupados*, Lima: Imprenta Torres Aguirre, 1935, XXV; *Memoria de la Junta Departamental de Lima Pro Desocupados, 1935-1936*, Lima: Imprenta Torres Aguirre, 1937, XIX; *Memoria de la Junta Departamental de Lima Pro Desocupados, 1939, 1940 y 1941*, Lima: Empresa Gráfica T. Scheuch, 1943, 23.

52. *Variedades*, 5 de agosto de 1931.

53. *Memoria 1934 Junta Departamental de Lima*, 2-5.

europea, una evidente influencia en el diseño de la casas de obreros de la Junta y un punto al cual retornaremos más adelante.[54] Una vez completadas, las nuevas casas y departamentos se entregaron a la Municipalidad de Lima, aunque la Junta había seleccionado a los nuevos inquilinos, escogiendo entre la clase obrera a los que tenían «antecedentes honorables». Esta vivienda obrera, concluía el informe de la Junta, representaba una nueva y permanente fuente de ingreso para la municipalidad. Sin embargo, aunque las juntas continuaron operando por más de una década, no emprendieron ninguna vivienda obrera adicional. Tal como veremos, el fracaso de la junta de Lima para continuar los proyectos de vivienda obrera se convirtió en un tema político usado por las emergentes fuerzas políticas de izquierda, particularmente por el APRA, para atacar a las juntas y, en general, a los regímenes de Sánchez Cerro y Benavides. Pero la motivación para construir casas para trabajadores fue, en primer lugar, política.

La creación de las juntas parece haber sido inspirada, en parte, por las iniciativas emprendidas por el alcalde de Lima, Luis Antonio Eguiguren, quien asumió el cargo el 1 de septiembre de 1930. Enfrentado con las privaciones en aumento de los habitantes de Lima, el alcalde decretó una serie de medidas dirigidas a ayudar a los más afectados. Se recortó el precio de la electricidad, se organizaron ferias de alimentos y la carne fue «municipalizada». A finales de marzo de 1931, se abrió un puesto en el Parque de las Tradiciones para efectuar un censo del desempleo en Lima. Poco después, Eguiguren anunció una serie de esquemas de promoción de trabajo, que incluían construcción de vivienda obrera y de carreteras. De acuerdo con un documento, alrededor de doscientos o incluso más trabajadores se beneficiaron de estos proyectos en el tiempo que tomó establecer las juntas pro desocupados. Eguiguren parecía tener éxito en recaudar fondos de la clase acomodada de Lima para cubrir los costos de estos esquemas, quizás en parte porque esta clase, al igual que el editorialista de *El Comercio* que comentaba positivamente estas medidas, creía que «propender a que se dé ocupación a los hombres sin trabajo [es] contribuir a matar el germen de posibles desordenes futuros, porque quienes cuentan con los medios necesarios para el sostenimiento de sus hogares no están pronto a correr peligrosas aventuras que puedan terminar trágicamente».[55]

---

54. Para una discusión de las formas en que los arquitectos y planificadores en los inicios del siglo XX comenzaron a ver los interiores y exteriores de las construcciones como medios para establecer ciertas formas de comportamiento, véase Jerram, *Germany's Other Modernity*, cap. 3.

55. *El Comercio*, 30 de marzo de 1931, citado en *Origen y legislación comparada sobre los impuestos para desocupados*. Lima: s. p. i., s. p.

El editorial señalaba que el hambre y la desesperación creaban condiciones fértiles para la proliferación de «propaganda peligrosa» por parte de agitadores. Como esto sugiere, la creación de las juntas pro desocupados respondía claramente al miedo que había entre la élite de que el desempleo agudizara la tensión social y fortaleciera el atractivo de opciones políticas radicales entre la clase obrera.[56]

Los trabajadores peruanos ciertamente enfrentaban condiciones de empleo difíciles como consecuencia de la depresión. El impacto de esta crisis en el Perú fue severo, pero duró poco en comparación con otros países de Latinoamérica. Entre 1929 y 1932, el PBI real (1941 = 100) cayó de 84 a 65, mientras que las exportaciones totales disminuyeron un 68%, de 134 a 38 millones dólares. Aunque no todos los sectores fueron golpeados, la mayoría de los empleadores buscó recortar su fuerza de trabajo y reducir sus costos laborales. No se dispone de cifras del desempleo nacional; las recogidas por la Junta Pro Desocupados de Lima son, a lo más, aproximaciones, puesto que solo indican el número de trabajadores que se registraron como desempleados. Según la Junta, entre 1931 y 1934 se registraron 22.151 trabajadores: 9230 de Lima; 1380 de Junín; 1881 de Arequipa; 1540 de Áncash; y 355 del Cuzco.[57] Según el censo de Lima de 1931, elaborado por la junta de Lima (y creado, en parte, para proveer empleo a oficinistas), 31.139 hombres de entre 14 y 69 años, o el 25% de la población trabajadora, estaban desempleados. A los trabajadores de construcción, el 70% de los cuales estaban sin trabajo, les fue particularmente mal. De modo elocuente, a los trabajadores de industrias con sindicatos, tales como las textiles, parece haberles ido considerablemente

56. Aunque las juntas fueron esencialmente iniciativas de arriba hacia abajo, también fueron respuestas a la presión desde abajo. Como la depresión comenzó a notarse en los trabajadores, varios grupos propusieron esquemas de creación de empleo a la autoridad gubernamental. En enero de 1931, por ejemplo, trabajadores desempleados en Arequipa, enfatizando que su paciencia había terminado, demandaron que la construcción de la carretera que conectaría Arequipa con Puno comenzara de inmediato. En mayo de 1931, un grupo de autodescritos «profesionales desempleados» del Callao sugirió dos medidas: la reparación de las naves de la Compañía Peruana de Vapores, y la pintura y saneamiento de las viviendas de la ciudad, que proveerían, según sus cálculos, de empleo para quinientos o seiscientos hombres. De alguna forma, las iniciativas de trabajo público de los gobiernos de Leguía y de Sánchez Cerro, que incluían proyectos de saneamiento y construcción de carreteras en Lima, proyectos de colonización en la montaña (i. e., selva) y viviendas para trabajadores, más tardes consolidadas bajo la égida de las juntas pro desocupados, se configuraron por tales demandas. Véase *Noticias*, 27 de enero de 1931; AGN/MI/309/ Callao, Domingo Huamán et ál. a Prefecto del Callao, 12 de mayo de 1931; *Variedades*, 1 de octubre de 1930 y 11 de febrero de 1931.

57. *Boletín de Trabajo y Previsión Social* 1, n. ° 1 (1935): s. p.

mejor que a aquellos en industrias sin ese tipo de asociación. Por ejemplo, el desempleo en la industria textil se situaba en 12%.[58] Sin embargo, la contabilidad de los empadronadores era deficiente; las mujeres no se consideraron, y como los empadronadores del censo admitieron, varios que se declararon desempleados, tales como empleados comerciales y estatales, habían encontrado empleo en otras áreas, como vendedores o trabajadores manuales. Además, algunos considerados por el censo como desempleados trabajaban en sectores donde la mano de obra era irregular o estacional, tal como la construcción.[59]

Sin embargo, siguiendo con el incumplimiento en el pago de la deuda externa del país, en 1932 la economía del Perú se había recuperado rápidamente en términos comparativos, estimulada por el crecimiento de la exportación de algodón que, gracias a su alto valor de retorno y a sus grandes ganancias, tuvo fuertes efectos multiplicadores en la economía. Para 1934, el PBI del Perú había recobrado su nivel de 1929.[60] Aun así, la recuperación de la economía no se reflejaba necesariamente en una mejora del desempleo, incluso si algunos organismos, tal como la Cámara de Comercio de Lima, afirmaban por 1933 que ese problema «no [ha] ofrecido entre nosotros síntomas alarmantes».[61] De manera similar, según el informe económico del ministro británico para 1935:

> Durante los últimos dos años ha habido relativamente poca privación causada por el desempleo en este país y una cantidad limitada de mano de obra excedente. Con la excepción de periodos entre cosechas, casi todo el desempleo ha estado concentrado en las grandes ciudades como Lima, Callao, etc. Incluso en el momento más crítico en 1931, el desempleo no pasaba de 20.000 o 30.000 personas, y en las condiciones actuales, es debido en gran parte a la mala suerte personal o la falta de previsión de los trabajadores entre los cuales sólo 5.000 pueden considerarse desempleados.

El ministro añadió que durante los preparativos para la celebración del centenario en enero, cuando 4000 hombres se emplearon en Lima para el mejoramiento de calles y parques, «hubo una aguda falta de mano de obra en el distrito para obras de construcción».[62]

---

58. Stein, *Populism*, 80.
59. Derpich, Huiza e Israel, *Lima años 30*, 32-35.
60. Thorp y Bertram, *Peru*, 151-154.
61. Basadre y Ferrero, *Historia de la Cámara de Comercio*, 166.
62. PRO/FO 371/18720, Forbes a Simon, 25 de abril de 1935.

En cambio, otros afirmaban que el desempleo, o quizás el subempleo, era un problema que enfrentaban principalmente las clases medias: «si es cierto que hay pocos absolutamente sin trabajo, hay muchísimos que ocupan posiciones de inferior nivel a sus capacidades y perciben remuneraciones muy inferiores a las requeridas para la satisfacción de sus necesidades, llevando vida de amargura y tristeza, todo lo cual constituye realmente desocupación, aun cuando sea parcial». Como ha sostenido David Parker, y confirma este artículo, muchos observadores vieron a las clases medias como particularmente vulnerables a los efectos de la depresión; para mantener un «respetable» estándar de vida, y ser considerado de clase media, se requería un ingreso sustancioso y la capacidad de mostrar el estatus que este ingreso solventaba. Pero para la clase trabajadora, también, sugería el artículo, el empleo no era garantía ni siquiera de condiciones de vida soportables: «En cuanto a los obreros con los jornales que ganan a duras penas viven su vida de privaciones y sufrimiento, comiendo muy mal, vistiendo andrajos, y habitando tugurios».[63]

Independientemente de si la razón original para su existencia había desaparecido o había perdido importancia, las juntas continuaron funcionando en la década de 1940, dedicándose a iniciar y supervisar un amplio rango de obras públicas en Lima y a lo largo del país, canalizando recursos para importantes proyectos que incluían construcción de carreteras y obra de irrigación. Y, sin embargo, eran muy impopulares. Tanto empleadores como trabajadores se negaban a pagar los impuestos para financiarlas, y era vox populi su fraudulenta administración. Más importante aún, la mayor parte de los programas de obras públicas eran temporales. Como señaló el historiador Jorge Basadre: «Se careció, por lo general, del afán de crear actividades económicas que significaran fuentes de trabajo permanentes o abaratamiento de la vida».[64] La crítica a las juntas abunda en el registro histórico. Algunos afirman que las juntas se demoraron mucho tiempo en elaborar programas. En junio de 1931, por ejemplo, un grupo de trabajadores desempleados en Arequipa se quejó de que la junta pro desocupados local no había emprendido ningún programa de creación de empleo.[65] Los fondos eran escasos y, tan pronto esto se hizo evidente, hubo muchos demandantes compitiendo por ellos. A causa de que los fondos se centralizaban, diferentes departamentos

63. *Ciencia, Industria y Máquinas* 1, n. ° 4, marzo de 1938, 250-252.

64. Basadre, *Historia de la República*, vol. 11, 89-91.

65. ADA/105, Comité de Trabajadores Desocupados de Oficios Diversos a Prefecto, 11 de junio de 1931.

rivalizaban por un presupuesto limitado. En Trujillo, la municipalidad provincial demandó que los fondos gravados en el departamento fueran invertidos localmente.[66] Por otra parte, en los propios departamentos diferentes trabajadores rivalizaban por los mismos fondos. En septiembre de 1932, un grupo de trabajadores de la ciudad de Arequipa se quejó de que la Junta daba de trabajar a «gente campesina», que se beneficiaba del acceso a la tierra, mientras que ellos —obreros— no tenían trabajo y debían pagar alquileres y otros gastos.[67] Irónicamente, las juntas pueden haber contribuido a la pauperización general del periodo. Las obras públicas administradas por ellas pagaban un salario diario de dos soles, lo que llevó a algunos industriales a intentar bajar sus propios sueldos.[68] Por otro lado, líderes obreros como Arturo Sabroso consideraban el salario de dos soles largamente insuficiente para cubrir las necesidades diarias de los trabajadores en Lima.[69]

Parte de la impopularidad de las juntas se debía al hecho de que ellas eran vistas como instrumentos políticos, tecnologías de disciplina, quizás, del gobierno interino de Samanez Ocampo y, más tarde, del de Sánchez Cerro. Y en considerable grado lo fueron. Beneficiándose de una abundante cobertura en la prensa burguesa, las obras públicas que emprendieron estaban claramente destinadas a socavar las campañas del Partido Comunista y del APRA, atenuando las situaciones potencialmente explosivas a través de la inyección de fondos estatales.[70] Las autoridades locales fueron, indudablemente, conscientes de esto y explotaron a las juntas para obtener fondos adicionales. Mencionando que, en octubre de 1932, la situación de una centena o más de trabajadores desempleados en Mollendo era «desesperante, es por demás peligrosa para la tranquilidad pública», el subprefecto de Islay pidió que la Junta Pro Desocupados de Arequipa tomara medidas para asegurar la pronta iniciación de los trabajos en la carretera Mejía-Tambo.[71] De manera similar, cuando requerían fondos de la Comisión Distribuidora, las juntas departamentales frecuentemente puntualizaban la amenaza de conflictos obreros. La junta de Lima señalaba, en abril de 1932, que si no lograba recibir fondos

66. ADL/CPT/LCO, Concejo Provincial de Trujillo a Director de Fomento, 17 de abril de 1931.

67. ADA/107, varios trabajadores desempleados a Prefecto de Arequipa, 19 de septiembre de 1932; *El Pueblo*, 21 de septiembre de 1932.

68. *La Tribuna*, 23 de mayo de 1931.

69. *La Tribuna*, 17 de mayo de 1931.

70. Véase, por ejemplo, *El Comercio*, 8 de mayo de 1932.

71. ADA/106, Subprefecto de Islay a Prefecto de Arequipa, 4 de octubre de 1932.

adicionales, se vería forzada a «reducir de inmediato, la actividad de las obras en ejecución, disminuyendo el número de trabajadores que ocupa, lo que indudablemente, provocará graves conflictos y disturbios que pueden afectar la tranquilidad social y que es urgente evitar, sobre todo en estos días, tan próximos al 1 de Mayo, fecha propicia para agitaciones entre la masa obrera».[72] Del mismo modo, la junta en Arequipa indicaba que la escasez de fondos «agrava [...] el problema de la desocupación [y] amenazaría seriamente el bienestar del actual equilibrio social».[73]

Quizás inevitablemente, las organizaciones obreras asociadas con los partidos políticos de izquierda denunciaron a las juntas, precisamente, como instrumentos de manipulación política. En particular, la CGTP, la central obrera controlada por el Partido Comunista Peruano, montó un ataque mordaz contra ellas. Se las criticaba por rehusarse a incorporar a los sindicatos en sus operaciones —una posición que confirmaba «su naturaleza fascista, su composición burguesa y reaccionaria». La CGTP propuso una serie de medidas concretas para remediar el desempleo: un subsidio de 1,50 soles para cada trabajador desempleado, a cargo del Estado y los empleadores; alquiler, impuestos, electricidad, agua y transporte gratuitos para los trabajadores; el uso de edificios públicos para albergar a los desempleados; una jornada de siete horas de trabajo sin una reducción en los salarios; y una jornada de trabajo de seis horas para mujeres y niños, así como un salario mínimo de cinco soles para trabajadores agrícolas. Medidas menos concretas demandadas por la CGTP incluían «la solución revolucionaria de la crisis».[74] No es claro si la CGTP intentó socavar directamente a las juntas. Según la junta de Lima, su programa de obras públicas se veía obstaculizado por «elementos disociadores» que se infiltraban en los grupos de desempleados y que hacían «demandas injustificadas e inmoderadas que no están dentro de las facultades de la Junta resolver y atender».[75] Tales denuncias no necesariamente deberían tomarse en serio, pero esas tácticas eran parte del repertorio de acción de los comunistas.

---

72. AGN/JP/4.1.24, Junta Departamental de Lima a Comisión Distribuidora, 16 de abril de 1932.
73. ADA/108, reproducido en Junta Departamental de Arequipa a Prefecto de Arequipa, 22 de julio de 1932.
74. *La Tribuna*, 7 de noviembre de 1931.
75. AGN/MI/342/Lima, Junta Departamental de Lima a Prefecto de Lima, 15 de enero de 1934.

El Partido Socialista y el APRA también criticaron a las juntas. *El Socialista*, el periódico del Partido Socialista Peruano dirigido por Luciano Castillo, concluía en 1934 que las juntas no habían «reportado beneficio alguno a los obreros desocupados».[76] El APRA afirmaba que la mayoría de las obras públicas emprendidas por ellas eran de poco beneficio para la clase obrera: la carretera al exclusivo balneario de Ancón y las reformas del Parque de la Exposición eran perfectos ejemplos de ello. Muy poco dinero, en contraste, era canalizado para enfrentar las necesidades sanitarias en distritos obreros, como La Victoria.[77] Por otro lado, el APRA sostenía que la mayoría del dinero de las juntas se gastaba en Lima, sin que hubiera fondos designados para obras fuera de la ciudad, en gran parte bajo la presunción errónea de que no existía desempleo fuera de la capital.[78] *La Tribuna* iba más lejos al afirmar, a finales de 1931, que las juntas hacían un mal uso de sus fondos mediante la contratación de gerentes que eran compinches del presidente de la junta de Lima, de modo que «no queda nada para la tropa de obreros que va hacia ellos en busca de trabajo». Además, alrededor de 28.000 soles habían sido gastados en material de oficina, «que nada tiene que ver con las herramientas que deberían emplear los obreros», una prueba más de la malversación de fondos que debían invertirse en dar «pan y trabajo a los proletarios de esta capital».[79] De hecho, es probable que las juntas repartieran trabajo selectivamente, favoreciendo a los trabajadores que simpatizaban con el gobierno. En abril de 1932, la sección de Arequipa de la Unión Revolucionaria (UR) requirió al presidente de la Junta que a sus quinientos miembros les fuera dada prioridad cuando se repartieran trabajos.[80] En respuesta, el presidente de la junta departamental, también alcalde de la ciudad de Arequipa y vicepresidente de la UR, urgió a los miembros del partido a registrarse en la nómina de trabajo administrada por la Junta, aunque, añadía, «esta presidencia personalmente hará todo lo que esté a su alcance a fin de cumplir satisfactoriamente la solicitud sentida».[81]

Como sus otras iniciativas, la vivienda obrera emprendida por la junta de Lima se volvió un tema muy politizado. En la inauguración del grupo de

---

76. *El Socialista*, 20 de julio de 1934.
77. *La Tribuna*, 12 de agosto de 1931.
78. *La Tribuna*, 4 de junio de 1931.
79. *La Tribuna*, 20 de noviembre de 1931.
80. ADA/108, Unión Revolucionaria a Alcalde de Arequipa, 23 de abril de 1932.
81. ADA/108, Junta Desocupados a Presidente Club Unión Sanchezcerrista, 2 de mayo de 1932.

casas construidas por la junta de Lima en 1931, José de la Riva-Agüero, el jefe de la Junta y también alcalde de la ciudad, señalaba que las viviendas no solo habían provisto empleo a los trabajadores desempleados, sino que ahora también suministrarían «higiénica y cómoda vivienda a una fracción de la clase proletaria». Además, la construcción de viviendas adicionales sería guiada por el objetivo de lograr «los cultos fines de la salubridad y de la justicia social». Pero, de manera crucial, Riva-Agüero continuaba diciendo lo siguiente:

> No hay inmediata panacea para esta intrincada enfermedad peruana. Las drogas maravillosas, que muy probablemente la agravarían, serían tretas de curanderos charlatanes, de los que ahora estamos por felicidad muy lejos. El único método seguro, para consolidar la convalecencia que ya apunta, depende de la intensificación y garantías del trabajo, del estímulo y respeto a la laboriosidad, del abaratamiento de las subsistencias, de la sobriedad y del ahorro minucioso, y la leal aceptación del auxilio mutuo entre las diversas clases productoras.[82]

Contraponiendo las «maravillosas drogas» de «curanderos charlatanes» con el «seguro método» emprendido por las juntas para curar la «enfermedad peruana», Riva-Agüero, que claramente se estaba refiriendo al Partido Comunista y al APRA, así como a sus ideologías, se aseguró de enmarcar el programa de construcción de casas emprendido por las juntas y, de hecho, la política de vivienda en general, en la amplia lucha política que polarizaba a la sociedad peruana.

La vivienda se convirtió en una tema político clave en vísperas de las elecciones de octubre de 1931. El APRA usó sus periódicos para montar una campaña con el objetivo de denunciar la paupérrima vivienda de la ciudad. En julio de 1931, *La Tribuna* señalaba que la caducidad de la ley de control de renta resultaría en la privación de la clase trabajadora y obligaba a la acción gubernamental: «urge, pues, sin mayores delaciones, que el Estado dicte medidas inmediatas y radicales que defiendan el hogar de los trabajadores, a menos que abdique de su función titular y haya perdido todo sentimiento de justicia».[83] El periódico publicó una serie de artículos sobre las espantosas condiciones de vida de los trabajadores de Lima. Según uno de ellos, «lo que antes servía para el reposo de vacas y acémilas, hoy sin más condiciones de habitabilidad que el terraplén del suelo y la seudo construcción de cuartos con maderas usadas y costales, se han convertido en "casa común" [...] Allí

82. Riva-Agüero, *Discursos en las fiestas del Aniversario Patrio*, 25.

83. *La Tribuna*, 2 de julio de 1931.

moran las familias de nuestros compañeros, a quienes la racionalización capitalista ha colocado en el peor grado de miseria». Para hacer las cosas peores, los trabajadores pagaban alquileres de entre diez y quince soles.[84] Otros artículos afirmaban que los «corralones» donde los trabajadores vivían ayudaban a propagar la tuberculosis y la peste.[85] Esta afirmación se repitió en 1932 en *El Socialista*, el periódico del Partido Socialista Peruano, que señalaba que las casas que no demasiado tiempo atrás habían sido alquiladas por cinco o seis soles, tenían ahora un precio de 15, 20 o más soles, y que «cada callejón, a más de verdaderos focos de corrupción, por la afluencia de gentes de diferente naturalezas, son también centros donde las enfermedades tienen puestas sus raíces».[86]

El APRA no se limitó a criticar la inacción del gobierno. También presentó propuestas concretas, como aquellas incluidas en un artículo de dos páginas, aparentemente preparado por arquitectos apristas, ilustrado con numerosas fotografías y publicado en el semanario *APRA* a inicios de 1932.[87] Titulado «La casa mínima y el plan de Acción Inmediata del Partido Aprista Peruano», el artículo incluía dibujos de varios proyectos de vivienda a bajo costo para trabajadores en Alemania, los Estados Unidos y Holanda. Explícitamente rechazaba la acusación de que el APRA estaba politizando el problema de la vivienda, declarando que este problema era, para empezar, político. Mientras que el APRA veía la vivienda desde la perspectiva de la justicia social y creía que los trabajadores pobres tenían el derecho a «un hogar sencillo, pero sano y decente», para la derecha era una cuestión de conveniencia o «fuerza mayor». Criticando el argumento del arquitecto Alberto Alexander de que la inversión en vivienda se justificaba porque ayudaba a combatir el socialismo y hacía a los trabajadores más saludables y por lo tanto, más capaces de llevar a cabo su trabajo, el artículo afirmaba: «Para el Aprismo no es indispensable que haya necesidad de ELEMENTOS SANOS para el trabajo; para el Aprismo los ELEMENTOS DEL TRABAJO tienen derecho a vivienda SANA. Los conservadores han necesitado que se divulguen las "temidas tendencias o doctrinas" para pensar en mejorar las pocilgas inmundas en que han vivido las clases productoras. Nosotros sostenemos por principio que los hombres tienen derecho a vivir como hombres». A diferencia de Europa,

84. *La Tribuna*, 5 de julio de 1931.

85. *La Tribuna*, 9 de julio de 1931.

86. *El Socialista*, 30 de abril de 1932.

87. *APRA*, 7 de enero de 1932.

continuaba el artículo, donde la vivienda obrera se había desarrollado desde la década de 1860, en el Perú los ricos se construían palacios, «mientras que las clases productoras vivían y viven hundidas en callejones horridos, viejas y oscuras casonas, cuando no en las insultantes rancherías de nuestras minas y haciendas». De esta forma, el APRA atacaba las ideas que subyacían tras los proyectos de vivienda «conservadores», al mismo tiempo que aseguraba representar los verdaderos intereses de los trabajadores del Perú.

Estos ataques a la política (o falta de política) de vivienda del gobierno fueron retomados a mediados de 1934, cuando se permitió circular nuevamente las publicaciones del APRA durante el breve periodo de apertura política que siguió al ascenso al poder de Benavides. En junio, *La Tribuna* publicó una serie de entrevistas con varios trabajadores, bajo el título «No quieren más tugurios, quieren casas». Según un canillita de 20 años llamado Antonio Galindo: «aquí no tenemos casas aparentes para nosotros. Desde hace mucho tiempo vengo leyendo en los periódicos ofrecimientos de casas especiales para los obreros, pero hasta ahora solo tenemos que refugiarnos en callejones viejos o en sitios que se llaman casas pero en realidad son chozas». De manera similar, un artesano, Manuel Galdós, sostenía: «desde hace muchos años vemos proyectos relacionados con este asunto sin que se haya hecho nada aún. Mientras que la mayoría de la población viven sin ninguna comodidad y sin tener en sus casas las comodidades más rudimentarias». Al mismo tiempo, Andrés Carranza, un empleado, afirmaba que «un anhelo de la clase media y obrera es el problema de la vivienda. En otros países el gobierno se preocupa, exigiendo en ciertos barrios la construcción de casas baratas pero que reúnan los requisitos más indispensables de higiene y comodidad».[88] Estas entrevistas eran, por supuesto, pura propaganda. Pero cualquiera que las leyera sabía que las deplorables condiciones de vivienda que estos y otros trabajadores enfrentaban y que el APRA se aseguraba de subrayar en su periódico, así como los fracasos del gobierno de turno y de los anteriores para hacer algo al respecto, eran reales.

Como en años previos, la crítica del APRA respecto de la política de vivienda del gobierno se centraba en las condiciones insalubres y el hacinamiento a los que estaban expuestos los trabajadores. Un artículo sobre callejones incluía una fotografía de un hombre descrito como «palúdico».[89]

---

88. *La Tribuna*, 18 de junio de 1934.

89. *La Tribuna*, 20 de junio de 1934.

Otro comparaba las «casas de vecindad» donde muchos vivían con prisiones.[90] Los ataques se dirigían en particular a la Junta Pro Desocupados de Lima. Según otro artículo, por ejemplo, las obras de alcantarillado a lo largo del río Huatica, en el distrito obrero de La Victoria, no habían sido reparadas por la Junta, tal como se había planeado.[91] De hecho, como hemos visto, el APRA acusaba a las juntas de ineptitud y corrupción y de no haber usado los ingresos producto de nuevos impuestos para solucionar el problema de la vivienda en la capital:

> La iniciativa de la Junta Pro Desocupados no ha sido muy feliz a este respeto. No se ha preocupado de la condición de nuestra clase trabajadora. Apenas se ha realizado una o dos obras de edificios para obreros. Después se ha realizado otra clase de obras, a veces innecesarias. Y el pueblo que paga ya desde hace varios años impuestos ve transformados los fundos en cuarteles, en clínicas lujosas, sin tener esperanza de poder librarse del castigo de vivir en casas semiderruidas y antihigiénicas.[92]

Como sugiere este comentario, el proyecto de vivienda obrera emprendido por la junta de Lima había fallado. Proveyó empleo para algunos trabajadores y viviendas para otros, pero representó muy poco en el contexto de las deprimentes condiciones de vivienda de los obreros. No sirvió para socavar el atractivo de los partidos políticos de izquierda entre la clase obrera, sino para mostrar de manera más clara aún el fracaso de la élite gobernante del Perú para ocuparse de las necesidades materiales básicas de la población. Hay pocas dudas de que tales consideraciones contribuyeron a la decisión del gobierno de Benavides de canalizar importantes recursos del Ministerio de Fomento a la construcción de cinco «barrios obreros» en la segunda mitad de la década de 1930.

Benavides y los barrios obreros

Los barrios obreros no fueron las únicas viviendas para trabajadores construidas durante la presidencia de Benavides. La Sociedad de Beneficencia de Lima edificó 22 «casas de obreros», comenzadas en 1928 pero construidas sobre todo después de 1934. Diseñadas por el arquitecto Rafael Marquina y

---

90. *La Tribuna*, 23 de junio de 1934.

91. *La Tribuna*, 22 de junio de 1934.

92. *La Tribuna*, 30 de junio de 1934.

localizadas en su mayoría en partes periféricas de la ciudad, cada una de estas «casas», que eran, de hecho, complejos habitacionales de variados diseños, contenía una serie de pequeñas unidades de vivienda.[93] La más grande, la «Casa de Obreros N.° 8», tenía 87 unidades y alojaba a alrededor de 435 personas, mientras que la más pequeña, la «Casa de Obreros N.° 15», tenía solo seis unidades y alojaba únicamente a 30 personas.[94] Adicionalmente, cinco «barrios fiscales» se construyeron en el Callao, proveyendo casas a alrededor de 4660 personas en 932 unidades de vivienda.[95] Pero deseo centrarme aquí en los cinco barrios obreros construidos entre 1936 y 1939 en Lima. Hasta cierto punto modelados sobre la base del «Barrio Obrero Modelo» construido en 1934 para alojar a los trabajadores del Frigorífico Nacional del Callao, estos cinco barrios alojaban un total de 4859 personas en 1001 unidades de vivienda. Los primeros cuatro, localizados en La Victoria (Barrios Obrero 1), el Rímac (Barrio Obrero 2) y San Martín de Porres (barrios obreros 3 y 4), fueron diseñados por el arquitecto Alfredo Dammert, y el quinto, por Roberto Haaker Fort (Barrio Obrero 5). Los últimos tres barrios eran contiguos y constituían, en la práctica, un único vecindario. Estos arquitectos estuvieron fuertemente influenciados por la arquitectura social modernista alemana y su estética funcionalista, que se incorporó en la arquitectura de los barrios obreros.[96] Una lotería ayudaba a elegir a los nuevos residentes. Los primeros aproximadamente 120 propietarios-ocupantes del Barrio Obrero 2, todos hombres (aunque presumiblemente con familia), incluían mecánicos, sastres, choferes, jardineros, trabajadores textiles, albañiles, electricistas, ferroviarios y gráficos.[97]

Durante la inauguración del primer barrio obrero, en La Victoria, el presidente Benavides presentó las nuevas viviendas como una evidencia concreta de la efectiva «acción social» de su gobierno en favor de la clase obrera, en marcado contraste con las promesas del APRA: «frente a las falsas promesas demagógicas que conducen fatalmente a la regresión y la miseria, el obrero ve aquí, con la fuerza y la evidencia de la realidad, el resultado cierto y promisor de la paz interna, el punto de firmeza del orden público, la creación de nuevas fuentes de bienestar, por el metódico encauzamiento de la energías

93. Ruiz Blanco, «Las casas para obreros».

94. Ludeña Urquizo, *Lima*, 212-240.

95. Ibíd., 256-271.

96. Véanse Ruiz Blanco, «Vivienda colectiva en Lima»; Ludeña Urquizo, *Lima*, 271-291.

97. *Revista del Ministerio de Fomento y Obras Públicas* 1, n. ° 1 (junio de 1937): 4.

Figura 2: Casas en los barrios obreros. Fuente: *Progresos del Perú, 1933-1939, durante el gobierno del Presidente de la República General Óscar R. Benavides*. Buenos Aires: Editorial Guillermo Kraft, 1945, p. 226.

del trabajo apoyadas en la indestructible solidaridad que debe unir a todos los obreros peruanos que anhelan una patria próspera, grande y feliz».[98] El discurso de Benavides rechazaba las «falsas promesas» del APRA y otros, pero implícitamente reconocía que la pobre provisión de vivienda creaba condiciones para el aumento de la militancia obrera, lo que *La Crónica*, el diario que cubrió la inauguración, gráficamente ilustraba: una leyenda próxima a una fotografía de vivienda para trabajadores señalaba que «quienes viven en estas misera [sic] guaridas del callejón de Milano tienen razón de sobra para mirar con simpatía el bolsevikismo [sic]».[99] De manera similar, el ministro de Fomento y Obras Públicas, Federico Recavarren, enfatizaba en su discurso que «no precisa ser de tendencias iquierdistas [sic] ni comulgar con exóticas

98. *La Crónica*, 17 de enero de 1937.

99. Ibíd.

y desacreditadas doctrinas para sentir en el corazón y apreciar en todo su valor los dolores y angustias de los necesitados».[100]

La construcción de los barrios obreros correspondía, entonces, a un clásico intento de controlar a grupos de población determinados, en este caso a trabajadores proclives a dejarse atraer por los partidos de izquierda, a través de procesos disciplinarios de vigilancia y aislamiento. Como las casas construidas por la Sociedad de Beneficencia, los barrios obreros se hicieron todos en la periferia de la ciudad y en áreas con un bajo valor inmobiliario. El Barrio Obrero 2 se construyó en un vertedero, mientras que los barrios 3, 4 y 5 se situaron cerca del viejo leprosorio. Según Thomas Crupi, la ubicación de los barrios en estas áreas periféricas de bajo costo de la ciudad respondía a un proyecto de la élite de establecer una demarcación espacial clasista o una «segregación de clase»: «Estos proyectos fueron construidos en la dirección opuesta a donde las urbanizaciones formales, de la élite, estaban localizadas, segregando aún más a la población y fortaleciendo el desarrollo dicotómico de Lima».[101] La idea de que el emplazamiento de los barrios obreros correspondía a un proyecto de control social de arriba hacia abajo parece, además, confirmada por el hecho de que el Barrio Obrero 1 en La Victoria se construyó enfrente del nuevo Cuartel de la Guardia Nacional, lo que sugiere que esta ubicación reflejaba «el interés del gobierno en el orden social». Crupi concluye: «este movimiento de desarrollo urbano demuestra una obvia preocupación de controlar el emplazamiento y los estilos de vida de la clase obrera y de realizar el objetivo del gobierno de Benavides de transformar a la clase obrera en ciudadanos modelos».[102] Como señalaba un editorial de *La Crónica*, las casas en los barrios obreros ayudaban a convertir al trabajador en un ciudadano responsable y, en general, en un «elemento de orden y valioso factor de producción». De esa manera, no serían propensos a las «falaces incitaciones a la revuelta ni las huelgas».[103]

Como este editorial indica, el proyecto disciplinario que refleja el emplazamiento de los barrios obreros coexistía y, en muchas formas, se combinaba creativamente con un proyecto expresivo de racionalidades de gobierno que se centraba, no tanto en el control social, como en la protección y mejoramiento del bienestar de los trabajadores concebidos como agentes de

100. Ibíd.

101. Crupi, «Nation, Divided, City Divided».

102. Ibíd., 174.

103. *La Crónica*, 13 de marzo de 1937.

progreso. Como sugerían los discursos de inauguración de Benavides y Recavarren, las 62 casas construidas en el nuevo barrio obrero de La Victoria, que habían provisto empleo para alrededor de trescientos trabajadores, no solo estaban destinadas a proporcionar un hogar a los obreros; también los constituirían.[104] El presidente Benavides señalaba en su discurso que su esperanza era que el barrio obrero «sea, en pequeño, la imagen real de nuestras grandes y florecientes poblaciones obreras del futuro, que vemos elevarse desde aquí en todos los horizontes de la Patria». Según el Presidente, las nuevas casas, que se situaban en el polo opuesto del callejón y de la casa de vecindad «con su tétrico cortejo de enfermedades, sombras y miseria», no eran meros sustitutos de ellos, pues cumplían varios roles. Por un lado, estaban trazadas para fortalecer los lazos familiares, dado que su diseño ayudaría a inculcar lentamente en «la masa trabajadora el amor al hogar, al pequeño jardín pleno de luz y alegría, a la casa limpia y acogedora en que se aprietan y vigorizan los lazos de la convivencia familiar». De manera similar, las casas se destinaron a promover la pequeña propiedad, que ayudaría a fomentar otros valores: «se favorece así implícitamente el hábito del ahorro y se crea el sentido de la responsabilidad económica tan importante en el desarrollo de la sociedad». Finalmente, las casas y los más amplios complejos de vivienda buscaban influir directamente en los trabajadores y el bienestar de sus familias, motivo por el cual se había construido un campo deportivo, una piscina pública y un pequeño estadio de atletismo (véanse figuras 3 y 4) para que los trabajadores participaran de un «plan metódico y provechoso de mejoramiento físico».[105] Una publicación del Ministerio de Fomento resumía estos sentimientos: «El país ha de sentirse satisfecho al contemplar tan hermosa obra de positivo beneficio colectivo y que mejora en forma efectiva las condiciones de vida de las clases populares, garantizando el futuro de la salud obrera, capital humano, por el cual vela con todo interés el Gobierno actual».[106]

La idea de que la construcción de barrios obreros estaba ayudando a constituir un «capital humano» expresa, además, de qué manera la política de vivienda reflejaba racionalidades de gobierno y los barrios obreros se concebían como una tecnología de gobierno. Una serie de artículos hizo hincapié en cómo la vivienda obrera mejoraría a los trabajadores tanto física como moralmente. Un artículo de *La Crónica* señalaba, a inicios de 1937, que la

104. *Revista del Ministerio de Fomento y Obras Públicas* 1, n.° 1 (junio de 1937): 3.
105. *La Crónica*, 17 de enero de 1937.
106. *Revista del Ministerio de Fomento y Obras Públicas* 1, n.° 1 (junio de 1937): 4.

construcción de vivienda obrera significaba que «quedarán para la historia los recuerdos del callejón insalubre, sombrío y miserable que tanto daño ha producido al vigor físico de la raza».[107] Escribiendo ese mismo año, Elvira García y García se centraba en la edificación moral que representaban las casas para trabajadores:

> Nuestro pueblo necesita aprender a vivir bien, a tener conciencia de la limpieza y el confort y aunque se sostenga que eso no es obra primordial de la Escuela, no puede exigirse mucho antes de ofrecer las facilidades consiguientes, para entrar en posesión de una casita, que invita a todo lo bueno, y que llegará a considerarse como una verdadera joya, no solo por la comodidad que brinda, sino por su aspecto atrayente que le brinda a buscar los medios de asegurar la felicidad de su familia y la suya propia. Cuando se hayan levantado considerables barriadas y puedan todos los trabajadores, aquellos que no gastan sus energías en la cantina, disponer de una casa a su entera satisfacción se habrá avanzado considerablemente no sólo en el orden material, sino lo que es más importante, en valor espiritual, que será el fin de la personalidad de cada uno, dándole valor y tranquilidad.[108]

Del mismo modo, la revista *Mundo Peruano* aplaudía la medida de construir barrios obreros y señalaba que «el obrero que contribuye con el valor de su esfuerzo y con el capital de sus energías, constituye la más legítima y valiosa fuente de riqueza nacional. Es por esto que todos los gobiernos se interesan vivamente por dar conveniente solución a todos los problemas de asistencia y bienestar de las agrupaciones obreras de acuerdo con las necesidades del momento y con los postulados de la humanidad y justicia dentro del orden social».[109]

Tal retórica enfatizaba la creación de un capital humano masculino y de hogares encabezados por varones, que engendraría patrones convencionales (es decir, burgueses) de familia. Un informe del periódico *Cascabel* reproducía un discurso similar. Los barrios obreros daban a los trabajadores la oportunidad de abandonar la vida que habían llevado en los insalubres callejones, donde muchos se sentían, comprensiblemente, atraídos por el alcohol y la cantina:

> Ahora, con domicilio que lo dignifica y lo enaltece, sabiendo que al cabo de algunos años será propietario gracias a la protección del Estado, ahorrando dinero,

107. *La Crónica*, 24 de enero de 1937.

108. *La Crónica*, 14 de febrero de 1937.

109. *Mundo Peruano* 2, n.os 24-25 (diciembre-enero 1936-1937): 16.

Figura 3: El campo deportivo y la piscina de uno de los cinco barrios obreros. Fuente: *Progresos del Perú, 1933-1939, durante el gobierno del Presidente de la República General Óscar R. Benavides*. Buenos Aires: Editorial Guillermo Kraft, 1945, p. 226.

Figura 4: Piscina de uno de los cinco barrios obreros. Fuente: *Progresos del Perú, 1933-1939, durante el gobierno del Presidente de la República General Óscar R. Benavides*. Buenos Aires: Editorial Guillermo Kraft, 1945, p. 225.

puesto que el pago mensual es capital que acumula y le representa el valor del inmueble, orienta su vida de forma totalmente distinta a la de ayer. Sin la tiranía del pago semanal del alquiler, arreglada su finca con decorativos muebles, no teniendo que envidiar comodidades, pudiendo sus hijos distraerse y fortificarse en los campos deportivos, con servicios higiénicos convenientemente instalados, agua abundante, aire y luz, la vida del obrero ha cambiado radicalmente. Principia a amar su casa, la que está comprando con centavos y que no desnivela su presupuesto. Siente el orgullo del domicilio que posee y la satisfacción de ser dueño del lugar donde puede transcurrir tranquila su ancianidad.[110]

Con el objetivo de confirmar al hombre como el «dueño del hogar», el informe incluía una entrevista con dos de los nuevos residentes, un linotipista llamado Eugenio Ascencio, y Jorge Iturriaga, el presidente del sindicato de trabajadores del Estanco de Tabaco. Ambos aseguraban sentirse muy felices con sus nuevas casas, por las cuales habían pagado muy poco, enfatizando que el barrio era un lugar saludable para vivir.

La idea de que los trabajadores y, en general, la clase obrera estarían siendo formados en los nuevos barrios obreros se expresaba quizás más claramente en las maneras en que los discursos que acompañaban su inauguración aludían a los campos deportivos. Inaugurando el barrio obrero en el distrito del Rímac, el ministro de Fomento y Obras Públicas señaló: «A la par que las escuelas, estos campos son factores poderosos de resurgimiento. En ellos se forja la hermandad deportiva, fuente viva de sinceridad y afecto; en ellos se acrecienta el espíritu del team, sólida base de la disciplina colectiva y precioso germen del orgullo racial; en ellos se enriquece la sangre, se fortifica el músculo, se agiliza la mente y se educa el carácter».[111] Las instalaciones deportivas construidas en los barrios obreros se concibieron, entonces, no tanto como lugares de recreación, sino como una tecnología de mejoramiento físico y moral. Su impacto sería beneficioso no solo para los trabajadores sino para la toda la nación: «La acción al aire libre representa vigor y salud. De ahí en adelante queda señalado el camino del progreso que debe seguirse en las actividades deportivas, así el Perú se verá dignamente representado en las justas internacionales, donde le será posible adquirir nuevos y positivos triunfos que pongan muy alto al prestigio y valor de la raza».[112]

---

110. *Cascabel*, 11 de diciembre de 1937.

111. Federico Recavarren, citado en *Revista del Ministerio de Fomento y Obras Públicas* 1, n. ° 1 (junio de 1937): 35.

112. Ibíd., 33-44.

De este modo, los trabajadores mejorados a través de la acción del Estado vendrían a representar al Perú en el escenario mundial. Los que estaban siendo constituidos en los barrios obreros no serían solamente mejores trabajadores; serían representantes del ideal de la nacionalidad peruana: debían convertirse en la propia esencia definitoria de la nación.

Los trabajadores, entonces, estaban siendo formados como la propia esencia de la nación peruana, al tiempo que se los ubicaba en barrios obreros. Esta ingeniería, tanto literal en lo que respecta a la vivienda obrera como metafórica en lo que atañe a los trabajadores, es evidente en la propaganda escrita con la que el gobierno de Benavides divulgó sus programas sociales. Como en la carátula del libro discutida en la introducción de este capítulo, el Estado emerge en esta documentación como el único capaz de hacerse cargo de los problemas sociales a través de la ciencia y la tecnología. Así, en el barrio obrero del distrito del Rímac, «la construcción [...] se ha efectuado bajo especificaciones técnicas especiales, distintas a las que comúnmente se emplean, siendo necesario hacer excavaciones profundas, para establecer las cimentaciones sobre las que descansa la estructura del conjunto».[113] Sin embargo, este éxito técnico se expresa también en términos estéticos: el barrio obrero del Rímac, se nos dice, «presenta un admirable golpe de vista y su distribución es un acierto», mientras que el de La Victoria es descrito como «armónico» y su campo de deportes como «hermoso».[114] Esta combinación de logro técnico y estético, en la que resuena la arquitectura social modernista y su estética funcional que influyó en los arquitectos de los barrios obreros Dammert y Haaker Fort, se evidencia especialmente en la detallada explicación de los materiales usados para construir las casas:

> La condición de las casas inauguradas [...] no puede ser mejor. Son casas construidas con materiales nobles y su estructura es completa. Las paredes están levantadas sobre cimientos de concreto. Los muros son de ladrillo y los techos de concreto aligerado, cobertura de ladrillos pasteleros y acabado exterior al cuarzo. En el interior cuentan con cielo raso todas las habitaciones y solados de concreto en todos los pisos de madera o mosaicos. Las instalaciones eléctricas, de agua y desagüe, y los aparatos sanitarios son magníficos teniendo zócalos de mayólica en las cocinas y los baños.[115]

---

113. Ibíd., 3.

114. Ibíd., l. cit.

115. *La Crónica*, 17 de enero de 1937.

La atención a los detalles y a la estética en los barrios obreros tiene un claro propósito. Eve Blau ha mencionado que los arquitectos de las vienesas *Geimendebauten* estaban sobre todo interesados en asegurarse de que las viviendas obreras «fuesen radicalmente distintas en su aspecto formal a las odiadas "Mietskasernen" de la preguerra».[116] De la misma manera, las casas de los barrios obreros de Lima tenían que ser diferentes de los despreciados callejones y casas de vecindad. De hecho, el foco en la ciencia, tecnología y estética en la documentación sobre los barrios obreros indica cómo, en general, el diseño arquitectónico se consideró un elemento más en el proceso de «civilización» de los trabajadores. De este modo, los desarrollos arquitectónicos en el Perú se hicieron eco de los de Europa.[117]

Para la élite, en qué medida los barrios obreros producirían efectivamente mejores peruanos a través del diseño arquitectónico social modernista y de la estética funcionalista, continuó siendo una preocupación hasta bien entrada la siguiente década. En 1947, Elvira García y García señalaba con tristeza que, aunque los residentes estaban prohibidos de tener animales domésticos, «se nos asegura que es frecuente encontrar en las azoteas e interiores, los tantos animalitos que son del agrado de estas familias, tanto por mantener una costumbre, como por fomentar un negocio, que puede rendir utilidades».[118] A pesar de ello, se sentía feliz porque, cuando visitaba algún barrio obrero con un grupo de «amigas americanas», todas eran bienvenidas en casas limpias y cómodas. Esto confirmaba, desde su perspectiva, la creencia de que «si se da al pueblo los medios de decencia y confort, es seguro que los conserve, porque llega a constituir un placer singular».[119]

---

116. Blau, *The Architecture of Red Vienna*, 345.

117. En la Gran Bretaña de entreguerras, ha sugerido Swenarton, «el Estado esperaba inculcar en la población ideas favorables al *statu quo*» a través del diseño de las casas «hechas para héroes». En un contexto diferente, el diseño arquitectónico estuvo destinado a socavar el *statu quo*; en «la Viena roja», sostiene Gruber, la imponente arquitectura de las construcciones de departamentos para trabajadores como el Karl-Marx Hof and Karl-Seitz-Hof «dieron a los obreros la sensación que tenían poder político», aunque este poder, concede Gruber, fue más aparente que real. Incluso en la Unión Soviética, la estética de los edificios fue considerada importante. Como señala Stephen Kotkin, «para las autoridades soviéticas, como para la gente común, sus casas tenían que 'asemejarse a algo', tenía que ser fuente de orgullo, mostrar que el proletariado podía tener (no literalmente) casas atractivas». En todos estos contextos, las autoridades y las personas comunes y corrientes reconocieron que el diseño arquitectónico podía inculcar valores, conservadores o revolucionarios. Véase Swenarton, *Homes Fit for Heroes*, 195; Gruber, *Red Vienna*, 65; Kotkin, *Magnetic Mountain*, 119.

118. García y García, *La mujer y el hogar*, 29.

119. Ibíd., 49.

Generalmente, sin embargo, la gente estaba de acuerdo con que las casas para trabajadores de la era Benavides habían hecho poco por encarar el problema de la vivienda en la ciudad o, en general, en el país. En 1940, M. V. Merino Schroder reconoció los esfuerzos de distintos gobiernos, señalando las «dos pequeñas casas» construidas durante la administración de Billinghurst, el distrito obrero de Bellavista levantado durante el segundo gobierno de Leguía, y las aproximadamente cuatrocientas casas edificadas durante el régimen de Benavides. No obstante, sostenía Merino Schroder, estas iniciativas eran insuficientes y habían hecho poco para solucionar una contradicción en la política gubernamental, con gobiernos que construían nuevos y radiantes hospitales pero que fracasaban en cambiar las condiciones de vida de la mayoría de limeños que los forzaba a «vivir preparando sus cuerpos para la tuberculosis, el tifus, y tantas otras enfermedades».[120] Una década después, en una revista de arquitectura se señalaba que la mayor parte de casas construidas durante los veinte años anteriores habían tenido poco impacto; de 1933 a 1945, indicaba el artículo, el Estado había iniciado proyectos de vivienda obrera y había logrado construir doce «barrios fiscales» con 1991 casas y una población de 10.149 personas. Estos barrios, sin embargo, habían sido mal planificados, «sin criterio urbanístico», y carecían de muchos elementos básicos, como «servicios comunales que hagan posible el desarrollo de una vida integral y orgánica».[121]

Un único estudio estadístico puede ayudarnos a tener una idea del problema de vivienda que enfrentaban los trabajadores de Lima que no accedían a un barrio obrero. Este estudio, realizado en 1940 por Leoncio Palacios con una muestra de 81 familias (395 personas), incluía 21 costureras; 20 mecánicos; 17 trabajadores textiles (11 hombres y 6 mujeres); 14 albañiles; 14 lavanderas; 13 trabajadores domésticos (9 hombres y 4 mujeres); 13 carpinteros; 13 obreros; 7 choferes; 6 cocineros; 6 vendedores ambulantes; 5 trabajadores agrícolas; 3 gráficos; 2 panaderos; y 2 empleados.[122] Palacios encontró que 41 de estas familias (o 173 personas) vivían en callejones (donde usualmente los residentes compartían un único inodoro y las condiciones eran paupérrimas), 21 familias (117 personas) en casas-tiendas (descritas como casas independientes con una puerta que abría a la calle y que tenía sus propios y adecuados servicios sanitarios y eléctricos); 16 familias (88) en corralones (campos

---

120. Merino Schroder, *La vivienda barata*, 13.

121. Valega, «La habitación», *Arquitecto Peruano* 14, n. ° 160 (1950): s. p.

122. Palacios, *Encuesta sobre presupuestos*, 108-109.

cercados sin verdaderas casas, con excepción de chozas mal construidas hechas de caña de azúcar con barro o tablones de madera); y 3 familias (17) en departamentos (casas subdivididas, usualmente con servicios higiénicos adecuados y su propia agua y electricidad).[123] Además de residir en su mayor parte en hogares de poca calidad, la mayoría de las familias en el estudio de Palacios vivía en condiciones estrechas. Las familias, que promediaban apenas los 5 miembros, vivían abrumadoramente en alojamientos de una o dos habitaciones (22 y 34 familias, fuera de las 81, respectivamente). Solo 9 vivían en alojamientos de 4 o 5 habitaciones, y 13 en uno de tres.

Las familias que Palacios usó para su muestra habrían sido un objetivo obvio de los proyectos de vivienda obrera: gastaban una significativa cantidad de dinero en viviendas precarias. Sin embargo, pocas habrían sido capaces de solventar las casas en los barrios obreros. En conjunto, estas familias gastaban 12,70% de sus ingresos en vivienda, considerablemente menos que lo que invertían en comida (50,70%) y ligeramente menos que lo que gastaban en ropa (13,60%).[124] Algunas familias no pagaban alquiler, o porque eran propietarias de una casa (seis familias), porque vivían en alojamientos pagados por sus empleadores (dos familias), o porque tenían vivienda por ser guardianas del establecimiento donde trabajaban (dos). De las 19 familias que pagaban alquiler, 6 pagaban menos de 10 soles por mes; 11 de ellas, 15 soles; 12, 20 soles; 15, 25 soles; 7, 30 soles; 10, 35 soles; y 8, más de 35 soles.[125] En conjunto, Palacios estimó que el promedio de alquiler pagado por su muestra de familias era de 21,56 soles. Como esto sugiere, solo las familias más adineradas habrían sido capaces de solventar los 20 o 30 soles mensuales por pago de hipoteca o el depósito inicial de entre 100 y 140 soles que era requerido para acceder a alguna de las viviendas en los barrios obreros.[126] En ese sentido, la experiencia peruana de vivienda era similar a la de otros lugares en las economías del Atlántico norte. Gran parte de la vivienda de nueva construcción en los Estados Unidos de las décadas de 1920 y 1930, y de la vivienda obrera social modernista en Alemania, estaba más allá del alcance de la mayoría de trabajadores, con la excepción de los más ricos.[127]

---

123. Ibíd., 195-196.

124. Ibíd., 138.

125. Ibíd., 198.

126. Crupi, «Nation Divided, City Divided», 173.

127. Rodgers, *Atlantic Crossings*, 382, 390-391.

Claramente, muy pocos barrios obreros fueron edificados para enfrentar las precarias condiciones de vivienda que soportaban los trabajadores de Lima. Pero incluso si se hubiesen construido más, es improbable que muchos hubieran sido capaces de solventar las casas en esos barrios. Una de las consecuencias de este fracaso fue el crecimiento de las así llamadas «barriadas» o pueblos jóvenes. Un estudio publicado en 1950 señalaba que aunque la antigua vivienda de la clase trabajadora —los solares, callejones y casas de vecindad— no era aceptable, un significativo número de trabajadores estaba construyendo casas por su cuenta «sin ningún principio técnico ni ayuda municipal» en varias zonas de la ciudad, entre ellas, Manzanilla, Surquillo, Ascara y Pinonate. Estas áreas fueron descritas como «verdaderos centros enfermos de la ciudad», en lo que era una transferencia retórica del callejón al improvisado hogar autoconstruido como principal lugar de enfermedad en Lima. El estudio continuaba diciendo que la ciudad había visto el aumento de una forma incluso más básica de vivienda, que usaba materiales de pobre calidad, como madera vieja y adobe, y se construía sobre tierras que pertenecían al Estado, «sin menor control oficial y en forma que llega a ocupar extensas zonas». Tales estructuras podían encontrarse «en las barriadas de San Cosme, Leticia, San Pedro, Matute, El Agustino, Mirones, etc., que en total albergan una población de 25,000 personas aproximadamente».[128] Un estudio publicado en 1958 concluía que el 54% de familias de Lima estaba mal alojado y que se necesitaban 147.200 casas nuevas.[129] Como es bien sabido, esta emergente forma de vivienda anunciaba el comienzo del famoso «desborde popular» asociado con la migración interna a gran escala que transformó profundamente el carácter de la capital y, en general, de la sociedad peruana.[130]

Conclusión

¿En qué sentido, entonces, estos proyectos «gubernamentales» de vivienda fallaron en el Perú de la década de 1930? Lo hicieron en dos aspectos. Solo una pequeña minoría de trabajadores fueron cobijados en los barrios obreros.

128. Oficina Nacional de Planeamiento y Urbanismo, *Plan Piloto de Lima*. Lima: Empresa Gráfica Scheuch, 1950, 13.

129. Córdova, *La vivienda en el Perú*, 143.

130. Matos Mar, *Desborde popular*. Sobre la formación de las barriadas de Lima, véase Calderón Cockburn, *La ciudad ilegal*.

Si las nuevas casas para trabajadores tuvieron éxito en «mejorar» a estos trabajadores física y moralmente, como sus arquitectos pretendían, no es claro. Determinarlo requeriría un examen del «lado experiencial de la vivienda», que está más allá del alcance de este estudio.[131] Pero hay pocas dudas de que los barrios obreros, como reflejo de racionalidades de gobierno y, a su vez, como tecnologías de gobierno, hicieron poco para mejorar la suerte de la mayoría de los trabajadores de Lima. En ese sentido, el fracaso de los proyectos de vivienda obrera se debe a su «tímida» naturaleza: fueron demasiado escasos, recibieron poco financiamiento y fueron fácilmente abandonados. En su estudio de las campañas de salud pública en el Asia de mediados del siglo XX, Sunil Amrith reconoce «una tensión entre la evidencia de gubernamentalización de los estados coloniales y postcoloniales y la evidencia igual de convincente que apunta a la debilidad, ausencia, y falta de efectividad de repetidas intervenciones —coloniales, nacionales e internacionales— de gobernar la salud y el bienestar de grandes poblaciones».[132] Esta situación también se puede ver en el Perú de la década de 1930: una tensión entre la evidencia de gubernamentalización del Estado, reflejada en su política de vivienda y —como expondré en los siguientes dos capítulos— en sus políticas de nutrición, seguro social y salud pública, y la evidencia igual de convincente de la debilidad, ausencia y falta de efectividad de las repetidas intervenciones para administrar la salud y el bienestar, no de grandes poblaciones, sino de pequeños grupos de trabajadores, principalmente urbanos.

La forma que adquirió esta tensión en el Perú es crucial. Refleja lo que llamo la seducción de la clase obrera: el hecho de que, como sostengo en los capítulos precedentes, la élite peruana vio a los trabajadores como agentes de progreso. En esta tan racializada perspectiva, los trabajadores comenzaron a ser percibidos como la solución a un país predominantemente poblado por una población indígena racial y moralmente degenerada. En ese sentido, el fracaso de los proyectos de vivienda obrera se debe también, y quizás principalmente, a las ideas que ellos expresaban y ayudaban a reforzar: concretamente, en palabras de Benavides, que los trabajadores que estaban siendo constituidos en los barrios obreros reflejaban «la imagen real de nuestras grandes y florecientes poblaciones obreras del futuro, que vemos elevarse desde aquí en todos los horizontes de la Patria». El fracaso de la vivienda obrera no fue, podría decirse, sorprendente. Estos proyectos fueron

---

131. Dennis, «Room for Improvement?», 665.

132. Amrith, *Decolonizing International Health*, 11.

configurados por una creencia trasnacional en la necesidad y capacidad del Estado para «producir un ambiente que permitía que la asistencia sea ofrecida de manera eficiente, y en particular que minimizaba la resistencia a esa ayuda cuando debía ser ofrecida, y que era conducente a restablecer el orden tanto en el cuerpo social como individual», como ha señalado acertadamente Leif Jerram.[133] Pero también fueron configurados por una ficción racista muy local que exaltaba al trabajador como agente de redención física y moral, y también como agente de la destrucción del indio —la despreciada causa del atraso de la nación. La seducción de la clase obrera coexistía con y, a su vez, reflejaba la repulsión que se sentía hacia la indigeneidad.

---

133. Jerram, *Germany's Other Modernity*, 109.

5

Alimentando a la clase obrera

[...] Y dígame qué Presidente se proyectó hacia el futuro, fue, parece mentira [Sánchez] Cerro, [...] yo reconozco hidalgamente que él supo proyectarse y agarró a los ricos y les quitó parte de su riqueza, ustedes me ponen papa, ustedes me ponen yuca, me ponen camote, les dijo, para alimentar a los barrios pobres, me trae arroz, carne, ustedes me dicen que tienen quinientas vacas, pues mantenme solamente cinco vacas cada uno sino, fit-fit, me los chifo también a ustedes, y sabían que el Mocho lo hacía, sabían que Sánchez Cerro lo hacía, y entonces, no, hay que cumplir con el Mocho, y era un presidente raro, y qué hacía, sacaba a los militares, soldados, usté me cocina y se iba con los camiones por los barrios pobres con la comida preparadita y en cada manzana ponía un camion y repartía la comida preparada, el pueblo no tiene por qué morirse de hambre dijo, pero vio que eso era indecente también pues, entonces hizo los comedores populares pero quién lo inauguró el tuerto Oscar R. Benavides, pero el que lo empezó [Sánchez] Cerro.

—Andrés Delgado

Este capítulo se centra en una serie de comedores creados en la década de 1930, conocidos como *restaurantes populares*. Estos locales fueron concebidos, fundados y manejados por el Estado para, según su propia propaganda, «solucionar el problema capital de la fácil, cómoda y saneada alimentación de las clases populares».[1] Los restaurantes populares no deben confundirse con

1. AGN/MI/327/Particulares, Comisión Ejecutiva de los restaurantes populares a Director de Gobierno, 17 de junio de 1932.

los *comedores populares* que los pueblos jóvenes organizaron en la década de 1970 (como hace el autor del testimonio de arriba). Ambos difieren en importantes aspectos, y los restaurantes no son los precursores de los comedores. Por un lado, los restaurantes populares fueron, desde el principio, comedores manejados por el Estado y no iniciativa de una comunidad. Como mostraré, el hecho de que fueran concebidos como *restaurantes* y no como otro tipo de establecimiento es particularmente importante. A semejanza de los barrios obreros, estos locales proveen una útil perspectiva desde la cual analizar la política laboral de los gobiernos peruanos de la década de 1930. Los historiadores les han prestado también poca atención y han tendido a verlos, como en el caso de los barrios obreros, como simples instrumentos de una más amplia política de cooptación (o «incorporación») y represión de la clase obrera. Al hacerlo, se han hecho eco de interpretaciones de la época, particularmente del APRA y el PCP, pero también de observadores más neutrales, como el ministro británico para el Perú, quien en 1936 señalaba que el verdadero objetivo de los restaurantes populares era «combatir el descontento obrero y la ideas comunistas».[2] Sin embargo, como el testimonio reproducido más arriba sugiere, algunos coetáneos los vieron desde una perspectiva diferente, mucho más positiva.

El estudio de los restaurantes populares necesita ubicarse dentro de la más amplia historiografía de la comida y la nutrición. En años recientes, los historiadores han comenzado a reconocer la importancia de la comida y su consumo como objetos de estudio. En particular, influidos por el trabajo del antropólogo Arjun Appadurai, han prestado especial atención al vínculo entre comida e identidad (nacional).[3] Otros historiadores, que trabajan en la intersección de la historia de la medicina, la salud pública y la formación del

---

2. FO 371/19800, Wilson a Eden, 21 de abril de 1936.

3. Véase Appadurai, «How to Make a National Cusine». Para un trabajo pionero en el contexto latinoamericano, véase Pilcher, *¡Qué vivan los tamales!* Como sugiere Gary Alan Fine, «La conexión entre identidad y consumo da a la comida un rol central en la creación de comunidad y usamos nuestra dieta para proyectar imágenes de identidad pública». Citado en Belasco, «Food Matters», 2. Por supuesto, filósofos, psicoanalistas, sociólogos y antropólogos han estudiado la interconexión entre comida y cultura desde hace algún tiempo. En 1910, Georg Simmel observó que «comer y beber en comunidad, que puede transformar hasta a un enemigo mortal en un amigo para los árabes, nos permite olvidar que no estamos comiendo "las mismas cosas" sino porciones completamente exclusivas, lo que hace surgir la noción primitiva que se está creando en ese proceso carne y sangre común». Véase Simmel, «Sociology of the Meal», 131. Para una muestra de estudios sobre la interacción entre identidad y comida, véase Counihan y Van Esterik, *Food and Culture*.

Estado, se han centrado más explícitamente en el crecimiento de la ciencia de la alimentación y la nutrición, y en el incremento del rol del Estado en la regulación de la producción y comercialización de alimentos.[4] Combinando tales perspectivas, historiadores como James Vernon se han dedicado a examinar los significados culturales del hambre: cómo esta comienza a ser vista y administrada como un problema social, cómo configuró la forma en que el Estado trató el tema de la provisión y regulación de alimentos, y, en general, cómo puede servir «como un espacio crítico para repensar cómo formas de gobierno y de gobernabilidad emergen y funcionan».[5] En particular, los historiadores han comenzado a interesarse en la organización de formas «comunales» de comida y en los diferentes significados que se les ha asignado. Como han mostrado Vernon y otros, el examen de estas formas comunales de comida organizadas por el Estado ofrece una perspectiva privilegiada sobre cómo la alimentación y la nutrición empezaron a volverse centrales en los proyectos de gubernamentalidad de varios países del mundo.[6]

---

4. Véanse Kamminga y Cunningham, *The Science and Culture of Nutrition*; y Smith y Phillips, *Food, Science, Policy and Regulation.*
5. Vernon, *Hunger*, 3.
6. En los Estados Unidos, ha sostenido Harvey Levenstein, los reformadores sociales se inspiraron en el *Volksküche* para crear las «people's kitchens», que después rebautizaron como «New England kitchens», con el fin de «revolucionar la dieta de clase obrera». Centrándose en los primeros años de la Unión Soviética, Mauricio Borrero ha sugerido que los bolcheviques creían que «las cafeterías estatales y los comedores comunales no solo inculcarían valores colectivistas en la población sino que utilizarían recursos alimenticios escasos de la manera más eficiente». En el México de la década de 1940, ha mostrado Sandra Aguilar-Rodríguez, los comedores públicos creados durante la administración de Ávila Camacho estaban destinados igualmente a transmitir ciertos valores y moldear hábitos y comportamiento: «Comer en los comedores fue descrito como un acto de patriotismo a través del cual los ciudadanos responsables se mantendrían saludables y fuertes para poder trabajar para la nación. Más aún, los comedores permitirían que las mujeres se dediquen a trabajar por un sueldo en casa o fuera de ella». En la Gran Bretaña de entreguerras, la cafetería del Pioneer Health Centre en Peckham, al sur de Londres, más tarde el modelo para los comedores públicos llamados restaurantes nacionales y, una vez rebautizados, restaurantes británicos, fue también concebida como un agente de mejoramiento moral. Como sostiene James Vernon: «Como el punto neurálgico de la comunidad y de sus formas de civilidad y sociabilidad, la cafetería encapsulaba el principio guía del Centre, es decir el self-service como una "técnica o mecanismo de salud" capaz de "engendrar responsabilidad [...] y aumentar la conciencia así como incrementar la libertad de acción"». Levenstein, *Revolution at the Table*, 49; Borrero, «Communal Dining and State Cafeterias», 163, y Borrero, «Food and the Politics of Scarcity»; Aguilar-Rodríguez, «Cooking Modernity», 187; Vernon, Hunger, 185. Sobre comida comunal en los Estados Unidos, tanto autoorganizada como dirigida por el Estado, durante la Gran Depresión, véase Levenstein, *Paradox of Plenty.*

Tal como los barrios obreros, los restaurantes populares pueden verse, en efecto, como parte de un proceso político de «incorporación», como han enfatizado varios historiadores. Estos locales se crearon para socavar el atractivo de los partidos de izquierda entre la clase trabajadora, proveyendo trabajo para los desempleados (durante la fase de construcción) y comida barata (una vez en funcionamiento). Pero como demuestro en este capítulo, también se establecieron para enfrentar lo que sus artífices percibían como los pobres hábitos nutricionales de los trabajadores peruanos, y se diseñaron de forma tal que confirieran un conjunto de valores, como la respetabilidad, la sobriedad, la puntualidad y la limpieza, a través de su arquitectura, mobiliario y servicio. Como tal, los restaurantes populares fueron, es cierto, elementos de un proyecto político que buscó combatir «ideas comunistas». Sin embargo, también reflejaban racionalidades de gobierno y funcionaban como una tecnología de gobierno; es decir, apelaban al proyecto de gubernamentalidad manifestado en el Estado obrero. Como los barrios obreros, fueron el intento de un Estado —crecientemente preocupado por la nutrición y la salud pública— de actuar directamente sobre la estructura biológica y moral de los trabajadores, pero también sobre su ambiente laboral y hogareño. Como las casas para obreros examinadas en el capítulo previo, los restaurantes populares se destinaron a proteger y «mejorar» a los trabajadores, proveyéndoles comida nutritiva y saludable, así como valores que los ayudarían a constituirse como agentes del proceso de civilización del Perú liderado por la industria.

Comida, raza y trabajadores

La comida en el Perú a inicios del siglo XX estaba en el centro de varios conflictos determinados por la clase, la raza y el género. En particular, en la primera década del siglo XX, el precio, la calidad y la disponibilidad del alimento desempeñaban un rol clave en configurar la politización de la clase trabajadora urbana. En ningún otro ámbito este papel es más notorio que en las protestas por el tema de las subsistencias que estallaron en Lima en mayo de 1919, provocadas por el aumento de los precios. Aunque los historiadores no están de acuerdo sobre las causas del alza de los precios, no hay duda de que los eventos de mayo de 1919, junto con la huelga general de diciembre de 1918-enero de 1919, fueron un momento crucial en la historia de la clase obrera peruana.[7] El presidente Augusto B. Leguía, quien subió al poder ese

---

7. Los eventos se estudian en detalle en Blanchard, *The Origins of the Peruvian Labor Movement*. A finales de la década de 1970, Rosemary Thorp y Geoffrey Bertram desafiaron

mismo año sobre los hombros de los trabajadores de Lima, rápidamente tomó varias medidas, entre las que figuraban un decreto que estableció que los hacendados debían dedicar al menos 15% de su tierra a la producción de alimentos; un tope de precios para la carne vendida en mercados y carnicerías; y un mayor control dirigido a erradicar la especulación. Estas medidas contribuyeron a la caída del precio de la mayoría de los principales productos alimenticios.[8] Como esto sugiere, los eventos de 1919 proveen clara evidencia de cómo la comida y la nutrición contribuyeron al nacimiento de la clase obrera como una fuerza política que debía ser tomada en cuenta por el gobierno. Pero igual de importante, la lucha por las subsistencias, que fue una variante local de un desarrollo global provocado por la inflación de los precios inducida por la Primera Guerra Mundial, ilustra cómo las políticas alimenticias estaban íntimamente ligadas al conflicto de clase y, también, racial en la ciudad.[9]

Según Vicente Peloso, aunque la dieta costeña peruana había sido tradicionalmente nutritiva, la elevación de los precios de los alimentos a inicios del siglo XX contribuyó a su empeoramiento, afectando al trabajador urbano.[10] La dieta en la costa había incluido usualmente grandes cantidades de carne, transportada a Lima desde la sierra central. Sin embargo, como las zonas de pastoreo en las tierras altas comenzaron a dedicarse a la producción de lana para la exportación, la carne empezó a escasear y se volvió más cara. Según Ruiz Zevallos, el movimiento de «subsistencia» dirigido por el Comité Pro Abaratamiento de las Subsistencias, así como el disturbio de mayo de 1919 y su concreto objetivo político —una mayor inferencia en la producción y comercialización de productos alimenticios—, correspondieron, en el fondo, a un deseo de conservar la dieta popular, más que a una situación de hambruna.[11] El movimiento reflejó una lucha de clase entre las tradiciones alimenticias de los trabajadores y de los pobres urbanos, y el interés de la

---

la creencia ampliamente compartida de que el incremento en los precios de la comida estuvo ligado a la expansión de cultivos de exportación tales como el algodón y el azúcar, sosteniendo que la tierra dedicada a productos comestibles permaneció constante durante las primeras décadas del siglo XX. Más recientemente, Augusto Ruiz Zevallos ha sugerido que fuentes que no se habían analizado antes confirman que el porcentaje de tierra dedicada a los productos alimenticios cayó en este periodo. Thorp y Bertram, *Peru, 1890-1977*; y Ruiz Zevallos, *La multitud*.

8. Ruiz Zevallos, *La multitud*, 207-209.

9. Sobre los disturbios alimenticios contemporáneos en los Estados Unidos, véase Levenstein, *Revolution at the Table*, 109.

10. Peloso, «Succulence and Sustenance», 54-59.

11. Ruiz Zevallos, *La multitud*, 50.

élite agroexportadora. A diferencia de Irlanda e India, donde la hambruna se convirtió en una crítica política en el contexto del colonialismo británico, como James Vernon ha estudiado, en el Perú fue la dieta más que el hambre (o quizás, sumada a él) la que sirvió como vehículo de protesta.[12]

Las luchas para preservar la dieta popular fueron explícitamente racializadas: invariablemente, tanto comentaristas de la élite como plebeyos culparon a los comerciantes asiáticos, particularmente a los chinos, por la elevación del precio de la carne. Como un artículo de periódico señalaba: «los comerciantes chinos que son los que tienen monopolizada la mayor parte del expendio de la carne, constituyen un vasto gremio parasitario, alimentado y fomentado por el tributo de la masa de consumidores. La utilidad de estos comerciantes chinos representa una fuerte suma que grava intensamente el precio de la carne».[13] Tal como ocurría también en París, Nueva York o Ciudad de México, en Lima, la comercialización de carne y «el mercado desregulado se enfrentaron a los principios de subsistencia, salud e higiene».[14] En Ciudad de México, la «rebelión de las salchichas» de 1910, estudiada por Jeffrey Pilcher, tomó matices nacionalistas, porque el país buscaba resistir los ataques sobre su dieta y costumbres alimenticias de los inversionistas estadounidenses, que intentaban monopolizar la provisión de carne e introducir sus métodos centralizados de empaque y refrigeración.[15] En la capital peruana, en cambio, los enfrentamientos por la dieta «tradicional» fueron configurados por la xenofobia y el racismo antiasiático, más que por el nacionalismo. Los reclamos acerca de los comerciantes chinos y el aumento de los precios de la carne reflejaban presupuestos racistas más amplios entre los peruanos sobre los asiáticos en el Perú y sobre las «culturas» china y japonesa, en general.[16]

Las ideas acerca de las causas de la escasez de carne también cobraron un matiz de género y sexualidad. El discurso culinario tendía a representar a la carne como masculina y a asociar su consumo con la masculinidad. Por ello, no es sorprendente que, en Lima, los debates sobre el cambio en la dieta popular se enlazaran con un más amplio racismo antiasiático que construía lo chino y lo japonés, por una parte, como moral y sexualmente degenerado, y

---

12. Vernon, *Hunger*, cap. 3.

13. *La Razón*, 10 de mayo de 1919, citado en Ruiz Zevallos, *La multitud*, 162.

14. Horowitz, Pilcher y Watts, «Meat for the Multitudes», 1059.

15. Pilcher, *The Sausage Rebellion.*

16. Sobre el racismo antiasiático, véanse McKeown, «Inmigración china al Perú»; Fukumoto, *Hacia un nuevo sol*; Rodríguez Pastor, *Herederos del dragón*; y Bracamonte, «La modernidad de los subalternos».

por otra, como una amenaza para la masculinidad, dada la tendencia a creer que los asiáticos seducían y explotaban a las mujeres y que, por otro lado, al mantener la carne a un precio alto, ponían en peligro la virilidad de los peruanos. Un artículo publicado en *El Obrero Textil* a finales de 1919 ilustra bien esto:

> No olvidéis que esta raza denigrante es en gran parte la causa de nuestros infortunios. Ella acapara y monopoliza todos los principales artículos, que fingiendo una escasez ficticia, aprovecha para estrujarnos a su antojo y privarnos de un pan más para nuestros pequeñuelos. Ella, la que explota los centros del vicio, de la perdición y del juego, en los que muchos de vosotros dejáis vuestros sudores, fatigas, amarguras y privaciones de la semana; para que al poco tiempo vosotros vayáis al presidio, al hospital o al cementerio y ella a su país a disfrutar de una fortuna tan fácilmente adquirida a costa de innumerables víctimas.[17]

Un mes después, un artículo en el mismo diario apuntaba:

> El pueblo y la clase proletaria en general ve muy poca diferencia entre un chino y un japonés; ambos constituyen una plaga degenerada y dañina para el pueblo. Ahí está el gremio de peluqueros que rebajó los precios antiguos hasta desalojar al elemento peruano y enseguida cuadruplicar su valor. Ahí están nuestras mujeres hermanas e hijas metidas en la prostitución por los unos y desalojadas del modesto ramo de costura por los otros y en el que antes nos ayudaban a ganar el sustento de nuestros pequeñuelos; ahí están los modestos heladeros y fresqueros nacionales reemplazados por los asquerosos raspadilleros japoneses de tez cadavérica y ojos rasgados; de uñas negras y colmenar de moscas.[18]

Como estas y otras fuentes revelan, los trabajadores peruanos normalmente percibían a los inmigrantes asiáticos como racialmente degenerados, como sus competidores directos por empleo y, en general, como explotadores de la clase trabajadora.[19]

Aunque estos puntos de vista eran formulados en el caldeado contexto de los disturbios por las subsistencias de 1919, reflejaban un conflicto profundamente racializado, asociado con la comida y la nutrición. En los inicios

17. *El Obrero Textil*, 6 de diciembre de 1919.

18. *El Obrero Textil*, 13 de enero de 1920.

19. Aunque, naturalmente, no todos los miembros de la clase trabajadora de Lima apoyaron los puntos de vista racistas sobre los asiáticos (como muestro más abajo, los anarquistas rechazaron explícitamente el racismo), hay considerable evidencia de que tales sentimientos eran muy comunes entre ellos.

del siglo XX, los restaurantes administrados por inmigrantes chinos y, en menor medida, japoneses, se convirtieron en una de las principales fuentes de alimento para los pobres de Lima. En 1907, Abelardo Gamarra hizo una descripción de una de las tantas «fondas» chinas en la ciudad: «un solo chino sirve a doscientos parroquianos y desde una cuadra de distancia se oye su grito de corrido, aló solo, cane con aló, bité, dulce lequesón. Se ve el jubileo de gente que entra y sale como si no se sentara, despachada al minuto. Se ponen y se quitan los platos y todo se presenta: la lista, el pan, el té, todo se presenta movido por un resorte».[20] Sin embargo, lejos de reconocer la contribución que hacían los restaurantes asiáticos a la dieta popular y a la nutrición de los pobres, tanto la élite como la clase trabajadora asociaban generalmente la comida asiática a la enfermedad.[21] Según un artículo publicado en el *El Comercio* en 1901: «En esas fondas, desde el cubierto, que usan los que desgraciadamente, por sus condiciones económicas tienen que acudir allí en busca de alimentos, hasta los elementos que emplean los asiáticos en la cocina, carecen en lo absoluto del aseo necesario e indispensable para dejar de ser gérmenes de infección».[22] De manera similar, la Confederación de Artesanos Unión Universal, una organización de artesanos, solicitaba inspecciones regulares de estos establecimientos: «esta medida se impone clamorosamente, puesto que la clase obrera, consumidora en su mayor parte de estos alimentos, sufre las consecuencias de los malos artículos que en dichas fondas se emplea».[23]

Estas denuncias reflejan un más amplio debate público, que trascendía el contexto peruano, acerca de la calidad y seguridad de los alimentos. Como han señalado Michael French y Jim Phillips, esta discusión configuró la intervención estatal en regular la preparación y el consumo de comida en Europa y Norte América entre 1890 y 1914, donde se revelaba una más extendida «preocupación con la pobreza y la salud» y con la «salud de la raza».[24] En ciertos países, como los Estados Unidos, los inmigrantes y su comida comenzaron a ser vistos como una amenaza para la salud pública y la cohesión social. Para los reformadores de la alimentación de ese país, «la ciencia de

---

20. Citado en Muñoz Cabrejo, *Diversiones públicas*, 168. Sobre el desarrollo de los restaurantes chinos, o chifas, como se conocen en el Perú, véase Rodríguez Pastor, *Herederos del dragón*, 213-266.

21. Sobre la asociación entre migrantes chinos y enfermedad, véase Rodríguez Pastor, «La calle del Capón»; y Cueto, *El regreso de las epidemias*, esp. cap. 1.

22. *El Comercio*, 31 de enero de 1901 (edición de la tarde).

23. *El Comercio*, 12 de julio de 1901 (edición de la tarde).

24. French y Phillips, «Sophisticates or Dupes?», 444.

la nutrición reforzaba lo que sus paladares y sus estómagos ya les decían: que cualquier comida tan burda, sobrecondimentada, con uso excesivo del ajo y de pinta poco delicada como la comida de Europa central, del este y del sur, debía también ser poco saludable». Los intentos de cambiar los hábitos alimenticios de los inmigrantes se volvieron centrales para su «americanización», dado que muchos creían que «los inmigrantes nunca dejarían de lado sus actitudes nacionales hacia el trabajo, la sociedad y la política mientras que no abandonaran sus costumbres nacionales de vivir y comer».[25] En el Perú, tales preocupaciones se expresaban en una más amplia inquietud por el negativo impacto de la inmigración china en la «composición racial» del país, aun si no hubo intentos de peruanizarla. En consecuencia, la comida china, como los propios chinos, comenzaron a verse como un veneno que amenazaba la integridad de la nación peruana.

En la década de 1900, la prensa de Lima asociaba con regularidad a los restaurantes chinos con condiciones tóxicas, antihigiénicas, que ponían en peligro la salud del trabajador. Como señala Fanni Muñoz, «En varios números de la revista *Fray K. Bezón*, dirigida por el vanguardista y liberal Francisco A. Loayza, y publicada a partir de 1907, se puede observar una serie de caricaturas donde se ironiza la suciedad de los chinos. Se representa la preparación de los platillos de las fondas hechos con carne de ratas, gatos y perros. El chino es presentado como un ser raquítico de pelos largos, uñas sucias y ojos de mirada algo siniestra».[26] Otros medios reproducían los mismos tropos. En 1909, *Variedades* informaba que una tienda de dulces en el callejón Otaiza estaba vendiendo *mumpao* hecho con carne de rata: «Buena o mala, poco o mucho, nuestro pueblo se alimentaba hasta hace poco con carne de res y no tenía derecho a desconfiar de lo que se le servía en la fondas; pero el sutil ingenio asiático de los macacos que entre nosotros se cuajan y se procrean, ha descubierto que más alimenticia y más productiva para su negocio es sin duda la carne de bichos asquerosos y han decidido introducirla clandestinamente en los pastelillos que expenden».[27] Según la revista, este incidente había ayudado a convencer al alcalde de Lima, Guillermo Billinghurst (quien se convertiría en Presidente en 1912-1914), de cerrar el callejón Otaiza y construir en su lugar una «calle decente e higiénica», en lo que, podría decirse que perversamente,

25. Levenstein, *Revolution at the Table*, 104.

26. Muñoz, *Diversiones públicas*, 168-169.

27. *Variedades* 5, n.° 60 (24 de abril de 1909): 174.

equivalió a una iniciativa estatal de protección del consumidor.[28] Una caricatura sobre «escasez de carne» publicada en 1928, representaba igualmente a unos muy racializados cocineros chinos que empuñaban largos cuchillos en persecución de perros, gatos y ratones.[29]

No obstante, no todo el mundo compartía estos puntos de vista sobre la comida asiática. Proselitistas anarquistas que escribían en *Los Parias*, un medio libertario, sugerían que lejos de socavar la economía, salud y moralidad de los trabajadores peruanos, los negocios chinos se habían convertido en una parte integral y necesaria de la economía de la clase obrera, proveyendo no solo la más barata de las comidas, sino también varios otros bienes y servicios a precios asequibles:

> El jornalero que por veinte centavos mata hoy el hambre en una cocinería asiática, no lo haría mañana por cuarenta o cincuenta en un fonducho nacional o europeo. I lo que decimos de la comida puede afirmarse del calzado, de la ropa etc. El pueblo lo sabe, lo palpa a cada momento; y sin embargo por esa ilógica tan natural en una parte de las muchedumbres, algunos se vuelven en contra de sus favorecedores secundando ciegamente los planes de sus explotadores. El jornalero y el veinticuatrero que arrojan estentóreos mueras a los *macacos* han llenado el vientre en una mesa china y del guiso chino sacan la fuerza para lanzar los gritos. El magnate chinofobo que no logra ser aliviado por el doctor en Medicina, por el curandero, por la doctora ni por el agua de Lourdes, recurre a los médicos chinos.[30]

Como señalaba otro artículo en el mismo periódico, la pobreza en Lima sería mayor «si no existiera el comerciante chino que sobrio y contentadizo con poca ganancia, vende artículos baratos, poniéndolos hasta el alcance de las bolsas mendigantes».[31]

En el otro extremo del espectro político, el periódico *Cascabel*, dirigido por Federico More, nada amigo de la inmigración asiática (particularmente de la japonesa), publicó un largo artículo de dos páginas en mayo de 1935 sobre las fondas chinas de Lima. More sostenía en inequívocos términos que «gracias a los chinos el Perú huérfano totalmente de tradición alimentaria,

---

28. *Variedades* 5, n.º 62 (8 de mayo de 1909): 227. La destrucción del callejón Otaiza se discute en, entre otros, en Rodríguez Pastor, «La calle del Capón».

29. *Mundial*, 16 de noviembre de 1928.

30. *Los Parias* 6, n.º 48 (junio de 1909).

31. *Los Parias* 4, n.º 43 (septiembre de 1908).

está aprendiendo la ciencia y el arte de comer».[32] Centrándose en los chifas de la calle Capón, visitados, afirmaba él, por miles de comensales cada día para almorzar y cenar (aunque especialmente de noche), describía algunos de los más populares, entre los que figuraban el Thon Pho, el Kuong Thon, el Kamlen y el San Joy Lao. Estos locales, que servían comida saludable y abundante, daban servicio a todo tipo de clientes, desde aquellos que pagaban cuarenta centavos por una sopa de menudencias o un lomo revuelto, hasta aquellos que podían pagar por comer con vajilla de plata y que disfrutaban de platos como gallina deshuesada, sopa de nidos de golondrina o pato al bambú. Aunque los ricos y los pobres consumían diferentes platos, y estaban sujetos a una «topografía y ritual» distintos (con los ricos comiendo en «boxes» y con palillos de marfil, y los pobres, junto al fogón en una sala común y con palillos negros), «todos comen bajo la misma enseña y pasan, al entrar o al salir, por la misma aduana». «El cielo», concluía More, «no debe ser muy diferente al chifa». Para More, lejos de envenenar rutinariamente a sus clientes, los chinos estaban enseñando a los peruanos cómo comer: «Hasta ahora nuestro pueblo comía empíricamente. Los chinos le están enseñando a comer científica y artísticamente». En una operación retórica que, dado el racismo antiasiático que prevalecía en la sociedad peruana, equivalía a una elevación de los chinos a un estatus superior de civilización, More sostenía: «Cada raza tiene su rol, no dudamos: los sajones nos enseñan la higiene dérmica; Francia la higiene mental; los chinos la importante higiene del estómago y del paladar».[33]

Como sugieren los comentarios de More, una creciente preocupación entre los sectores de élite por la nutrición, y particularmente por la de los trabajadores, como un campo de estudio y una materia para la intervención del Estado, afianzó el racismo antiasiático relativo a la comida. El Perú, al respecto, fue parte de un patrón global, que, desde la mitad del siglo XIX, vio el desarrollo de un creciente consenso en relación con la idea de que, como sugieren Harmke Kamminga y Andrew Cunningham, «es el papel del estado crear las condiciones que permitan que sus ciudadanos puedan ser ayudados, educados o incluso obligados a ser saludables». Este consenso condujo al apoyo del Estado para el estudio científico de la nutrición y el vínculo entre salud y dieta, dado que, cada vez más, el Estado comenzó a definir «la salud y el estado físico en relación a lo que podía esperar de sus ciudadanos, sean

32. *Cascabel*, 18 de mayo de 1935.

33. Ibíd.

estos obreros, madres, soldados o creadores de riqueza».[34] Esto es evidente en el estudio «Alimentación del obrero» realizado por Ignacio de la Puente en 1899, que sostenía que una aproximación científica a la nutrición produciría un mejor trabajador. De la Puente sustentaba que la carencia de una nutrición adecuada explicaba la inferior calidad de los trabajadores peruanos: «La inconstancia del obrero nacional para el trabajo, su falta de puntualidad en el cumplimiento de los compromisos contraídos, no deben achacarse a la falta de aptitudes, pereza invencible, ni mucho menos a lo enervante del clima; la falta toda, en mi concepto, radica en la deficiencia y mala calidad de los alimentos».[35] Para De la Puente, así como para los reformadores de la alimentación de los Estados Unidos estudiados por Levenstein, «el principal obstáculo a elevar el nivel de vida [...] de los trabajadores parecía ser la ignorancia de los mismos trabajadores sobre su comida».[36] Sin embargo, De la Puente sugería que si a los trabajadores se les enseñaba a comer apropiadamente y se les impedía consumir alcohol, se convertirían fácilmente en ciudadanos modelo: «Edúquese como conviene a nuestros artesanos, que aprendan desde niños los trabajos manuales en la escuela, que sepan comer y evitar el uso de las bebidas alcohólicas, y no faltarán brazos para la industria ni pueblo inteligente y viril para las augustas funciones del ciudadano».[37] Para De la Puente, el alimento básico de la clase trabajadora, el «sancochado», un guiso de carne con yuca que él consideraba de bajo valor nutritivo, representaba el problema principal. Señalaba que los hospitales en Suecia y Gran Bretaña habían prohibido ese plato y lo habían reemplazado con «asado» o carne de res asada. Sugería que el Perú siguiera este ejemplo: «rompamos, pues, esta tradicional costumbre, abandonemos el sancochado y os aseguro que se ganará en población, en vigor físico y en intelectualidad».[38] Irónicamente, a la luz de las reacciones locales hacia la comida asiática discutidas más arriba, De la Puente incluía productos alimenticios japoneses, tales como el «misso» o el «tafou», que consideraba altamente nutritivos y especialmente adaptables a la dieta costeña, entre numerosas otras alternativas al sancochado.[39]

---

34. Kamminga y Cunningham, «Introduction», 2.
35. De la Puente, *Alimentación del obrero*, 21.
36. Levenstein, *Revolution at the Table*, 47.
37. De la Puente, *Alimentación del obrero*, 22.
38. Ibíd., 23.
39. Ibíd., 11.

La idea de que un cuidadoso control de la nutrición de los trabajadores mejoraría su aptitud para trabajar y su capacidad, en general, para actuar como ciudadanos moralmente responsables, indica cómo, ya a comienzos del siglo XX, la nutrición se comprendió en formas que reflejaban racionalidades de gobierno. De la Puente fue tan lejos como para proponer una dieta específica para los trabajadores. Para el desayuno, que debía tomarse a las 6.30 a. m., los trabajadores comerían dos piezas de pan con chicharrón y media tapa de chancaca, así como agua. Para el almuerzo, que se debía tomar a la 11 a. m., recomendaba arroz y frijoles, papas hervidas o fritas, choclo o yuca, más chancaca y dos piezas de pan. La cena, que debía tomarse a la 6.30 p. m., incluiría sopa de fideos, arroz y frijoles, o alternativamente lentejas, y un postre. De la Puente enfatizaba que los trabajadores debían comer «hasta saciarse». Proponía que evitaran el té y el café, o de hecho el mate de yerba, que tenían poco valor nutritivo y eran «estimulantes», más adecuados para aquellos que desempeñaban labores intelectuales, como los estudiantes, abogados y escritores. En contraste, a los indios, debía seguir permitiéndoseles masticar coca. El alcohol, que veía como la principal fuente de calorías para los trabajadores, tenía que evitarse a toda costa, no tanto por razones de nutrición sino morales: «Donde hay alcoholismo, no hay ahorro sino miseria, no hay salud sino enfermedad, no hay virtudes sino vicios torpes y asquerosos: cuando las virtudes faltan y los vicios sobran el hogar doméstico, la molécula constitutiva del organismo social no se reproduce, degenera y muere. Cuando los hogares mueren, la patria muere».[40] De esta forma, De la Puente hacía eco de ideas familiares acerca de los efectos perjudiciales del alcohol sobre la clase trabajadora y del pensamiento «científico» cada vez más influido por la eugenesia que configuraba tales ideas.[41]

Esta inquietud por la alimentación de los trabajadores se tradujo en reclamos por una más sistemática atención a esta materia desde el Estado. En un artículo publicado en *Mundial* en 1927, Federico Ortiz Rodríguez retomaba las quejas comunes acerca de la calidad y el alto precio de la comida disponible para los trabajadores. Señalaba que era imposible pagar menos de un sol por una comida en varios de los establecimientos que los trabajadores usaban para alimentarse, tales como fondas, cocinerías y cafetines, muchos de los cuales eran de propiedad de japoneses y chinos, y que la mayoría de los platos eran poco apropiados: «en el tiempo de las viandas están casi siempre

40. Ibíd., 30.

41. Véase Fonseca Ariza, «Antialcoholismo y modernización».

crudas y frías y en el tiempo de verano continuamente fermentadas». Como De la Puente, Ortiz Rodríguez presentaba este argumento en una forma que hacía eco de las racionalidades de gobierno manifestadas en el Estado obrero. Los trabajadores, argumentaba, eran una fuente clave de capital humano que necesitaba protegerse y mejorarse: «Bien sabido es que el hombre considerado como motor humano tiene su natural desgaste físico; y por lo tanto, conviene al Estado cuidar ese capital hombre y a los capitalistas sostener las fuerzas y las energías de esa máquina productora, la cual con una alimentación deficiente y defectuosa, originadora de un natural desgaste, tiene que rendir mucho menos de aquello que podría producir si sus fuerzas físicas y morales no sufrieran en lo menor».[42] Este razonamiento, como discuto en la siguiente sección, fue la base para establecer comedores manejados por el Estado en la década de 1930.

En los años treinta, y particularmente en los cuarenta, la mala nutrición de la clase trabajadora del Perú se convirtió en una preocupación cada vez mayor para un creciente número de especialistas en alimentación y dieta. Se publicaron varios estudios que se centraban en las causas y el carácter de la malnutrición y sus posibles soluciones. A finales del siglo XIX, De la Puente había identificado la ignorancia de los trabajadores como la fuente de su mala alimentación. Pero para la década de 1930, como en otros lugares del mundo, los nutricionistas peruanos veían a la pobreza, más que a la ignorancia, como la principal causa de la malnutrición. Al igual que De la Puente, estaban preocupados por la «calidad» de la dieta de la población y por cómo cambiar sus hábitos alimenticios. Un estudio de la dieta de los limeños, publicado en 1942, concluyó que, aunque el consumo de calorías era suficiente, estaba lejos de ser el adecuado. Había una marcada carencia de carne, leche, huevos, queso, frutas, vegetales y pan.[43] Otro detallado trabajo estadístico, publicado en 1945, confirmaba este aspecto: los peruanos comían demasiado poco y, además, alimentos inconvenientes —el problema era, entonces, tanto cuantitativo como cualitativo.[44] Un estudio de 1943 de 81 familias pobres en el área limeña del Rímac, un barrio de clase obrera, concluía que las sopas y el arroz eran la mayor parte de sus comidas. El estudio señalaba que para una mejor nutrición, las familias debían sustituir el arroz por las papas, y concluía que la malnutrición era aguda en la muestra de familias encuestadas, una situación

42. *Mundial*, 21 de octubre de 1927.

43. Bedoya, «Balance alimenticio», 54.

44. Rose Ugarte, *La situación alimenticia*, XIV.

que explicaba la presencia de tuberculosis.[45] Pocos años después, otro trabajo se centraba en la deficiencia de proteínas de la dieta de los peruanos, debido a la falta de consumo de carne. Notando que este consumo había caído drásticamente en la primera mitad de la década de 1940, sus autores sostenían que debía promoverse el uso de pescado, dado que las importaciones masivas de carne eran imposibles.[46]

El estudio de Leoncio Palacios sobre los hogares de clase trabajadora en la década de 1930 apoya estas conclusiones acerca de las deficiencias nutricionales de los peruanos.[47] Como muestra Palacios, la comida representaba la mitad del gasto total de una familia de clase trabajadora, mientras que la vivienda y la ropa juntas apenas significaban la cuarta parte. Entre las familias más pobres de la muestra de Palacios, el gasto en comida llegaba a alcanzar el 58% del total. Viendo este último gasto más de cerca, encontramos que el 26% del presupuesto de comida se usaba en cereales; carne y pescado eran responsables del 20%; mientras que los vegetales representaban un 19%. Si tomamos en consideración los diferentes precios entre la carne y el pan o el arroz (en 1930, un kilo de carne de res costaba 1,07 soles, un kilo de pan, 0,34 soles, y un kilo de arroz, 0,43 soles), no es sorprendente que la carne fuera consumida solo de manera esporádica.[48] Palacios estimaba que una familia de clase trabajadora consumía cada semana en promedio tres kilos de carne de res, cuatro litros de leche, 18 kilos de vegetales (papas, camotes, mandioca y verduras), y 12 kilos de cereales (pan, arroz, pasta, choclo y harina). Adicionalmente, estas familias usaban tres kilos de azúcar y doce kilos de leña. Según este autor, el consumo promedio de carne en el Perú (i. e., no solo en Lima, donde es probable que haya sido considerablemente más alto) era de diez kilos por persona al año, una tercera parte del de Francia y una quinta del de Noruega. Por otro lado, y de nuevo algo que no sorprende, Palacios encontró que las familias más acomodadas de la clase trabajadora tenían una mejor dieta que las más pobres: a medida que aumentaban los ingresos, ciertos alimentos, usualmente la carne y la leche, reemplazaban a otros, como la papa y el pan. La dieta de la mayoría de trabajadores en la muestra, sin embargo, era «casi exclusivamente energética», lo que significa que un mayor consumo de cereales compensaba la falta de carne o de vegetales.[49]

45. Bedoya, *Estudio preliminar de la alimentación*, 13.

46. Guzmán Barrón y López Guillén, *La deficiencia de proteínas.*

47. Véase Palacios, *Encuesta sobre presupuestos familiares.*

48. Derpich, Huiza e Israel, *Lima anos 30*, 52.

49. Palacios, *Encuesta sobre presupuestos familiares*, 168-169, 192.

Como sugiere lo anterior, la desequilibrada y deficiente dieta de los trabajadores urbanos en términos nutricionales fue, como en otras partes del mundo, resultado de su escaso poder adquisitivo y de los altos precios de los productos alimenticios. Sin embargo, de manera reveladora, los expertos nutricionales culparon de la mala dieta de los limeños no solo a la pobreza sino, también, a un cambio en la cultura alimenticia que se orientó hacia la comida «asiática», particularmente la china. Como señalaba un autor dedicado al tema: «en poca parte la alimentación excesivamente calórica del ciudadano se debe por haber aumentado en este las costumbres alimenticias asiáticas (exceso de arroz sobre pan, papas, legumbres, etc.)».[50] En la década de 1900, la comida asiática fue percibida como una fuente de enfermedad; en la de 1930, se la culpó también por la malnutrición de los pobres. Como ha ocurrido con otros grupos minoritarios en distintos contextos históricos y geográficos, los inmigrantes asiáticos y su «cultura» fueron blanco, a inicios del siglo XX, tanto de la élite como de los sectores populares, que los consideraban la fuente de una variedad de problemas que visiblemente tenían poco que ver con su presencia en el país o que, irónicamente, ellos ayudaron a resolver, como en el caso de la provisión de comida barata y nutritiva. No es sorprendente que tal discriminación específica (y frecuentemente violenta) ocurriera, dado que fue legitimada por el discurso racial de la élite y que, en la mayoría de los casos, los ataques (tanto verbales como físicos) contra los asiáticos quedaron impunes.[51] Sin embargo, al mismo tiempo, centrarse en los asiáticos servía a un obvio, aunque perverso, propósito de los trabajadores urbanos. En la consideración de los inmigrantes asiáticos como inmorales, plagados de enfermedades y explotadores de mujeres, los trabajadores urbanos buscaron afirmar su propia moralidad y decencia, en resumen, construir un sentido de identidad colectiva en contraposición a un «otro». Al hacerlo, la comida y los restaurantes asiáticos, de la que ellos habían comenzado a depender, eran «alterizados» como no saludable y no nutritiva, la primera, y como inmundos y contaminantes, los segundos.[52] De esta forma, como discuto más abajo, los trabajadores también participaron en ubicar el alimento y la nutrición en el centro del proyecto de gubernamentalidad que se manifestaba en el Estado obrero.

---

50. Bedoya, «Balance alimenticio», 54.

51. Como ocurrió en mayo de 1909, cuando una multitud de cientos de trabajadores urbanos atacaron negocios e individuos chinos en la ciudad. Véase Ruiz Zevallos, *La multitud*, 103-121.

52. Esto no significa que la comida preparada en los restaurantes asiáticos era necesariamente saludable o nutritiva. Es probable que, en muchos casos, no lo fuera. Pero entonces, era también probable que no fuera menos saludable ni nutritiva de la que ofrecían los restaurantes de propiedad de peruanos.

Las políticas de alimentación y nutrición

Junto con los barrios obreros, con los esquemas de creación de empleo de las juntas pro desocupados y con el Seguro Social, los restaurantes populares fueron una de las medidas dirigidas a la clase obrera organizada implementadas por los gobiernos de Sánchez Cerro (1931-1933) y Benavides (1933-1939). La ley original que creaba los restaurantes en 1932 proyectó la construcción de ocho locales en Lima, dos en el Callao y uno en cada uno de los balnearios (los distritos costeños de Miraflores, Barranco y Chorrillos). Las comidas tendrían un precio de 0,30 soles.[53] Además de suministrar un préstamo de 500.000 soles, el Estado introdujo un impuesto sobre los cigarrillos para financiarlos.[54] Hacia abril de 1936, tres de estos restaurantes habían sido construidos en Lima y uno en el Callao. En 1938, la Dirección de Previsión Social reportó que 8,6 millones de «comensales» había hecho uso de ellos.[55] Hacia 1941, ya existía uno en el asentamiento minero de La Oroya.[56] La construcción de los restaurantes populares encajaba perfectamente con los esquemas de empleo creados por el Estado. La responsabilidad por el presupuesto, construcción y operación de los restaurantes recayó en la Junta Pro Desocupados de Lima, la agencia estatal encargada de enfrentar el alza del desempleo en la capital y que, afirmaba Benavides, estaba perfectamente preparada para «utilizar esas obras para combatir la desocupación».[57]

Los restaurantes populares y, en general, la provisión de comida barata para los trabajadores urbanos se convirtieron, en la década de 1930, en una

---

53. Para tener una idea del valor que esto representa, podemos considerar el hecho que, de acuerdo con un menú de 1939 del restaurante El Morro Solar de Santiago de Córdova en Chorrillos, con 0,30 soles un cliente compraba un solo plato de filete de carne y arroz, mientras que un cliente en el restaurante popular conseguía una comida completa de tres platos por el mismo monto. «Menú del día», 9 de noviembre de 1938, restaurante El Morro Solar (Lima: Librería e Imprenta El Misti). Copia del menú en posesión del autor.

54. Ugarteche, *Sánchez Cerro*, 31-36.

55. Perú, Ministerio de Salud Pública, Trabajo y Previsión Social, Dirección de Previsión Social, *Acción social del Estado en el Perú*, Lima: s. p. i., 1938, 6. Estos restaurantes se dirigieron a obreros. Un restaurante para empleados fue creado a inicios de la década de 1940, pero tuvo corta vida, en parte porque los empleados se resintieron por el hecho de que los obreros también hicieran uso de él. Véase Parker, *The Idea of Middle Class*, 205. La evidencia sugiere que los empleados más pobres acudían regularmente a los restaurantes populares (véase más abajo).

56. Gerbi, *El Perú en marcha*, 305. Sobre el giro fascista de la Unión Revolucionaria, véase Molinari Morales, *El fascismo en el Perú*.

57. Citado en Junta Departamental de Lima Pro Desocupados, *Memoria del 1 de enero de 1935 al 31 de diciembre de 1936* (Lima, 1936), XLVIII.

de las varias arenas de competencia política entre los gobiernos de Sánchez Cerro y Benavides, por un lado, y el APRA, y, en menor medida, el Partido Comunista, por el otro. Fue tanto una arena simbólica como una de ladrillo y mortero, dado que, por un tiempo al menos, los trabajadores pudieron elegir entre los restaurantes administrados por el Estado, situados en el centro de Lima, en los distritos de La Victoria y el Rímac, y en el Callao, y un comedor manejado por el APRA. Esta posibilidad de elección llegó a su fin durante el clima de clausura política de finales de 1934, cuando las autoridades cerraron el comedor del APRA indefinidamente. Que los restaurantes populares fueran comprendidos como «armas de los fuertes» en la lucha contra el APRA es ilustrado por un informe publicado en agosto de 1935, en el medio simpatizante con el gobierno *Cascabel*, sobre la inauguración del Restaurante Popular n.º 2, en el Rímac, que sostenía que ese local demostraba que «la solución de los problemas económicos del proletariado, puede hacerse sin libros, sin banderas rojas, sin huelgas, sin mítines y sin cadáveres de trabajadores».[58] No es una sorpresa que para la extrema derecha, también, la provisión de comida barata y nutritiva se convirtiera en una preocupación política clave. En la campaña para la elección presidencial de 1936, que fue cancelada por Benavides, la Unión Revolucionaria, por entonces abiertamente «fascista», solicitaba ampliar el rol del Estado en la supervisión de la nutrición pública e incrementar el número de restaurantes populares: «Queremos que la alimentación pública sea estrictamente vigilada; que las especulaciones y utilidades excesivas en la venta de artículos alimenticios sean prohibidas; que se apliquen penas severas a los adulteradores de alimentos; que la producción, el transporte, y el expendio de los alimentos sean controlados por la Dirección de la Alimentación Pública, que se establecerá con poderes suficientes; y que se generalicen en gran escala los restaurantes populares, las gotas de leche y los refectorios escolares».[59]

La respuesta del APRA a los restaurantes populares ilustra perfectamente las formas en que el problema de la alimentación y la nutrición fue politizado en la década de 1930. Por un lado, el APRA se burló de tales medidas. En 1934, Carlos Manuel Cox, uno de los lugartenientes de Haya de la Torre, sostuvo: «La desocupación aumenta y el gobierno cree calmar el hambre creando Restaurantes Populares! Esto hace recordar el cuento de la reina ingenua que al saber que el pueblo amotinado pedía pan porque se moría de hambre

---

58. *Cascabel*, 3 de agosto de 1935.

59. *Boletín del Partido Unión Revolucionaria* (Abancay), n.º 1, agosto de 1936.

Figura 5: Los restaurantes populares de Lima. Fuente: *Progresos del Perú, 1933-1939, durante el gobierno del Presidente de la República General Óscar R. Benavides*. Buenos Aires: Editorial Guillermo Kraft, 1945, p. 227.

contestó: "si piden pan y no hay, pues que les den tortas"».[60] Al mismo tiempo, el APRA sostenía que los restaurantes populares eran una mera copia de su propio Comedor Aprista n.º 1, que había creado en noviembre de 1933 en la calle Pobres 1073 y que fue cerrado por primera vez por el gobierno el 31 de enero de 1934. En la apertura política de mitad de 1934, al comedor aprista se le permitió reabrir, dejando que el partido le hiciera mejoras, mientras se planeaba dos nuevos locales. El partido se jactaba: «con recursos económicos CIEN VECES MENORES que el Restaurant Popular del Ministerio de Fomento, estamos desarrollando con éxito un Plan de Organización, para satisfacer la sentida necesidad del Pueblo, de contar con alimento barato, abundante e higiénico». El APRA afirmaba que su comedor había sido un éxito; había sido incluso rentable, a pesar de que se había construido casi sin dinero (según

60. Cox, *Ideas económicas del aprismo*, 44.

un documento, su «capital» era de tan solo 1.223,31 soles, mientras que el Restaurante Popular n.º 1 en la calle Huaquilla tenía un capital de 154.874,59 soles): «RESULTADOS A LA FECHA: Aumento constante de comensales, que no podemos atender, por falta de capacidad económica; amplísima satisfacción de nacionales y extranjeros, por nuestra organización técnica y buena alimentación. Obtención de utilidades [...] que destinamos a establecer nuevos Comedores y a formar el fondo de la Cooperativa Nacional "Tahuantinsuyo"; a mejorar nuestros servicios a favor de clases necesitadas y en establecer otras Cooperativas».[61]

El APRA presentó sus «comedores apristas» como evidencia de su capacidad para hacerse cargo de los problemas fundamentales enfrentados por los trabajadores del Perú, mejor de lo que podía hacerlo el gobierno de Benavides; en este caso, el problema de la falta de comida nutritiva y barata. El 7 de abril de 1934, el periódico del APRA, *La Tribuna*, publicó un artículo que informaba sobre la creación de un segundo «comedor aprista» en la calle Colón, en el vecino puerto del Callao. Las comidas tenían un precio de 25 centavos, esto es, cinco centavos más baratas que en el restaurante popular, y consistían de «dos platos bien servidos, pan y té».[62] El artículo enfatizaba que, como en el comedor de la calle Pobres, «el servicio es personal», y que el local era un éxito entre los trabajadores del puerto y las aduanas, quinientos de los cuales hacían uso de sus facilidades varias veces al día y «palpan con sus propias manos la efectividad de las promesas apristas». Junto con similares comedores en las ciudades de Huacho y Huánuco, concluía el diario, los comedores en Lima y el Callao «son un ejemplo de organización, higiene y eficiencia social. El aprismo, en esta época de crisis, contribuye así, con hechos irrefutables, a aliviar las penurias económicas de las clases modestas del país».[63] Otro artículo, que anunciaba la reapertura del comedor en la calle Pobres, declaraba que todos los clientes se volverían accionistas del restaurante, destacando la alta calidad del servicio y de las comidas, y publicitaba el menú especial preparado para la inauguración, que incluía «sopa a la genovesa, seco de cabrito, arroz natural, fruta, té y pan».[64] El informe publicado el 26 de junio, el día de la reapertura del comedor, señalaba que el interés en este local había sido tan grande que se habían formado largas colas, la comida se había agotado y

61. AGN/PL/3.9.5.1.15.1.16.56, «Partido Aprista Peruano, Cooperativa de Comedores, Economía del Comedor, n.º 9», 15 de octubre de 1934.

62. *La Tribuna*, 7 de abril de 1934.

63. Ibíd.

64. *La Tribuna*, 23 de junio de 1934.

había sido necesario preparar más. Como esto sugiere, el APRA se aseguraba de presentar sus comedores como lugares con altos estándares de comida, servicio y, de hecho, «experiencia». El comedor aprista en la calle Pobres había sido cuidadosamente decorado para su reapertura: «bonitas flores» se colocaron en sus mesas. Al mismo tiempo, señalaba el artículo, la disciplina y el comportamiento adecuado se mantenían en estos lugares: estaban vigilados y estaba prohibido fumar. Adicionalmente, el artículo enfatizaba las funciones didácticas de los comedores. Al entrar, a los clientes se les daba un folleto que les explicaba, entre otros asuntos, cómo masticar su comida. En general, el diario buscaba presentar los comedores como lugares donde los trabajadores podían desarrollar nuevas formas de sociabilidad y solidaridad: «la camaradería se hace allí, lado a lado, de comensal a comensal. Los compañeros se sienten un poco más juntos durante los minutos que dura el placentero yantar».[65]

En contraste, el APRA buscaba presentar a los restaurantes populares como mal administrados, ineficientes y con un servicio poco adecuado, y, como tales, un reflejo de la incapacidad del gobierno de Benavides de enfrentar los problemas que sufrían los trabajadores. Un artículo publicado el 21 de junio informaba que dos trabajadores, José Gutiérrez y Alfonso Velardo, habían acudido a las oficinas de *La Tribuna* para protestar por el mal servicio ofrecido en el restaurante popular de la calle Huaquilla. Habían llevado con ellos una porción de arroz que les habían servido en ese local. El informe del diario confirmaba que el grano estaba crudo.[66] En general, el APRA sostenía que, a pesar de «todos los recursos económicos necesarios para el éxito» que la ley 7612 proveía y del hecho de que «con estas cantidades no era aventurado suponer que era factible aliviar en gran parte el problema de la alimentación de las clases populares», el Restaurante Popular n.° 1 era un fracaso. Aunque 2000 personas hacían uso a diario de él, ese local estaba perdiendo dinero y fallando en su objetivo de proveer comida barata a la clase trabajadora, como lo indicaba el hecho de que un congresista hubiera solicitado venderlo, «porque está dejando perdidas al Erario Nacional»: «El pedido del representante aludido, está indicando, oficialmente que la administración de ese Restaurant no ha logrado desarrollar un plan debidamente estudiado para asegurarle al pueblo, alimento barato y bueno, sin determinar la quiebra o merma de los recursos necesarios para ampliar tal obra».[67] En una fecha tan tardía como

65. *La Tribuna*, 26 de junio de 1934.

66. *La Tribuna*, 21 de junio de 1934.

67. AGN/PL/3.9.5.1.15.1.16.56, «Partido Aprista Peruano, Cooperativa de Comedores, Economía del Comedor, n. ° 9», 15 de octubre de 1934.

1941, en un artículo sobre la creciente escasez de alimentos que enfrentaba la capital, *La Tribuna* señalaba la mala calidad de los platos preparados en los restaurantes populares, descritos como «a veces impasables».[68]

A la larga, la campaña del APRA contra los restaurantes populares falló. Aunque puede ser cierto, como lo afirmaba el partido, que esos locales eran poco rentables y que sus platos era incomibles, a fines de la década de 1930, muchos trabajadores hicieron uso de ellos, como lo ilustran algunas fotografías, obviamente encargadas por el gobierno de Benavides, (véase la figura 6). Si se confía en las cifras disponibles, en los primeros tres meses de 1937, 563.300 comensales comieron en los cuatro restaurantes de Lima.[69] Solo en 1932, como señalaba más arriba, 8.6 millones acudieron a ellos.[70] ¿Cómo puede explicarse esto? Uno podría afirmar, siguiendo la historiografía tradicional, que el éxito de los restaurantes populares fue el resultado de la capacidad de los gobiernos de la década de 1930 para movilizar recursos del Estado con el fin de, por un lado, reprimir la oposición política y, por otro, crear leyes obreras y organismos que, ayudando a mejorar (aunque marginalmente) las condiciones materiales de la clase obrera, neutralizaran su militancia y socavaran el atractivo del APRA y, en menor medida, del PCP, entre ella. El hecho de que los trabajadores se sintieran atraídos o pudieran ser engañados para acudir a esos locales proveería, siempre desde esa perspectiva, una evidencia de su limitada conciencia de clase, del fracaso de la política obrera del APRA y de su campaña contra esos establecimientos, y del éxito de la política laboral de los gobiernos peruanos, cuyo objetivo era «incorporar» a la clase obrera en una nueva relación «populista».

Sin embargo, los restaurantes populares no fueron solo diseñados para socavar la militancia de la clase obrera y el atractivo del APRA o del PCP, como muestro más abajo. Su principal función fue «mejorar» a los trabajadores, proporcionándoles una mejor nutrición y trasmitiéndoles un conjunto de valores para que los hicieran suyos. Estos valores debilitarían, en efecto, la susceptibilidad de los trabajadores a la militancia y a las influencias revolucionarias. Pero, junto con proveerlos de mejores alimentos, los restaurantes populares también los transformarían en trabajadores que pudieran desempeñar efectivamente su rol como agentes de progreso. Como han sugerido algunos historiadores, entre ellos, James Vernon, la «alimentación colectiva»

---

68. *La Tribuna*, 22 de octubre de 1941.

69. *La Voz del Obrero*, n.º 19 (19 de mayo de 1937).

70. Perú, Ministerio de Salud Pública, Trabajo y Previsión Social, Dirección de Previsión Social, *Acción social del Estado en el Perú* (Lima: s. p. i., 1938), 6.

Figura 6: Comensales en uno de los restaurantes populares de Lima. Fuente: *Progresos del Perú, 1933-1939, durante el gobierno del Presidente de la República General Óscar R. Benavides*. Buenos Aires: Editorial Guillermo Kraft, 1945, p. 227.

en el siglo XX, de la que los restaurantes populares peruanos eran solo un ejemplo, fue vista por sus defensores como «una nueva forma social capaz de producir más salud, eficiencia, civilidad y solidaridad social».[71] Como los barrios obreros, los restaurantes populares se comprenden mejor como elementos de un proyecto mucho más amplio de gubernamentalidad expresado en el Estado obrero. Ellos manifestaban racionalidades de gobierno en la esfera de la comida y la nutrición, es decir, la idea de que era el deber y propósito del Estado asegurar que los trabajadores fueran suficiente y propiamente alimentados, y, al mismo tiempo, representaban una tecnología de gobierno, es decir, los medios para hacer de esa idea una política. Sin embargo, en el Perú, como en la Gran Bretaña del siglo XX y sus cantinas de fábrica, el restaurante popular «ayudó a construir una nueva visión de la sociedad, si bien al mismo tiempo no logró hacerla realidad».[72] El análisis de un particularmente rico documento puede ayudarnos a comprender cómo y por qué esto fue así.

---

71. Vernon, *Hunger*, 160.

72. Ibíd., 161.

Comida como civilización

Los restaurantes populares del Perú: contribución al estudio del problema de la alimentación popular, publicado en 1936 en Santiago de Chile, fue preparado por el gobierno peruano y presentado en la Conferencia del Trabajo de los Estados de América, organizada por la Organización Internacional del Trabajo (OIT).[73] El libro —que tiene cincuenta páginas e incluye una serie de ilustraciones— fue usado para poner en vitrina uno de los aspectos de la acción social del gobierno de Benavides en una conferencia internacional sobre la clase obrera. El texto proclamaba los restaurantes como un éxito y como un plan de acción que otros gobiernos en Latinoamérica podían copiar: la idea de publicarlo era el resultado de «haberse considerado la organización de los restaurantes populares peruanos como dignos de imitación o de estudio en otros países».[74] En este sentido, el libro provee una invaluable perspectiva sobre cómo el gobierno de Benavides buscaba presentar sus logros con la clase obrera a una audiencia internacional y, específicamente, a la OIT. Según la «Presentación» de la obra, los restaurantes populares se habían concebido como «verdaderos laboratorios para el estudio de los efectos de una nutrición apropiada» y como «escuelas de educación higiénica para el pueblo».[75] Como sugiere esto, nociones de ciencia, educación y salud pública eran lo que más tenían en mente los arquitectos de estos establecimientos. Los restaurantes populares ofrecían, por un lado, una oportunidad para la experimentación controlada y la aplicación de la ciencia a la nutrición de la clase trabajadora; y, por otro, una configuración ideal para educar a los trabajadores en materia de nutrición adecuada y salud pública.

La idea de que los restaurantes populares podían «mejorar» a los trabajadores se hace explícita en el libro a través de tres temas centrales: ciencia, dignidad y calidad. A lo largo de sus páginas, el énfasis se coloca en cómo algunos principios científicos apuntalaban la concepción y organización de esos locales. La ubicación de los cuatro restaurantes, según el informe, había

---

73. Fuentes disponibles dicen poco acerca de quiénes fueron los arquitectos ideológicos de los restaurantes, aunque lo que la evidencia sugiere es que Edgardo Rebagliati, un abogado que, como se discutirá en el siguiente capítulo, desempeñó un rol central en la creación del sistema de seguridad social en el Perú, fue una figura clave. Junto con Manuel B. Llosa, ministro de Relaciones Exteriores, Rebagliati firmó la introducción del libro.

74. *Los restaurantes populares*, 9. Esta publicación puede haber tenido algunos resultados. En 1937, El Consejo Nacional de Nutrición chileno creó restaurantes populares con idénticos fines que los peruanos. Véase Huneeus y María Paz Lanas, «Ciencia política e historia».

75. *Los restaurantes populares*, 9.

sido «materia de cuidadoso estudio».[76] De manera similar, la adquisición de alimento era objeto de precisas estimaciones y «responde al cálculo para su consumo en un corto período de días (de 8 a 12) dentro de la posibilidad de su conservación en perfectas condiciones», así como también lo fueron las comidas: una vez se aprobaba un menú, «se procede, en seguida, al cálculo del racionamiento, conforme a las tablas de proporción y kilaje, deducidas experimentalmente, con relación al consumo individual, observado y rectificado constantemente, tomando en cuenta el promedio de la concurrencia diaria de comensales».[77] Como la adquisición de alimentos y la preparación de comidas, el diseño de los restaurantes permitía «un funcionamiento económico, y eficiente distribución capaz de facilitar la inspección de los servicios, la atención de los comensales y el movimiento del personal». En efecto, «al calcularse las estructuras se ha respetado el propósito de ofrecer el mínimum de obstrucciones a la circulación»; «los comedores, las cocinas y los pasadizos de servicio son amplios y exentos de columnas»; «en los salones en que la mayor luz hubiera exigido una estructura costosa, se ha reducido el número de columnas».[78] Vale la pena señalar que, aunque la ausencia de columnas y, en general, de obstáculos para la circulación de camareros y clientes se presentó como resultado de una cuidadosa valoración científica de cómo proveer el servicio más económico y eficiente, también facilitaba la supervisión. De manera similar, esta idea se encuentra en una sección titulada «Atención al público – Medidas de control», donde uno de los roles del personal de servicio es definido como «la estricta vigilancia sobre la integridad y conservación de todos los útiles del servicio en movimiento». Mientras tanto, todos los restaurantes empleaban una «guardianía», cuya función era «[evitar] aglomeraciones y [asegurar] la tranquila circulación de los concurrentes». Finalmente, nos enteramos, «las puertas del restaurante son objeto de estricta vigilancia».[79]

La otra idea presente a lo largo del libro es la de que los restaurantes populares ayudarían a dignificar a los trabajadores, tanto hombres como mujeres, otorgándoles un ambiente donde una serie de valores eran defendidos y honrados, y donde ellos podrían hacerlos suyos. En efecto, la función de los restaurantes no era solo «proporcionar a los trabajadores alimentación sana,

76. Ibíd., 15.

77. Ibíd., 33, 46.

78. Ibíd., 17, 19.

79. Ibíd., 39, 37.

Figura 7: El Restaurante Popular N.° 2 en el Rímac. Fuente: *Los restaurantes populares del Perú. Contribución al estudio del problema de la alimentación popular.* Santiago de Chile: Imprenta Universitaria, 1936, p. 22. Cortesía del International Institute of Social History, Ámsterdam.

abundante y barata», sino, también, proveerlos con los medios para «salvar holgadamente su patrimonio físico y moral».[80] En eso, estos locales se hacían eco de otras formas de alimentación comunal, como las «cantinas» fabriles en la Gran Bretaña de entreguerras, que eran concebidas como laboratorios sociales o herramientas de ingeniería social, donde «los trabajadores se encuentran, se amistan, y aprenden a ser parte de, y tomar parte en, la vida de lo que debería ser una experiencia humanizante valiosa —su hogar industrial».[81] En los restaurantes populares, la comida era no solo barata; era «agradable, completa, suficiente y armónica». El otorgamiento de valores era tanto explícito como, más importante, implícito o subliminal. En los cuatro restaurantes, «discretamente colgados en los diversos compartimentos se sitúa letreros por medio de los cuales se invita, en forma cortés, sin asomos de conminatoria: a cuidar el local "que pertenece al Pueblo", a quitarse el sombrero, a lavarse las

80. Ibíd., 9.

81. Vernon, *Hunger*, 166.

Figura 8: Comedor de varones en el Restaurante Popular N.° 1 en la calle Huaquilla. Fuente: *Los restaurantes populares del Perú. Contribución al estudio del problema de la alimentación popular*. Santiago de Chile: Imprenta Universitaria, 1936, p. 34. Cortesía del International Institute of Social History, Ámsterdam.

manos, a no escupir en el suelo, etc.».[82] El nacionalismo o, de hecho, las tendencias xenofóbicas cobran presencia: «tanto en la construcción como en la instalación de los restaurants, se da preferencia a obreros, artesanos, empleados, fabricantes, conductores y materiales o artefactos de origen nacional».[83]

La experiencia de los trabajadores en los restaurantes serviría también para conferir ciertos valores. Al respecto, estos locales fueron vistos como capaces de transformarlos, proveyendo una imagen de aquello en lo que podían convertirse. En Gran Bretaña, los arquitectos de las «cantinas» fabriles sostenían: «Dad a los obreros una cantina de la que pueden sentirse orgullosos y muy pronto la cantina se sentirá orgullosa de sus obreros».[84] Una asunción similar parece haber guiado a quienes idearon los restaurantes populares. La higiene fue subrayada en el almacén a través de «las mayores precauciones de

82. *Los restaurantes populares*, 21.

83. Ibíd., 21.

84. Ibíd., 168.

orden higiénico»; la comida se ubicó en estantes que «aseguran su ventilación y su aislamiento del suelo y de toda contaminación»,[85] mientras que «la presentación de los restaurantes con ostensible limpieza y el cumplimiento de las más estrictas condiciones higiénicas en su mantenimiento, constituyen preocupaciones capitales de la Administración, en armonía con las prescripciones reglamentarias, y han sido satisfechas hasta hoy, en forma que ha merecido la aprobación de parroquianos y visitantes, y las apreciaciones elogiosas de la prensa».[86] La puntualidad fue igualmente enfatizada: la comida se servía de 11 a. m. a 2 p. m. para el almuerzo y de 6 a 9 p. m. para la cena, «horas exactas».[87] En la combinación de organización científica y valores tales como la higiene y la puntualidad, sugería el libro, una atmósfera dignificada se había logrado en esos locales. El «estado» de los restaurantes se describió como «digno e higiénico», mientras que el estilo arquitectónico como «sobrio y bello».[88]

Un tercer y quizás más sorprendente tema se presenta en el libro: el de la calidad. La calidad, tal como se la explicaba, era central en los restaurantes, tanto en su estructura como en su servicio. El uso de buenos materiales de construcción se enfatiza indicando que eran «nobles en su totalidad». Los baños «pueden competir con las mejores instalaciones en establecimientos de este género»; «los servicios eléctricos han sido instalados con materiales de primera clase»; «el mobiliario y los enseres pueden calificarse como de primera calidad».[89] De manera similar, se destaca la calidad del servicio. A cada empleado se le asignaba un uniforme separado («Cocineros: Chaqueta y gorro blancos, mandil de kaki azul; Controladores: Guarda polvo blanco; Mozos de Salón: Chaqueta y mandil blanco, con chapa numerada en la solapa; Mozos de cubiertos: Chaqueta negra y mandil blanco, también con chapa numerada».[90] Como revelan las fotografías que figuran en el libro (figuras 9 y 10), los meseros estaban impecablemente vestidos y el servicio era cuidadosamente coreografiado:

> Después de haber sido recibido el comensal, a su ingreso al restaurante, es guiado por los porteros hacia las ventanillas de expendio de boletos, y luego a los comedores, e invitado a instalarse en una mesa. Se acercan al comensal dos

85. Ibíd., 35.
86. Ibíd., 47.
87. Ibíd., 37.
88. Ibíd., 17.
89. Ibíd., 17, 19, 21.
90. Ibíd., 29, 31.

mozos: el de "Salón", que recoge el ticket o boleto de consumo y el de "Cubiertos" que le hace entrega de cinco piezas: una cuchara, un tenedor, un cuchillo, una cucharilla y una servilleta de papel. [Después de que las comidas y el café o el té han sido servidos] terminan en este punto las operaciones de atención a los comensales, bajo la vigilancia estricta de empleados *ad hoc*, que van verificando el orden y la exactitud de los movimientos del personal de atenciones, ya en la oportuna revisión de los cubiertos y viandas servidas a cada consumidor, sin omisión o retardo, ya en la observancia de la mayor urbanidad con los clientes, acogiendo con amabilidad, toda solicitud, reclamo u observación, hasta satisfacerlo en lo posible.[91]

La cuidadosa organización que involucraba la atención a los clientes respondía a varios objetivos: «de un lado la mayor satisfacción de los consumidores, no sólo por la bondad y abundancia de los alimentos, sino por la cortesía y afabilidad en el trato, sin distinciones ni preferencias» y «la exactitud, rapidez y oportunidad del servicio individual, sin dilaciones mortificantes».[92] Como esto sugiere, los restaurantes populares se concibieron como restaurantes y no como «cantinas», cafeterías u otras formas de comedores, y esta original idea fue claramente importante en la forma en que sus arquitectos buscaron atraer a una clientela de trabajadores.

¿Por qué la insistencia en la ciencia, la dignidad y la calidad? Sin duda, eso ayudaba a «vender» los restaurantes populares y, en general, la «acción social» del Estado a la audiencia internacional en la conferencia de Santiago, presentándola como innegablemente moderna e ilustrada. La reunión dio una oportunidad al gobierno de Benavides para poner en vitrina el carácter progresista de su régimen: enfatizando el cuidado y la atención que había tenido en el diseño, construcción y manejo de los restaurantes, Benavides buscaba llamar la atención sobre sus políticas de gobierno hacia la clase obrera, y en general, sobre la naturaleza de su régimen y sus objetivos en otros campos. Probablemente, los delegados que asistieron a la conferencia hayan leído el libro de esta forma. Para los historiadores, esta obra ofrece una más interesante interpretación. Como sugiero más arriba, y como el discurso que domina el libro —con su insistencia en la ciencia, la dignidad y la calidad— parece confirmar, los restaurantes populares pueden verse como un elemento de un más amplio conjunto de medidas expresivas de racionalidades de gobierno que se manifestaron en el Estado obrero. Como los barrios obreros,

91. Ibíd., 39, 41.

92. Ibíd., 39.

Figura 9: Sala de entrada al Restaurante Popular N.º 1 en la calle Huaquilla. Fuente: *Los restaurantes populares del Perú. Contribución al estudio del problema de la alimentación popular*. Santiago de Chile: Imprenta Universitaria, 1936, p. 26. Cortesía del International Institute of Social History, Ámsterdam.

estos locales reflejaban la creciente «biologización de lo social»: el proceso mediante el cual los reformadores sociales de la élite llegaron a ver los problemas de la sociedad, desde una perspectiva crecientemente científica, como problemas que afectaban a los cuerpos individuales. Los problemas sociales serían mejor tratados, se seguía, a través de una política laboral centrada en el «mejoramiento» de los cuerpos —perfeccionando el ambiente de trabajo y doméstico donde este podía ocurrir— y en la producción del tipo «correcto» de trabajador.

Esto sugiere una más completa interpretación de los motivos que llevaron a crear restaurantes populares. Por un lado, estos establecimientos sí cumplieron un rol político «populista». Proveyendo empleo y comida barata a los trabajadores, se esperaba que ayudaran a neutralizar el atractivo de alternativas radicales. Pero, por otro, fueron claramente el producto de una confluencia de ideas acerca de la clase obrera y la naturaleza de los trabajadores, crecientemente percibidas desde una perspectiva científica; y acerca del rol del Estado y de la élite modernizadora asociada a él en el «mejoramiento» de los trabajadores, a través de la inculcación de valores y hábitos específicos

Figura 10: Barra de bebidas no-alcohólicas en el Restaurante Popular N.° 1 en la calle Huaquilla. Fuente: *Los restaurantes populares del Perú. Contribución al estudio del problema de la alimentación popular*. Santiago de Chile: Impr. Universitaria, 1936, p. 43. Cortesía del International Institute of Social History, Ámsterdam.

—como la limpieza, la puntualidad y el orden—, y de la transformación de su ambiente laboral y familiar con la finalidad de convertirlos en agentes de progreso. Naturalmente, las racionalidades políticas y las de gobierno que configuraron los restaurantes populares se superpusieron y reforzaron mutuamente: sus arquitectos asumieron que proporcionarían un ambiente que permitiría a los pobres convertirse en trabajadores modelo, quienes, a su vez, una vez en posesión de los valores conferidos por estos locales y su ambiente, rehuirían racionalmente las alternativas políticas radicales.[93] Pero, en contra de la historiografía tradicional, las racionalidades de gobierno, quizás más que las políticas, explican mejor el éxito de estos establecimientos, como discuto en la siguiente sección.

93. La falta de espacio impide una discusión de la dimensión de género que tenía el otorgamiento de valores en los restaurantes populares. Sin embargo, la presencia de áreas de comedor para «solo familias» y la provisión de comidas gratuitas para hijos sugieren que los arquitectos intelectuales de los restaurantes también esperaban contribuir al fortalecimiento de los roles de género tradicionales y a las políticas maternalistas del Estado. Sobre las políticas maternalistas en este periodo, véase Mannarelli, *Limpias y modernas*.

Afirmando la diferencia

En noviembre de 1935, un artículo en el periódico *Cascabel* afirmaba que los restaurantes populares debían adquirir obro nombre. El artículo señalaba que los restaurantes eran operados por debajo de su capacidad total. Aunque podían alimentar a unas 6000 personas por día, el 28 de octubre solo 1181 habían hecho uso de sus servicios. Según el autor del artículo, esto se debía a dos factores. Por un lado, el término «popular» no atraía a los potenciales clientes más acomodados, aquellos que pertenecían a la clase media. Por otro, el hecho de que fueran limpios y de que los meseros vistieran tan bien desanimaba a los trabajadores. Intimidados por este ambiente, sugería el artículo, muchos preferían los comedores chinos y japoneses. Como consecuencia, estimaba, solo el 15% de aquellos que asistían a los restaurantes eran, propiamente hablando, trabajadores. Los demás eran, en general, miembros de la clase media: «pequeños empleados, maestros de taller, artesanos etc. Se puede decir que los comensales de los Restaurantes Populares pertenecen a los que están situados en la penumbra entre ambas clases».[94] Sin embargo, a pesar de este lamentable fracaso en atraer a más trabajadores, seguía argumentando el artículo, los restaurantes populares cumplían una clara función nacionalista. Unos 1´359.418 comensales habían acudido a ellos desde su inauguración. Esto equivalía a 679.709 soles que no habían sido gastados en comedores japoneses o chinos: «en esta forma, el pueblo ha dejado de pagar tan fabulosa cantidad que ya estaría en Osaka o en Peiping».[95] Los restaurantes, concluía el artículo, que le daban a uno «la sensación de encontrarse en uno de los grandes hoteles de Nueva York», debían ponerse a disposición de todas las clases sociales y pasar a llamarse «restaurantes nacionales», en lugar de «populares».

Los restaurantes populares no fueron rebautizados. Pero su función original, proveer a los trabajadores de comida barata y nutritiva, se modificó. Para inicios de la década de 1940, estos locales eran utilizados para alimentar a la creciente población de escolares de Lima. Según una serie de estadísticas, los tres principales restaurantes populares en la capital habían suministrado comida a más de medio millón de escolares por año entre 1942 y 1944.[96]

94. *Cascabel*, 2 de noviembre de 1935.

95. Ibíd.

96. Véase Junta Departamental de Lima Pro Desocupados, *Memoria del 1 de enero de 1942 al 31 de diciembre de 1944* (Lima, 1946), 5.

Sin embargo, los trabajadores continuaron frecuentándolos, y las estadísticas disponibles sugieren que muchos vencieron la inicial reticencia identificada por el autor del artículo de *Cascabel* como derivada de la falta de familiaridad con la limpieza. Por supuesto, es difícil, si no imposible, entrar en la mente de los trabajadores limeños en la década de 1930 y saber con alguna certeza qué los llevó a decidir seguir comiendo en alguno de los cuatro restaurantes populares que existían en Lima. Naturalmente, hay obvias razones por las que los trabajadores acudieron a ellos. Eran baratos, y algunos servicios, como el desayuno, eran gratuitos para los niños.[97] Pero, por sí mismo, el bajo precio de los restaurantes no puede explicar por qué los trabajadores se sintieron atraídos por ellos, dado que en otros lugares —como los puestos ambulantes, los mercados y los restaurantes asiáticos— también se servía comida barata. Con la finalidad de comprender, entonces, por qué los trabajadores eligieron comer allí, necesitamos considerar lo que los restaurantes populares representaban para ellos.

Como el artículo de *Cascabel* sugiere, y como mi análisis del libro presentado en la conferencia de la OIT en Santiago ilustra, la élite presentó a los restaurantes populares como todo lo que los restaurantes chinos no eran: su antítesis. Hay algo de evidencia de que al menos algunos trabajadores compartieron esta idea. Según un artículo publicado en 1937 en el diario de una organización de artesanos:

> Una de las preocupaciones más plausibles del Gobierno actual es la de conseguir que el pueblo tenga una alimentación buena y barata. A ello ha respondido la creación de los Restaurantes Populares. Pero los japoneses siguen regentando una serie de fondines y de la mayoría de los cafés que funcionan en Lima. Sobre todo en Lima los nipones se han hecho monopolistas del negocio. Pero lo grave no está precisamente en que se hayan hecho monopolistas. Lo está, más bien, en la forma en que trabajan. A estos no se les puede considerar adláteres de higiene y de preocupación por la limpieza y efectos benéficos de salubridad en sus negocios y mercaderías que expenden. Esas condiciones dejan mucho que desear y son siempre irrogantes de grandes peligros para la salud de *quienes se han habituado a frecuentarlos*. De ahí la necesidad de ejercer un rígido control para conseguir que todos los comerciantes dirijan sus negocios en condiciones inmejorables de higiene.[98] [énfasis añadido]

---

97. *La Voz del Obrero*, 19 de mayo de 1937.

98. Ibíd. Señala el cambio en el énfasis de los restaurantes chinos hacia los japoneses, un reflejo de los amplios sentimientos antijaponeses a finales de la década de 1930, nacidos de miedos relacionados con el militarismo japonés y la creencia de que la comunidad japonesa del Perú estaba preparando el camino para una invasión.

Por supuesto, este artículo fue un ejemplo más del generalizado sentimiento antijaponés que existía a finales de la década de 1930. El mismo periódico había afirmado en un artículo anterior: «las chicherías japonesas constituyen un centro de abyección. Allí se atenta contra el porvenir de nuestra raza y el decoro del Perú».[99] Pero también provee algunas pistas de por qué los trabajadores pudieron haber sido atraídos por los restaurantes populares. A diferencia de los atrasados o degenerados restaurantes asiáticos, parecía sugerir este artículo, estos locales eran modernos, cómodos, limpios e higiénicos. La comida era nutritiva y saludable. La atmósfera era digna.

Como esto indica, el énfasis en la ciencia, la dignidad y la calidad, implícito en el diseño arquitectónico y en la estructura de operación de los restaurantes populares, puede haber ayudado a venderlos a la audiencia internacional en Santiago, pero puede también explicar por qué los trabajadores se sintieron cautivados por ellos. Como sostengo más arriba, aunque la clase trabajadora se volvió cada vez más dependiente de los restaurantes asiáticos para acceder a comida barata en las primeras décadas del siglo XX, reprodujo los discursos raciales de la élite acerca de la degeneración, inmoralidad y enfermedad asiáticas. Enfatizando la distancia racial y moral de aquellos que finalmente les proporcionaban comidas asequibles como un medio de subsistencia, los trabajadores intentaban afirmar un sentido de identidad colectiva basado en la ausencia de las características negativas asignadas a los inmigrantes asiáticos. Los asiáticos se convirtieron en todo lo que los trabajadores peruanos no eran o no aspiraban a ser. La lógica que apuntalaba la construcción de la diferencia entre trabajadores «peruanos» e inmigrantes asiáticos era la misma que reforzaba la construcción de la diferencia entre los restaurantes populares y los restaurantes chinos. Es significativo que, como muestra el epígrafe de este capítulo, el recuerdo de los limeños sobre los restaurantes populares medio siglo después de su creación todavía los asociara con nociones de decencia. Esto parece confirmar que lo que atraía a los trabajadores (o al menos a una considerable proporción de ellos) a estos locales, no era simplemente el hecho de que ahí hubiera comida barata.

En un contexto en que los trabajadores urbanos se habían vuelto muy dependientes de los comedores manejados por inmigrantes asiáticos, los restaurantes populares proveyeron un lugar alternativo donde comer y socializar, pero también, y eso es quizás lo más importante, donde podían reafirmarse y reforzarse ciertos valores fundamentales para la construcción de una

99. *La Voz del Obrero*, 12 de agosto de 1936.

identidad de clase trabajadora. Esta identidad —basada en valores tales como la decencia, la respetabilidad, la sobriedad y, a pesar de las ideas de la élite en sentido contrario, la limpieza— se construyó experiencial y discursivamente en diferentes espacios, como el taller, la fábrica, el local del sindicato y la prensa obrera. Pero fue también construida en contraposición a una identidad asiática racializada, que se caracterizaba, según los trabajadores, por la degeneración y la suciedad. Al ser (o ser representados como) todo lo contrario de los supuestamente sucios e indecentes restaurantes asiáticos, los restaurantes populares proveyeron a los trabajadores de un ambiente en el cual su deseo de respetabilidad podía cumplirse y, por lo tanto, reafirmarse. En efecto, podría sostenerse que comer en un restaurante popular se convirtió, a finales de la década de 1930, en una de las más accesibles formas para los trabajadores de Lima de proclamar su decencia. En ese sentido, estos establecimientos podrían verse como indispensables para la afirmación de la identidad de la clase trabajadora que dependía, en gran medida, de la construcción de su diferencia con los inmigrantes asiáticos. En síntesis, los restaurantes populares fueron racializados a través de su construcción como antitéticos de los comedores asiáticos, lo que ayuda a explicar su éxito entre la clase trabajadora. Los trabajadores se sintieron atraídos por ellos porque aspiraban a ser, o ya se sentían, la clase de obreros que los arquitectos de estos locales deseaban que fueran. Las racionalidades de gobierno que se manifiestan en el Estado obrero y, más específicamente, en los restaurantes populares, fueron las propias de los trabajadores.

En un giro final para esta historia, la racialización que configuró las políticas de comida y nutrición fue objeto de un uso político por parte del APRA a finales de la década de 1930. Una de las estrategias de ese partido para atacar a Benavides fue sostener que el Presidente estaba facilitando la penetración del «imperialismo fascista» en el país; específicamente, que estaba entregando el control de activos económicos y militares clave a imperialistas italianos, alemanes y japoneses. Como consecuencia, el APRA replanteó sus diferentes políticas para insertarlas en una más amplia campaña para detener el imperialismo fascista en el Perú. Esto se extendió a lo que el partido percibía ser el dominio japonés del pequeño comercio en el país, que, según afirmaba, representaba una rapaz y desleal competencia para los peruanos: «No hay en Lima y en las demás ciudades de importancia en el Perú, un solo jirón, donde uno no tropiece con el rostro impenetrable de los ojos oblicuos». Como parte de esta retórica, el APRA replanteó la finalidad y racionalidad de sus «comedores apristas»: «Solo Haya de la Torre, y el Aprismo peruano, desde la oposición tenaz y desde la clandestinidad heroica en que vive, han planteado soluciones concretas y científicas para estos serios y gravísimos problemas que afectan vitalmente al país. Y así hemos visto cómo para contrarrestar la acción de los restaurantes japoneses que desnutrían a nuestro pueblo, el aprismo creó por primera vez, restaurantes populares, donde el trabajador encontraba alimento sano, nutritivo y excepcionalmente barato».[100] Aunque el APRA afirmaba que el «imperialismo fascista» era intrínsecamente racista, dado que los fascistas veían a la raza «indoamericana» como inferior y buscaban atacarla de la misma forma que a «la raza judía», su propio ataque a los inmigrantes japoneses y sus negocios se basaron en el racismo antiasiático prevaleciente en la sociedad peruana y, sin duda, ayudaron a exacerbarlo.

Conclusión

Como los barrios obreros, los restaurantes populares fueron más que simples tácticas para socavar el atractivo de los partidos políticos de izquierda o debilitar la militancia obrera. Como las casas para los trabajadores, expresaban racionalidades de gobierno y funcionaban como una tecnología de gobierno. Fueron concebidos como laboratorios sociales en los cuales se podían formar trabajadores ideales: el suministro de nutrición apropiada y la inculcación de ciertos valores «civilizadores» capacitarían a los trabajadores para constituirse ellos mismos en agentes de progreso y civilización. Por un lado, los restaurantes populares fueron, entonces, exitosos. Si se cree en las estadísticas oficiales, atrajeron a un gran número de clientes. Este éxito, sugiero, se debe al hecho de que los valores que los arquitectos de estos establecimientos buscaban inculcar en los trabajadores y esperaban que ellos vieran como suyos eran los que los mismos trabajadores percibían como propios: los valores que los hacían diferentes de los chinos o japoneses, o incluso superiores a ellos. Los restaurantes populares, entonces, fueron exitosos porque proveían espacios donde la construcción de la diferencia con los inmigrantes asiáticos podía realizarse y reafirmarse. Pero esta construcción de identidad fue solo posible porque en su diseño los restaurantes enfatizaban los mismos valores que los trabajadores veían como esenciales para su identidad: las racionalidades de gobierno de sus arquitectos fueron las mismas que las de los trabajadores que comían allí.

Por supuesto, en otros aspectos los restaurantes populares no tuvieron un buen resultado. Aunque pueden haber atraído a muchos clientes de la clase

---

100. León de Vivero, *Avances del imperialismo fascista*, 31-32.

trabajadora, los restaurantes, al igual que los barrios obreros, fracasaron en «mejorar» a los trabajadores en las formas que concibieron sus arquitectos. A pesar de que atrajeron clientela, alcanzaron solo una pequeña proporción de la clase trabajadora del Perú. La mayoría de los obreros, en Lima como en otros lugares, continuaron dependiendo de otras fuentes de comida, que incluían la preparada por inmigrantes asiáticos. Tampoco hay ninguna evidencia de que los restaurantes populares tuvieran éxito en solucionar la malnutrición de los pobres que tanto preocupaba a los nutricionistas del Perú. En la década de 1940, las críticas a su administración y servicio se volvieron cada vez más frecuentes.[101] En general, como los barrios obreros, los restaurantes populares reflejaron una «fantasía» gubernamental que, debe señalarse, fue la misma que la de los que aplaudían los «comedores» del APRA. Los trabajadores ideales que supuestamente debían crear estos establecimientos fueron poco más que un reflejo de las ficciones racistas de la élite, ficciones que —como he sostenido en capítulos previos con respecto a las relaciones laborales y la vivienda, y exploraré en relación con la salud pública y el seguro social en el siguiente— encontraron expresión en la seducción de la clase obrera, esto es, en una comprensión racializada de las fuentes del progreso y atraso en el país que colocaba al trabajador como el redentor encarnado de los indios social y racialmente degenerados y como la salvación de la patria.

101. Véase *La Voz del Obrero*, 12 de octubre de 1940.

6

Curando a la clase obrera

En 1935, el periódico *Cascabel* publicó un dibujo titulado «Un fantasma aterrador», que representaba al líder del APRA, Víctor Raúl Haya de la Torre, acostado en su cama, mientras una figura monstruosa, identificada con las palabras «Seguro Social Obligatorio», se cernía sobre él. La leyenda del dibujo explicaba que «Sin necesidad de leer a Marx y quemarse las pestañas tratando de comprender a Hegel, hay quienes dentro de breve formularán un proyecto integral de Seguro Social Obligatorio. Y eso tiene sobresaltado al líder Máximo. Porque entonces ¡adiós programa! ¡adiós apra! ¡adiós líder Máximo!».[1] El dibujo ilustra cómo los contemporáneos y, más tarde, muchos historiadores, percibieron la Ley del Seguro Obligatorio promulgada por el presidente Benavides en 1936. Esta norma proveía a los trabajadores de un sistema de seguridad social casi integral, que incluía hospitalización gratuita, y ayudaba a incrementar los fondos que permitirían al Estado invertir en la construcción de nuevas instalaciones de salud pública, que incluían un nuevo hospital para trabajadores en Lima, el Hospital Obrero, culminado en 1940. Como los barrios obreros y los restaurantes populares, el Seguro Social ha sido visto como una política ideada por el régimen de Benavides para socavar al APRA y, en general, a las fuerzas de izquierda, proporcionando las mismas cosas que ellos prometían proveer. Ciertamente, la seguridad social

1. *Cascabel*, 17 de agosto de 1935.

había estado en la agenda de la izquierda desde finales de la década de 1920. A inicios de 1929, *Labor*, el periódico quincenal de Mariátegui dirigido a los trabajadores, publicó dos artículos sobre sistemas de seguridad social. Uno se centraba en los de los países capitalistas y sostenía, algo contradictoriamente, que los seguros sociales eran tanto un medio para estafar a la clase trabajadora como una conquista clasista. El otro, reproducido del periódico latinoamericano de la Tercera Internacional Comunista *El Trabajador Latinoamericano*, se ocupaba de la seguridad social en la Unión Soviética, que se presentaba como un «modelo y la meta hacia la cual deben orientarse las luchas proletarias para el mejoramiento de su situación» en América Latina.[2] A finales de 1930, la Confederación General de Trabajadores del Perú (CGTP), la central obrera controlada por el Partido Comunista, fijó como uno de sus objetivos el establecimiento de un «Seguro Social completo (desocupación, invalidez, accidentes del trabajo), pagado con un impuesto progresivo sobre el capital, y la confiscación de bienes de la Iglesia».[3] El APRA introdujo una propuesta en su «programa mínimo» de 1931 para desarrollar un sistema de seguridad social integral. El Partido Socialista de Luciano Castillo, de manera similar, incluyó un plan de seguridad social en su manifiesto político de 1933.[4]

Como con los barrios obreros y los restaurantes populares, sin embargo, los motivos que explican la creación del Seguro Social de 1936 no pueden reducirse a un intento de incorporar a la clase obrera y neutralizar a la izquierda. Tal como sugiere la reciente historiografía del bienestar social, la reforma de bienestar se comprende mejor como un proceso configurado por diversas fuerzas sociales e ideologías.[5] Como Stephen Kotkin acertadamente señala:

---

2. *Labor*, 15 de enero y 2 de febrero de 1929.

3. *El Trabajador*, 17 de octubre de 1930, citado en Martínez de la Torre, *Apuntes para una interpretación marxista*, vol. 3, 93.

4. Partido Socialista del Perú, *Primer manifiesto*, 12.

5. A mediados de la década de 1990, Philip Nord identificó un cambio en los estudios de la historia del bienestar social en Francia. Explicando el advenimiento de la reforma del bienestar, señala que los historiadores han tendido a enfatizar la defensa social, esto es, la noción de que «Parece que el traductor se olvidó de traducir esto: 'el avance de la clase obrera asustó a la República burguesa a tal punto que sus elementos más ilustrados adoptaron medidas de prevención social para calmar la protesta». Pero los historiadores, observaba Nord, estaban empezando a pasar de tales perspectivas a considerar la constitución cultural del bienestar social en varios países. Como sugiere Janet Horne, «Estudiar el estado de bienestar de un país es también estudiar los sistema de valores de ese país —es investigar, por ejemplo, tanto las presiones políticas como las influencias religiosas, filosóficas y culturales sobre los que diseñan las políticas sociales». En la década de 1980, las pioneras historiadoras feministas mostraron cómo los sistemas de bienestar, a la vez, reflejaban y ayudaban a constituir órdenes sociales basados en consideraciones de género. Más

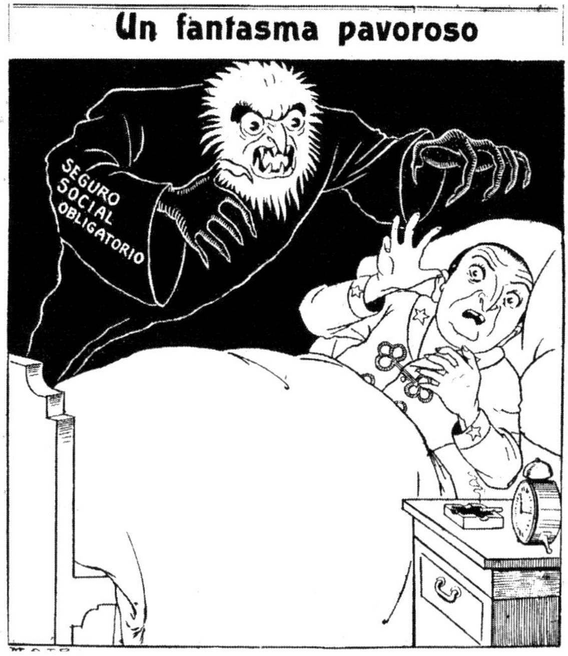

Figura 11: «Un fantasma pavoroso: el seguro social obligatorio». Fuente: *Cascabel*, 17 de agosto de 1935. Cortesía de la Biblioteca Nacional del Perú.

En parte una reacción conservadora al surgimiento de la clase obrera y a los peligros que supuestamente representaba, en particular los de las enfermedades

recientemente, los historiadores influidos por las perspectivas de género han puntualizado el importante rol desempeñado por las mujeres en la configuración de la primera política social y cómo los propios términos del debate y las políticas que dieron forma y produjeron la reforma social se basaron en consideraciones de género. Politólogos tales como Robert Lieberman e historiadores tales como Frederick Cooper han mostrado que la raza y el racismo igualmente configuraron el bienestar social en los Estados Unidos y en el África colonial británica y francesa, respectivamente, en formas que perpetuaron un orden social racializado. Otros, como Peter Swenson, han desafiado el presupuesto de que los capitalistas eran instintivamente opuestos a la reforma social. Véanse Nord, «The Welfare State in France», 823; Horne, *A Social Laboratory for Modern France*, 2; Lieberman, *Shifting the Color Line*; Cooper, *Decolonization and African Society*; Swenson, *Capitalists against Markets*. La literatura relevante sobre la historiografía del Estado de bienestar, basado en consideraciones de género, es demasiado vasta para citarla aquí, pero véanse Koven y Michel, «Womanly Duties»; Gordon, «Social Insurance and Public Assistance»; Pedersen, *Family, Dependence and the Origins of the Welfare State*. Sobre el carácter de género del bienestar en un contexto contemporáneo véase O'Connor, Orloff y Shaver, *States, Markets, Families*. Sobre el carácter de género de la formación del Estado, véase Brown, *States of Injury*, cap. 7. Para un panorama útil, véase Hacker, «Bringing the Welfare State Back In».

> contagiosas y la militancia política, el estado de bienestar también fue producto de las variadas preocupaciones articuladas por expertos que perseguían fines tan distintos como la eficiencia en el trabajo, la normalización psicológica, y la conformación de poblaciones saludables. Los industriales, preocupados por obtener una mano de obre dócil y segura, y los reformadores sociales, en campaña por lo que creían que llevaría a la minimización de los costos sociales y la maximización de los beneficios sociales, compartieron una misma lógica, si bien sus objetivos muchas veces parecían ser divergentes.[6]

En el contexto latinoamericano, los estudios sobre la reforma de las políticas de bienestar, tales como los de Weinstein en Brasil; Hutchison, Klubock y Rosemblatt en Chile; Ehrick en Uruguay; y Guy en Argentina, han tendido a privilegiar el género como un lente interpretativo.[7] Los historiadores de la región han puesto menos atención en cómo la raza y el racismo también configuraron esta reforma. Este capítulo, aunque presta atención a las formas en que los presupuestos de género apuntalaron la constitución del Seguro Social, se centra igualmente en cómo presupuestos racializados configuraron su diseño y función. Aunque acepta que los avances en nuestra comprensión de la reforma del bienestar en los últimos años han sido «impresionantes», Hacker ha expresado recientemente la preocupación de que «el estado de bienestar se ha convertido en una ventana conveniente desde la cual observar un tipo de relación de poder mayor —entre negros y blancos, entre mujeres y hombres, entre el capital y el trabajo».[8] Una forma diferente y más positiva de ver estos cambios es argumentar que categorías tales como la raza o el género ofrecen una ventana particularmente útil desde la cual observar la reforma de las políticas de bienestar y, más específicamente, su rol en los proyectos de gubernamentalidad.

La genealogía del Seguro Social y las varias reacciones que su implementación produjo, aspectos que trazo en este capítulo, sugieren que muchos contemporáneos vieron esta política como una estrategia para neutralizar la militancia de la clase obrera y el atractivo de la izquierda, mientras que el APRA afirmaba que el Seguro Social había sido, en realidad, iniciativa suya. Pero las reacciones fueron más diversas de lo que esto sugiere: los médicos parecen haberse opuesto al Seguro Social, los empleadores eran ambivalentes

---

6. Kotkin, *Magnetic Mountain*, 19-20.

7. Weinstein, *For Social Peace in Brazil*; Klubock, *Contested Communities*; Rosemblatt, *Gendered Compromise*; Hutchison, *Labors Appropriate to Their Sex*; Ehrlick, *The Shield of the Weak*; Guy, *Women Build the Welfare State.*

8. Hacker, «Bringing the Welfare State Back In», 127.

y algunos observadores saludaron la medida. Las formas en que los arquitectos del Seguro Social buscaron convencer tanto a los trabajadores como a los capitalistas de los beneficios de la seguridad social revelan las racionalidades de gobierno que la iniciativa manifestaba. Como varios documentos muestran, los arquitectos del Seguro Social estuvieron principalmente motivados por la creencia, formulada de una manera marcada por presupuestos de género, de que los trabajadores constituían un valioso capital humano que necesitaba protegerse y «mejorarse» a través de la intervención del Estado. Como los barrios obreros y los restaurantes populares, el Seguro Social fue concebido como una tecnología de gobierno; específicamente, como un medio para resolver los problemas de salud que los trabajadores enfrentaban en sus ambientes laborales y domésticos, esto es, como un medio para proteger y «mejorar» a los trabajadores, específicamente a los hombres, tanto física como moralmente. Pero las exclusiones que el Seguro Social establecía, particularmente la de los indígenas, indican, como discuto en una sección final, las formas en que las comprensiones racializadas de la clase obrera y de la promesa de redención nacional asociada a los trabajadores —la seducción de la clase obrera— configuraron el proyecto de gubernamentalidad expresado en el Seguro Social.

Los orígenes del Seguro Social

A inicios de 1936, el periódico *Mundo Peruano* publicó una devastadora crítica de los hospitales manejados por la Sociedad de Beneficencia Pública de Lima, la institución religiosa que desde el siglo XIX había provisto la poca atención hospitalaria disponible para la población de la ciudad. El artículo señalaba que los hospitales estaban en mal estado y que regularmente fracasaban en ofrecer servicios médicos básicos. «No es posible que esta situación continúe así», enfatizaba el artículo, «El pueblo tiene derecho sobre la asistencia social que debe proporcionársele porque el Estado percibe para ello los gravámenes de ley, los que a su vez transfiere a las organizaciones que están destinadas a salvaguardar la salud pública». El artículo continuaba sosteniendo que la Sociedad de Beneficencia era una institución anacrónica y que había llegado la hora de que el Estado se hiciera cargo del manejo de los hospitales de la ciudad, «a fin de situarlos en un nivel aproximadamente idéntico al existente en otros países».[9] Unos pocos meses después, otro artículo en el mismo periódico

9. *Mundo Peruano* 2, n.ºs 13-14 (enero-febrero de 1936): 55.

llamó a la creación de un «seguro social de maternidad». Escrito por Susana Solano, una prominente activista en la campaña para abolir la prostitución reglamentada en la ciudad, el artículo afirmaba que la mortalidad infantil era un grave problema que necesitaba enfrentarse si la población del país iba a mejorarse: «Asegurando a las madres de toda condición social, asistencia, descanso y tranquilidad económica durante el embarazo, parto, puerperio y lactancia se aniquilan indudablemente muchos factores que conspiran contra el crecimiento vegetativo de la nación».[10] Como sugiere esta afirmación, la idea de que el Estado tenía que hacerse responsable por la salud de la población, un pensamiento que surgió en los primeros años del siglo XX, comenzó por la década de 1930 a articularse en reclamos para mejorar la provisión de hospitales respaldados por el Estado y la seguridad social. Fue una idea que, en el Perú como en otras partes, estuvo profundamente marcada por supuestos de género.[11]

La preocupación por la calidad del cuidado médico y hospitalario para la creciente población de Lima puede rastrearse hasta los inicios de la década de 1910, si no antes, cuando médicos tales como Carlos Enrique Paz Soldán, un pionero de la medicina social peruana, sostenían que el cuidado hospitalario debía transferirse de las sociedades de beneficencia al Estado, y que debía crearse un ministerio que supervisara la salud pública: «La asistencia social, según los modernos conceptos, es un deber del Estado, y la base del engrandecimiento individual y colectivo».[12] Para la década de 1920, revistas como *Mundial* retomaron la idea de que la Sociedad de Beneficencia no era capaz de proveer la atención médica necesaria para la capital.[13] Un artículo de Antonio Alba en 1925 extendía esta crítica de la beneficencia como un acto de caridad, y sostenía que era función del Estado proveer asistencia social para la población: «La asistencia social, suministrada por el Estado en forma científica y sistemática, formará una sociedad sana, laboriosa y consciente». Alba formulaba su argumento en términos explícitamente gubernamentales y racializados. Afirmaba que era el deber del Estado «proteger a todos y cada uno de los miembros de la masa social», para hacerlos cumplir con sus obligaciones, y «aprovechar la suma de bien que puedan aportar al acervo común». En favor de la inmigración, que traería «gente sana y honesta» en

10. *Mundo Peruano* 2, n.ºs 17-18 (mayo-junio de 1936): 5.

11. Véase Cueto, *El regreso de las epidemias.*

12. Paz Soldán, *La asistencia social en el Perú*, 46.

13. *Mundial*, 4 de febrero de 1921.

el Perú, también indicaba que la seguridad social ayudaría a «incorporar» a los indios a la «vida de la civilización y la cultura». Por esta razón, concluía, de la seguridad social dependía «el porvenir de la nacionalidad, la selección de nuestros componentes étnicos, la depuración de muchas lacras sociales que hoy amenazan corroer la fortaleza de la raza y malograr su espíritu». En resumen, Alba comprendía la seguridad social como un elemento clave en un proyecto de civilización que dependía de la «estructura física de la raza».[14]

En la década de 1930, los médicos continuaron argumentando a favor de un abandono del sistema basado en la Sociedad de Beneficencia para establecer un «moderno» sistema de seguridad social. En 1930, *La Crónica Médica*, el diario médico insignia del Perú, publicó un informe escrito por doctores empleados por la Beneficencia Pública de Lima y motivado por un decreto de 1928 que establecía que los hospitales de la Beneficencia ofrecerían de ahí en adelante tratamiento gratuito al «indigente». Después de hacer una serie de observaciones sobre el decreto, los médicos señalaban las limitaciones del actual sistema, que hacían imposible practicar la medicina «preventiva o profiláctica», y comentaban el desarrollo de los sistemas de seguridad social obligatoria en países más «avanzados», como Alemania. Aunque la introducción de la seguridad social por Bismarck en ese país fue una medida política cuyo propósito fue combatir el socialismo, sostenían los autores, «dio los sorprendentes resultados que se tradujeron por la gran disminución de la mortalidad, por la singular organización de las instituciones de asistencia y de profilaxia y por el poderío y la estabilidad social de ese gran país». Los médicos proponían crear una comisión especial en la Sociedad de Beneficencia para estudiar si una institución parecida era oportuna en el contexto peruano, sobre la base de que «para salvaguardar nuestro capital humano, para pasar de la simple curación de enfermos a la institución de la verdadera asistencia, que implica la idea de socorro y de previsión, es necesario vencer el escollo de la miseria, de la indigencia, [y] preparar el camino de la organización de los seguros sociales, en especial del seguro de enfermedad».[15] En los años siguientes, lo diarios médicos del Perú continuaron publicando artículos a favor de una mayor y más activa intervención estatal en la salud pública y en la medicina preventiva, con la finalidad de proteger el «capital humano», además de criticar la ineptitud de las sociedades de beneficencia, acusadas de ser «coloniales» y «aristocráticas», para proveer la asistencia médica que el país

---

14. *Mundial*, 6 de febrero de 1925.

15. *La Crónica Médica* 47 (1930): 178-185.

necesitaba y ponderar los beneficios e inconvenientes de un sistema de seguridad social, visto como inevitable y necesario, para la profesión médica.[16]

Médicos y otros comentaristas presentaron argumentos parecidos en varios foros públicos. En una entrevista publicada en el periódico *Suplemento* a mediados de 1933, el doctor Alfonso Pasquel retomó la crítica de las sociedades de beneficencia, que, según decía, basaban la provisión de los hospitales más en la caridad y la religión que en la ciencia. Pasquel sostenía que la salud pública era un deber del Estado; representaba la fuente de su poder y la base para el bienestar de la población.[17] De manera similar, el periódico *Cascabel* lideraba una campaña muy voceada hacia mitad de 1935 contra la Sociedad de Beneficencia de Lima, siguiendo líneas parecidas (véase la figura 12). Se argumentaba que había llegado el tiempo de enterrar el cadáver llamado Beneficencia Pública —«sobre su tumba levantaremos el Ministerio de Asistencia Social»—, que los servicios de salud pública necesitaban modernizarse y que había que construir nuevos centros de salud.[18] Según el editor del periódico, Federico More, la proliferación de mendigos en la ciudad era consecuencia de la falta de una seguridad social adecuada y moderna: «sin seguros sociales, sin previsión social, sin amplias y bien dotadas instituciones humanitarias, y con una clase opulenta que regatea su contribución al Estado, Lima es un hervidero de mendigos».[19] Según More, era la responsabilidad del Estado enfrentar tales problemas, implementando medidas adecuadas. La campaña parece haber funcionado. Ese mismo año, en octubre, el presidente Benavides creó el Ministerio de Salud Pública, Trabajo y Previsión Social. Como esto indica, para la década de 1930, la mayoría de la élite peruana compartía la opinión —crecientemente común en países con regímenes políticos tan diversos como los Estados Unidos, Alemania, Italia y la Unión Soviética— de que el Estado era la entidad llamada a proveer y supervisar la seguridad social para la población, y que la caridad privada era algo que había servido a su propósito pero que pertenecía a otra época.[20]

---

16. *La Crónica Médica* 49, n.º 824 (1932): 69-71; *La Crónica Médica* 51, n.º 484 (1934): 105-107; *Revista Médica Peruana* 5, n.º 53 (1933): s. p.; *Revista Médica Peruana* 7, n.º 84 (1935): 941-958.

17. *Suplemento*, 3 de junio de 1933.

18. *Cascabel*, 20 de julio de 1935.

19. *Cascabel*, 1 de junio de 1935.

20. Sobre las tensiones entre caridad privada y Estado de bienestar, véanse, sobre los Estados Unidos, Skocpol, *Protecting Soldiers and Mothers*; sobre Alemania, Steinmetz, *Regulating the Social*, y Hong, *Welfare, Modernity, and the Weimar State*; sobre Italia, Quine,

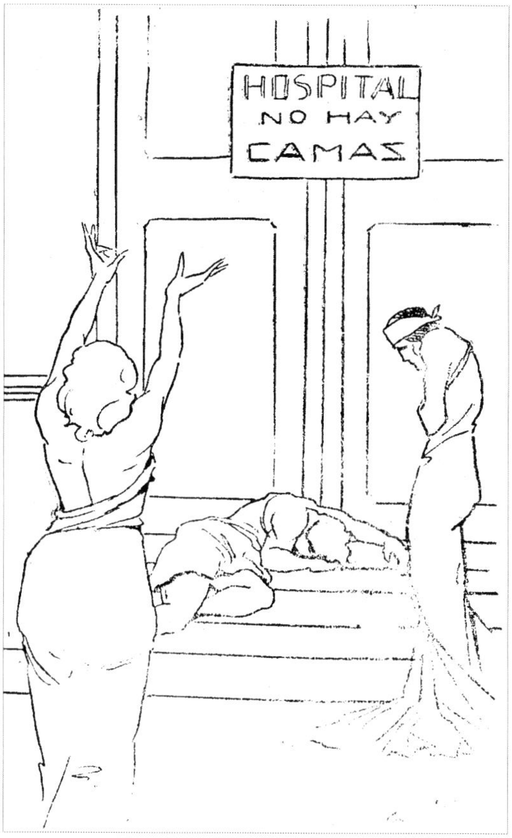

Figura 12: "Hospital: no hay camas». Fuente: *Cascabel*, 20, julio de 1935. Cortesía de la Biblioteca Nacional del Perú.

El proyecto que dio lugar al Seguro Social puede rastrearse hasta 1934, cuando Benavides encargó al abogado Edgardo Rebagliati y a Franz Schrüfer, un actuario de seguros, preparar una propuesta de ley de aseguramiento social. En 1932, Rebagliati, quien había trabajado como abogado laboralista en la década de 1920, comenzó a publicar y editar un periódico titulado *Revista de Seguros*.[21] El primero de todos sus números incluyó un artículo que denunciaba las deficiencias de la Ley de Accidentes del Perú, aunque el periódico se centraba más en las dimensiones legales de varias formas de seguro, tanto

Italy's Social Revolution; sobre Rusia y la Unión Soviética, Lindemeyr, *Poverty Is Not a Vice*, Kotkin, *Magnetic Mountain*, y Caroli, «Bolshevism, Stalinism and Social Welfare».

21. Como Luciano Castillo (véase capítulo 3), Rebagliati anunciaba sus servicios como abogado en *Labor* de Mariátegui. Véase la edición del 24 de noviembre de 1928, 6.

públicas como privadas.[22] Entre 1933 y 1934, la *Revista de Seguros* publicó informes sobre los sistemas de seguridad social de varios países, entre los que figuraban Francia, Australia, España y Chile; reprodujo artículos de publicaciones extranjeras sobre temas específicos (que incluyó uno sobre «El problema de la mujer obrera»); y comenzó a publicar estudios teóricos sobre sistemas de seguro social. En 1935, Rebagliati viajó a Uruguay, Argentina y Chile para estudiar las leyes de seguro social de esos países. Un artículo de la *Revista de Seguros* señalaba que el viaje por Sudamérica de Rebagliati, que fue ampliamente cubierto por la prensa de Lima, era evidencia del creciente consenso en relación con «la necesidad de establecer lo antes posible el seguro social».[23] Rebagliati se referiría más tarde al sistema chileno, establecido en 1924 y que cubría a 800.000 trabajadores para mediados de la década de 1930, como un «verdadero modelo continental».[24] Sin embargo, dado que la ley de seguro social chilena no se había aplicado sistemáticamente desde 1935-1936, es probable que la capacidad de Rebagliati para estudiar el sistema chileno se viera limitada.[25] De hecho, el Seguro Social de Rebagliati fue influido no solo por el modelo chileno u otros modelos latinoamericanos, sino también por la más amplia «política social» transnacional que configuró los sistemas de seguridad social en las economías del Atlántico Norte. El ministro británico en Lima, por ejemplo, explicó que el sistema peruano se basaba en los modelos chileno y británico.[26]

El 2 de septiembre de 1936, el presidente Benavides firmó el proyecto preparado por Rebagliati y Schrüfer como ley. La ley 8433 establecía que todos los trabajadores, hombres y mujeres, debajo de los sesenta años, que trabajaran para un empleador (incluidos los empleados domésticos) o independientemente, y ganaran menos de 3.000 soles por año, debían registrarse. Los trabajadores contribuirían con el 3,5% de sus sueldos; los empleadores, con el 4,5% de su planilla; y el Estado, con el 1% de los sueldos y salarios, financiado a través de impuestos en los sellos de recibos, tabacos y bebidas alcohólicas (en el caso de los trabajadores independientes, el Estado contribuiría con el 2,5% y el trabajador con el 3,5% de su salario diario).[27] La ley ga-

---

22. *Revista de Seguros* 1, n.º 1 (noviembre de 1932): 7-12.
23. *Revista de Seguros* 3, n.º 31 (mayo de 1935): 1.
24. Rebagliati, «La previsión social en Chile».
25. Rosemblatt, «Charity, Rights, and Entitlement».
26. FO/371/19801, Forbes a Eden, 14 de octubre de 1936.
27. PC/B3/60, Peruvian Corporation (Lima) a Cecil, 19 de junio de 1936.

rantizaba a quienes se registraran atención médica; hospitalización; pagos de maternidad; una pensión para aquellos afligidos por enfermedades crónicas; otra para aquellos que alcanzaran la edad de sesenta años y que hubieran contribuido al sistema por veinte años; y, finalmente, gastos funerarios e indemnización para los deudos. La administración del Seguro Social estaría bajo la responsabilidad de la Caja Nacional del Seguro Social, que dirigiría un consejo directivo que incluiría a dos representantes de los trabajadores. Como sugiere esto, el Seguro Social peruano, como todos los sistemas de seguridad social basados en el modelo alemán y, ciertamente, en el National Health Service de Beveridge, no se centraba en los más pobres de la sociedad. Como los demás sistemas, el Seguro Social fue diseñado «con la finalidad de socializar una porción de los riesgos del trabajo, no tanto para que los más pobres de los pobres sean asistidos, sino para reducir la probabilidad de que los peligros esperados de una vida de trabajo conduzcan el asalariado promedio tanto a los brazos del radicalismo político como a las listas de los indigentes necesitados de ayuda estatal».[28] En el Perú, por supuesto, había poca ayuda a los indigentes de la que hablar. Pero, como sostengo más abajo, otros motivos que no eran solo el miedo al radicalismo político también configuraron el Seguro Social.[29]

El Seguro Social de Rebagliati tuvo una significativa oposición al principio. Médicos tales como Ovidio García Rosell, quien parecía irritado por el hecho de que la profesión médica no fuera consultada en la formulación del proyecto, indicaban que con su implementación, la calidad del cuidado al paciente disminuiría.[30] García Rosell estaba expresando lo que parecía ser una resistencia general entre los médicos que se opusieron a la reforma de la seguridad social en esta etapa. La American Medical Association se opuso de manera similar a cualquier forma de seguro de salud pública en el periodo previo a la Social Security Act de Estados Unidos de 1935.[31] Sin embargo, la oposición al Seguro Social giraba principalmente en torno de la idea de que la ley había sido ideada, para ponerlo en términos del ministro británico, «con

28. Rodgers, *Atlantic Crossings*, 226-227.

29. A pesar de la evidente inspiración transnacional, señalando la genealogía del seguro social que él diseñaba, Rebagliati indica tres propuestas legislativas locales. Estas incluían una propuesta de 1931 presentada por la Sociedad de Beneficencia Pública, otra del diputado Gerardo Balbuena y, finalmente, el «Proyecto de Código Laboral» preparado por el diputado Manuel Bustamante de la Fuente en 1934. Rebagliati, *La previsión social en el Perú*, 13.

30. García Rosell, *Comentarios al proyecto de seguros sociales.*

31. Rodgers, *Atlantic Crossings*, 443.

una finalidad electorera».[32] Ciertamente, el Seguro Social no era más que un elemento en un bombardeo legislativo proobrero en el periodo previo a las elecciones de 1936, que incluyó, en la ley de compensación, un incremento del pago en el caso de despido, que se elevó de dos semanas a un mes en el caso de los empleados, y de una semana a dos en el de los obreros.[33] Como señalaba la Peruvian Corporation, la compañía británica que manejaba la mayoría de los ferrocarriles: «estas normas son obviamente propaganda electorera»; aunque añadía: «solo se necesita un "cúmplase" del presidente para que se conviertan en ley».[34] Luis Antonio Eguiguren, un exalcalde de Lima y candidato presidencial a las elecciones de 1936 (anuladas por Benavides cuando parecía que el apoyo del APRA daría la victoria a Eguiguren), sostenía igualmente: «Habrá necesidad de que analicemos aquí sus imperfecciones, sus trucos, su condición de nodriza encargada de pagar servicios políticos? Esta institución que vive de una propaganda exagerada y que renta con excepcional largueza a sus dirigentes y empleados es ante todo un organismo planeado y establecido para propagar dentro y fuera del país aquel "Socialismo filantrópico" del señor Benavides, mezcla de cinismo y de teatralería y de mucha ignorancia de los verdaderos problemas nacionales». Eguiguren añadía que él dudaba de que el Seguro Social fuera capaz de financiar nuevos hospitales sin aumentar considerablemente la carga impositiva.[35]

El APRA se hizo eco de estas perspectivas: según este partido, el Seguro Social se había «facturado con fines electoreros». Confusamente, decía que la iniciativa era tanto robada de su propio programa de 1931, como que poseía «un articulado servilmente copiado de la ley de Chile».[36] Según el cuadro aprista Manuel Seoane, que escribió algunos años después, el Seguro Social era solo una de varias iniciativas incluidas en el programa del partido de 1931 que Benavides había robado. Para Seoane, la presión popular había forzado al Presidente a instaurar el Seguro Social: «la idea lanzada por el Partido, convertida en conciencia de multitud, se transformó a su vez en fuerza que reclamó sobre el Gobierno y determinado gobernante hubo de ceder a la presión popular de esta fuerza inicialmente empezada por el Partido del Pueblo, y realizó el Seguro Social. Aunque lleve el nombre de

32. FO 371/19801, Forbes a Eden, 14 de octubre de 1936.

33. PC/B3/60, Peruvian Corporation (Lima) a Cecil, 19 de junio de 1936; Basadre y Ferrero, *Historia de la Cámara de Comercio*, 197-198.

34. PC/B3/60, Peruvian Corporation (Lima) a Cecil, 19 de junio de 1936.

35. Eguiguren, *El usurpador*, 146-147.

36. Véase Haya de la Torre, *Política aprista*, 20-22.

otro fundador, tiene un propietario que ha acreditado su título cronológico para justificar su previsión».[37] De hecho, el Seguro Social se encontró con una significativa oposición en la clase obrera. Los trabajadores sostuvieron, y el ministro británico parecía estar de acuerdo, que dada la «pequeñez de su remuneración», la nueva carga debía ser asumida solo por el empleador. Se amenazó con una huelga general, y el gobierno decidió aplazar la implementación del Seguro Social hasta noviembre de 1936, después de las elecciones.[38] La Peruvian Corporation atribuyó los retrasos a la necesidad de «permitir la mayor organización de la entidad administradora, la Caja de Seguro Social». Sin embargo, reconoció que «la ley tiene bastante oposición entre las clases trabajadoras».[39] El APRA recogió las objeciones al Seguro Social que emanaban de los círculos obreros: «Sin libertad sindical y sin representación obrera en la comisión redactora de la ley y en el Directorio del Banco, no hay seguro posible». Triunfalmente, afirmó que la creación del Seguro Social se había pospuesto cuatro veces por la oposición de los trabajadores: «El pueblo ha comprendido que se trata de succionarle más y más con nuevos engaños!».[40] En la década de 1940, el APRA continuó atacando el Seguro Social y ahora afirmaba que, además de estar en manos de personas incapaces e inescrupulosas, estaba plagado de nepotismo —Mariano Peña Prado, el subdirector, era el yerno de Benavides y el nieto del entonces presidente Manuel Prado— y corrupción —cuatro millones de soles habían sido robados.[41]

Las reacciones de los empleadores frente al Seguro Social parecen haber ido desde el rechazo directo hasta una tibia aceptación. La Sociedad Nacional de Industrias (SNI) expresó las ambivalentes preocupaciones de los capitalistas en un editorial publicado en julio de 1935 en su portavoz, que alababa la iniciativa de proveer al Perú con una tan «beneficiosa institución», así como también la designación de Rebagliati, «hábil abogado», como la persona encargada de diseñar el Seguro Social. Se reconocía que en aquellos países donde ya existía seguridad social, «los resultados han sido inmejorables»,

37. Seoane, *Obras apristas*, 17-18.

38. PC/B3/60, Hixson a Cecil, 7 de noviembre de 1936.

39. Ibíd. Esta resistencia laboral corresponde a un más amplio patrón. Como observa Rodgers: «En ningún lugar en las economías del Atlántico norte antes de 1914, se da el caso de organizaciones obreras como autores intelectuales de los seguros sociales o como una fuerza política dándoles impulso. Si los sindicatos «eventualmente» se acomodaron a medidas iniciadas en los ministerios o por asociaciones reformistas de clase media, lo hicieron resistiendo y objetando». *Atlantic Crossings*, 258.

40. *Chan-Chan*, 6 de diciembre de 1936.

41. *La Tribuna*, 6 de noviembre de 1943.

particularmente en lo que se refiere al Estado, ya que la medida lo dotaba de los recursos para enfrentar «su primordial deber de cuidar el capital humano, velando por la salud y el bienestar de las clases trabajadoras». Sin embargo, el editorial también prevenía que los gastos asociados con las contribuciones del empleador podían destruir negocios, especialmente las empresas industriales de pequeña escala, que apenas podían sostener los costos de la ya existente legislación social. En general, se advertía que las contribuciones que se esperaban de las empresas «no guardan relación con el margen que estas pueden resistir».[42] En esto, los líderes empresariales peruanos se hacían eco de las objeciones de sus contrapartes en los Estados Unidos a las propuestas de seguridad social que condujeron a la Social Security Act de 1935.[43] Ese mismo año, el portavoz de la SNI publicó la propuesta legislativa en su totalidad, «a fin de que, conocido por los miembros de la Sociedad, puedan formular oportunamente, las observaciones que su estudio les sugiera».[44] Como esto indica, las reacciones de los empleadores a la propuesta legislativa reflejaban una evidente tensión entre un deseo de proyectar una iluminada y progresista actitud hacia la política laboral, y la creencia de que la legislación social, si bien era deseable, era finalmente imposible.

Estos sentimientos fueron retomados en una carta enviada a inicios de 1936 por Augusto Maurer, el presidente de la SNI, al Congreso Constituyente, que estaba en ese momento deliberando sobre la propuesta. Maurer reafirmaba la idea de que la legislación sobre seguridad social constituía «un paso adelante [...] que ningún pueblo culto puede eludir». Sin embargo, mientras que los anteriores pronunciamientos de la SNI aseguraban que los sistemas de seguro social habían sido exitosos dondequiera que se habían establecido, ahora Maurer matizaba este argumento, indicando que habían sido creados «con más o menos acierto en algunos países» y que, en otros, habían «fracasado». El éxito de su implementación en el Perú dependía entonces, según Maurer, de un «detenido estudio del medio en que van a funcionar». El presidente de la SNI indicaba que la contribución de los empleadores prevista por la propuesta legislativa necesitaba reconsiderarse a la luz de los otros costos que ellos enfrentaban. Estos gastos eran consecuencia de otra legislación social, que incluía los pagos en feriado, la compensación de despido, los accidentes del trabajo y el salario extra por el 1 de mayo, que en total sumaban

42. *Industria Peruana* 5, n. º 7 (julio de 1935): 200-291.

43. Rodgers, *Atlantic Crossings*, 436.

44. *Industria Peruana* 5, n. º 12 (diciembre de 1935): 479.

13,08% de la planilla —un monto que se elevaba en la industria textil, donde se pagaban bonos adicionales, y en aquellas industrias donde las mujeres y los niños, «trabajadores privilegiados», eran empleados, ya que ellos tenían derecho a tres horas pagadas de descanso por semana. Maurer concluía: «precisa meditar si, en la práctica, [la ley] no tropezará con serias e insalvables dificultades, provenientes de la insuficiencia del capital»; señalaba que en países con economías más desarrolladas y una alta tasa de industrialización, las contribuciones que los empleadores debían hacer eran menores que aquellas previstas por la propuesta legislativa peruana.[45] En 1936, percibiendo los altos costos que el Seguro Social y otras nuevas iniciativas legislativas —como la ley de compensación— representaban, muchos de los grandes empleadores, entre ellos la Peruvian Corporation y a la Cerro de Pasco Copper Corporation, así como las cámaras de comercio de las ciudades más importantes, estaban «preparando protestas para prevenir la promulgación de estas leyes».[46]

No obstante, en medio de la oposición de los trabajadores y empleadores, se escucharon algunas voces aprobatorias. Edilberto C. Boza, un abogado que escribía en el diario *La Nueva Economía*, y que se declaraba a favor de una «economía controlada» y un admirador de los avances en Italia y Alemania, publicó un par de artículos alabando la propuesta legislativa. Boza señalaba que aquellos que vieran el seguro social como un «dogma del socialismo, una amenaza para el capital, un grave riesgo de bancarrota para el erario, un obstáculo para el desarrollo de la industria», harían bien en mirar la experiencia alemana, donde la introducción del seguro social había coincidido con el crecimiento industrial y la conquista de nuevos mercados, y que esto se debía al hecho de que «los gravámenes que impone la protección del trabajador, aumentando las fuerzas productivas de éste, benefician a la industria y a la patria».[47] Para Boza, los beneficios del seguro social necesitaban comprenderse en términos biológicos e incluso morales. Recordándoles a los lectores «la ley biológica descubierta y enunciada por el genio de Darwin», Boza enfatizaba el efecto positivo que el aseguramiento social tenía sobre el capital humano a través de su acción reparadora en las esferas biológica y ambiental: «las enfermedades sociales o colectivas disminuyen o tienden a desaparecer saneando el medio exterior, o sea el suelo o el subsuelo, el aire, el agua, la

45. Carta reproducida en *Industria Peruana* 6, n. º 2 (febrero de 1936): 72-73.

46. PC/B3/60, Peruvian Corporation a Cecil, 19 de junio de 1936.

47. *La Nueva Economía* 1, n. º 4 (abril de 1935): 123-124.

habitación y el alimento».[48] Los comentarios de Boza reflejan la creciente influencia del pensamiento eugenésico en la formulación de las políticas sociales. Dada la confesa admiración del diario por los progresos en Alemania, esto no debería sorprender. Pero vale la pena recordar que, en la década de 1930, la eugenesia se consideró una progresista y genuina ciencia en la mayoría de los países de América Latina y, ciertamente, de los países más «avanzados» del mundo.[49] De hecho, como sugiere Daniel Rodgers, las consideraciones eugenésicas fueron características de todos los esquemas de seguridad social en el Atlántico Norte: «[Su] característica fue una preocupación por el vigor nacional, el desarrollo efectivo de los recursos humanos, la conservación del desecho humano, como lo puso Theodore Roosevelt, "creado por un sistema industrial destructor"».[50]

Pero a las justificaciones eugenésicas para el Seguro Social se sumaron las más convencionales, pero no menos importantes, justificaciones económicas. Poco después de aprobada la ley, *La Nueva Economía* continuó su apoyo de la medida publicando un artículo que sostenía que «el Perú ha dado un gran paso realizando una conquista que honra su actual gobernante». El artículo aplaudía el hecho de que el Seguro Social estableciera que «*los asalariados tienen, por Derecho, resguardado su único patrimonio*», y que se viera aquello que se protegía «*no como un medio para producir los bienes sino que a estos para servir al individuo*» (énfasis en el original). El Seguro Social representaba, entonces, una reprimenda a aquellos críticos que veían a los trabajadores como meros factores de producción y fallaban en reconocer su «valor particular e intrínseco», y a aquellos que rechazaban la intervención estatal «en asuntos ajenos a sus funciones de política, de economía fiscal, y organización administrativa». Pero el artículo también alababa el hecho de que el Seguro Social creaba una nueva fuente de capital que tendría un significativo impacto en el mercado financiero, en la tasa de interés y en la economía nacional. Armado con estos nuevos recursos financieros, el Estado sería capaz de desempeñar un importante rol económico, particularmente en tiempos de recesión, cuando la inversión privada tendía a reducirse. En ese contexto, indicaba el artículo, el Estado sería capaz de intervenir en la economía invirtiendo en obras públicas con fines sociales, «consiguiendo de este modo atenuar la cesantía».[51] Como

48. *La Nueva Economía* 1, n.º 10 (octubre de 1935): 339.
49. Stepan, *The Hour of Eugenics.*
50. Rodgers, *Atlantic Crossings*, 256.
51. *La Nueva Economía* 2, n.º 21 (septiembre de 1936): 266.

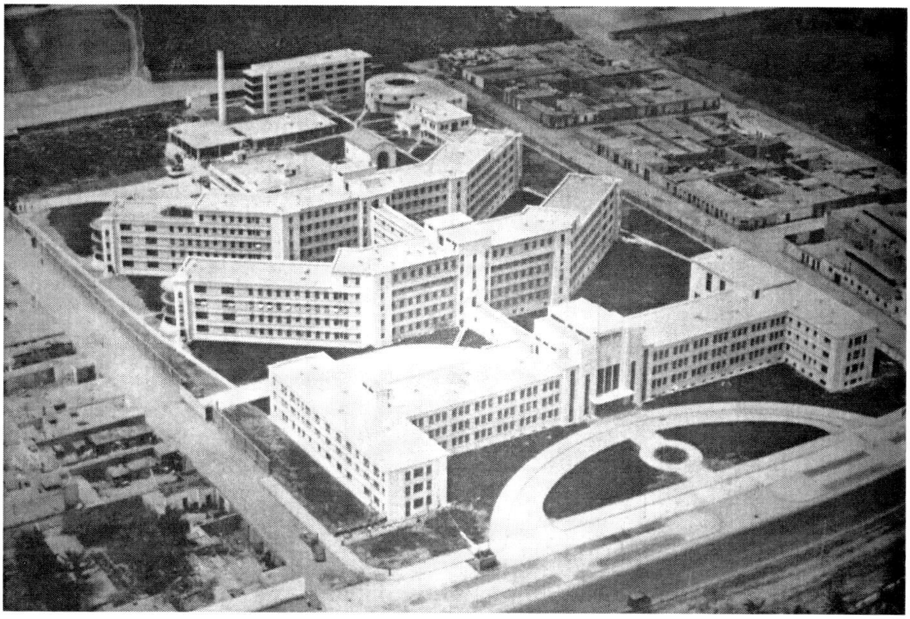

Figura 13: Vista aérea del Hospital Obrero. Fuente: *Progresos del Perú, 1933-1939, durante el gobierno del Presidente de la República General Óscar R. Benavides*. Buenos Aires: Editorial Guillermo Kraft, 1945, p. 228.

esto sugiere, estos artículos sostenían que visto desde la perspectiva de la eugenesia o de la economía, el Seguro Social tenía un perfecto sentido científico. Las limitaciones de la economía peruana y las deficiencias de los trabajadores peruanos y, por extensión, de la sociedad peruana, «serían transformados por la actividad dinámica del desarrollo técnico, que requiere la aplicación de pericia científica y social científica».[52]

A inicios de septiembre de 1937, el gobierno de Benavides promulgó la ley 8509, que modificó sustancialmente la original Ley de Seguro Social. Ciertas categorías de trabajadores, específicamente los empleados domésticos, no estaban más obligados a registrarse (podían hacerlo, sin embargo, si así lo deseaban). Este cambio significó que, en efecto, la mayoría de mujeres que trabajaban no estarían cubiertas y sugería que tales exclusiones reflejaban tanto consideraciones materiales (los empleadores de sirvientes domésticos no estaban probablemente dispuestos a contribuir) como comprensiones del trabajo basadas en el género (una empleada doméstica no era propiamente

52. Mitchell, *Rule of Experts*, 50.

un obrero). Además, las contribuciones de los trabajadores y empleadores fueron sustancialmente reducidas al 1,5% y 3,5%, respectivamente, mientras que la participación del Estado se mantuvo en 1%. Por otro lado, la nueva ley estableció que el ingreso generado por el Seguro Social se invertiría en la construcción de hospitales y otros establecimientos de salud, en viviendas para trabajadores, y en la compra de tierras en las que pudieran construirse «colonias agrícolas» (probablemente en las regiones amazónicas del país). Finalmente, la nueva ley estableció que los trabajadores no serían obligados a pagar sus contribuciones hasta que los servicios de salud y maternidad estuvieran disponibles en sus localidades. Naturalmente, el efecto completo del Seguro Social no sería sentido por algún tiempo. Los pagos de pensión de vejez no comenzarían sino hasta veinte años después de que el Seguro Social empezara a operar, dado que los trabajadores tenían que contribuir por lo menos esa cantidad de años antes de poder beneficiarse de una pensión (que solo recibían al cumplir sesenta años de edad). De manera similar, aunque los trabajadores no necesitaban pagar contribuciones hasta que los servicios de salud estuvieran disponibles para ellos, en la mayoría de los casos esto significaba que tenían que esperar un número de años antes de beneficiarse de la provisión de salud. El primer hospital con los fondos del Seguro Obrero, el Hospital Obrero de Lima, no fue abierto sino hasta 1940. Sin embargo, para finales de 1939, el Seguro Obrero cubría a unos 275.000 trabajadores.[53]

Como indica lo anterior, la implementación del Seguro Social podría verse como un intento para debilitar al Partido Comunista y al APRA, haciendo lo que ellos habían prometido hacer, una interpretación recientemente repetida por un historiador de la política social peruana.[54] De manera similar, la modificación del Seguro Social podría interpretarse como evidencia de que el Estado no tuvo otra opción que aplicar una versión suavizada de la ley para aplacar la oposición, tanto de trabajadores como de empleadores. Sin embargo, como discuto en mayor detalle en la siguiente sección, y como sugieren los argumentos presentados por Boza y otros en *La Nueva Economía*, otras ideas y motivaciones que no fueron simplemente las «finalidades electoreras» configuraron el establecimiento del Seguro Social. Esto no es negar que el Seguro Social fue imaginado teniendo en mente la ganancia política en el contexto de las elecciones de 1936. Con las elecciones anuladas, algunos sectores empresariales se acercaron a Benavides para pedirle la derogación de la

53. Sulmont, *El movimiento obrero*, 168.

54. Bustíos Romaní, *La salud pública*, 373.

recientemente promulgada legislación laboral.[55] Sin embargo, como informó el representante de la Peruvian Corporation después de una cita con él, «el Presidente [...] dijo que le preocupaba especialmente evitar conflictos con los trabajadores».[56] Probablemente, esta fue una decisión acertada, dado que, como reconocía la Peruvian Corporation, cualquier intento para revocar la legislación (independientemente del hecho de que los trabajadores se hubieran opuesto a ella) podría haber tenido calamitosas consecuencias: «Si [el gobierno] decide tomar ese riesgo podría resultar en su caída con el resultado que un gobierno revolucionario pasaría leyes más dañinas».[57] El Seguro Social, sugiere el ejecutivo de la empresa, reflejó en parte un miedo social a la clase obrera, compartido tanto por el gobierno como por los sectores empresariales.[58] Pero como indica la discusión anterior, y como analizo en mayor detalle más adelante, reflejó principalmente una creciente comprensión por parte del gobierno, de la clase obrera como un valioso recurso que debía protegerse y mejorarse por medio de las acciones del Estado.

Vendiendo el Seguro Social

Como había ocurrido con la Sección del Trabajo una década y media antes, los arquitectos del Seguro Social buscaron activamente vender el proyecto a los trabajadores. Una serie de documentos, la mayoría de los cuales fueron probablemente elaborados por Edgardo Rebagliati y algunos dirigidos directamente a los trabajadores, revelan cómo Rebagliati entendía el Seguro Social y cómo esperaba que lo vieran los trabajadores y los capitalistas. Como en las reformas del New Deal en los Estados Unidos estudiadas por Peter Swenson, Rebagliati sabía muy bien que «el éxito y la durabilidad de la reforma dependían de convencer a los empleadores».[59] De hecho, a juzgar por la literatura

55. Véase Baldeón, «La transición truncada».
56. PC/B3/60, Hixson a Kennedy, 23 de diciembre de 1936.
57. Ibíd.
58. De manera similar, el hecho de que la resistencia empresarial al Seguro Social disminuyera guarda mucha relación con que, como consecuencia de las revisiones, su costo en ese momento no era tan elevado para el los empleadores más importantes, algunos de los cuales ya proveían ciertos beneficios sociales a sus trabajadores. Si bien el Seguro Social representó un incremento en el gasto de la Peruvian Corporation, por ejemplo, también generó ahorros en una serie de áreas que incluían pensiones, pagos por enfermedad y muerte, y servicios médicos. Al final, el costo neto de la empresa era de apenas 75.000 soles en 1937. PC/B3/60, Cecil a Kennedy, 24 de febrero de 1937.
59. Swenson, *Capitalists against Markets*, 243.

disponible, el gobierno de Benavides buscó publicitar la nueva ley pero, también, generar consenso alrededor de ella. La Caja del Seguro Social produjo incluso una revista mensual, *Informaciones Sociales*. La carátula de su primer número llevaba un mensaje sin ambigüedades. Mostraba una madre cargando a un niño en sus brazos con la leyenda: «El Seguro Social defiende al niño y a las madres».[60] Que Rebagliati eligiera representar el Seguro Social en tales términos señalaba los supuestos de género que subyacían tras la comprensión de la política de bienestar. El mensaje era claro: el Seguro Social creaba una nueva etapa en la que los trabajadores (hombres) y capitalistas serían capaces de desempeñar, a través del Estado, sus roles de género como protectores de la mujer y los niños. El Estado patriarcal ubicaba los intereses de una nación feminizada (*la nación*) por encima de los intereses de clase, como quedaba claramente establecido en la segunda página de la revista: el Seguro Social había transformado «las bases tradicionales de nuestra organización social» y le hacía posible «alzarse sobre los intereses creados y las incomprensiones del momento y mirar tan solo las supremas necesidades de la Nación, desde el plano superior del Estadista que avizora las perspectivas y desdeña la broza del camino que conduce a la solución».[61]

Aunque el presidente Benavides y, en general, la «política» aparecen en los textos que buscaban vender el Seguro Social, la medida fue sobre todo presentada como un proyecto de *Estado*. El primer número de *Informaciones Sociales* también llevaba una fotografía de Benavides con una leyenda que sugería que haber tomado esa medida era «uno de sus más altos valores», mientras que un texto sobre la historia de la provisión de la seguridad social en el Perú ubicaba firmemente al Seguro Social entre las más amplias «obras sociales» del gobierno.[62] Pero el rol del gobierno en relación con el Seguro fue principalmente presentado como el de un facilitador. Según un artículo, había creado las condiciones favorables para el establecimiento del Seguro Social, proveyendo «el ambiente de serenidad de un régimen firme y tranquilo de gobierno».[63] De manera similar, el APRA y el Partido Comunista aparecían en estos textos, pero solo por medio de referencias veladas a «espejismos y tendenciosas promesas», y a que los proyectos políticos detrás de esas promesas eran perjudiciales para el trabajador, dado que iban en contra

60. *Informaciones Sociales* 1, n.º 1 (julio de 1937).

61. Ibíd. 2; para una discusión pionera sobre la formación del Estado patriarcal y la política social en el contexto peruano, véase Mannarelli, *Limpias y modernas*.

62. *Informaciones Sociales* 1, n.º 1 (julio de 1937): 2, 3-4.

63. *Informaciones Sociales* 1, n.º 2 (agosto de 1937): 235-236.

del Seguro Social, que los trabajadores reconocían como de su mejor interés: «necios han tenido, por tanto, que ser los intentos de desviar al trabajador del camino de simpatía al sistema; quienes pretendieron hacerlo desconocen la realidad del problema del obrero o deliberadamente han tratado de jugar con sus intereses sagrados».[64] En conjunto, la creación del Seguro Social se presentaba como si ocurriera por fuera o por encima de la política. Esto era, según Rebagliati, «una situación completamente nueva en el carácter de la función social del Estado como regulador del consumo de la energía humana en el campo del trabajo».[65]

Aunque buscaba presentar el Seguro Social como estando por encima de la política, Rebagliati era consciente de que este programa había generado resistencia entre trabajadores y capitalistas, y trataba de responder a sus dudas, que al inicio parecen haber producido una lenta inscripción. En mayo y junio de 1937, Rebagliati escribió dos cartas, una dirigida a los trabajadores y la otra a los capitalistas, en las que buscaba convencer a ambos grupos de los beneficios del Seguro. El hecho de que escribiera estas cartas nos dice algo acerca del rol clave que desempeñó en la implementación exitosa del Seguro Social. Todo indica, como discuto más abajo, que Rebagliati comprendió el Seguro como la expresión de una filosofía social. Sostenía repetidamente, como lo hizo en un artículo publicado en *Informaciones Sociales*, que el Seguro Social significaba una nueva fase de la evolución social y, de hecho, de la evolución humana: «todo cuando contribuya a la difusión de la doctrina y la aplicación de los Seguros Sociales en el mundo, concurre a cimentar la conciencia nacional sobre una institución que es hoy la más perfecta de las alcanzadas por el hombre en su legítimo afán de normar, en base a la justicia social, el ritmo de su marcha hacia el progreso».[66] Pero Rebagliati era suficientemente astuto para saber que aquellos a los que apuntaba el Seguro Social necesitaban ser convencidos de sus ventajas materiales más que filosóficas. Al dirigirse a los trabajadores, Rebagliati empleó una retórica que buscaba presentar el Seguro como una conquista de clase (aun si giraba en torno de una aséptica noción de clase) y, al mismo tiempo, una conquista de género (dado que permitía a los trabajadores varones cumplir con sus roles como proveedores y protectores de la familia). Al dirigirse a los capitalistas, Rebagliati enfatizó la importancia del Seguro para mejorar la productividad de los obreros, quienes

64. Ibíd.

65. *Informaciones Sociales* 1, n.º 1 (julio de 1937): 3-4.

66. Ibíd., 4.

eran, al final del análisis, simplemente otra forma de capital valioso, aunque haciendo hincapié en el hecho de que la pobreza alimentaba la militancia de la clase trabajadora.

La carta a los trabajadores comenzaba reconociendo que su inscripción al Seguro Social había sido decepcionante y, en lo que venía a ser una velada crítica, señalaba que esto solo podía ser consecuencia de una «inadvertencia», dado que la ley establecía que registrarse era obligatorio y que, en ningún caso, el no hacerlo eximía a los trabajadores de pagar sus contribuciones a la Caja (que se deducían automáticamente del pago de planillas). Por otro lado, al no inscribirse, los trabajadores no eran cubiertos por el Seguro Social y, por lo tanto, no se beneficiaban de él. Además, la falta de registro, afirmaba Rebagliati, dificultaba reunir la información necesaria para saber dónde debían construirse nuevos centros de salud. Rebagliati pasaba a argumentar que «no puede existir trabajador que ignore el valor de la conquista de clase que representa el Seguro Social Obligatorio», dado que esta era una conquista que debía añadirse a otras que el movimiento obrero había ganado en el pasado, como la ley de la jornada de las ocho horas. Sin embargo, añadía rápidamente que esto no era algo que se había logrado «como consecuencia de lucha» sino, más bien, «una conquista de cultura social, de civilización», que había sobrevenido porque la «sociedad» reconocía que los obreros merecían ser protegidos mientras trabajaban, así como más adelante en sus vidas. Al mismo tiempo, Rebagliati destacaba que el Seguro Social representaba una «conquista que aleja a la esposa y a la hija de la sombra equívoca de los portales de media noche», con lo que se aprovechaba de la preocupación de los hombres respecto de fracasar al desempeñar los roles de género que se les asignaba. El Seguro Social, resaltaba Rebagliati, protegía no solo la dignidad del trabajador como trabajador sino como patriarca de la familia: «es la conquista que mantiene alta la frente del trabajador aun en la edad en que sus espaldas se curvan, porque ya puede esperar tranquilo su vejez y soportar risueño su reclusión de abuelo, sin temer por el mañana de la esposa y de los hijos».[67]

La carta a los capitalistas comenzaba refiriéndose a sus preocupaciones: a saber, que el Seguro Social favorecía a los trabajadores; que la legislación existente ya los protegía adecuadamente; y que muchas empresas no podrían costear las nuevas contribuciones. Pero Rebagliati continuaba argumentando

67. «Circular enviada por la Caja Nacional de Seguro Social a los Trabajadores», 22 de mayo de 1937, reproducida en *Informaciones Sociales* 1, n.º 2 (agosto de 1937): 325-327, citas de 326.

que, mientras que la legislación anterior había buscado mejorar la situación de los trabajadores (mediante la fijación de las horas de trabajo o la ley para accidentes industriales) y de los empleadores (regulando las huelgas y sindicatos), los cambios estructurales en la sociedad habían originado nuevos problemas («la desocupación por el aumento de la máquina, la enfermedad por el agotamiento, la pobreza por la exigüidad del salario») que requerían leyes que iban más allá de los estrechos intereses de trabajadores y empleadores, con la finalidad de afrontar «el más superior de los intereses sociales [...] el problema del consumo de la energía humana». Por esta razón, el Estado, «en representación de la Sociedad», había comenzado a legislar «en defensa de ese capital máximo, el hombre», y había creado una serie de instituciones de asistencia social, como cunas para infantes, restaurantes populares y viviendas para trabajadores. Pero estos organismos no podían solucionar el problema del desgaste del trabajo humano, y era ahí donde intervenía el Seguro Social: este era necesariamente de interés del capitalista, dado que el desgaste laboral reducía la productividad. Por lo tanto, concluía, «las medidas que previenen, evitan o disminuyen las causas de la desvalorización del trabajador, son medidas en beneficio del patrono». Rebagliati señalaba razones de peso para invertir en el capital humano, razones que, a su vez, se aprovechaban de los miedos sociales de los capitalistas y su afán de lucro. Un trabajador que enfrentara condiciones de trabajo y de vida miserables, sostenía Rebagliati, era alguien en quien «la germinación del dolor y la de la necesidad harán brotar en su espíritu sentimientos e impulsos que el patrono es el más interesado en evitar». En contraste, «un obrero sano y sin problemas de hogar» sería necesariamente más productivo, pero, además, alguien capaz de expandir su poder adquisitivo. Entonces, remataba Rebagliati, «el aporte patronal» al Seguro Social era, en realidad, una inversión que permitiría a los empleadores reducir costos a través de las ganancias en la productividad de la mano de obra (en línea con la lógica fordista) e incrementar ventas, gracias al aumento del poder adquisitivo de la gente.[68]

Por un lado, estas cartas indican un astuto intento de Rebagliati para convencer tanto a trabajadores como empleadores de los beneficios del Seguro Social, argumentando que fomentaría sus más amplios intereses de clase. Pero, junto con una serie de otros documentos, las cartas demuestran que el Seguro Social fue influido por ideas de nación, género y formación de Estado

---

68. «Circular enviada por la Caja Nacional de Seguro Social a los Patrones», 18 de junio de 1937, reproducida en *Informaciones Sociales* 1, n.º 2 (agosto de 1937): 328-330, citas de 328, 329.

que produjeron un particular entendimiento del rol del Estado en la configuración de la sociedad; el Seguro Social, en breve, expresó racionalidades de gobierno. Tres temas son claramente evidentes en esta literatura.

En primer lugar, el Seguro se presentó como parte de un proceso universal de intervención del Estado en la sociedad y, por lo tanto, como una evidencia de la creciente modernidad del Perú, aunque también como la continuación de una práctica claramente peruana que se remontaba al Imperio incaico. Un documento, por ejemplo, señala que este sistema había sido creado en Alemania en 1883 y adoptado después por los «principales países del Orbe», de modo que ahora cubría a unos 130 millones de trabajadores. Se enfatizaba, asimismo, que la relativamente tardía adopción de la seguridad social en el Perú le beneficiaba al país, ya que desde su creación «ha mejorado su técnica hasta alcanzar la perfección con que se ha incorporado al Perú».[69] En otro documento, Rebagliati también enfatizaba la universalidad de la medida, indicando que sus más inmediatos orígenes se encontraban en el Tratado de Versalles. Como una consecuencia de sus «postulados sobre justicia social, han considerado todas las Constituciones Políticas posteriores la asistencia y la previsión como imperativos de la función del Estado».[70] Naturalmente, estos principios habían sido incorporados en los artículos 42 y 56 de la Constitución de 1920, y en los artículos 46, 48 y 50 de la de 1933, y de hecho, en el nuevo Código Civil de 1936, que establecía que el contrato laboral debía contener, entre otros asuntos, «los seguros obligatorios». Por lo tanto, el Seguro Social había sido redactado tomando en cuenta una serie de precedentes relevantes de otros países (entre ellos, los documentos de la OIT y la legislación social de Alemania, Francia, Italia y Chile), sobre los que presumiblemente se lo mejoró.[71] La documentación que ayudó a promover el Seguro prosiguió argumentando que la perfección de la seguridad social peruana, basada en su exitosa incorporación de las más avanzadas ideas al respecto de otros países, podía claramente inferirse del hecho de que ahora era repetida en el continente americano por Bolivia, México y Venezuela.

Al mismo tiempo, la documentación enfatizaba que el Seguro Social tenía un origen nacional. El Perú, señalaba un documento, «disfrutó, desde el Imperio Incaico, de leyes de asistencia y previsión en favor de los pobres e

69. Caja Nacional de Seguro Social, *Cartilla de divulgación*, 3.

70. Rebagliati, *La previsión social*.

71. Ibíd., p. 16.

inválidos».[72] En otro texto, Rebagliati comenzaba rastreando «la organización social de la previsión social» hasta el periodo incaico, para continuar con el periodo colonial e inicios del republicano, enfatizando los antecedentes históricos de la ley, tales como las ordenanzas del virrey Toledo sobre la mita, de la cual Rebagliati afirmaba: «es evidente que esta disposición contenía en forma embrionaria el Seguro Social de Vejez, pues ya se establecen en ella el derecho al descanso y la edad límite y una forma de prestación en dinero».[73] Finalmente, el Perú había implementado en los veinticinco años previos una serie de leyes que habían sido pioneras de la legislación social en el continente americano. Por razones históricas, entonces, el país estaba bien ubicado para llevar a cabo la legislación del seguro social, y sus ciudadanos estaban dispuestos a participar en su desarrollo y sacar ventaja de sus beneficios: «gradualmente se ha formado una conciencia jurídica y social apta para recibir como corolario esta ley del Seguro Social Obligatorio».[74] Como esto demuestra, Rebagliati tenía interés en presentar el Seguro Social como una institución inherentemente peruana, con profundas raíces en la historia del país. La idea de que el Seguro tenía, de hecho, una «genealogía local», parece haber encontrado audiencia. Fue retomada por Germán Muñoz Puglisevich en un trabajo presentado en el Congreso de Americanistas de 1939, en el cual sostenía que «el más remoto antecedente del Seguro Social Obligatorio se encuentra en el Imperio Peruano de los Incas».[75] Como los nacionalistas del Sur Asiático estudiados por Gyan Prakash, los reformadores sociales peruanos también buscaron descubrir «otra razón» que pudiera «indigenizar» la política social. Al asegurar que sus raíces eran en realidad locales, Rebagliati impugnaba la idea de que el Seguro Social era inadecuado para el Perú.[76]

El segundo tema desarrollado por la documentación encargada de promover el Seguro Social fue que la seguridad social no era un acto de caridad. La caridad, afirmaban estos textos, había surgido como una respuesta natural al sufrimiento humano. Sus orígenes eran sentimentales y piadosos. En cambio, la seguridad social se basaba en premisas muy diferentes. En contraste con la caridad, que se centraba solo en las «manifestaciones externas» de los

---

72. Caja Nacional de Seguro Social, *Cartilla de Divulgación*, 5.

73. Rebagliati, *La previsión social*, 5. La *mita* fue una forma inca de tributo o trabajo comunitario, adoptada más tarde por el Estado colonial español y muy conocida por proveer trabajadores a las minas de Potosí.

74. Caja Nacional de Seguro Social, *Cartilla de divulgación*, 5.

75. Muñoz Puglisevich, «El Seguro Social Obligatorio».

76. Véase Prakash, *Another Reason*.

problemas que enfrentaban los trabajadores, el Seguro Social se ocupaba de sus causas. En contraste con la caridad, que tendía a reforzar los malos hábitos en los trabajadores, el Seguro los estimulaba a mejorar y no dañaba su dignidad, tal como lo hacía frecuentemente la caridad cuando no era muy discreta. Por otro lado, la caridad, cuyos efectos eran comprendidos abiertamente en términos de género, no siempre llegaba a los más necesitados, escondidos en hogares «donde ha cesado el trabajo que es sostén de la familia, donde la enfermedad ha hecho su presa y donde la invalidez o la vejez han cerrado al padre o al esposo, las puertas de la fábrica». La caridad, en otras palabras, no era un mecanismo adecuado de apoyo social para mantener el orden de género masculino y un sistema familiar.[77] En general, la seguridad social difería de la caridad en el sentido de que correspondía a una etapa más desarrollada de la cultura que había producido una nueva comprensión del valor humano. Según esta perspectiva, cada individuo era parte integral de un gran capital humano. Si una porción significativa de ese capital se debilitaba, esto afectaba el conjunto. De ahí que era en interés de todos proteger el capital humano.

El tema final concernía al rol del Estado como regulador del capital y el trabajo, y como protector de los trabajadores. Con la intervención del Estado, la asistencia social basada en necesidades que satisfacía la caridad, dio paso a una asistencia fundamentada en derechos, de la que se ocupaba la seguridad social. Como ha señalado Linda Gordon, el cambio retórico de necesidades (asociadas con la esfera privada y el activismo social de las mujeres) a derechos (vinculados con la esfera pública y la acción legislativa masculina) en la concepción de las políticas de bienestar en los Estados Unidos, fue un proceso marcado por consideraciones de género.[78] Esto es en cierta medida evidente en el caso peruano. En la retórica de los derechos que caracterizó a la documentación sobre el Seguro Social, el Estado surgía como el protector paternal de los débiles y, a través del derecho social, buscaba establecer un equilibrio entre trabajo y capital. Al hacerlo, se afirmaba, el Perú se adhería simplemente a un movimiento general en el mundo civilizado. El Tratado de Versalles había establecido que la justicia social era un requisito para la paz mundial: mientras persistieran condiciones laborales que causaban injusticia, miseria y necesidad para un gran sector de la población mundial, la paz y la armonía estarían bajo amenaza. De ahí que el trabajador fuera «un problema social en el trabajo, Y MAS ALLA DEL TRABAJO» (énfasis en el original), y

77. Caja Nacional de Seguro Social, *Cartilla de divulgación*, 3.

78. Gordon, «Social Insurance and Public Assistance», 31-35.

que el Estado tuviera que regular las condiciones que este obrero enfrentaba en el mercado laboral y más allá de él, esto es, en el hogar y en la comunidad. Asegurándose de que las mejores, más justas y más equilibradas leyes y sistemas de asistencia social fueran el resultado de las acciones de un gobierno «que percibe las necesidades de los gobernados y prepara el futuro de la Nación», más que de «la imposición de un reclamo desesperado y angustioso», el Perú demostraba al mundo su grado de progreso. Si el país tenía solo un incipiente sector industrial, esto no era razón para no emprender medidas que lo ayudarían a ponerse a la «vanguardia de la civilización».[79]

Como lo anterior sugiere, el Seguro Social reflejaba una nueva concepción del Estado que equiparaba la política laboral progresista con la modernidad y la civilización (a través de sus afirmaciones de universalidad —una universalidad occidental), pero que anclaba esa modernidad en un linaje peruano y en un orden social basado en consideraciones de género. El Seguro Social reflejaba, entonces, más que maniobras políticas. Expresaba racionalidades de gobierno y, a la vez, constituía un proyecto de gubernamentalidad manifestado en el Estado obrero, el Estado de y para la clase obrera. En el pasado, la élite estaba mayoritariamente de acuerdo con que la filantropía privada o el auxilio de las órdenes religiosas eran suficientes para tratar los males sociales. En el siglo XX, y ciertamente en la década de 1930, la mayoría era del parecer de que lo que se necesitaba era un Estado con responsabilidades en áreas tales como la salud pública, la educación y el orden social. Esta idea fue claramente expresada por Guillermo Almenara, el ministro de Salud Pública, durante una ceremonia para celebrar el comienzo de la construcción del nuevo hospital obrero en 1938:

> El Perú incorporado al concierto mundial que proclama la salud como el don más preciado de la Vida y el bienestar social como la mejor garantía de la paz y la prosperidad, haciendo de la defensa de estos principios una función del Estado, abandona los viejos moldes que limitaban el ejercicio de la sanidad; vigoriza los recursos económicos de la Nación; fiscaliza y remoza las instituciones; estimula la siempre necesaria iniciativa privada; erige al estado como tutelar del derecho de los humildes y como árbitro indiscutido en las relaciones del trabajo, y enfrenta, por fin, los más fundamentales, los más atrayentes y palpitantes de nuestros problemas: redimirnos de la enfermedad que injusta y despiadadamente nos agobia; proporcionarnos la comodidad y el amparo regulador del orden social dentro del campo de nuestras sanas y necesarias actividades del trabajo.[80]

---

79. Caja Nacional de Seguro Social, *Cartilla de divulgación*, 4-5.

80. «Discurso del Dr. Guillermo Almenara». En Ministerio de Salud Pública, Trabajo y Previsión Social, *Boletín de la Dirección de Salubridad Pública* (Lima: 1938), s. p.

Según Almenara, el orden social y, más importante aún, el progreso social, resultarían de una exitosa regulación gubernamental de la clase obrera.

Creando trabajadores saludables

Como indica lo anterior, la creación del Seguro Social reflejó racionalidades de gobierno, esto es, la idea de que el Estado tenía un rol que desempeñar en la configuración de la sociedad y, más específicamente, en la protección y «mejoramiento» de los trabajadores y su ambiente laboral y hogareño, para permitirles desarrollarse como agentes de progreso. Fue una comprensión que se reflejaba y reproducía en las formas en que el Seguro Social se promovía a sí mismo, como puede comprobarse en un folleto que probablemente fue distribuido a los trabajadores con el fin de convencerlos de sus beneficios y de los daños de permanecer fuera de él. Este mensaje, también expresado en términos que reflejaban supuestos de género, se reprodujo gráficamente en la carátula del folleto, que retrataba la conmovedora imagen de una angustiada mujer acunando a un niño, bajo una amenazante y gran daga flanqueada por las siguientes oraciones: «Ansiedad —imprevisión del futuro» y «Seguro Social —bienestar del mañana». La función clave del folleto parece haber sido responder a las críticas o temores que el Seguro causaba, dado que comenzaba listando una serie de puntos que procedía a discutir detalladamente.[81] En primer lugar, comentaba la crítica de que el Seguro peruano era una pobre copia de otras leyes, afirmando audazmente que la ley peruana era superior a las demás: «la ley peruana de seguro social otorga sus beneficios con más amplitud que la mayoría de leyes extranjeras y no existe en América país que pueda ofrecer ventajas superiores».[82] Proseguía atacando la crítica, probablemente común, de que los nuevos fondos serían malgastados, señalando que los que se crearan con las nuevas contribuciones serían «intangibles» y solo podrían usarse para «la atención de asistencia y socorro y la construcción de hospitales, sanatorios, maternidades, clínicas y sobre todo casas para obreros». Por otro lado, decía el folleto, la Caja Nacional de Seguro Social, la entidad encargada de supervisar la inversión, sería independiente, mientras que los propios trabajadores intervendrían en la administración de sus recursos y ayudarían a supervisar la provisión de servicios.

---

81. *Ley n. ° 8433 Angustia-imprevisión social, Seguro social-bienestar del mañana.* Lima: Sanmartí y Cía., 1937.

82. Ibíd., s. p.

El folleto pasaba a tratar el argumento de que no debía esperarse que los trabajadores contribuyeran con parte de sus salarios para financiar el Seguro Social, asegurando que la contribución del trabajador no solo era un hecho universalmente aceptado, sino que, además, le convenía. Señalaba que el financiamiento tripartito era normal: «en todas las naciones donde funciona el seguro social, las cuotas están a cargo del trabajador, del patrón y del Estado».[83] En cualquier caso, los trabajadores pagaban la parte más pequeña, y el Estado, la mayor. Por otro lado, mientras que el trabajador —comprendido en este y otros documentos como principal sino exclusivamente masculino— pagaba para sí mismo y el empleador lo hacía para sus trabajadores, el Estado pagaba para «la integridad de los trabajadores del país».[84] Más importante, sin embargo, era el hecho de que por un pequeño pago de unos pocos centavos por día, que correspondía a menos de «lo que se gasta en cantinas o en fósforos o cigarrillos», el trabajador obtenía no solo atención médica y dinero en caso de enfermedad, una pensión si terminaba discapacitado, un entierro «decoroso» y ayuda para la esposa y los hijos sobrevivientes, sino también dignidad y «paz para sus hogares y garantía para su futuro».[85] En otras palabras, el folleto enfatizaba no solo los beneficios materiales del Seguro Social sino también los morales: en lugar de malgastar dinero buscando bebida en un bar, los trabajadores estarían ahora contribuyendo directamente a su ennoblecimiento moral y al bienestar de sus familias a través de sus contribuciones al Seguro Social. En resumen, el Seguro protegía el bienestar de los trabajadores, pero también los mejoraba moralmente. Los civilizaba y hacía de ellos mejores esposos, padres, trabajadores y ciudadanos.

La dimensión «civilizadora» del Seguro Social se reafirmaba más enérgicamente en el folleto unas líneas después, en un pasaje que retomaba el argumento de que los trabajadores se beneficiarían más de participar en el régimen que los empleadores, pero que, al mismo tiempo, enmarcaba esta participación en un proyecto de gubernamentalidad. El folleto indicaba que la asistencia social proveída por el Estado convertía la benevolencia privada en una obligación, «transformando lo moral en jurídico». Pero la legislación de la seguridad social iba más allá de eso, haciendo del trabajador «el artífice de su propio destino», ya que contribuía al desarrollo de hábitos tales como el ahorro y la previsión. Era la responsabilidad del trabajador mejorar,

83. Ibíd.
84. Ibíd.
85. Ibíd.

pero, destacaba el folleto, ese avance solo sería posible con la nueva política laboral. De hecho, ya no era suficiente tratar un problema solo cuando este sucediera. Ahora, el Estado buscaba reducir la posibilidad de que surgieran problemas, así como sus consecuencias: «No basta curar la tuberculosis, sino que es preciso impedir que los obreros adquieran el contagio. No es suficiente atender a la madre en el momento de alumbramiento, sino que es indispensable corregir anomalías del embarazo, vigilar la vida del niño y asistir a éste y a la madre durante cierto tiempo». El Estado sería capaz de hacer esto suministrando «preventorios, clínicas y [...] obras de saneamiento, dándoles a los obreros habitación higiénica y barata».[86] No limitaría su intervención al tratamiento de la enfermedad: desde un principio, actuaría sobre el ambiente de los trabajadores para impedirla.

El supuesto que subyacía tras estos argumentos era que, aunque los trabajadores eran un valioso recurso, también eran física y moralmente defectuosos, y dependía del Estado, a través del seguro social, volverlos saludables y «civilizados», capaces y listos para el trabajo. Que este supuesto fuera explícitamente afirmado en un documento visiblemente dirigido a los trabajadores dice mucho acerca de la medida en la que tales creencias eran comprendidas como evidentes. El folleto afirmaba: «la imprevisión es un fenómeno general en Perú».[87] Este descuido era un legado del colonialismo, caracterizado por un gobierno «paternal» que había sustituido la previsión personal. Estas «influencias» eran más obvias en la clase trabajadora: «Nuestros obreros gastan lo que ganan, sin tener en cuenta que con el tiempo disminuye su capacidad de trabajo».[88] La situación era calamitosa en las ciudades, donde las sociedades de auxilios mutuos eran escasas y pocos trabajadores eran dueños de sus viviendas, pero era aún peor en el campo, donde los mendigos abundaban. Pero sobre todo, eran los indios quienes presentaban el caso más extremo, un punto al que regresaré después: «De nuestra raza indígena nada tenemos que decir. En una fiesta del Patrón del pueblo gasta todo lo que tiene. Su imprevisión es tal que el estado se ha visto obligado a mantener las comunidades, como único medio de que el indígena conserve su patrimonio». De ahí que ningún país estuviera en una mayor necesidad de poseer una ley de seguro social que el Perú: «país tropical, la vida humana tiene menor duración. Por condiciones de medio físico la capacidad productora se agota con rapidez. Las endemias, el

86. Ibíd.
87. Ibíd.
88. Ibíd.

régimen alimenticio, nos restan eficiencia en producción».[89] La provisión de seguridad social para trabajadores, implícita en tal diagnóstico, era imperativa para que la capacidad productiva de la clase obrera pudiera aprovecharse.

Como muestra lo anterior, los arquitectos del Seguro Social comprendieron el aseguramiento social como una tecnología de gobierno. El determinismo ambiental y sociobiológico implícito en los argumentos usados para justificar la creación del Seguro Social fue claramente instrumental: proveía la justificación para una nueva legislación social. Dadas las duras condiciones climáticas y las evidentes deficiencias de la población peruana, parece sugerir el folleto discutido más arriba, era evidente que el Estado debía asumir la responsabilidad de proveer un ambiente correctivo. Pero esta instrumentalidad revela más ampliamente las formas en que, en el Perú de inicios del siglo XX, la élite comprendió la formación del Estado como un proyecto de gubernamentalidad que buscaba la redención y edificación nacional, y que necesariamente involucraba el «mejoramiento» de la población. Bajo esta luz, el Seguro Social empieza a comprenderse como parte de un más amplio intento de formar trabajadores apropiados, produciendo, como propone George Steinmetz, un «habitus de autodisciplina» en la clase obrera.[90] Fue un intento configurado por comprensiones crecientemente gubernamentales de lo social y por la creencia de que el conocimiento social y científico podía resultar en una intervención efectiva en la sociedad. El Seguro Social fue concebido no solo como una manera de otorgar a los trabajadores protección social en la forma de hospitalización o de una pensión de enfermedad. Su objetivo fue también inculcar comportamientos y valores que transformarían lo que Rebagliati y otros veían como trabajadores deficientes moral y físicamente en trabajadores productivos, capaces de contribuir efectivamente a un proyecto mayor de redención y edificación nacionales a través de la industrialización que esta élite tenía en mente.

Estas ideas, relacionadas con el rol del Estado en mejorar el carácter físico y moral de los trabajadores en beneficio de la nación, se encontraban en los distintos discursos y editoriales de diarios que acompañaron la inauguración del Hospital Obrero a finales de 1940, a la que asistieron dignatarios extranjeros entre ellos Salvador Allende, entonces ministro de Salud Pública de Chile. En su discurso, Rebagliati subrayó la idea de que el hospital y, en general, el Seguro Social se harían cargo de la lucha por mejorar el capital

89. Ibíd.

90. Steinmetz, *Regulating the Social*, 211.

humano, en el contexto más amplio de la Segunda Guerra Mundial: «Es por cierto admirable que mientras otros pueblos se destruyen y sus hombres consumen sus energías y su existencia en el ardor de la Guerra, los nuestros, los de América, persisten en su tradición de concordia y se emulan y rivalizan el empeño de defender su capital humano y de lograr el bienestar de sus componentes».[91] Entretanto, el presidente Manuel Prado, recientemente elegido, enfatizaba el hecho de que el Seguro Social, aunque había comenzado con Benavides, era un importante elemento de su política de gobierno, «que no solo aspira a la resolución de los nuevos problemas derivados de las condiciones actuales del mundo, sino, también de los que de modo permanente, se relacionan con el bienestar, la seguridad, y la protección de los trabajadores».[92] Al día siguiente, *La Crónica* publicó un editorial que alababa la apertura del Hospital Obrero, que ayudaría «al hombre del trabajo en la recuperación de su salud», y destacaba el hecho de que el Estado «responde con amplitud a necesidades crecientes e impostergables». El editorial pasaba luego a discutir el peligro representado por la baja tasa de nacimientos y la alta tasa de muertes, y la necesidad de afrontar el crecimiento de la población o, más bien, su disminución.[93]

Si el Hospital Obrero contribuyó o no a la salud y bienestar de los trabajadores es una pregunta que va más allá de este estudio. Desafortunadamente, no he encontrado demasiada evidencia documentaria de cómo aquellos a los que supuestamente iba a servir ese establecimiento vieron su inauguración. Pero es interesante mencionar que uno de los pocos comentarios disponibles, un editorial en el periódico *La Voz del Obrero*, enfatizaba las formas en que este hospital representaba una nueva era de atención médica para los trabajadores, quienes ya no dependerían más de la caridad:

> Ya la atención médica que recibían los trabajadores en los hospitales de Beneficencia, por caridad, la cual deprime y envilece, está por pasar a la historia. Los obreros encontrarán asistencia médica y parte de sus salarios en el Seguro Social, ya no pedirán atención en ningún hospital por caridad, sino recurrirán al Seguro a solicitar lo que por derecho les corresponde, ya no recibirán cura de caridad, ya no tendrán que sonrojarse y asustarse por el porvenir de los suyos.[94]

---

91. *La Crónica*, 9 de diciembre de 1940.
92. Discurso reproducido en *Industria Peruana* 10, n. ° 12 (diciembre de 1940): 507.
93. *La Crónica*, 10 de diciembre de 1940.
94. *La Voz del Obrero*, 8 de diciembre de 1940.

El editorial bien podría haber sido otra pieza de propaganda del gobierno. Aun así, expresa la opinión, probablemente compartida por algunos trabajadores, de que el Hospital Obrero representaba no solo un baluarte contra el comunismo, sino un espacio —junto con los restaurantes populares y barrios obreros— donde los obreros podían afirmar y reforzar importantes valores, en este caso, la dignidad. Al mismo tiempo, este editorial provee evidencia adicional de cómo las racionalidades de gobierno de los arquitectos del Estado obrero fueron compartidas por aquellos que ellos buscaban gubernamentalizar.

La exclusión del indio

Como ya he señalado, para comprender el motivo por el cual se estableció el Seguro Social necesitamos considerar las racionalidades de gobierno que configuraron su creación y diseño. La creación de la seguridad social puede haber sido impulsada por el cálculo político, esto es, por la creencia de que esta medida debilitaría el atractivo político del APRA y el Partido Comunista entre la clase obrera, como creyeron muchos contemporáneos y como varios historiadores han repetido. Pero, como el análisis anterior propone, los imperativos políticos movilizaron un mucho más complejo y profundo conjunto de creencias y supuestos. Por un lado, el Seguro Social reflejó una particular comprensión del proyecto de gubernamentalidad que el Estado debía asumir para ordenar y formar a la clase obrera y, en general, a la sociedad, una comprensión muy marcada por el género, que identificaba —de hecho creaba— una equivalencia entre la política laboral progresista del gobierno y la «modernidad», y que concebía que la función principal del Estado, a través de organismos tal como el Seguro, era proteger y perfeccionar a los obreros para mejorar su contribución al país. Pero el Seguro Social reflejaba también un más amplio conjunto de ideas relacionadas con el carácter de la sociedad peruana, que se expresó a través de las exclusiones que establecía. Estas exclusiones podrían ser vistas como lo que Pierre Bourdieu llama «luchas de clasificación»: el establecimiento o refuerzo «de la distinción entre elementos que en otras circunstancias conformarían un grupo social».[95]

Ciertamente, la ley del Seguro Social establecía que las personas cubiertas por la ley 4916, es decir, los empleados, quedaban excluidos del Seguro.[96]

---

95. Bourdieu, «Rethinking the State», 91.

96. Sobre las provisiones de la ley 4916, véase Parker, *The Idea of the Middle Class*, cap. 5.

Creando una fuente adicional de diferencia, a través de una clasificación legal, entre obreros y funcionarios, la ley 8433 (junto con la ley del empleado 4916, que descartaba a los trabajadores manuales u obreros) abrió otra brecha entre dos potenciales aliados en una lucha común contra la clase capitalista. Sin embargo, como ha demostrado David Parker, las distinciones entre obreros y empleados no fueron simple o principalmente impuestas desde arriba, o consecuencia de una estrategia legislativa del tipo «divide y vencerás». Ellas expresaban creencias interiorizadas acerca de las diferencias entre dos tipos de trabajadores, que giraron tanto en torno de factores como su cultura de consumo, la «respetabilidad», la «decencia» y, de hecho, la «raza», como en torno de si el trabajo que se hacía era manual o «intelectual».[97] Hay poca evidencia de que la exclusión de los empleados de la cobertura del Seguro Social fuera puesta en duda en alguna forma. De hecho, en 1948 se creó el Seguro Social del Empleado.[98] La exclusión de los empleados de la ley 8433 reflejó, entonces, no una estrategia política sino, más bien, unos presupuestos ampliamente generalizados, y en gran medida indiscutidos, acerca de las diferencias fundamentales e inconmensurables entre obreros y empleados.

Sin embargo, la exclusión primordial establecida por el Seguro Social no fue la de los empleados sino la de los indígenas. Lo más importante es que los «indios» no fueron descartados por su etnicidad sino por cómo el término «obrero» venía a definirse para los propósitos del Seguro Social. La definición del término no era del todo evidente. De hecho, algunos de los críticos iniciales del Seguro se centraban en el carácter ambiguo de la palabra «obrero». A inicios de 1937, *La Crónica* publicó una serie de artículos que retomaban varias de las preocupaciones discutidas más arriba. Se preguntaba: «¿un país pobre de rendimiento, en el trabajo, como el nuestro, ya que la mayor parte de sus riquezas se mantienen en potencia, debe soportar la extracción de millones de soles cada año para formar la Caja de Seguro Social?».[99] El periódico parecía de esta manera sugerir que el Perú no estaba preparado para el Seguro Social porque no podía financiarlo. Pero tampoco estaba listo por otra razón. *La Crónica* sostenía que la *población* peruana era inadecuada para tal ley: «La complejidad de la ley significa un acentuado contraste con el tipo medio de cultura del obrero peruano. No debe olvidarse que hay cuatro millones de indígenas analfabetos que trabajan a lo largo de las vértebras andinas

---

97. Ibíd.

98. Bustíos Romaní, *La salud pública*, 373-377.

99. *La Crónica*, 8 de enero de 1937.

y que van a quedarse al margen de los seguros sociales por la imposibilidad de involucrarlos dentro de sus disposiciones por el desconocimiento de las mismas y por su inercia tradicional».[100] El diario reafirmaba esta creencia en otro artículo:

> Reconocemos que la institución de los Seguros Sociales es benéfica en las colectividades que están preparadas para recibirla, pero proclamamos con igual sinceridad que el Perú por las modalidades peculiares de sus sistemas de trabajo, por la psicología y las características del trabajador andino, del yanacón costeño, del mitayo de todas las épocas, por las dificultades topográficas, étnicas y sociales de nuestro ambiente, por la estrecha capacidad económica de los industriales, no estaba y no está preparado para adoptar el régimen de los seguros sociales.[101]

Rebagliati respondió a estos comentarios, que parecían ser un aspecto clave de las objeciones formuladas por la Cámara de Comercio de Arequipa al Seguro Social, reproduciendo una antigua crítica de los indigenistas (que echaban la culpa del supuesto atraso de los indios a sus explotadores —los así llamados gamonales): «La ley no hace exclusión de personas por razón de condiciones sociales, sino por razón de condiciones de trabajo; de tal manera que cuando desaparezcan las que hoy ponen a la población indígena, más por culpa de la sordidez de quienes la sojuzgan que por ausencia de ley, al margen de los derechos sociales, el seguro acudirá a prestarles su protección».[102] Como esto indica, Rebagliati no rechazaba la idea de que los indios estuvieran atrasados; simplemente, refutaba la noción de que eran inherentemente inadecuados para tal ley. Sostenía que el Seguro Social no los cubría aún porque el sistema necesitaba aplicarse gradualmente, «en ejecución del propósito de adecuar su implementación en el país según sea el desarrollo industrial, la situación geográfica y la posibilidad de establecer los servicios del seguro en sus distintas zonas». Pero para Rebagliati, la incorporación de los indios en el Seguro dependía no tanto de la capacidad del Estado para proveer los servicios que este sistema preveía sino, más bien, de que el indio se convirtiera en un trabajador: «Cuando la población indígena [...] ingrese a la vida industrial, quedará incorporada al régimen de seguro, pero queda y debe quedar excluida cuando el indígena no asume el contenido de trabajador, se mantiene en calidad de siervo, es explotado como pongo, vendido como semoviente por

100. *La Crónica*, 15 de enero de 1937.

101. *La Crónica*, 27 de febrero de 1937.

102. *La Crónica*, 20 de enero de 1937.

los gamonales, expoliado por el truk-system [sic] [trueque de trabajo por mercancía] o es víctima del sistema de peonaje, en el sentido de trabajo obligatorio y sin remuneración, para hacerse pago de sospechosas y rabulescas deudas».[103]

En otras palabras, el Seguro Social se extendería a los indios cuando ellos se convirtieran en obreros. La respuesta de Rebagliati a las objeciones de la Cámara de Comercio de Arequipa revelan hasta qué punto el Seguro Social fue estrechamente asociado con una particular idea de lo que constituía ser un obrero. De hecho, un documento escrito por Rebagliati hace explícito los casos en los que la ley se aplicaba: «en la industria de los transportes, solo cuando se hagan por tracción mecánica; en la agrícola si se emplean motores de fuerza distinta a la del hombre y solo con respecto al personal expuesto al peligro de las máquinas; en los muelles, si usan aparatos mecánicos no movidos por el hombre; en las haciendas de beneficio si la fuerza matriz no es humana; y en las minas, canteras y yacimientos de carbón, de petróleo, de borato, de salitre, de guano y otras sustancia similares, si ocupan más de 35 operarios».[104] En otras palabras, era la exposición de los trabajadores a la mecanización lo que los calificaba como obreros. En otro documento, probablemente el primer estudio estadístico serio emprendido por la Caja del Seguro Social, la definición fue algo diferente: «bajo la denominación obrero se entienden las personas que trabajan manualmente en talleres, fábricas o en su domicilio por cuenta de su patrono (dependientes) y además personas que ejercen trabajos semejantes por su propia cuenta (independientes)».[105] Según esto, el lugar de trabajo (el taller, la fábrica, incluso la casa) era determinante del estatus del trabajador como obrero. Ambas definiciones revelan cómo la idea de lo que debía ser un obrero estaba vinculada, en gran medida, con formas y lugares de trabajo que, en el contexto peruano, eran construidos como necesariamente no indígenas.[106]

---

103. Ibíd.

104. Rebagliati, *La previsión social*, 8.

105. Caja Nacional del Seguro Social, *Estadística de trabajo*, 7.

106. Hay paralelos interesantes entre las exclusiones del Seguro Social y la exclusión de afroamericanos de la Social Security Act de 1935 en los Estados Unidos. Como sostiene Liberman, estas exclusiones se lograron «a través de métodos institucionales diversos que, en algunos casos, excluyeron las profesiones en las que solían trabajar los Afroamericanos; en otros, establecieron criterios de ilegibilidad que los Afroamericanos no podían alcanzar y mantuvieron una autonomía local dejando de lado las cuestiones de inclusión y exclusión» (*Shifting the Color Line*, 25). Citando problemas surgidos de la «factibilidad administrativa» de la recaudación de impuestos por planilla de trabajadores fuera del

Que Rebagliati comprendiera el Seguro Social como extendiéndose a los indios *como obreros*, pero no *como indios*, refleja la idea de que los indios eran, por definición, *no obreros* y que los obreros eran, también por definición, *no indios*. Esta idea era consistente con la creencia, en el Perú de la década de 1930, de que lo indígena era dañino para el progreso: era una condición que era necesario superar; de hecho, había que eliminarla. Un artículo en el portavoz del Seguro Social *Informaciones Sociales* titulado «El Indio en el Seguro Social» establecía en términos claros que la extensión del Seguro Social al indio, cuando ocurriera, tendría como su objetivo principal, no la provisión de seguridad social para la población indígena del Perú, sino su «redención», esto es, su «desindianización». El artículo señalaba que los indígenas, incluso los que estaban en contacto con «formas avanzadas de la cultura», mantenían costumbres «especialmente en la vida doméstica, que son rémoras serias a su incorporación a nuestra civilización». El Seguro Social los ayudaría a «elevar su vida». Aunque naturalmente suspicaces, los indios no tendrían otra opción —una vez confrontados con las obras del Seguro en los campos del aseguramiento social y la atención médica y con su capacidad para erradicar enfermedades que los afectaban profundamente— que la de «volcarse definitivamente y sin recato dentro de la civilización contemporánea». El artículo concluía que «el Seguro Social toma, pues, su parte en el problema de la redención del indio».[107] En otras palabras, no se extendería a los indígenas sino que «redimiría» a los indios, es decir, los convertiría en obreros «desindianizados».

La inclusión de artículos de debate sobre la llamada cuestión indígena o sobre el «futuro racial» del Perú en *Informaciones Sociales* confirma que el

---

empleo industrial y comercial, los arquitectos de la Social Security Act de los Estados Unidos tuvieron éxito en excluir a los trabajadores agrícolas y domésticos de la elegibilidad para los programas de aseguramiento social, seguro de vejez y seguro de desempleo. Al hacerlo, eliminaron a más de cinco millones de trabajadores de la cobertura de vejez y desempleo; esto significó que más de la mitad de los trabajadores afroamericanos en los Estados Unidos no fueran elegibles. Lieberman ve estas exclusiones como surgidas de la resistencia sureña a la independencia económica que la ley había otorgado a los afroamericanos: «Cualquier política de bienestar que diera a los trabajadores agrícolas sureños fuentes de ingreso independientes de la elite rural y de la institución política que dominaba tenía el potencial de socavar las estructuras rígidas de clase y raza en el Sur [de los Estados Unidos]» (27). Debido a que los legisladores tuvieron que llevar a los congresistas del sur con ellos para que la ley pasase, las exclusiones se redactaron en la ley. Como consecuencia, concluye Lieberman, la Social Security Act de 1935 ilustra cómo «La estructura racial de la sociedad y de la política de Estados Unidos, incrustada en conflictos de clase y regionales, y expresiva de estructuras de poder político, moldeó el desarrollo institucional del estado de bienestar norteamericano» (65).

107. «El indio en el Seguro Social», *Informaciones sociales* 1, n. ° 5 (noviembre de 1937): 545-546.

problema de las «masas indias» del Perú y su lugar en un país moderno era un tema que tanto Rebagliati como sus colaboradores tenían muy presente, incluso cuando afirmaban centrarse en los «obreros». A juzgar por los diferentes puntos de vista expresados en estos artículos, la solución a la «cuestión del indio» no era evidente. En uno titulado «El Problema del Indio», Alejandro Vega se pronunciaba enérgicamente a favor del potencial de los indios: «dad al aborigen peruano cultura, tierras de cultivo y adecuado cauce a su esfuerzo muscular y se hará de él un elemento consciente, entusiasta y útil». Vega rechazaba el pesimismo racial del influyente filósofo peruano Alejandro Deustua, quien, siguiendo a Spengler, creía que los indios se habían degenerado y que «el país nada puede hacer en su beneficio». Para Vega, quien se basó en las ideas de intelectuales liberales y progresistas como Manuel Vicente Villarán, José Antonio Encinas, Uriel García e Hildebrando Castro Pozo, al ofrecer un ambiente correctivo, en la forma de escuelas rurales, carreteras y mercados, el potencial de los indios como trabajadores (claramente evidente en los periodos inca y colonial) podía recuperarse: «colocado el indígena en medio de una red de comunicaciones, recobrará el sentido de su vida y la fuerza histórica de su raza». De esta forma, Vega concibió y presentó la redención de los indios como un proyecto que el Estado debía emprender en beneficio de todo el Perú.[108]

Junto con esta perspectiva de corte «progresista», el diario publicaba una conferencia pronunciada por Pedro J. M. Larrañaga, «por considerarla de mérito y digno de ser difundido». Quizás consciente de que el título de su trabajo, «Bases económicas de nuestro porvenir racial», podía hacer creer a algunos que era un racista, Larrañaga comenzaba por enfatizar que no hacía «causa común» con «la actual exagerada tesis racista que ocupa el escenario europeo y que ha contagiado también a algunas personas de nuestro continente», que él agrupaba las razas según sus orígenes geográficos y no su valor intrínseco, y que consideraba que incluso «nuestras más antiguas familias» (se dirigía a una reunión de damas y caballeros de la élite en la sociedad «Entre Nous») eran producto del mestizaje. Sin embargo, Larrañaga también advertía que Sur América estaba convirtiéndose en una «comarca asiática». El problema, para Larrañaga, era sencillo. ¿Cómo atraer al Perú a «los mejores tipos de la raza blanca»? Los estudios, argumentaba, demostraban que los europeos se trasladaban a áreas que ofrecían empleo industrial. De ahí que

108. Alejandro Vega, «El problema indígena», *Informaciones sociales* 2, n. º 10 (octubre de 1938): 1075-1081.

el Perú y, en particular, la costa peruana, necesitaba desarrollarse industrialmente para atraer a inmigrantes blancos:

> Un país democrático Americano tiene en un momento dado que hacer esta decisión, a saber: de qué color quiere ser —que sesgo desea para su población, uno europeo, uno asiático o uno africano? Y la respuesta no la puede dar ni el Ministerio de Gobierno, ni el de Relaciones Exteriores, sino que depende del Ministerio de Fomento. Si acaso quiere ser blanco, tiene que proveer ocupación y perspectivas para los tipos de la raza blanca que deseen emigrar: es decir, tiene que industrializarse en aquellas zonas cuyo clima templado sea favorable a la raza inmigrante y cuyo terreno posea riquezas básicas para la industria.[109]

Larrañaga no estaba interesado en los Andes o la Amazonía, que veía como inadecuados para la ocupación europea: «es perder el tiempo pensar seriamente en un intercambio étnico con esa zona».[110] Para Larrañaga, así como para muchos otros, la industrialización y el blanqueo racial eran mutuamente constitutivos y permitirían al país o, más bien, a la costa peruana, convertirse en el «Perú Moderno, la Nueva California Industrial del Sur!».[111]

Estos textos ilustran el tipo de ideas que circulaban en el Perú de la década de 1930 en relación con la «cuestión del indio». Dado que los arquitectos del Seguro Social los consideraban dignos de discusión, es correcto asumir que estos textos alimentaban su propio pensamiento. Aunque las perspectivas examinadas expresan diferentes o, más bien, contradictorios puntos de vista raciales o racistas, comparten presupuestos racializados sobre el rol que el Estado debía desempeñar en el desarrollo social y económico del Perú. En ambas perspectivas, el desarrollo o «progreso», tanto social como económico, era entendido como un proyecto de mejoramiento racial: en el primer caso, «mejorando» al indio a través de la corrección de su ambiente degenerativo, en realidad, de su «desindianización»; en el segundo, potenciando a cabalidad la costa peruana a través de la llegada de inmigrantes europeos, racialmente superiores. Sin embargo, así como el propio Seguro Social, ninguno de estos proyectos tenía espacio para el indio *como indio* en la nación peruana

---

109. Pedro J. M. Larrañaga, «Bases económicas de nuestro porvenir racial», *Informaciones sociales* 3, n.° 11 (noviembre de 1939): 1165-1166.

110. De acuerdo con Larrañaga, «Todos los colonos europeos que hemos llevado a la Montaña se han vuelto a salir, o de quedarse, han degenerado al nivel de los chunchos. En la alta zona minera de los Andes son muy pocos los blancos que pueden resistir a la altura y a la rudeza de las tareas mineras». «Bases económicas», 1166.

111. Ibíd., 1169.

imaginada, por la simple razón de que ambos autores asumían que lo indígena era incompatible con el progreso. Más específicamente, estos textos revelan cómo la idea (discutida extensamente en el primer capítulo) de que la mano de obra indígena era incompatible con el progreso industrial (a menos que los indios dejaran de ser indios) daba forma al pensamiento de los arquitectos del Seguro Social. Para Rebagliati y otros, aunque los indios realizaban un tipo de trabajo, dada la «cultura» y el ambiente indígenas, este trabajo era fundamentalmente distinto del de los obreros y, como no era favorable al progreso, no calificaba a los indios como obreros y, por lo tanto, los excluía del Seguro Social.

Conclusión

Poco después de la inauguración del Hospital Obrero, el centro de atención del Seguro Social comenzó a cambiar. Un documento de 1942 muestra una creciente conciencia entre los arquitectos del Seguro Social de que la necesidad del seguro social era mucho mayor en las áreas no urbanas que lo que ellos se habían imaginado. Siguiendo un estudio estadístico de alcance nacional, los investigadores del Seguro habían llegado a la conclusión de que «de los 500,000 asegurados, más del 70% son trabajadores agrícolas, circunstancia remarcable pues su constatación representa, en relación con el seguro, la posibilidad de llevar sus beneficios al sector asalariado que más lo necesita, pues a lo inverso de lo que antes se presumía, las enfermedades se propagan el medio rural con igual o mayor virulencia que en el medio urbano, desde que concurren a extenuarles las deficiencias de alimentación, de vivienda, de higiene y de medios de asistencia».[112] El documento sostenía que era necesario ampliar significativamente la atención médica y presentaba un ambicioso programa de construcción de doce nuevos hospitales, treinta policlínicos, cincuentas «postas» rurales y diez «dispensarios rurales». De esta forma, el Seguro Social alcanzaría a ese 70% de asegurados que no eran trabajadores urbanos o que no tenían base en Lima. Esta expansión respondía a una idea nueva de que no era suficiente tratar a los enfermos. El propósito del Seguro Social era prevenir la enfermedad, actuando sobre aquellos propensos a enfermarse: «Hasta ayer el rol de los hospitales se reducía al cuidado ocasional de los pacientes en trance de gravedad o indigentes que acudían a sus puertas. Hoy se reemplaza este criterio por el de la búsqueda de los enfermos, el

112. Caja Nacional del Seguro Social Obrero, *La aplicación del Seguro Social.*

examen, y la curación inmediatos y la profilaxia intensiva, que precaven el fracaso de las atenciones tardías y evitan pérdidas conjurables en la capacidad de producción».[113] Este documento dejaba ver algunas de las tensiones en el Seguro Social y, en general, en la reforma social en el Perú. Por un lado, armados con su crecientemente sofisticada data, los reformadores sociales podían ver que los problemas que el Seguro Social buscaba solucionar superaban claramente la categoría de «obrero» en la que ellos se habían centrado. Por otro lado, continuaban percibiendo la reforma social en función de cómo su desempeño sobre aquellos considerados «productivos» llevaría al resultado deseado.

La idea de que hombres y mujeres distintos a los que se consideraban «productivos» merecían tener acceso a la seguridad social o, al contrario, que era el deber del Estado proteger solo a aquellos considerados útiles, cambió muy lentamente en la última parte del siglo XX y, a su vez, ayudó a modificar la noción de quién era productivo y quién no. En la década de 1950, Federico More publicó un artículo que afirmaba que el Perú no tenía realmente un sistema de aseguramiento social porque un vasto número de profesionales, como psicólogos, abogados, escritores, músicos, pintores e incluso prostitutas, era excluido o del Seguro Social Obrero o del Seguro Social del Empleado: «la cantidad de trabajadores que está fuera del seguro, quizás es mayor que la de los comprendidos por el seguro».[114] En la década de 1960, el presidente Fernando Belaunde habló de la necesidad de ampliar la cobertura de los servicios médicos ofrecidos por el Seguro Social: «Todos sabemos que hay un problema de concentración de la profesión médica en los grandes centros urbanos y que es muy difícil extender estos servicios a las zonas remotas y dispersas».[115] Creía que las carreteras que su gobierno estaba construyendo ayudarían a cambiar esta situación. En la década de 1970, en el contexto del «Gobierno Revolucionario de la Fuerza Armada» de Velasco, Teodosio Arístides Palomino Ramírez defendió la necesidad de extender la seguridad social a las poblaciones indígenas:

> Se necesita ahora más que nunca, englobar, considerar a esa gran masa inerme de nuestro Perú, me refiero a los campesinos de la Sierra y de la Selva, aquellas personas que sigilosamente trabajan arando la tierra, transformando nuestra agreste geografía para ensanchar los terrenos habitables. Necesitamos más que

---

113. Ibíd.

114. More, «¿Existe Seguro Social en el Perú?», 11.

115. Belaunde Terry, «La salud pública y la seguridad social», 41.

> nunca, incorporar a nuestra inmensa masa de trabajadores del campo que por muchos años estuvieron relegados al olvido, por gobiernos que solo los utilizaban para hacerlos objeto de vil humillación y explotación, ellos como peruanos que son, así como lo somos nosotros [...] pero con una gran diferencia, mientras nosotros contamos con el servicio de los seguros sociales, de las clínicas bien equipadas, de los hospitales bien instrumentados, ellos, esos tristes campesinos, no tienen ni siquiera escuelas donde instruirse, ni hospitales donde poder prevenir, ni curar sus enfermedades.[116]

Significativamente, en armonía con la retórica clasista del periodo de Velasco, Palomino Ramírez argumentaba que era como «campesinos» y «trabajadores del campo» que la población indígena del Perú merecía ser incorporada al Seguro Social.

Estas perspectivas cambiantes de quién era asegurable y de quién merecía la protección del Estado, señalaban cómo la creación del Seguro Social reflejaba las ideas racialmente constituidas en el Perú de inicios del siglo XX sobre la clase obrera, ideas que, de hecho, marcaron todo el siglo. La constitución racial de la clase obrera tuvo importantes implicancias para el más amplio proyecto de gubernamentalidad que el Seguro Social reflejaba y al que contribuyó. El Seguro Social correspondió a un proyecto de gubernamentalidad que imaginó un futuro industrial como la solución a un presente indígena. Mientras que este proyecto de gubernamentalidad comenzó a configurar la intervención del Estado en la sociedad, a través de organismos y leyes como las correspondientes al Seguro Social, los presupuestos racializados en su núcleo se reflejaron inevitablemente en la política laboral. El Seguro Social fue claramente más que un simple intento de cooptar a la clase obrera. Expresaba la genuina idea entre sectores de la élite peruana de que el Estado tenía un rol que desempeñar en los problemas de la sociedad moderna. Específicamente, manifestaba la creencia de que el Estado podía y debía proteger y «mejorar» a la clase obrera, enfrentando su tendencia a la enfermedad y su ambiente laboral y hogareño, que la fomentaba. Al hacerlo, el Estado contribuía al más amplio proyecto de redención nacional a través de la industrialización, modelando el tipo de clase obrera requerida por ese proyecto. La exclusión de los indios como indios del Seguro Social y, por extensión, del proyecto de redención nacional, reflejaba el hecho de que, por definición, este era comprendido como un proyecto de mejoramiento racial que necesariamente suponía la «desindianización» del Perú.

---

116. Palomino Ramírez, «La seguridad social y la economía popular».

Conclusión

En años recientes, el Perú parece haber resistido la tendencia regional hacia la etnización de la política, un proceso que ha sido visible en los vecinos países andinos. El «despertar étnico» de Bolivia o Ecuador —según algunos, un nuevo comienzo para los históricamente marginados— no tiene paralelo en el país. De hecho, la ausencia de movimientos indígenas fuertes en el Perú es un misterio.[1] La raza y el racismo estructuran la historia y la sociedad peruanas profundamente, como lo ha demostrado de manera trágica el reciente «tiempo del miedo» en el Perú. Sendero Luminoso no fue un movimiento indígena, y la guerra que inició no fue una «guerra racial». Pero el conflicto armado interno reflejó, reprodujo y, de hecho, profundizó, las escisiones raciales del país. Como concluyó la Comisión de la Verdad y Reconciliación (CVR), la guerra, que causó cerca de 70.000 víctimas, «reprodujo en gran medida las brechas étnicas y sociales que afectan al conjunto de la sociedad peruana».[2] El conflicto magnificó lo que es la experiencia de los peruanos en el día a día: las formas en que la raza y el racismo estructuran la sociedad peruana y naturalizan esa estructura. Sin embargo, los investigadores han

---

1. Para una literatura reciente que desafía esta perspectiva de políticas indígenas «elusivas» en el Perú, véase García, *Indigenous Encounters* y *Making Indigenous Citizens*; y Green, *Customizing Indigeneity*.

2. De: <www.cverdad.org.pe>, vol. 8 del *Informe de la Comisión de la Verdad y Reconciliación*, 2003, 159.

comenzado solo recientemente a examinar el rol que la raza y el racismo desempeñan en la conformación de la sociedad peruana. Este libro es una contribución a dicho esfuerzo y a consideraciones más amplias sobre raza, trabajo y Estado. Al analizar la constitución del Estado peruano desde el punto de vista de la política laboral, he buscado plantear nuevas formas de pensar la relación entre raza y formación del Estado-nación. Mi principal objetivo ha sido mostrar que el estudio de la política laboral en el Perú de inicios del siglo XX provee una valiosa perspectiva sobre las formas en que la raza y el racismo han configurado la formación del Estado y, a su vez, las «desigualdades de largo plazo» del Perú.[3]

Sostengo en este libro que el racismo y las ideas sobre la raza fueron constitutivos de lo que he llamado el Estado obrero. Como han señalado varios investigadores, el racismo, como una idea y comportamiento normalizados, es un elemento central del carácter excluyente de la construcción de nación en el Perú. Gonzalo Portocarrero ha sugerido que el racismo obstaculiza la capacidad de los peruanos de «elaborar una memoria, una narrativa que cree un nosotros nacional, una historia común donde los peruanos puedan reconocerse como iguales en su diversidad».[4] Para Marisol de la Cadena, el racismo en el Perú es «discreto» o «silencioso» porque es institucional, hegemónico, legitimador, normalizado.[5] Como apunta Romeo Grompone, el racismo en el país «gana en el silencio, lo velado, lo no dicho y lo sabido al mismo tiempo por todos».[6] En suma, como reconocen muchos investigadores, el racismo en el Perú crea jerarquías sociales y configura políticas sociales porque, al racializar la cultura y culturizar la raza (elaborando ideas de superioridad/inferioridad racial y cultural que se refuerzan mutuamente), construye el «otro» no blanco (el indígena, el mestizo, el afroperuano, el chino) como el depositario y agente de pobreza, atraso cultural y fracaso nacional. El racismo conduce a los peruanos a percibir las desigualdades socioeconómicas y políticas como inevitables y, en algunos casos, deseables, porque, perversamente, poniendo a cada uno en su lugar, construye un orden «normalizado» que, según las características raciales y culturales de cada peruano, es óptimo. El propósito de este libro ha sido dar sustancia histórica a estas interpretaciones.

3. Tilly, *Durable Inequality*.
4. Portocarrero, «Memorias del velasquismo», 252.
5. De la Cadena, «Silent Racism».
6. Grompone, «Tradiciones liberales», 508.

El argumento de que existía un Estado obrero en el Perú de inicios del siglo XX puede ser una sorpresa para muchos. Después de todo, ¿cómo podía haber esa clase de Estado en un país donde los «obreros» eran una pequeña minoría de la población trabajadora? He expuesto, en primer lugar, que varios factores, y no solo el intento de la élite de cooptar a la clase obrera o de neutralizar a las fuerzas políticas de izquierda, configuraron el Estado obrero, que se manifestó en iniciativas, como la Sección del Trabajo, los barrios obreros, los restaurantes populares, el Seguro Social y las más amplias «políticas sociales» que los gobiernos de las décadas de 1920 y 1930 buscaron aplicar. Suscribo la afirmación de Daniel Rodgers de que «ningún caso de política social [...] puede pretender tener un linaje simple, una razón monocausal de ser, y, menos aún, efectos obvios. El campo de la política social es demasiado grande como para que un solo lugar de explicación, o un solo conjunto de personajes, lo disponga todo. Sus procesos también son múltiples: compasión, indignidad, revelación, publicidad, agitación, movilización, invención, cabildeo, pacificación, prevención, cálculo, negociación, transigencia, ejecución, administración y manipulación».[7] Prestando atención a los diferentes discursos, desde arriba y desde abajo, desde la izquierda y desde la derecha, que configuraron la creación, implementación, negociación o rechazo de las políticas laborales, en general, espero haber revelado de qué manera en el Perú, tal como en las economías del Atlántico Norte analizadas por Rodgers y los estudiosos en los que se ha basado, la política social fue «demasiado grande como para que un solo lugar de explicación, o un solo conjunto de personajes, lo disponga todo».

Ciertamente, como muestra el análisis realizado en los capítulos precedentes, una fusión de fuerzas configuró las políticas sociales peruanas de inicios del siglo XX y, en concreto, la política laboral. He desafiado la idea de que toda la política laboral fue reactiva a —un producto de o una consecuencia directa— de las repuestas de la élite a los disturbios relativos al trabajo. La élite, he mostrado, desempeñó un rol clave en idear e introducir la política laboral. Sus motivos fueron múltiples: concordaban con procesos transnacionales y reflejaban ideas aparentemente contradictorias sobre la clase obrera. En particular, sostengo que dos nociones clave sobre esta clase social, influidas por ciertas corrientes políticas y sociales (específicamente, el catolicismo social y el positivismo), configuraron la política laboral: la idea de que la clase obrera, en tanto asociada con la industrialización, era un agente de progreso,

7. Rodgers, *Atlantic Crossings*, 25.

y en tanto vinculada con la militancia y con peligrosas doctrinas sociales, era al mismo tiempo una fuente de peligro. El Estado obrero fue el producto de estas ideas y reflejó la perspectiva crecientemente hegemónica de que el propósito del Estado era proteger y «mejorar» a la clase obrera para hacerla capaz de contribuir a la civilización del Perú. Al mismo tiempo, he sostenido que los trabajadores también configuraron el Estado obrero, que ellos comenzaron a ver como una expresión de sus propias aspiraciones.

Al invocar la idea de un Estado obrero he traído perspectivas teoréticas de una cada vez más frecuente literatura que analiza la formación cultural de los Estados, particularmente la inspirada en el trabajo de Foucault sobre la gubernamentalidad. Me he aproximado al Estado obrero no simple o principalmente como un aparato burocrático sino, más bien, como una forma de poder que ordenó las relaciones laborales. En ese sentido, me he acercado a las iniciativas analizadas en este libro —la Sección del Trabajo, los barrios obreros, los restaurantes populares y el Seguro Social— como elementos de un proyecto de gubernamentalidad que se manifestó en el Estado obrero, es decir, como medidas expresivas de racionalidades y tecnologías de gobierno (y de disciplina). He sostenido que el propósito de estas medidas fue —aparte de socavar la militancia laboral y el atractivo de los partidos de izquierda, proporcionando a la clase obrera bienes y servicios (mediación en disputas laborales, vivienda adecuada, nutrición barata y seguridad social)—, quizás principalmente, actuar sobre los trabajadores tanto física como moralmente, y sobre su ambiente laboral y hogareño, para proteger y «mejorar» a la clase obrera, esto es, para convertirla en un agente de progreso. En el fondo, por supuesto, como muestran los distintos capítulos, estas medidas o «armas de los fuertes» resultaron poco contundentes e infructuosas en su intento de disciplinar, proteger y «mejorar» a la clase trabajadora.

Sin embargo, la contribución clave de este libro surge del intento de mostrar que la raza y el racismo marcaron los múltiples procesos que configuraron las políticas sociales en el Perú de inicios del siglo XX. El Estado obrero reflejaba y reforzaba comprensiones racializadas de la clase obrera y, a su vez, un proceso de formación del Estado-nación que excluía a los indígenas de las concepciones de progreso nacional. La élite peruana identificó la industrialización con la «civilización». Como consecuencia, empezó a percibir a la clase obrera como una fuerza que necesitaba aprovecharse para transformar al país en una nación industrializada y civilizada; esa fue la seducción de esta clase. La política laboral, entonces, estuvo profundamente influida por esta idea. La clase obrera debía ser «mejorada», de modo que pudiera cumplir su función civilizadora. Sin embargo, esta clase fue comprendida de manera racializada: específicamente, en términos que excluían a los indígenas de su ámbito. Las disposiciones constitucionales, la legislación laboral y la política laboral reflejaron y reforzaron esta exclusión, creando regímenes diferentes para la clase obrera y para los indígenas. Estos regímenes permitían a los indios convertirse en obreros, pero para poder hacerlo, necesariamente tenían que dejar de ser indios. De esta forma, los indígenas fueron separados del proyecto de gubernamentalidad que se manifestó en el Estado obrero. Al mismo tiempo, permanecieron inherentes a ese Estado, en tanto fueron identificados como incompatibles con el progreso y este último se convirtió en sinónimo de «desindianización».

A través de tales argumentos, este libro contribuye a una más amplia discusión sobre en qué medida los proyectos biopolíticos de gubernamentalidad en las sociedades liberales, neoliberales o incluso coloniales o autoritarias, sirvieron para reproducir formas de diferenciación entre la población. Mi análisis se hace eco, en varias formas, del análisis de Aihwa Ong sobre cómo «la soberanía graduada» opera en el Sudeste Asiático contemporáneo. A través de estudios de caso de la implementación de reformas neoliberales en Malasia e Indonesia, Ong ha explorado «el trato diferenciado de poblaciones —a través de esquemas de disciplinamiento biopolítico y de cuidado pastoral— que las inserta de manera diferenciada en procesos de capitalismo global. Estas gradaciones de gobernanza pueden existir en un continuo pero se sobreponen con jerarquías raciales, religiosas y de género preestablecidas, y sirven para fragmentar aún más la ciudadanía de personas que son, nominalmente, ciudadanas de un solo país».[8] De manera análoga, el Estado obrero peruano reflejó y, a su vez, sirvió para reafirmar estructuras raciales preexistentes que determinaron que algunos sectores de la población fueran considerados aptos para el dominio gubernamental (para las técnicas de gobierno de sí, siguiendo el término de Foucault), mientras que otros no. En mi análisis también resuena la distinción de Giorgio Agamben entre vida política y «nuda vida». Como es bien sabido, Agamben se basa en el trabajo de Foucault sobre el biopoder y en la discusión de Carl Schmitt sobre el estado de excepción para sostener que «en la biopolítica moderna, soberano es aquel que decide sobre el valor o desvalor de la vida en tanto tal».[9] La sugerencia de Agamben de que la biopolítica opera a través de la reducción de ciertas categorías de personas a una «nuda vida», una «vida sin valor», una «vida

---

8. Ong, «Graduated Sovereignty», 62.

9. Agamben, *Homo Sacer*, 142.

que no merece ser vivida», o, de hecho, al estatus de *Homo sacer*, el que puede ser asesinado con impunidad, da cuenta de las racionalidades y prácticas que llevaron a excluir a los indígenas del Estado obrero peruano. De hecho, como he sugerido, la separación del indígena del ámbito de la clase obrera y, por lo tanto, de la idea de progreso nacional, reflejaba la creencia de que la vida del indígena carecía de valor, era una nuda vida, un obstáculo para hacer del Perú una nación industrial moderna.

Más allá de sus posibilidades teoréticas, los argumentos que desarrollo en este libro tienen implicancias en cómo comprendemos, en general, la historia del siglo XX del Perú. Se necesita investigar las políticas sociales de los periodos posteriores a los que yo me he dedicado. Pero sospecho que mi argumento general se mantiene para el resto del siglo XX. Los gobiernos peruanos de ese siglo, militares o civiles, conservadores o progresistas, excluyeron a los indígenas de sus proyectos de formación de Estado-nación porque todos ellos los consideraban incompatibles con el progreso. Por supuesto, la mayoría de gobiernos usaron discursos de «inclusión» y varios implementaron políticas que, a través de la educación, provisión de salud y conscripción militar, buscaron «incorporar» a los indígenas en la ciudadanía económica e incluso, en la década de 1980, política. Pero todos, incluido el régimen militar «progresista» del general Velasco, reprodujeron la idea de que la inclusión o incorporación implicaba la *superación* de la indigeneidad y, por lo tanto, la idea central de las políticas sociales de inicios del siglo XX, trazadas en este libro, de que la indigeneidad no era compatible con la civilización y el progreso. Hoy, en lo que parece un giro irónico, dadas las raíces supuestamente indigenistas del APRA, pero en lo que es de hecho (como muestro en el segundo capítulo) un movimiento históricamente coherente, Alan García y sus acólitos acusan a los indígenas de socavar su revolución neoliberal. Según García, los indios y aquellos que los representan o, según se dice, los manipulan (las ONG principalmente), son «perros del hortelano», obstáculos para el progreso.

Esta idea persistente acerca de lo irreconciliable que es la indigeneidad con el progreso es una peligrosa ficción racista y necesita ser comprendida así. Desde mi perspectiva, es clave entender el carácter de la violencia que el Perú experimentó en las décadas de 1980 y 1990. El *Informe* de la CVR reveló que el número de víctimas fue cercano a 70.000; una cifra casi dos veces mayor que la de los estimados previos. Significativamente, el *Informe* señaló que, durante los veinte años de conflicto armado, existió una «notoria relación entre situación de pobreza y exclusión social, y probabilidad de ser víctima de la violencia». Alrededor del 85% de las víctimas se concentraron en departamentos de la sierra y la selva (Ayacucho, Junín, Huánuco, Huancavelica, Apurímac y San Martín), mientras que solo Ayacucho representó el 40%. El 79% de las víctimas vivía en áreas rurales y el 59% se dedicaba a actividades agrícolas (en contraste con los promedios nacionales de 29% y 28%, respectivamente, según el censo nacional de 1993). De manera similar, el 75% de las víctimas fueron quechuahablantes o hablantes de otra lengua indígena (en contraste con el promedio nacional de solo 16%). Finalmente, el 68% de las víctimas no había recibido educación secundaria (en contraste con el promedio nacional de 40%). En otras palabras, la mayoría de víctimas eran pobres, vivían en áreas rurales, hablaban una lengua indígena y habían recibido una educación formal muy limitada. El *Informe* concluyó que la violencia reprodujo y se superpuso a profundas desigualdades de clase, étnicas y de género que separan a los que están incluidos de los que están excluidos en el Estado-nación.

Para Salomón Lerner, el presidente de la CVR, el *Informe* reveló que el Perú es «un país en el que la exclusión es tan absoluta que resulta posible que desaparezcan decenas de miles de ciudadanos sin que nadie en la sociedad integrada, en la sociedad de los no excluidos, tome nota de ello».[10] Pero ¿cómo podemos explicar esto? Como sugiere el *Informe* de la CVR, y como espero haberlo mostrado desde un particular punto de vista en este libro, parte de la explicación se encuentra en cómo la raza y el racismo han configurado la formación del Estado-nación en el Perú. Históricamente, los indígenas han sido vistos no solo como marginales al Estado-nación sino como un obstáculo para el progreso. Esta es una percepción que, más que un entendimiento del trabajo real desempeñado por los indígenas (que algunos, incluso los hacendados, de mala gana reconocían), refleja el estatus cuasi ontológico asignado a los indígenas como seres no productivos. Los indígenas en el Perú representaron un obstáculo para el progreso a causa de su improductividad, su incompatibilidad con el trabajo. De ahí que poco podía esperarse de ellos. Solo podían volverse productivos dejando de ser indígenas: convirtiéndose en no indígenas, esto es, en mestizos o, quizás, en obreros. Marisol de la Cadena sostiene que el proceso de «autodesindianización» fue una forma de resistencia cultural.[11] Pero, por supuesto, la autodesindianización surgió en una cultura dominante de desindianización. En contraste con los Estados Unidos, Argentina o Chile, en el Perú los indígenas no fueron físicamente eliminados.

---

10. Véase: <www.cverdad.org.pc/informacion/discursos/en_ceremonias05.php>.
11. De la Cadena, *Indigenous Mestizos.*

Pero han sido continuamente sometidos a una aniquilación cultural, y hoy como en el pasado, son valiosos solo en la medida en que pueden reducirse a piezas arqueológicas o de museo.

La aniquilación cultural o la separación de los indígenas de las concepciones y proyectos de nación y «progreso» ayudan a explicar los excluyentes procesos de formación del Estado-nación que configuraron el siglo XX y el desproporcionado impacto que el conflicto armado interno de la década de 1980 e inicios de la de 1990 tuvo en los indígenas. Los indios como tales no podían contribuir al progreso: de ahí que había que desindianizarlos para hacerlos productivos. Los esfuerzos se dirigieron, entonces, a la desindianización (a través de la educación, por ejemplo), pero los que se rehusaron a someterse a ella o los que vivían en zonas donde no hubo recursos para aplicar este proceso, comenzaron a verse como en necesidad de ser borrados de la esfera del Estado-nación. La marginalización histórica de los indígenas es en ese sentido mejor comprendida, no como un error o fracaso del Estado-nación, sino como un requisito para su creación. De manera similar, los indígenas pudieron ser asesinados con impunidad por Sendero Luminoso o por las Fuerzas Armadas, no porque el Estado fracasara en protegerlos, sino porque su condición de indígenas —de seres no productivos y culturalmente prescindibles— determinó que no tuvieran protección y que fueran «desechables». El conflicto armado interno puso al descubierto, no los fracasos del Estado-nación peruano, sino el carácter histórico de su constitución y las ficciones racistas que establecen las «desigualdades de largo plazo» en el Perú. La seducción de la clase obrera, y sus subsecuentes manifestaciones (actualmente, quizás, la seducción del neoliberalismo), expresan la imposibilidad de imaginar a los indígenas como sujetos y agentes de la historia peruana.

Bibliografía

Archivos consultados

Archivo Departamental de Arequipa (ADA)
Prefectura

Archivo Departamental del Cuzco (ADC)
Prefectura

Archivo General de la Nación (AGN)
Documentos de Manuel Bustamante (BUST)
Expedientes Oficiales (OL)
Gremios, Ministerio de Fomento (MF)
Ministerio del Interior (MI)
Prefectura de Lima (PL)
Reclamos Colectivos (RC), Ministerio de Fomento (MF)
Tierras de Montaña (TM)

Archivo Municipal de Lima (AML)
Documentos varios

Centro de Divulgación de Historia Popular (CEDHIP)
Entrevistas sobre historia del movimiento obrero

Centro de Documentación de la Facultad de Ciencias Sociales de la Pontificia Universidad Católica del Perú

Documentos de Arturo Sabroso

Libro de actas de la Federación de Obreros «Estrella del Perú» (FOPEP)

National Archives, Reino Unido

Foreign Office (FO)

University College Library, Reino Unido

Documentos de la compañía Peruvian Corporation (PC)

Periódicos y revistas

Alma Obrera

APRA

Arquitecto Peruano

Boletín de la Dirección de Salubridad Pública

Boletín de la Sociedad Nacional de Agricultura

Boletín de Minas, Industrias y Construcciones

Boletín de Trabajo y Previsión Social

Cascabel

Chan-Chan

Ciencia, Industria y Maquinas

Ciudad y Campo (o Ciudad y Campo y Caminos)

Economista Peruano

El Agricultor Peruano

El Comercio

El Derecho

El Nacionalista

El Obrero Gráfico

El Obrero Textil

El Pueblo (Arequipa)

El Socialista

El Trabajador

Hogar

Ilustración Obrera

Industria

Industria Peruana
Informaciones Sociales
La Abeja
La Agricultura
Labor
La Crónica
La Mujer Peruana
La Nueva Economía
La Prensa
La Razón
La Revista del Foro
La Sanción
La Tribuna
La Voz del Obrero
Libertad
Los Parias
Mundial
Mundo Peruano
Noticias (Arequipa)
Peru To-Day
Revista de Economía y Finanzas
Revista del Ministerio de Fomento y Obras Públicas
Suplemento
Variedades

Libros y artículos

Aboy, Rosa
2007 «"The Right to a Home": Public Housing in Post World-War II Buenos Aires», *Journal of Urban History* 33, n.° 3, pp. 493-518.

Abrams, Philips
1988 «Notes on the Difficulty of Studying the State», *Journal of Historical Sociology* 1, nº. 1, pp. 58-59.

Adams, Julia
2005 *The Familial State: Ruling Families and Merchant Capitalism in Early Modern Europe.* Ithaca: Cornell University Press.

Agamben, Giorgio
1998 *Homo Sacer: Sovereign Power and Bare Life*. Stanford: Stanford University Press.

Aguilar-Rodríguez, Sandra
2007 «Cooking Modernity: Nutrition Policies, Class, and Gender in 1940s and 1950s Mexico City». *The Americas* 64, nº. 2, pp. 177-205.

Aguirre, Carlos
2005 *The Criminals of Lima and their Worlds: The Prison Experience 1850-1935*. Durham: Duke University Press.

Alayza Paz Soldán, Francisco
1927 *La industria moderna. Disertación del director de la Escuela Nacional de Artes y Oficios el día de clausura del año escolar*. Lima: Imprenta Torres Aguirre.

1928 *El problema del indio en el Perú: su civilización e incorporación en la nacionalidad*. Lima: Imprenta Americana.

Albert, Bill
1984 «The Creation of a Proletariat on Peru's Coastal Sugar Plantations, 1880-1920». En Munslow, Barry y Henry Finch, eds., *Proletarianization in the Third World: Studies in the Creation of a Labor Force under Development Capitalism*. Londres: Routledge.

Alexander, Alberto
1922 *Estudio sobre la crisis de la habitación en Lima*. Lima: Imprenta Torres Aguirre.

Aljovín de Losada, Cristóbal
2000 *Caudillos y constituciones: Perú 1821-1845*, Lima: FCE, PUCP, IRA.

Amrith, Sunil
2006 *Decolonizing International Health: India and Southeast Asia, 1930-1965*, Houndmills: Palgrave.

Anónimo
1935 *Lima 1919-1930*. Lima: Editorial de San Marcos.

Anderle, Adam
1985 *Los movimientos políticos en el Perú entre las dos guerras mundiales*. La Habana: Casa de las Américas.

Angulo de Puente Arnao, Juan
1917 *Legislación obrera, anotada y concordada*, Lima: Litografía e Imprenta T. Scheuch.

APPADURAI, Arjun
1988 «How to Make a National Cuisine: Cookbooks in Contemporary India». *Comparative Studies in Society and History* 30, n.° 1, pp. 3-24.

APPELBAUM, Nancy P., Anne S. MACPHERSON y Karin Alejandra ROSEMBLATT (eds.)
2003 *Race and Nation in Modern Latin America.* Chapel Hill: University of North Carolina Press.

APEL, Karin
1996 *De la hacienda a la comunidad: la sierra de Piura, 1934-1990.* Lima: IEP.

BALBI, Carmen Rosa
1980 *El Partido Comunista y el APRA en la crisis revolucionaria de los años treinta.* Lima: G. Herrera.

BALBI, Carmen Rosa y Laura MADALENGOITIA
1980 *Parlamento y lucha política: Perú 1932.* Lima: DESCO.

BALDEÓN, Edson
2005 «La transición truncada: las elecciones de 1936 y la participación aprista». En Aljovín de Losada, Cristóbal y Sinesio López, eds., *Historia de las elecciones en el Perú: estudios sobre el gobierno representativo.* Lima: IEP.

BASADRE, Jorge
1964 *Historia de la República.* Lima: Editorial Universitaria.

BASADRE, Jorge y Raúl FERRERO
1963 *Historia de la Cámara de Comercio de Lima.* Lima: s. e.

BAUER, Arnold J.
2001 *Goods, Power, History: Latin America's Material Culture.* Cambridge: Cambridge University Press.

BECKER, Marc
2006 «Mariátegui, the Comintern, and the Indigenous Question in Latin America», *Science & Society* 70, n°. 4, pp. 450-479.

BEDOYA, Jaime A.
1943 *Estudio preliminar de alimentación de las familias de los alumnos de las escuelas fiscales del distrito del Rímac.* Lima: s. e.

BELAUNDE, Víctor Andrés
1991 *La realidad nacional.* Lima: Editorial Horizonte.

BELAUNDE TERRY, Fernando
1966 «La salud pública y la seguridad social», *La Reforma Médica* LII, n°. 643.

BELASCO, Warren
2002 «Food Matters: Perspectives on an Emerging Field». En Belasco, Warren y Philip Scranton, eds., *Food Nations: Selling Taste in Consumer Societies*. Nueva York: Routledge.

BERGEL, Martín
2009 «Nomadismo proselitista y revolución: una caracterización del primer exilio aprista (1923-1931)». *Estudios Interdisciplinarios de América Latina y el Caribe* 20, nº. 1, pp. 41-66.

BERGQUIST, Charles
1986 *Labor in Latin America: Comparative Essays on Chile, Argentina, Venezuela and Colombia*. Stanford: Stanford University Press.

BESSE, Susan K.
1996 *Restructuring Patriarchy: The Modernization of Gender Inequality in Brazil, 1914-1940*. Chapel Hill: The University of North Carolina Press.

BIERNACKI, Richard
1995 *The Fabrication of Labor: Germany and Britain, 1640-1914*. Berkeley: University of California Press.

BLANCHARD, Peter
1977 «A Populist Precursor: Guillermo Billinghurst», *Journal of Latin American Studies* 9, 2, pp. 251-273.

1982 *The Origins of the Peruvian Labor Movement, 1883-1919*. Pittsburgh: Pittsburgh University Press.

BLAU, Eve
1999 *The Architecture of Red Vienna 1919-1934*. Cambridge: MIT Press.

BONNELL, Victoria E.
1997 *Iconography of Power: Soviet Political Posters under Lenin and Stalin*. Berkeley: University of California Press.

BORRERO, Mauricio
1997 «Communal Dining and State Cafeterias in Moscow and Petrograd, 1917-1921». En Glants, Musya y Joyce Toomre, eds., *Food in Russian History and Culture*. Bloomington e Indianapolis: Indiana University Press.

2002 «Food and the Politics of Scarcity in Urban Soviet Russia, 1917-1941». En Belasco, Warren y Philip Scranton, eds., *Food Nations: Selling Taste in Consumer Societies*. Nueva York: Routledge.

BOURDIEU, Pierre
1999 «Rethinking the State: Genesis and Structure of the Bureaucratic Field». En George Steinmetz, ed., *State/Culture: State Formation after the Cultural Turn.* Ithaca: Cornell University Press.

BRACAMONTE, Jorge
2001 «La modernidad de los subalternos: los inmigrantes chinos en la ciudad de Lima, 1895-1930». En López Maguiña Santiago et ál., eds., *Estudios culturales: discursos, poderes, pulsiones.* Lima: Red para el Desarrollo de las Ciencias Sociales en el Perú.

BRONFMAN, Alejandra
2001 *Measures of Equality: Social Science, Citizenship, and Race in Cuba, 1902-1940.* Chapel Hill: The University of North Carolina Press. 2004

BROWN, Wendy
1995 *States of Injury: Power and Freedom in Late Modernity,* Princeton: Princeton University Press.

2003 «Neoliberalism and the End of Liberal Democracy», *Theory and Event* 7, nº. 1.

2006 «American Nightmare: Neoliberalism, Neoconservatism, and De-Democratization», *Political Theory* 34, n.° 6, pp. 690-714.

BURCHELL, Graham, Colin GORDON y Peter MILLER (eds.)
1991 *The Foucault Effect: Studies in Governmentality.* Chicago: University of Chicago Press.

BURGA, Manuel y Alberto FLORES GALINDO
1994 *Apogeo y crisis de la República Aristocrática.* En Flores Galindo, Alberto, *Obras completas II.* Lima: SUR.

BURGESS, Eugene Willard y Frederick HARISS HARBISON
1954 *Casa Grace in Peru.* Washington: National Planning Association.

BUSTAMANTE DE LA FUENTE, Manuel
1934 *Proyecto de Código del Trabajo.* Lima: Imprenta Torres Aguirre.

BUSTÍOS ROMANÍ, Carlos
2005 *La salud pública, la seguridad social y el Perú demoliberal (1933-1968).* Lima: CONCYTEC.

BUTLER, Judith
2004 *Precarious Life: The Powers of Mourning and Violence.* Londres: Verso.

CABELLO ORTEGA, Luis
2006 «Urbanismo estatal en Lima Metropolitana: las urbanizaciones populares 1955-1990», *Ur[b]es 3*, pp. 83-110.

CABRÉ, Francisco
1918 *Conferencia dada al Círculo de Obreros Católicos en el cine Arequipa el día 27 de enero de 1918*. Arequipa: Tipografía Cáceres.

CAJA NACIONAL DE SEGURO SOCIAL
1937 *Cartilla de divulgación del Seguro Social Obligatorio Leyes 8433 y 8509*. Lima: Sanmartí y Cía.

1939 *Estadística del trabajo*. Lima: Caja Nacional del Seguro Social.

CAJA NACIONAL DEL SEGURO SOCIAL OBRERO
1942 *La aplicación del seguro social en el Perú*. Lima: Sanmartí y Cía.

CALDERÓN, Gladys
2000 *La casa limeña: espacios habitados*. Lima: Syklos.

CALDERÓN COCKBURN, Julio
2005 *La ciudad ilegal: Lima en el siglo XX*. Lima: Universidad Nacional Mayor de San Marcos.

CALLIRGOS, Juan Carlos
2007 «Reinventing the City of Kings: Postcolonial Modernizations of Lima, 1845-1930». University of Florida, PhD dissertation.

CAMPOS MARÍN, Ricardo
1994 «Casas para obreros. Un aspecto de la lucha antialcohólica en España durante la Restauración», *Dynamis* 14, pp. 111-130.

CANESSA, Andrew
2005 *Natives Making Nation: Gender, Indigeneity, and the State in the Andes*. Tucson: University of Arizona Press.

CARAVEDO MOLINARI, Baltazar
1976 *Burguesía e industria en el Perú, 1933-1945*. Lima: IEP.

1977 *Clases, lucha política y gobierno en el Perú, 1919-1933*. Lima: Retama Editorial.

CAROLI, Dorena
2003 «Bolshevism, Stalinism and Social Welfare (1917-1936)», *International Review for Social History* 48, pp. 27-54.

CARRIÓN, Julio
2006 *The Fujimori Legacy: The Rise of Electoral Authoritarianism in Peru.* University Park: Pennsylvania State University Press.

CARROLL, Patrick
2006 *Science, Culture and Modern State Formation.* Berkeley: University of California Press.

CHAMANÉ O., Raúl
1990 «Haya de la Torre y las universidades populares». En *Vida y obra de Víctor Raúl Haya de la Torre.* Lima: Cambio y Desarrollo.

CHEVALIER, François
1970 «Official Indigenismo in Peru in 1920: Origins, Significance, and Socioeconomic Scope». En Mörner, Magnus, ed., *Race and Class in Latin America.* Nueva York: Columbia University Press.

CHOMSKY, Aviva
1996 *West Indian Workers and the United Fruit Company in Costa Rica, 1870-1940.* Baton Rouge: Louisiana State University Press.

CICCARELLI, Orazio
1990 «Fascism and Politics during the Benavides Regime, 1933-1939: The Italian Perspective», *Hispanic American Historical Review* 70: 3, pp. 405-432.

CLARK, Kim
1998 *The Redemptive Work: Railway and Nation in Ecuador, 1895-1930.* Wilmington: SR Books.

COLLIER, David
1976 *Squatters and Oligarchs: Authoritarian Rule and Policy Change in Peru.* Baltimore: Johns Hopkins University Press.

COLLIER, Ruth Berins y David COLLIER
1991 *Shaping the Political Arena: Critical Junctures, the Labor Movement, and Regime Dynamics in Latin America.* Princeton: Princeton University Press.

CONAGHAN, Catherine M.
2005 *Fujimori's Peru: Deception in the Public Sphere.* Pittsburgh: University of Pittsburgh Press.

CONTRERAS, Carlos
2004a «Maestros, mistis y campesinos en el Perú rural del siglo XX». En *El aprendizaje del capitalismo: estudios de historia económica y social del Perú.* Lima: IEP.

2004b «¿Inmigración o autogenia? La política de población en el Perú». En *El aprendizaje del capitalismo: estudios de historia económica y social del Perú*. Lima: IEP.

Contreras, Carlos y Marcos Cueto
1999 *Historia del Perú contemporáneo*. Lima: Red para el Desarrollo de las Ciencias Sociales en el Perú.

Cooper, Frederick
1996 *Decolonization and African Society: The Labor Question in French and British Africa*. Cambridge: Cambridge University Press.

Córdova, Alberto
1958 *La vivienda en el Perú: estado actual y evaluación de las necesidades*. Lima: Casa Nacional de Moneda.

Coronado, Pedro
1937 «Génesis, evolución y estado actual de la legislación social peruana», *Revista de la Facultad de Ciencias Económicas* 9, pp. 87-115.

Coronil, Fernando
1997 *The Magical State: Nature, Money and Modernity in Venezuela*. Chicago: University of Chicago Press.

Corpancho, Clorinda
1913 *El problema obrero y el socialismo*. Lima: Imprenta Moderna.

Corrigan, Philip y Derek Sayer
1985 *The Great Arch: English State Formation as Cultural Revolution*. Oxford: Blackwell.

Costa y Cavero, R.
1931 *Los reclamos de los trabajadores ante el Ministerio de Fomento*. Lima.

Cotler, Julio
1992 [1978] *Clases, Estado y nación en el Perú*. Lima: IEP.

Counihan, Carole y Penny Van Esterik (eds.)
1997 *Food and Culture: A Reader*. Londres y Nueva York: Routledge.

Cox, Carlos M.
1934 *Ideas económicas del aprismo*. Lima: Editorial Cooperativa Aprista Atahualpa.

Craib, Raymond B.
2004 *Cartographic Mexico: A History of State Fixations and Fugitive Landscapes*. Durham: Duke University Press.

CRUPI, Thomas
2001 «Nation Divided, City Divided: Urbanism and its Relation to the State, 1920-1940». En *Construyendo el Perú II: aportes de ingenieros y arquitectos*. Lima: Universidad Nacional de Ingeniería.

CUETO, Marcos
1989 *Excelencia científica en la periferia: actividades científicas e investigación biomédica en el Perú, 1890-1950*. Lima: Grade/CONCYTEC.

1991 «Indigenismo and Rural Medicine in Peru: The Indian Sanitary Brigade and Manuel Núnez Butrón», *Bulletin of the History of Medicine* 65, pp. 22-41.

1997 *El regreso de las epidemias: salud y sociedad en el Perú del siglo XX*. Lima: IEP.

CURLETTI, Lauro A.
1921 *El problema industrial en el valle de Chicama*. Lima: s. e.

1922 *Documentos parlamentarios*. Lima: Imprenta Torres Aguirre.

DAS, Veena y Deborah POOLE (eds.)
2004 *Anthropology in the Margins of the State*. Santa Fe y Oxford: School of American Research Press/James Currey.

DAUNTON, M. J.
1983 *House and Home in the Victorian City: Working-Class Housing 1850-1914*. Londres: Edward Arnold.

DAVIES, Thomas
1970 *Indian Integration in Peru: A Half Century of Experience, 1900-1948*. Lincoln: University of Nebraska Press.

DÁVILA, Jerry
2003 *Diploma of Whiteness: Race and Social Policy in Brazil, 1917-1945*. Durham: Duke University Press.

DÁVILA APOLO, Diana
1976 «Talara, los petroleros y la huelga de 1931». Tesis de bachillerato, Pontificia Universidad Católica del Perú.

DÁVILA CÁRDENAS, E. S.
1921 *La función del Estado al frente del problema de la habitación*. Lima: La Opinión Nacional.

DAWSON, Alexander
1981 «Politics and the Labour Movement in Lima, 1919-1931». University of Cambridge, PhD dissertation.

2004 *Indian and Nation in Revolutionary Mexico.* Tucson: University of Arizona Press.

DE LA CADENA, Marisol
1998 «Silent Racism and Intellectual Superiority in Peru», *Bulletin of Latin American Research* 17: 2, pp. 143-164.

2000 *Indigenous Mestizos: The Politics of Race and Culture in Cuzco, Peru, 1919-1991.* Durham: Duke University Press [hay edición en español: Lima, IEP, 2004].

DE LA FUENTE, Alejandro
2001 *A Nation for All: Race, Inequality, and Politics in Twentieth-Century Cuba.* Chapel Hill: University of North Carolina Press.

DE LA PUENTE, Ignacio
1899 *Alimentación del obrero. Conferencia leída en el Ateneo de Lima el 22 de julio de 1899.* Lima: Oficina Tipográfica de «El Tiempo».

DEAN, Mitchell
1999 *Governmentality: Power and Rule in Modern Society.* Londres: Sage.

DEL ÁGUILA, Alicia
1997 *Callejones y mansiones: espacios de opinión pública y redes sociales y políticas en la Lima del 900.* Lima: PUCP.

DEGREGORI, Carlos Iván et ál.
1981 *Indigenismo, clases sociales y problema nacional: la discusión sobre el problema indígena en el Perú.* Lima: Centro Latinoamericano de Trabajo Social.

DENNIS, Richard
1995 «Room for Improvement? Recent Studies of Working-Class Housing», *Journal of Urban History* 21: 5, pp. 660-673.

DERPICH, Wilma y Cecilia ISRAEL
1987 *Obreros frente a la crisis: testimonios años 30.* Lima: Fundación Friedrich Ebert.

DERPICH, Wilma, José Luis HUIZA y Cecilia ISRAEL
1985 *Lima años 30, salarios y costo de vida de la clase trabajadora.* Lima: Fundación Friedrich Ebert.

DEUSTUA, José y Alberto FLORES GALINDO
1993 [1977] *Los comunistas y el movimiento obrero.* En Flores Galindo, Alberto, *Obras completas I.* Lima: SUR.

DIEZ CANSECO, Salvador
1907 *Seguro obligatorio contra accidentes del trabajo.* Lima: Librería Escolar e Imprenta de E. Moreno.

DONZELOT, Jacques
1984 *L'invention du social: essai sur le déclin des passions politiques.* París: Fayard.

DORE, Elizabeth
2006 *Myts of Modernity: Peonage and Patriarchy in Nicaragua.* Durham: Duke University Press.

DORE, Elizabeth y Maxine MOLYNEUX
2000 *Hidden Histories of Gender and the State in Latin America.* Durham: Duke University Press.

DOUGLAS, Mary
1966 *Purity and Danger: An Analysis of Concepts of Pollution and Taboo.* Londres: Routledge & K. Paul.

DREIFUSS SERRANO, Cristina
2005 «Ciudad y vivienda colectiva republicana en el Perú: el callejón de Petateros. Transformaciones», *Ur[b]es*, año II, 2, pp. 125-144.

DRINOT, Paulo
2003 «Fighting for a Closed Shop: The 1931 Lima Bakery Workers' Strike», *Journal of Latin American Studies*, 35: 2 (mayo), pp. 249-278.

2004 «Madness, Neurasthenia and 'Modernity': Medico-legal and Popular Interpretations of Suicide in Early Twentieth-Century Lima», *Latin American Research Review* 39: 2, pp. 89-113.

2006 «Moralidad, moda y sexualidad: el contexto moral de la creación del barrio rojo de Lima». En O'Phelan, Scarlett y Margarita Zegarra, eds., *Mujeres, familia y sociedad en la historia de América Latina, siglos XVIII-XXI.* Lima: PUCP.

2007 «Hegemony from Below: Print Workers, the State, and the Communist Party in Peru, 1920-1940». En Chalcraft John y Yaseen Noorani, eds., *Counter Hegemony in the Colony and Postcolony.* Londres: Routledge.

EARLE, Rebecca
2007 *The Return of the Native: Indians and Myth-Making in Spanish America, 1810-1930.* Durham: Duke University Press.

Echegaray, Mariano N. y Ramón Silva
1925 *Legislación del trabajo y previsión social comentada y anotada*, Lima: Imprenta Torres Aguirre.

Eckert, Andreas
2004 «Regulating the Social: Social Security, Social Welfare and the State in Late Colonial Tanzania», *Journal of African History* 45, pp. 467-489.

Eguiguren, Luis Antonio
1939 *El usurpador*. Lima: Talleres Gráficos Ahora.

Ehrlick, Christine
2005 *The Shield of the Weak: Feminism and the State in Uruguay, 1903-1933*. Albuquerque: University of New Mexico Press.

Evans, Harriet y Stephanie Donald (eds.)
1999 *Picturing Power in the People's Republic of China, Posters of the Cultural Revolution*. Rowman & Littlefield Publishers.

F. C. Central del Perú
1950 *Sistema de pagos y pactos con empleados y obreros*. Lima: s. e.

Farnsworth-Alvear, Ann
2000 *Dulcinea in the Factory: Myths, Morals, Men, and Women in Colombia's Industrial Experiment, 1905-1960*. Durham: Duke University Press.

Federación Gráfica del Perú (FGP)
1985 *Historia de la Federación Gráfica del Perú*. Lima: s. e.

Ferguson, James
1994 *The Anti-Politics Machine: «Development», Depoliticization, and Bureaucratic Power in Lesotho*. Minneapolis: University of Minnesota Press.

Ferguson, James y Akhil Gupta
2002 «Spatializing States: Toward an Ethnography of Neoliberal Governmentality», *American Ethnologist* 29: 4, pp. 981-1002.

Ferrero, Raúl
1942 «Destino racial del Perú: el mestizaje». En *Actas y Trabajos Científicos del XXVIII Congreso Internacional de Americanistas 1939*. Lima: Librería e Imprenta Gil.

Flores Galindo, Alberto
1986 *Buscando un Inca: identidad y utopía en los Andes*. La Habana: Casa de las Américas.

1993 *Los mineros de Cerro de Pasco, 1900-1930*. En Flores Galindo, Alberto, *Obras completas I*. Lima: SUR.

1994 [1980] «La agonía de Mariátegui». En Flores Galindo, Alberto, *Obras completas II*. Lima: SUR/Fundación Andina.

FONSECA, Juan

2000 «Antialcoholismo y modernización en el Perú (1900-1930)», *Histórica* XXIV: 2, pp. 327-364.

2002 *Misioneros y civilizadores: protestantismo, indigenismo y el mundo andino (1900-1930)*. Lima: Pontificia Universidad Católica del Perú.

2005 «Protestantismo, indigenismo y el mundo andino (1900-1930)». En Drinot, Paulo y Leo Garofalo, eds., *Más allá de la dominación y la resistencia: estudios de historia peruana, siglos XVI-XX*. Lima: IEP.

FORMENT, Carlos A.

2003 *Democracy in Latin America, 1760-1900: Vol.1: Civic Selfhood and Public Life in Mexico and Peru*. Chicago: The University of Chicago Press.

FOUCAULT, Michel

1977 *Historia de la sexualidad 1: la voluntad del saber*. México: Siglo XXI.

2004 *Society Must Be Defended*. Londres: Penguin.

2008 *The Birth of Biopolitics*. Basingstoke: Palgrave.

2009 *Security, Territory, Population*. Nueva York: Picador.

FRANCO, Carlos

1990 «Hildebrando Castro Pozo: el socialismo cooperativo». En Adrianzén, Alberto, ed., *Pensamiento político peruano, 1930-1968*. Lima: DESCO.

FRENCH, John D.

1992 *The Brazilian Workers' ABC: Class Conflicts and Alliances in Modern Sao Paulo*. Chapel Hill: University of North Carolina Press.

FRENCH, Michael y Jim PHILLIPS

2003 «Sophisticates or Dupes? Attitudes toward Food Consumers in Edwardian Britain», *Enterprise & Society* 4: 3, pp. 442-470.

FUKUMOTO, Mary

1997 *Hacia un nuevo sol: japoneses y sus descendientes en el Perú*. Lima: Asociación Peruano Japonesa del Perú.

García, María Elena
2005 *Making Indigenous Citizens: Identities, Development, and Multicultural Activism in Peru*. Stanford: Stanford University Press.

2008 *Indigenous Encounters in Contemporary Peru. Special Issue of Latin American and Caribbean Ethnic Studies* 3: 3.

García-Bryce, Iñigo
2004 *Crafting the Republic: Lima's Artisans and Nation-Building in Peru, 1821-1879*. Albuquerque: University of New Mexico Press.

2010 «A Revolution Remembered, a Revolution Forgotten: The 1932 Aprista Insurrection in Trujillo, Peru», *A Contracorriente* 7, nº. 3, pp. 277-322.

García Jordán, Pilar
1992 «Reflexiones sobre el darwinismo social. Inmigración y colonización, mitos de los grupos modernizadores peruanos (1821-1919)», *Bulletin de l'Institut Français d'Études Andines*, 21, nº. 2, pp. 961-975. .

García Salvatecci, Hugo
1972 *El anarquismo frente al marxismo y el Perú*. Lima: Mosca Azul Editores.

García y García, Elvira
1947 *La mujer y el hogar*. Lima: Librería e Imprenta Miranda.

García Rosell, Ovidio
1936 *Comentarios al proyecto de seguros sociales: conferencia en la Asociación Médica Peruana*. Lima: Cía. Edit. El Universal.

Gerbi, Antonello
1941 *El Perú en marcha: ensayo de geografía económica*. Lima: Banco Italiano.

Giesecke, Margarita
1993 «The Trujillo Insurrection, the APRA Party, and the Making of Modern Peruvian Politics». University of London, PhD Dissertation.

Glener Plasencia, E. A.
s. f. «Aprismo, sindicalismo y movimiento obrero en el valle de Chicama, 1930-1968». Universidad de Trujillo, tesis de bachillerato.

Goldberg, David Theo
2001 *The Racial State*. Oxford: Blackwell.

Gonzales, Michael
1985 *Plantation Agriculture and Social Control in Northern Peru, 1875-1933*. Austin: University of Texas Press.

GOOTENBERG, Paul

1989 *Between Silver and Guano: Commercial Policy and the State in Postindependence Peru.* Princeton: Princeton University Press.

1993 *Imagining Development: Economic Ideas in Peru's «Fictitious Prosperity» of Guano, 1840-1880.* Berkeley: University of California Press.

GORDON, Linda

1992 «Social Insurance and Public Assistance: The Influence of Gender in Welfare Thought in the United States, 1890-1935», *American Historical Review* 97: 1, pp. 19-54.

GOULD, Jeffrey L.

1998 *To Die in this Way: Nicaraguan Indians and the Myth of Mestizaje, 1880-1965.* Durham: Duke University Press.

GRAHAM, Richard et ál.

1990 *The Idea of Race in Latin America, 1870-1940.* Austin: University of Texas Press.

GRANDIN, Greg

2000 *The Blood of Guatemala: A History of Race and Nation.* Durham: Duke University Press.

GREENE, Shane

2009 *Customizing Indigeneity: Paths to a Visionary Politics in Peru.* Stanford: Stanford University Press.

GROMPONE, Romeo

2001 «Tradiciones liberales y autonomías personales en el Perú: una aproximación desde la cultura». En López Maguiña, Santiago et ál., eds., *Estudios culturales: discursos, poderes, pulsiones.* Lima: Red para el Desarrollo de las Ciencias Sociales en el Perú.

GRUBER, Helmut

1991 *Red Vienna: Experiment in Working-Class Culture 1919-1934.* Oxford: Oxford University Press.

GURNEY, W. R.

1931 *Report on the Economic Conditions in Peru.* Londres.

GUY, Donna J.

2009 *Women Build the Welfare State: Performing Charity and Creating Rights in Argentina, 1880-1955.* Durham: Duke University Press.

Guzmán Barrón, Alberto y Julio López Guillén
1948 *La deficiencia de proteínas en la alimentación de los habitantes del Perú.* Lima: s. e.

Hacker, Jacob S.
2005 «Bringing the Welfare State Back In: The Promise (and Perils) of the New Social Welfare History», *The Journal of Policy History* 17: 1, pp. 125-154.

Hale, Charles A.
1996 «Political Ideas and Ideologies in Latin America, 1870-1930». En Bethell, Leslie, ed., *Ideas and Ideologies in Twentieth Century Latin America.* Cambridge: Cambridge University Press.

Hannah, Matthew G.
2000 *Governmentality and the Mastery of Territory in Nineteenth-Century America.* Cambridge: Cambridge University Press.

Hansen, Thomas Blom y Finn Stepputat (eds.)
2001 *States of Imagination: Ethnographic Explorations of the Postcolonial State.* Durham: Duke University Press.

Haya de la Torre, Víctor Raúl
1967 *Política aprista.* Lima: Editorial Imprenta Amauta.

1986 [1928] *El anti-imperialismo y el APRA.* Lima: s. e.

Herbold Jr., C. F.
1973 «Developments in the Peruvian Administrative System, 1919-1939: Modern and Traditional Qualities of Government under Authoritarian Regimes». Yale University, PhD dissertation.

Hill, A. J.
1923 *Report on the Finance, Industry and Trade of Peru.* Londres.

Holt, Thomas C.
1992 *The Problem of Freedom: Race, Labor and Politics in Jamaica and Britain, 1832-1938.* Baltimore: Johns Hopkins University Press.

Hong, Young-Sun
1998 *Welfare, Modernity, and the Weimar State, 1919-1933.* Princeton: Princeton University Press.

Horne, Janet R.
2002 *A Social Laboratory for Modern France: The Musée Social & the Rise of the Welfare State.* Durham: Duke University Press.

Horowitz, Roger, Jeffrey M. Pilcher y Sydney Watts
2004 «Meat for the Multitudes: Market Culture in Paris, New York City and Mexico City over the Long Nineteenth Century», *American Historical Review* 109: 4, pp. 1055-1083.

Huiza, José Luis
1998 «From the República Aristocrática to Pan Grande: Guillermo Billinghurst and Populist Politics in Early Twentieth Century Peru». University of Miami, PhD thesis.

Huneeus, Carlos y María Paz Lanas
2002 «Ciencia política e historia: Eduardo Cruz-Coke y el Estado de bienestar en Chile, 1937-1938», *Historia* (Santiago) 35, pp. 151-186.

Hutchison, Elizabeth Quay
2001 *Labors Appropriate to Their Sex: Gender, Labor and Politics in Urban Chile, 1900-1930.* Durham: Duke University Press.

Irurozqui, Marta
1994 «El Perú de Leguía: derroteros y extravíos historiográficos», *Apuntes* 34, pp. 85-101.

Iziga Núñez, R.
1994 *Sociología de la clase obrera peruana.* Lima: Editorial Universitaria de San Marcos.

Jacobsen, Nils
1993 *Mirages of Transition: The Peruvian Altiplano, 1780-1930.* Berkeley: University of California Press [hay edición en español: Lima, IEP-BCRP, 2013].

James, Daniel
1988 *Resistance and Integration: Peronism and the Argentine Working Class, 1946-1976.* Cambridge: Cambridge University Press.

Jerram, Leif
2007 *Germany's Other Modernity: Munich and the Making of Metropolis, 1895-1930.* Manchester: Manchester University Press.

Joll, James
1967 *The Anarchists.* Londres: Methuen.

Joyce, Patrick
2003 *The Rule of Freedom: Liberalism and the Modern City.* Londres: Verso.

KAMMINGA, Harmke y Andrew CUNNINGHAM
1995 «Introduction: The Science and Culture of Nutrition, 1840-1940». En Kamminga, H. y A. Cunningham, eds., *The Science and Culture of Nutrition*. Ámsterdam: Rodopi.

KAMMINGA, Harmke y Andrew CUNNINGHAM (eds.)
1995 *The Science and Culture of Nutrition, 1840-1940*. Ámsterdam: Rodopi.

KAPSOLI, Wilfredo y Wilson REATEGUI
1972 *El campesinado peruano: 1919-1930*. Lima: Universidad Nacional Mayor de San Marcos.

KIDAMBI, Prashant
2001 «Housing the Poor in a Colonial City: The Bombay Improvement Trust, 1898-1918», *Studies in History* 17: 1, pp. 57-79.

KLAIBER, Jeffrey
1975 «The Popular Universities and the Origins of Aprismo, 1921-1924», *Hispanic American Historical Review* 55: 4, pp. 693-715.

KLARÉN, Peter
1973 *Modernization, Dislocation and Aprismo: Origins of the Peruvian Aprista Party, 1870-1932*. Austin: University of Texas Press [hay edición en español: Lima, IEP, 2004.]

2000 *Peru: Society and Nationhood in the Andes*. Oxford: Oxford University Press.

KLUBOCK, Thomas Miller
1998 *Contested Communities: Class, Gender, and Politics in Chile's El Teniente Copper Mine, 1904-1951*. Durham: Duke University Press.

KNIGHT, Alan
1998 «Populism and Neo-Populism in Latin America, especially Mexico», *Journal of Latin American Studies* 30: 2, pp. 223-248.

KOVEN, Seth y Sonya MICHEL
1990 «Womanly Duties: Maternalist Politics and the Origins of Welfare States in France Germany, Great Britain and the United States, 1880-1920», *American Historical Review* 95: 4, pp. 1076-1108.

KOTKIN, Stephen
1995 *Magnetic Mountain: Stalinism as Civilization*. Berkeley: University of California Press.

KRISTAL, Efraín

1991 *Una visión urbana de los Andes:* génesis y desarrollo del indigenismo en el Perú, 1848-1930. Lima: Instituto Pasado y Presente.

KROHN-HANSEN, Christian y Knut G. NUSTAD (eds.)

2005 *State Formation: Anthropological Perspectives.* Londres: Plito Press.

LARSON, Brooke

2004 *Trials of Nation Making: Liberalism, Race, and Ethnicity in the Andes, 1810-1910.* Cambridge: Cambridge University Press.

LAVRIN, Asunción

1995 *Women, Feminism, and Social Change in Argentina, Chile, and Uruguay, 1890-1940.* Lincoln: University of Nebraska Press.

LEGG, Stephen

2007 *Spaces of Colonialism: Delhi´*s Urban Governmentalities. Oxford: Blackwell.

LEIBNER, Gerardo

1999 *El mito del socialismo indígena en Mariátegui.* Lima: Pontificia Universidad Católica del Perú.

LEÓN, Carlos Aurelio

1919 *Patria Nueva: la reforma constitucional del 1919.* Lima: Librería e Imprenta Gil.

LÉON DE VIVERO, Fernando

1938 *Avance del imperialismo fascista en el Perú.* Mexico: Colección Trinchera Aprista.

LESSER, Jeffrey

1999 *Negotiating National Identity: Immigrants, Minorities and the Struggle for Ethnicity in Brazil.* Durham: Duke University Press.

LEVENSTEIN, Harvey

1988 *Revolution at the Table: The Transformation of the American Diet.* Nueva York: Oxford University Press.

1993 *Paradox of Plenty: A Social History of Eating in Modern America.* Nueva York: Oxford University Press.

LI, Tania Murray

2007 *The Will to Improve: Governmentality, Development, and the Practice of Politics.* Durham: Duke University Press.

LIEBERMAN, Robert C.
1998 *Shifting the Color Line: Race and the American Welfare State.* Cambridge: Harvard University Press.

LINDENMEYR, Adele
1996 *Poverty is Not a Vice: Charity, Society, and the State in Imperial Russia.* Princeton: Princeton University Press.

LÓPEZ SORIA, José Ignacio
1981 *El pensamiento fascista.* Lima: Mosca Azul Editores.

LOSSIO, Jorge
2003 *Acequias y gallinazos: salud ambiental en Lima del siglo XIX.* Lima: IEP.

LOWENTHAL, Abraham F.
1975 *The Peruvian Experiment: Continuity and Change under Military Rule.* Princeton: Princeton University Press.

LUDEÑA URQUIZO, Wiley
1996 *Lima: Städtebau und Wohnungswesen. Die Intervention des Staates 1821-1950.* Berlín: Verlag Dr. Köster.

2004 *Lima: historia y urbanismo 1821-1970.* Lima: Ministerio de Vivienda, Construcción y Urbanización y Universidad Nacional de Ingeniería.

LUNA, Pablo F.
1997 «État, civilismo et société nationale au Pérou», *Histoire et Société de l'Amérique latine* 5. Disponible en: <http://www.univ-paris-diderot.fr/hsal/hsal971/pfl97-1.html>.

MACERA, Pablo
1973 *Cayaltí 1875-1920: Organización del trabajo en una plantación azucarera del Perú.* Lima: Seminario de Historia Rural Andina.

1977 *Trabajos de historia.* Cuatro volúmenes. Lima: Instituto Nacional de Cultura.

MACHUCA CASTILLO, Gabriela
2006 *La tinta, el pensamiento y las manos: la prensa popular anarquista, anarcosindicalista y obrera-sindical en Lima 1900-1930.* Lima: Universidad de San Martín de Porres.

MALLON, Florencia
1983 *Defense of Community in Peru's Central Highlands: Peasant Struggle and Capitalist Transition.* Princeton: Princeton University Press.

1995 *Peasant and Nation: The Making of Postcolonial Mexico and Peru.* Berkeley: University of California Press.

Mangabeira, Wilma
1992 «Memories of Little Moscow (1943-64): Study of a Public Housing Experiment for Industrial Workers in Rio de Janeiro, Brazil», *Social History* 17, 2, pp. 271-287.

Manrique, Nelson
1995 «Mariátegui y el problema de las razas». En Portocarrero, Gonzalo, Eduardo Cáceres y Rafael Tapia, eds., *La aventura de Mariátegui: nuevas perspectivas.* Lima: Pontificia Universidad Católica del Perú.

1999 *La piel y la pluma: escritos sobre literatura, etnicidad y racismo.* Lima: SUR/CIDIAG.

Mannarelli, María Emma
1999 *Limpias y modernas: género, higiene y cultura en la Lima del novecientos.* Lima: Ediciones Flora Tristán.

Manzanilla, J. M.
1919 *Discursos parlamentarios de J. M. Manzanilla, 1916-18.* Lima: Imprenta Americana.

1931 *Elecciones políticas y municipales: discursos parlamentarios.* Lima: Imprenta A. J. Rivas Berrio.

Marcone, Mario
1995 «Indígenas e inmigrantes durante la República Aristocrática: población e ideología civilista», *Histórica* 19: 1, pp. 73-93.

Mariátegui, José Carlos
1969 «El problema de las razas en América Latina». En Mariátegui, José Carlos. *Ideología y política.* Lima: Amauta.

Martínez de la Torre, Ricardo
1974 *Apuntes para una interpretación marxista de la historia social del Perú.* Cuatro volúmenes. Lima: Universidad Nacional Mayor de San Marcos.

Matos Mar, José
1984 *Desborde popular y crisis del Estado: el nuevo rostro del Perú en la década de 1980.* Lima: IEP.

Mayer, Enrique
2009 *Cuentos feos de la reforma agraria peruana.* Lima: IEP/CEPES.

McKeown, Adam

1996 «Inmigración china al Perú: exclusión y negociación». En *Histórica* XX: 1, pp. 59-92.

McEvoy, Carmen

1994 *Un proyecto nacional en el siglo XIX: Manuel Pardo y su visión del Perú*. Lima: PUCP.

1996 *La utopía republicana: ideales y realidades en la formación de la cultura política peruana (1871-1919)*. Lima: PUCP.

McManus, Ruth

2003 «Blue Collars, 'Red Forts', and Green Fields: Working-Class Housing in Ireland in the Twentieth Century», *International Labor and Working Class History* 64, pp. 38-54.

Meade, Teresa

1996 *Civilizing Rio: Reform and Resistance in a Brazilian City*. University Park: Pennsylvania State University Press.

Meneses, Rómulo

1933 *Por el APRA (en la cárcel, al servicio del PAP)*. Lima: Editorial Cooperativa Aprista.

Méndez, Cecilia

1996 «Incas Sí, Indios No: Notes on Peruvian Creole Nationalism and its Contemporary Crisis», *Journal of Latin American Studies* 28, pp. 197-225.

2005 *The Plebeian Republic: The Huanta Rebellion and the Making of the Peruvian State, 1820-1850*. Durham: Duke University Press [edición en español: Lima, IEP, 2014.].

Merino Schroder, M. V.

1940 *La vivienda barata en el Perú y el Banco Constructor*. Lima: Imprenta Accinelli.

Middlebrook, Kevin J.

1995 *The Paradox of Revolution: Labor, the State, and Authoritarianism in Mexico*. Baltimore: Johns Hopkins University Press.

Miller, Laura

1987 «La mujer obrera en Lima, 1900-1930». En Stein, Steve, ed., *Lima obrera, 1900-1930*, vol. II. Lima: Editorial El Virrey.

MILLER, Peter y Nikolas ROSE
2008 *Governing the Present: Administering Economic, Social and Personal Life.* Cambridge: Polity.

MILLER, Rory
1976 «Railways and Economic Development in Central Peru, 1890-1930». En Miller, Rory, C. T. Smith y John Fisher, eds., *Social and Economic Change in Modern Peru.* Liverpool: Institute of Latin American Studies.

MIRÓ QUESADA, Luis
1901 *El contrato de trabajo.* Lima: Imprenta de E. Moreno.

1965 *Albores de la reforma social en el Perú.* Lima: Talleres Gráficos Villanueva.

MITCHELL, Timothy
1988 *Colonising Egypt.* Berkeley: University of California Press.

2002 *Rule of Experts: Egypt, Techno-Politics, Modernity.* Berkeley: University of California Press.

MOLINARI Morales, Tirso
2006 *El fascismo en el Perú: la Unión Revolucionaria, 1931-1936.* Lima: Universidad Nacional Mayor de San Marcos.

MORE, Federico
1953 «¿Existe Seguro Social en el Perú?», *Revista Excelsior* XIX, 226, noviembre-diciembre.

MÖRNER, Magnus (ed.)
1970 *Race and Class in Latin America.* Nueva York: Columbia University Press.

MUECKE, Ulrich
2004 *Political Culture in Nineteenth Century Peru: The Rise of the Partido Civil.* Pittsburg: University of Pittsburg Press [hay edición en español: Lima, IEP-IFEA, 2010.]

MUKERJI, Chandra
1997 *Territorial Ambitions and the Gardens of Versailles.* Cambridge: Cambridge University Press.

MUÑOZ CABREJO, Fanni
2001 *Diversiones públicas en Lima, 1890-1920: la experiencia de la modernidad.* Lima: Red para el Desarrollo de las Ciencias Sociales en el Perú.

Muñoz Puglisevich, Germán
1942 «El Seguro Social Obligatorio en el Imperio peruano de los incas». En *Actas y Trabajos Científicos del XXVIII Congreso Internacional de Americanistas 1939*. Lima: Librería e Imprenta Gil.

Noguera, Carlos Ernesto
2003 *Medicina y política: discurso médico y prácticas higiénicas en la primera mitad del siglo XX en Colombia*. Medellín: Fondo Editorial Universidad EAFIT.

Nord, Philip
1994 «The Welfare State in France, 1870-1914», *French Historical Studies* 18: 3, pp. 821-838.

Nugent, David
1997 *Modernity at the Edge of Empire: State, Individual, and Nation in the Northern Peruvian Andes, 1885-1935*. Stanford: Stanford University Press.

2004 «Governing States». En Nugent, David y Joan Vincent, *A Companion to the Anthropology of Politics*. Oxford: Blackwell.

Nugent, Guillermo
1992 *El laberinto de la choledad*. Lima: Fundación Friedrich Ebert.

Nuñez Borja, Humberto
1934 *Legislación social peruana*. Arequipa: Tipografía Cuadros.

O'Connor, Julia, Ann Orloff y Sheila Shaver
1999 *States, Markets, Families: Gender, Liberalism and Social Policy in Australia, Canada, Great Britain and the United States*. Cambridge: Cambridge University Press.

O'Connor, Erin
2007 *Gender, Indian, Nation: The Contradictions of Making Ecuador, 1830-1925*. Tucson: University of Arizona Press.

Oliart, María Patricia
1994 «Images of Gender and Race: The View from Above in Turn of the Century Lima». University of Texas at Austin, MA dissertation.

Ong, Aiwha
2006 *Neoliberalism as Exception: Mutations in Citizenship and Sovereignty*. Durham: Duke University Press.

Orloff, Ann Shola
2005 «Social Provision and Regulation: Theories of States. Social Policies and Modernity». En Adams, Julia, Elisabeth S. Clemens y Ann

Shola Orloff, eds., *Remaking Modernity: Politics, History, and Sociology*. Durham: Duke University Press.

Outtes, Joel
2003 «Disciplining Society through the City: The Genesis of City Planning in Brazil and Argentina (1894-1945)», *Bulletin of Latin American Research* 22: 2, pp. 137-164.

Overmyer-Velázquez, Mark
2006 *Visions of the Emerald City: Modernity, Tradition, and the Formation of Porfirian Oaxaca*. Durham: Duke University Press.

Palacios, Leoncio M.
1944 *Encuesta sobre presupuestos familiares obreros realizada en la ciudad de Lima, en 1940*. Lima: Universidad Nacional Mayor de San Marcos.

Palomino Ramírez, Teodosio Arístides
1971 «La seguridad social y la economía popular», *Anales del Segundo Congreso Peruano de Derecho del Trabajo y de "Seguridad Social"*, 1-5 diciembre, vol. II, Lima: UNMSM, pp. 334-335.

Pareja, Piedad
1978 *Anarquismo y sindicalismo en el Perú*. Lima: Ediciones Rikchay Perú.

1985 *El movimiento obrero peruano de los años 30*. Lima: Fundación Friedrich Ebert.

Parker, David S.
1995 «Peruvian Politics and the Eight-Hour Day: Rethinking the General Strike», *Canadian Journal of History/Annales canadiennes d'histoire* XXX, pp. 417-438.

1998a «Civilizing the City of Kings: Hygiene and Housing in Lima, Peru». En Pineo, Ronn y James A. Baer, eds., *Cities of Hope: People, Protests, and Progress in Urbanizing Latin America, 1870-1930*. Boulder: Westview Press.

1998b *The Idea of the Middle Class: White-Collar Workers and Peruvian Society, 1900-1950*. University Park: The Pennsylvania State University Press.

Partido Socialista del Perú
1933 *Primer manifiesto y programa de reivindicaciones inmediatas, aprobadas por la Primera Conferencia Nacional del Partido*. Lima: Empresa Editorial Rímac.

Payne, James L.

1965 *Labor and Politics in Peru: The System of Political Bargaining*. New Haven: Yale University Press.

Paz Soldán, Carlos Enrique

1914 *La asistencia social en el Perú*. Lima: Imprenta del Centro Editorial.

Pedersen, Susan

1993 *Family, Dependence, and the Origins of the Welfare State: Britain and France, 1914-1945*. Cambridge: Cambridge University Press. [hay edición en español: Lima, IEP-BCRP, 2013.]

Peloso, Vincent C.

1985 «Succulence and Sustenance: Region, Class and Diet in Nineteenth-Century Peru». En Super, J. C. y T. C. Wright, eds., *Food, Politics and Society in Latin America*. Lincoln: University of Nebraska Press.

1999 *Peasants on Plantations: Subaltern Strategies of Labor and Resistance in the Pisco Valley, Peru*. Durham: Duke University Press [edición en español: Lima, IEP-BCRP, 2013.].

Pereda Torres, Rolando

1982 *Historia de las luchas sociales del movimiento obrero en el Perú republicano, 1858-1917*. Lima: Editorial Imprenta Sudamericana.

Pereyra Chávez, Nelson E.

2002 «Los campesinos y la conscripción vial». En Contreras, Carlos y Manuel Glave, eds., *Estado y mercado en la historia del Perú*. Lima: PUCP.

Perú

1924 *Statistical Abstract of Peru, 1923*. Lima: Dirección de Estadística.

Perú-Ministerio de Fomento

1930 *La labor constructiva del Perú en el gobierno de Don Augusto Leguía*. Lima: Imprenta Torres Aguirre.

Pesce, Luis

1906 *Indígenas e inmigrantes*. Lima: Imprenta de la Opinión Nacional.

Pévez, Juan H.

1983 *Memorias de un viejo luchador campesino*. Lima: TAREA.

Pierce, Steven

2006 «Looking Like a State: Colonialism and the Discourse of Corruption in Northern Nigeria», *Comparative Studies in Society and History* 48: 4, pp. 887-914.

PILCHER, Jeffrey M.

1998 *¡Que vivan los tamales!: Food and the Making of Mexican Identity.* Albuquerque: University of New Mexico Press.

2006 *The Sausage Rebellion: Public Health, Private Enterprise and Meat in Mexico City, 1890-1917.* Albuquerque: University of New Mexico Press.

POBLETE, Juan

2002 «Governmentality and the Social Question: National Formation and Discipline». En Trigo, Benigno, ed., *Foucault and Latin America: Appropriations and Deployments of Discursive Analysis.* Londres: Routledge.

POOLE, Deborah

1992 «Figueroa Aznar and the Cusco Indigenistas: Photography and Modernism in Early Twentieth-Century Peru», *Representations* 38, pp. 39-75.

1997 *Vision, Race and Modernity: A Visual Economy of the Andean Image World.* Princeton: Princeton University Press.

PORTOCARRERO, Felipe y Cynthia SANBORN (eds.)

2003 *De la caridad a la solidaridad: filantropía y voluntariado en el Perú.* Lima: Universidad del Pacifico.

PORTOCARRERO, Gonzalo

1983a «Ideologías, funciones del Estado y políticas económicas, Perú: 1900-1980». En *Debates en sociología* 9, pp. 7-30.

1983b *De Bustamante a Odría: El fracaso del Frente Democratico Nacional, 1945-1950.* Lima: Mosca Azul Editores.

1995 «El fundamento invisible: función y lugar de las ideas racistas en la República Aristocrática». En Panfichi, Aldo y Felipe Portocarrero, eds., *Mundos interiores: Lima 1850-1950.* Lima: Universidad del Pacífico.

2003 «Memorias del velasquismo». En Hamann, Marita et ál., eds., *Batallas por la memoria: antagonismos de la promesa peruana.* Lima: Red para el Desarrollo de las Ciencias Sociales en el Perú.

2007 *Racismo y mestizaje.* Lima: Editorial del Congreso.

PORTOCARRERO GRADOS, Ricardo

s. f. *El trabajo infantil en el Perú: apuntes de interpretación histórica.* Lima: Radda Barnen.

1995 «José Carlos Mariátegui y las universidades populares González Prada». En Portocarrero, Gonzalo, Eduardo Cáceres y Rafael Tapia, eds., *La aventura de Mariátegui*. Lima: PUCP.

Prakash, Gyan
1999 *Another Reason: Science and the Imagination of Modern India*. Princeton: Princeton University Press.

Proyecto Historia UNI
Construyendo el Perú: aportes de ingenieros y arquitectos, vols. 1 y 2. Lima: Universidad Nacional de Ingeniería (UNI). 1999 y 2001

Quijano, Aníbal
1985 [1978] *El Perú en la crisis de los años treinta*. Lima: Mosca Azul.

Quine, Maria Sophia
2002 *Italy's Social Revolution: Charity and Welfare from Liberalism to Fascism*. Nueva York: Palgrave.

Ramón Joffré, Gabriel
1999 *La muralla y los callejones: intervención urbana y proyecto político durante la segunda mitad del siglo XIX*. Lima: SIDEA.

Ramos Rau, Demetrio
1987 *Mensaje de Trujillo: del anarquismo al aprismo*. Trujillo: Instituto NorPeruano de Desarrollo Económico Social.

Rancière, Jacques
1983 «The Myth of the Artisan: Critical Reflections on a Category of Social History», *International Labor and Working Class History* 24, pp. 1-16.

Rebagliati, Edgardo
1937a *La previsión social en el Perú*. Lima: Biblioteca de la Caja Nacional de Seguro Social.

1937b «La previsión social en Chile», *Investigaciones Sociales* 1, nº. 2, agosto, pp. 401-403.

Rénique, Gerardo
2003 «Race, Region, and Nation: Sonora's Anti-Chinese Racism and Mexico's Postrevolutionary Nationalism, 1920s-1930s». En Appelbaum, Nancy P., Anne S. Macpherson y Karin Alejandra Rosemblatt, eds., *Race and Nation in Modern Latin America*. Chapel Hill y Londres: University of North Carolina Press.

RÉNIQUE, José Luis
2004 *La batalla por Puno: conflicto agrario y nación en los Andes peruanos, 1866-1995*. Lima: IEP/SUR/Centro Peruano de Estudios Sociales.

RIVA-AGÜERO, José de la
1931 *Discursos en las fiestas del Aniversario Patrio de 1931*. Lima: Imprenta Torres Aguirre.

ROCK, David
1987 «Intellectual Precursors of Conservative Nationalism in Argentina, 1900-1927», *Hispanic American Historical Review* 67: 2, pp. 271-300.

RODGERS, Daniel T.
1998 *Atlantic Crossings: Social Politics in a Progressive Age*. Cambridge: Harvard University Press.

RODRÍGUEZ, J. M.
1913 «Coaliciones y huelgas», *Economista Peruano* 4, n°s. 47-48.

RODRÍGUEZ PASTOR, Humberto
1995 «La calle del Capón, el callejón Otaiza y el barrio chino». En Panfichi, Aldo y Felipe Portocarrero, eds., *Mundos interiores: Lima 1850-1950*. Lima: Universidad del Pacífico.

2000 *Herederos del dragón: historia de la comunidad china en el Perú*. Lima: Fondo Editorial del Congreso.

ROEDIGER, David
2007 [1991] *The Wages of Whiteness: Race and the Making of the American Working Class*. Edición revisada. Londres: Verso.

ROJAS ROJAS, Rolando
2005 *Tiempos de Carnaval: el ascenso de lo popular a la cultura nacional (Lima, 1822-1922)*. Lima: IEP/IFEA.

ROSE, Nikolas
1999 *Powers of Freedom: Reframing Political Thought*. Cambridge: Cambridge University Press.

ROSE UGARTE, Luis
1945 *La situación alimenticia en el Perú*. Lima: SCIPA.

ROSEMBLATT, Karin Alejandra
2000 *Gendered Compromises: Political Cultures and the State in Chile, 1920-1950*. Chapel Hill: University of North Carolina Press.

2001 «Charity, Rights, and Entitlement: Gender, Labor, and Welfare in Early Twentieth-Century Chile». En *Hispanic American Historical Review* 81: 3-4, pp. 555-585.

RUIZ BLANCO, Manuel
1993 «Las casas para obreros de Rafael Marquina», *Huaca* 3, pp. 33-41.

2001 «Vivienda colectiva en Lima (1535-1940)». En *Construyendo el Perú II: aportes de ingenieros y arquitectos*. Lima: Universidad Nacional de Ingeniería.

RUIZ ZEVALLOS, Augusto
2001 *La multitud, las subsistencias y el trabajo. Lima, 1890-1920*. Lima: PUCP.

SABROSO, Arturo
1934 *Réplicas proletarias*. Lima: Minerva.

SÁNCHEZ ORTIZ, Guillermo
1987 *La prensa obrera, 1900-1930*. Lima: Ediciones Barricada.

SANTISTEVAN, Jorge
1980 *La huelga en el Perú*. Lima: CEDYS.

SCOTT, David
1995 «Colonial Governmentality», *Social Text* 43, pp. 191-220.

SCOTT, James C.
1987 *Weapons of the Weak: Everyday Forms of Peasant Resistance*. New Haven: Yale University Press.

1998 *Seeing Like a State: How Certain Schemes to Improve the Human Condition Have Failed*. New Haven: Yale University Press.

SEOANE, Manuel
1957 *Obras apristas 1931 a 1948*. Lima: Ediciones Continente.

SHAPIRO, Ann Louise
1990 «Paris». En Daunton, Martin J., ed., *Housing the Workers 1850-1914: A Comparative Perspective*. Londres: Leicester University Press.

SHARMA, Aradhana y Akhil GUPTA
2006 «Introduction: Rethinking Theories of the State in an Age of Globalization». En Sharma, Aradhana y Akhil Gupta, eds., *The Anthropology of the State: A Reader*. Oxford: Blackwell.

SHARMA, Aradhama y Akhil GUPTA (eds.)
2006 *The Anthropology of the State: A Reader.* Londres: Blackwell.

SILVERBLATT, Irene
2004 *Modern Inquisitions: Peru and the Colonial Origins of the Civilized World.* Durham: Duke University Press.

SIMMEL, Georg
1997 «Sociology of the Meal». En Frisby, David y Mike Featherstone, eds., *Simmel on Culture.* Londres: Sage Publications.

SKIDMORE, Thomas E.
1974 *Black into White; Race and Nationality in Brazilian Thought.* Nueva York: Oxford University Press.

SKOCPOL, Theda
1995 *Protecting Soldiers and Mothers: The Political Origins of Social Policy in the United States.* Cambridge: Harvard University Press.

SKUBAN, William E.
2007 *Lines in the Sand: Nationalism and Identity on the Peruvian Chilean Frontier.* Albuquerque: University of New Mexico Press.

SMITH, David F. y Jim PHILLIPS (eds.)
2000 *Food, Science, Policy and Regulation: International and Comparative Perspectives.* Londres: Routledge.

SNODGRASS, Michael
2003 *Deference and Defiance in Monterrey: Workers, Paternalism, and Revolution in Mexico, 1890-1950.* Cambridge: Cambridge University Press.

SPALDING, Karen
1984 *Huarochirí: An Andean Society under Inca and Spanish Rule.* Stanford: Stanford University Press.

STEIN, Steve
1980 *Populism in Peru: The Emergence of the Masses and the Politics of Social Control.* Madison: University of Wisconsin Press.

STEINMETZ, George
1993 *Regulating the Social: The Welfare State and Local Politics in Imperial Germany.* Princeton: Princeton University Press.

1999 «Introduction: Culture and the State». En Steinmetz. George, ed., *State/Culture: State Formation after the Cultural Turn.* Ithaca: Cornell University Press.

Steinmetz, George (ed.)
1999 *State/Culture: State Formation after the Cultural Turn.* Ithaca: Cornell University Press.

Stepan, Alfred C.
1978 *The State and Society: Peru in Comparative Perspective.* Princeton: Princeton University Press.

Stepan, Nancy Leys
1991 *The Hour of Eugenics: Race, Gender, and Nation in Latin America.* Ithaca: Cornell University Press.

Stern, Steve J.
1993 *Peru's Indian Peoples and the Challenges of Spanish Conquest: Huamanga to 1640.* Segunda edición. Madison: University of Wisconsin Press.

Stern, Steve J. (ed.)
1998 *Shining and Other Paths: War and Society in Peru, 1980-1995.* Durham: Duke University Press.

Stoler, Ann Laura
1995 *Race and the Education of Desire: Foucault's* History of Sexuality *and the Colonial Order of Things.* Durham: Duke University Press.

Sulmont, Denis
1975 *El movimiento obrero en el Perú 1900-1956.* Lima: PUCP.

Swenarton, Mark
1981 *Homes Fit for Heroes: The Politics and Architecture of Early State Housing in Britain.* Londres: Heinemann.

Swenson, Peter A.
2002 *Capitalists against Markets: The Making of Labor Markets and Welfare States in the United States and Sweden.* Oxford: Oxford University Press.

Taller de Testimonio
1986 *Habla la ciudad.* Lima: Municipalidad de Lima Metropolitana/Universidad Nacional Mayor de San Marcos.

Tapia, Rafael
1992 «La Fiesta de la Planta de Vitarte», *Pretextos* 3-4, pp. 187-205.

Tejada, Luis
1988 *La cuestión del pan: el anarcosindicalismo en el Perú 1880-1919.* Lima: Instituto Nacional de Cultura/Banco Industrial del Perú.

1995 «Malambo». En Panfichi, Aldo y Felipe Portocarrero, eds., *Mundos interiores: Lima 1850-1950*. Lima: Universidad del Pacífico.

TEMOCHE, Ricardo
1987 *Cofradías, gremios, mutuales y sindicatos en el Perú*. Lima: Editorial Escuela Nueva.

1989 *Manual del sindicalista*. Lima: Librería Studium Editores.

TINSMAN, Heidi
2002 *Partners in Conflict: The Politics of Gender, Sexuality, and Labor in the Chilean Agrarian Reform, 1950-1973*. Durham: Duke University Press.

THOMPSON, Ruth
1984 «The Limitations of Ideology in the Early Argentine Labor Movement: Anarchism in the Trade Unions». *Journal of Latin American Studies* 16: 1, pp. 81-99.

THORP, Rosemary y Carlos LONDOÑO
1984 «The Effect of the Great Depression on the Economies of Peru and Colombia». En Thorp, Rosemary, ed., *Latin America in the 1930s: The Role of the Periphery in World Crisis*. Basingstoke: Macmillan.

THORP, Rosemary y Geoffrey BERTRAM
1978 *Peru, 1890-1977: Growth and Policy in an Open Economy*. Londres: MacMillan.

THURNER, Mark
1997 *From Two Republics to One Divided: Contradictions of Postcolonial Nationmaking in Andean Peru*. Durham: Duke University Press.

TILLY, Charles
1999 *Durable Inequality*. Berkeley: University of California Press.

TOVAR SAMANEZ, Teresa
1985 *Velasquismo y movimiento popular: otra historia prohibida*. Lima: Centro de Estudios y Promoción del Desarrollo.

TROUILLOT, Michel-Rolph
2001 «The Anthropology of the State: Close Encounters of a Deceptive Kind». *Current Anthropology* 42, nº 1, pp. 125-138.

TURINO, Thomas
1988 «The Music of Andean Migrants in Lima, Peru: Demographics, Social Power, and Style». *Latin American Music Review/Revista de Música Latinoamericana* 9: 2, pp. 127-150.

UGARTECHE, Pedro
1969 *Sánchez Cerro: papeles y recuerdos de un presidente del Perú*, vol. IV. Lima: Editorial Universitaria.

ULLOA SOTOMAYOR, Alberto
1916 *La organización social y legal del trabajo en el Perú*. Lima: s. e.

1919 *¿Conviene establecer una Dirección del Trabajo? ¿Cómo debería organizarse?* Lima: Ernesto Villarán.

VALDERRAMA, Mariano
s. f. «Los planteamientos de Haya de la Torre y de José Carlos Mariátegui sobre el problema indígena y el problema nacional». En Degregori, Carlos Iván et ál., *Indigenismo, clases sociales, y problema nacional: la discusión sobre el "problema indígena» en el Perú*. Lima: Ediciones CELATS.

VALDEZ TUDELA, Napoleón
1937 «El problema social ante la historia y su solución en el presente». En *Ciencias, Industria, y Maquinas* 1: 1, diciembre.

1939 «Nuestra realidad social», *Revista de la Facultad de Ciencias Económicas* 16.

VERNON, James
2007 *Hunger: A Modern History*. Cambridge: Harvard University Press.

VIGIL, Manuel A.
1937 *Legislación del trabajo*. Lima: Talleres Gráficos Hermanos Faura.

WADE, Peter
1997 *Race and Ethnicity in Latin America*. Londres: Pluto Press.

2002 *Race, Nature, and Culture: An Anthropological Perspective*. Londres: Pluto Press.

WALKER, Charles
1999 *Smoldering Ashes: Cuzco and the Creation of Republican Peru, 1780-1840*. Durham: Duke University Press.

WEINER, Richard
2004 *Race, Nation, and Market: Economic Culture in Porfirian Mexico*. Tucson: University of Arizona Press.

WEINSTEIN, Barbara
1996 *For Social Peace in Brazil: Industrialists and the Remaking of the Working Class in Sao Paulo, 1920-1964*. Chapel Hill: University of North Carolina Press.

WILSON, Fiona
2004 «Indian Citizenship and the Discourse of Hygiene/Disease in Nineteenth-Century Peru». *Bulletin of Latin American Research* 23: 2, pp. 165-180.

WOLFE, Justin
2004 «Those That Live By The Work Of Their Hands: Labour, Ethnicity And Nation-State Formation In Nicaragua, 1850-1900». *Journal of Latin American Studies* 36: 1, pp. 57-83.

ZITOR (seudónimo)
1976 *Historia de las principales huelgas y paros obreros habidos en el Perú, 1896-1946*. Lima: s. e.

Made in United States
North Haven, CT
10 November 2026

22091510R00189